Basic Conversational German

Basic
Conversational
German

Henry Werba

SOUTHERN CONNECTICUT STATE COLLEGE

HOLT, RINEHART and WINSTON

NEW YORK TORONTO LONDON

Basic Conversational German is a beginning German text based on the belief that a language can be acquired best and most quickly by concentrating in the early stages on aural-oral practice. Reading and writing then reinforce what has been learned by aural-oral drill. The components of the course are as follows:

STUDENT'S BOOK

Conversation Units

In *Basic Conversational German* a variety of situations is presented in forty conversations written to provide natural speech patterns. Each conversation is accompanied by an English translation. By learning words in context and mastering entire constructions, correct speech patterns become a matter of habit, and the student can concentrate on *what* to say and not *how* to say it.

Phonology   Each conversation is followed by a section on phonology. The first twenty units are designed to demonstrate the differences in sound between English and German. The second twenty units combine studies on stress with structural and grammatical elements.

Pattern Practice   The exercises accompanying each conversation usually begin with a substitution drill of from four to eight sentences. In the early chapters, only known elements are used for substitution; in later ones the drill also serves to expand vocabulary. The questions following the substitution drill are based on the conversations, and assuming they are mastered by the students, the questions should be answered rapidly. The next exercise is usually one in which the student is required to form questions identical or similar to those he has just heard and answered. All these exercises provide repetition of patterns and reinforcement.

Exercises   The remaining exercises concentrate on new material, while reviewing previously learned points. With the exception of occasional idiomatic reviews, most exercises are entirely in German. They usually conclude with a dictation based on a previous conversation, and with general instructions for a dialogue to be prepared and presented by the students.

Readings   Eight readings are incorporated in the text, one following each set of five conversations. These *Lesestücke* are based on the preceding conversations. Despite new vocabulary and the absence of a translation, the student should be able to read them for comprehension and to answer questions based on the readings.

Grammar Units

German grammar is presented in twenty-five grammar units. Grammatical material is usually introduced naturally in the conversations, and then explained thoroughly. Grammar exercises provide the practice necessary to lay a good grammatical foundation. From Grammar Unit 11 on, the exercises conclude with a translation from English (*Aufsatz*) based on preceding conversations in which the student can use previously learned patterns.

Vocabularies

A German-English as well as an English-German vocabulary is provided at the end of the Student's Book.

TEACHER'S MANUAL

The aim of the Teacher's Manual is to give guidance to those teachers who have not had extensive experience teaching German. It contains suggestions for the most successful application of tapes and *Übungsbuch* and provides the teacher with the text of the tapescript, a Key to all exercises and with sample quizzes and tests.

ÜBUNGSBUCH

The *Übungsbuch* (exercise manual) accompanying this text provides additional practice. Its purpose is to expand the student's ability to write German correctly; it may be used for class work or for homework assignments.

TAPES

Tape recordings for use in the language laboratory, classroom or home study include the conversations, phonology, substitution drills and usually some of the more challenging exercises from each chapter, including grammar units. These tapes, recorded by native speakers, are an invaluable model for correct speech patterns and are essential in promoting aural comprehension and reinforcement of patterns.

RECORDS

Recordings of the conversations from the text are available.

I would like to express my thanks to Professors Julian Harris and André Lévêque whose *Basic Conversational French* has been the guide for this text.

H.W.

TABLE OF CONTENTS

TABLE OF CONTENTS

ix

TABLE OF CONTENTS

Basic Conversational German

DIE FRAUENKIRCHE: EIN SYMBOL MÜNCHENS

❧ Wie ist Ihr Name, bitte?

(What is your name, please?)

Fred Owens, a young American electronics engineer, steps out of his apartment on the Theresienstraße in Munich to speak to the superintendent.

DER HAUSMEISTER: [1]Guten Morgen, mein Herr.

SUPERINTENDENT: [1]*Good morning, sir.*

FRED OWENS: [2]Guten Morgen.

FRED OWENS: [2]*Good morning.*

DER HAUSMEISTER: [3]Wie ist Ihr Name, bitte?

SUPERINTENDENT:[3] *What is your name, please?*

FRED OWENS: [4]Ich heiße Fred Owens.

FRED OWENS: [4]*My name is Fred Owens.*

DER HAUSMEISTER: [5]Wie geht es Ihnen heute, Herr Owens?

SUPERINTENDENT: [5]*How are you today, Mr. Owens?*

FRED OWENS: [6]Danke, gut. Und Ihnen?

FRED OWENS: [6]*Fine, thank you. And you?*

DER HAUSMEISTER: [7]Danke, auch gut.

SUPERINTENDENT: [7]*Fine.*

FRED OWENS: [8]Sprechen Sie Englisch?

FRED OWENS: [8]*Do you speak English?*

DER HAUSMEISTER: [9]Nein, ich spreche nicht Englisch, aber Sie sprechen gut Deutsch, nicht wahr?

SUPERINTENDENT: [9]*No, I don't speak English, but you speak German well, don't you?*

FRED OWENS: [10]Ja, ich spreche ein bißchen Deutsch. [11]Ist ein Brief für mich da?

FRED OWENS: [10]*Yes, I speak a little German.* [11]*Is there a letter for me?*

DER HAUSMEISTER: [12]Ja, hier ist ein Brief für Sie.

SUPERINTENDENT: [12]*Yes, here is a letter for you.*

FRED OWENS: [13]Danke schön. Auf Wiedersehen.

FRED OWENS: [13]*Thank you kindly. Good-bye.*

DER HAUSMEISTER: [14]Bitte sehr. Auf Wiedersehen, Herr Owens.

SUPERINTENDENT: [14]*You are quite welcome. Good-bye, Mr. Owens.*

3

ÜBUNGEN

I. *Deutsche Laute* (German sounds)

NOTE: The most prevalent mistake made by students of German is incorrect pronunciation of vowels. Read the nine columns below from top to bottom, carefully imitating your teacher. Sequences in parentheses are very rare.

A. *Kurze Vokale und die Schreibweise der langen Vokale*
(Short vowels and different ways of spelling long vowels)

	1	2	3	4	5		UMLAUTE 6	7	8		9
KURZ:*	a	o	u	i	e	=	ä	ö	ü	=	(y)
LANG:	a (aa) ah	o (oo) oh	u — uh	i — (ih) ie (ieh)	e (ee) eh	=	ä — äh	ö — öh	ü — üh	=	(y) — —

B. *Ausspracheübungen* (Pronunciation exercises)

	KURZ:	LANG
1.	/a/	/a:/
	Mann	Dame
	hat	haben
	Stadt	Staat
	satt	Saat
	an	ahnen
	am	Rahm

---

* Short vowels are usually followed by two consonants.
Exception: A few short words, e.g.: **an, ob, was, das, hat.**

2. /o/   /o:/

Wort	wo
ob	oben
Bonn	Boot
Motte	Moor
Ort	Ohr
Bord	bohren

3. /u/   /u:/

Butter	Bruder
und	du
Futter	Fuß
Furt*	Fuhre
rumpeln	Ruhe
Durst	dur

4. /i/   /i:/

Mitte	mir
in	Berlin
drin	ihn
innen	Ihnen
Sinn	Sie
dick	die
flimmern	fliehen
Sitz	sieh

5. /e/   /e:/

denn	den
wenn	wen
setzen	See
Schnecke	Schnee
senden	sehr
nennen	nehmen

/e/, final position: Short, like initial vowel in *along*.
nette
Wette
Bitte
Dame

---

* **Furt,** *ford,* as in **Frankfurt, Schweinfurt,** etc.

6. /ä/ /ä:/

ätzen	äßen
Dämmerung	Käse
hämmern	ähnlich
lächeln	fährt

7. /ö/ /ö:/

Götter	Goethe*
können	krönen
öffnen	schön
Hölle	Höhle
Röntgen	Söhne
Löffel	Löhne

8. /ü/ /ü:/

Hütte	hüten
fünf	für
Brücke	Brüder
Brüche	Brühe
Früchte	früh
küssen	kühl

9. /y/ /y:/

Syntax	Lyrik
Ypsilon	Asyl

II. *Geben Sie eine passende Antwort* (Give a suitable response):

1. Guten Morgen. /Guten Morgen, Herr . . . *or*, Guten Morgen, Frau . . . *or*, Guten Morgen, Fräulein. . . ./

2. Wie ist Ihr Name, bitte? /Ich heiße . . . /

3. Wie geht es Ihnen? /Danke, gut. Und Ihnen?/

4. Sprechen Sie Englisch? /Nein, ich spreche nicht Englisch./

5. Sie sprechen gut Deutsch. /Ja, ich spreche ein bißchen Deutsch./

6. Hier ist ein Brief für Sie. /Danke schön./

7. Danke schön. /Bitte sehr./

8. Auf Wiedersehen. /Auf Wiedersehen./

---

* The old spelling of the umlauted vowels, **ae, oe, ue** instead of **ä, ö, ü,** prevails in some names.

III. *Sagen Sie auf deutsch* (Say in German):

1. Sagen Sie guten Morgen zu mir. /Guten Morgen, Herr . . . Guten Morgen, Frau . . . Guten Morgen, Fräulein. . . ./

2. Sagen Sie guten Morgen zu Herrn Owens. /Guten Morgen, Herr Owens./

3. Sagen Sie auf Wiedersehen zu mir. /Auf Wiedersehen, Herr . . . Auf Wiedersehen, Frau . . . Auf Wiedersehen, Fräulein. . . ./

4. Sagen Sie auf Wiedersehen zu Herrn Owens. /Auf Wiedersehen, Herr Owens./

5. Sagen Sie danke zu mir. /Danke, *or*, danke schön, Herr . . . Frau . . . Fräulein. . . ./

6. Sagen Sie danke schön zu Herrn Owens. /Danke schön, Herr Owens./

IV. *Fragen Sie auf deutsch* (Ask in German):

1. Fragen Sie mich, wie ich heiße. /Wie ist Ihr Name, bitte?/

2. Fragen Sie mich, ob ich Deutsch spreche. /Sprechen Sie Deutsch?/

3. Fragen Sie Herrn Owens, ob er Deutsch spricht. /Sprechen Sie Deutsch?/

4. Fragen Sie den Hausmeister, ob er Englisch spricht. /Sprechen Sie Englisch?/

5. Fragen Sie mich, wie es mir geht. /Wie geht es Ihnen?/

6. Fragen Sie Herrn Owens, wie es ihm geht. /Wie geht es Ihnen, Herr Owens?/

V. *Dialog*

Act out the scene between Fred Owens and the superintendent. Practice doing the scene until you are quite at ease in both roles.

SPECIAL NOTE:

Learn to write all the sentences of the first dialogue before your next class, since a short dictation from *Konversation 1* will be included in the exercises of *Konversation 2.* Hereafter, each new *Konversation* will contain a brief dictation exercise from the preceding dialogue.

The best approach is to look at a phrase, pronounce it correctly, write it down without looking at it and compare the result with the original. Repeat procedure for each sentence until you have mastered the entire dialogue. This exercise will help you to write German correctly.

✎ Wie kommt man dorthin?

(How do you get there?)

Fred Owens is visiting some interesting places in Bavaria, the capital of which is Munich. He has just arrived in Bayreuth to see the festival theater which the composer Richard Wagner built with the help of the king, Ludwig II. Annual Wagner festivals are still held there.

Am Bahnhof	At the Station
FRED: ¹Entschuldigen Sie, bitte, wo ist das Festspielhaus?	FRED: ¹*Excuse me please, where is the festival theater?*
DER BEAMTE: ²Geradeaus.	THE EMPLOYEE: ²*Straight ahead.*
FRED: ³Ist hier ein Schloß?	FRED: ³*Is there a castle here?*
DER BEAMTE: ⁴Ja, es gibt hier ein Schloß ganz in der Nähe.	THE EMPLOYEE: ⁴*Yes, there is a castle here quite close by.*
FRED: ⁵Wie kommt man hin?	FRED: ⁵*How do you get there?*
DER BEAMTE: ⁶Gehen Sie diese Straße hinauf.	THE EMPLOYEE: ⁶*Go up this street.*
FRED: ⁷Vielen Dank.	FRED: ⁷*Many thanks.*
DER BEAMTE: ⁸Nichts zu danken.	THE EMPLOYEE: ⁸*Don't mention it.*

Auf der Straße	In the Street

FRED: ⁹(*Zu einem Passanten*) Entschuldigen Sie, wo ist das Postamt?

FRED: ⁹(To a passerby) *Pardon me, where is the post office?*

DER PASSANT: ¹⁰Das Postamt ist dort drüben, links auf dem Marktplatz.

THE PASSERBY: ¹⁰*The post office is over there, on the left side of the marketplace.*

FRED: ¹¹Gibt es ein Restaurant und ein Schreibwarengeschäft in der Nähe?

FRED: ¹¹*Are there a restaurant and a stationery store near here?*

DER PASSANT: ¹²Aber natürlich. Im Rathaus gibt es ein gutes Restaurant, und das Schreibwarengeschäft ist rechts davon.

THE PASSERBY: ¹²*But of course. In the city hall there is a good restaurant and the stationery store is to the right of it.*

FRED: ¹³Wie kommt man dorthin?

FRED: ¹³*How do you get there?*

DER PASSANT: ¹⁴Gehen Sie diese Straße entlang.

THE PASSERBY: ¹⁴*Follow this street.*

FRED: ¹⁵Vielen Dank.

FRED: ¹⁵*Many thanks.*

ÜBUNGEN

I. *Ausspracheübungen* (Pronunciation exercises)

KURZ:	LANG:	KURZ:	LANG:	KURZ:	LANG:
1. /a/	/a:/	**3.** /u/	/u:/	**5.** /e/ /ä/	/e:/ /ä:/
Kamm	kam	Mutter	Mut	Erde	Ehre
wann	Wahn	Wurst	Wut	Ärger	Ähre
bannen	bahnen	Pudding	Pute	Rechen	Rehchen
Ratten	raten	Urne	Uhr	rächen	Reh
Damm	Dame	Furche	fuhr	Betten	beten
2. /o/	/o:/	**4.** /i/	/i:/	**6.** /ö/	/ö:/
Wonne	wohnen	Birne	Biene	löschen	lösen
Lotto	los	irr	ihr	Söller	Öl
Sonne	Sohn	Zimmer	ziehen	rösten	Öse
Orden	oder	Kissen	Kies	Börse	böse
rosten	rot	Ding	Dienst	öffnen	Öfen

7. /ü/ /y/	/ü:/ /y:/
üppig	übrig
Kümmel	Kübel
rüstig	rühmen
Zyklus	Zyankali
Zyklon	Zyniker

II. Substitution. *Wiederholen Sie die folgenden Sätze, und ersetzen Sie die schräggedruckten Wörter* (Repeat the following sentences and replace the words in italics):

1. Wo ist *das Festspielhaus*?

das Schloß / das Postamt / das Restaurant / das Schreibwarengeschäft

2. *Das Schloß* ist ganz in der Nähe.

das Festspielhaus / das Postamt / das Restaurant / das Schreibwarengeschäft

3. Das Rathaus ist *in der Nähe*.

geradeaus / rechts / links / dort drüben

4. *Im Rathaus* gibt es ein Restaurant.

in der Nähe / auf dem Marktplatz / auf dieser Straße / rechts davon

10

III. *Antworten Sie auf deutsch, laut Text* (Answer in German according to the text):

1. Bitte, wo ist das Festspielhaus? **2.** Ist hier ein Schloß? **3.** Wo ist das Postamt? **4.** Ist hier ein Restaurant in der Nähe? **5.** Wo ist das Schreibwarengeschäft? **6.** Wie kommt man dorthin? **7.** Wie geht es Ihnen? **8.** Sprechen Sie Deutsch? **9.** Sprechen Sie Englisch?

IV. *Fragen Sie mich* (Ask me):

BEISPIEL (Example): Fragen Sie mich, ob (*if*) das Festspielhaus hier ist.
Bitte, ist das Festspielhaus hier?*

Fragen Sie mich, wo das Festspielhaus ist.
Bitte, wo ist das Festspielhaus?*

1. wo der Bahnhof ist. **2.** wo das Postamt ist. **3.** ob ein Restaurant in der Nähe ist. **4.** ob ein Schreibwarengeschäft in der Nähe ist. **5.** ob ein Schloß hier ist. **6.** wie man dorthin kommt.

V. *Zählen Sie auf deutsch von eins bis zehn* (Count in German from 1 to 10):

1. eins (1), zwei (2), drei (3), vier (4), fünf (5), sechs (6), sieben (7), acht(8), neun (9), zehn (10).

2. eine Mark, zwei Mark, drei Mark, vier Mark, fünf Mark, sechs Mark, sieben Mark, acht Mark, neun Mark, zehn Mark.

3. ein Student, zwei Studenten, drei Studenten, vier Studenten, fünf Studenten, sechs Studenten, sieben Studenten, acht Studenten, neun Studenten, zehn Studenten.

VI. *Diktat aus Konversation 1*

VII. *Eine Unterhaltung* (*Eine Konversation*)

(1)
"Good morning. Do you speak English?"
"No, I do not speak English."
"Please, where is the station?"
"Straight ahead."
"Thank you very much."

(2)
You stop a passerby and ask for the location of a restaurant.

---

* NOTE: In direct questions, the verb must stand first in German. An interrogative (**wo, wann, wer**) precedes it, of course. Words like **bitte, Fred, Herr** . . . do not count: **Bitte, wo ist es?**

11

∽ Wo ist das Hotel?

(Where is the hotel?)

Auf der Straße

FRED: ¹Entschuldigen Sie, Herr Wachtmeister, wo ist das beste Hotel?

DER POLIZIST: ²Am Marktplatz.

FRED: ³Ist es sehr weit von hier?

POLIZIST: ⁴Nein, es ist gar nicht weit.

FRED: ⁵Ist es wirklich ein gutes Hotel, Herr Wachtmeister?

POLIZIST: ⁶Das beste, mein Herr.

FRED: ⁷Ist das Essen auch gut?

POLIZIST: ⁸Aber sicher. Das Essen ist ausgezeichnet.

FRED: ⁹Gibt es hier noch ein anderes Hotel?

POLIZIST: ¹⁰Ja, gegenüber der Kirche gibt es noch ein Hotel.

FRED: ¹¹Danke schön, Herr Wachtmeister.

Im Hotel

FRED: ¹²Wieviel kostet ein Zimmer, bitte?

DER HOTELANGESTELLTE: ¹³Fünfzehn bis fünfundzwanzig Mark, mein Herr.

FRED: ¹⁴Was kosten die Mahlzeiten?

DER HOTELANGESTELLTE: ¹⁵Das Frühstück drei Mark, das Mittagessen und das Abendessen fünf bis zehn Mark.

On the Street

FRED: ¹*Pardon me, officer, where is the best hotel?*

THE POLICEMAN: ²*On the marketplace.*

FRED: ³*Is it very far from here?*

POLICEMAN: ⁴*No, it isn't far at all.*

FRED: ⁵*Is it really a good hotel, officer?*

POLICEMAN: ⁶*The best, sir.*

FRED: ⁷*Is the food also good?*

POLICEMAN: ⁸*But of course. The food is excellent.*

FRED: ⁹*Is there another hotel here?*

POLICEMAN: ¹⁰*Yes, opposite the church there is another hotel.*

FRED: ¹¹*Thank you kindly, officer.*

At the Hotel

FRED: ¹²*How much does a room cost, please?*

THE DESK CLERK: ¹³*Fifteen to twenty-five marks, sir.*

FRED: ¹⁴*How much are the meals?*

THE DESK CLERK: ¹⁵*Breakfast three marks, lunch and dinner five to ten marks.*

ÜBUNGEN

I. *Deutsche Laute* (German sounds)

A. Unusual pronunciation of /ie/

Usually /ie/ is pronounced /i:/. However, in a few words, mostly geographical names, the /i/ and /e/ are pronounced separately as /i:/ plus e-. Note that all are cognates with English:

Spanien	Familie
Kalifornien	Lilie
Italien	Linie
Sardinien	Bestie
Belgien	Arie
Spanier	Furie

B. /au/: Similar to *house*

taub	Taube
Laub *leaf*	Laube
Raub *Robbery*	rauben
Staub *dust*	stauen
au	Auto

C. /oi/: Predominant spelling /eu/ and /äu/. (Rarely /oi/ or /oy/)

Pronunciation similar to *toy*.

Eule *– owl*	Säule
heute	Häute *– skin*
Leute	Läuten
Beute *booty*	Gebäude *– building*
scheu	schäumen

14

D. /ai/: Predominant spelling /ei/

(In a few words /ai/, in some names /ay/ or /ey/.) Pronunciation is like the English pronoun *I*.

Eisen —*iron*	Waisen
eigen *own*	Mai
Ei —*egg*	Hai
Eier	Laib
weiter	Laie
heiter	Rainer
leiden	Leyden
bleiben	Meyer
Eiweiß —*egg white*	Mayer
klein	Bayern

E. /j/: Similar to English *y* in *y*ell

ja	jubeln — *jubilation*
jung	jammern — *lamentation*
jetzt	johlen — *bawl*

II. Substitution. *Wiederholen Sie die folgenden Sätze, und ersetzen Sie die schräggedruckten Wörter:*

1. Ist es *in der Nähe*?
in der Nähe des Schlosses / in der Nähe des Bahnhofs / sehr weit von hier / sehr weit vom Schloß

2. Ist *das Hotel* sehr weit von hier?
das andere Hotel / das Festspielhaus / der Bahnhof / das Postamt

3. *Das Hotel* ist gar nicht weit.
das andere Hotel / das Festspielhaus / der Bahnhof / das Postamt

4. Gibt es ein gutes Restaurant *in der Nähe*?
am Marktplatz / in der Nähe des Bahnhofs / in der Nähe des Schlosses / gegenüber der Kirche

III. *Antworten Sie auf deutsch:*

1. Wo ist das beste Hotel? **2.** Ist es sehr weit von hier? **3.** Ist es wirklich ein gutes Hotel? **4.** Ist das Essen auch gut? **5.** Gibt es hier noch ein anderes Hotel? **6.** Wieviel kostet ein Zimmer, bitte?

IV. *Fragen Sie auf deutsch* (REMEMBER: Verb or interrogative stands first in direct questions):

1. wo das beste Hotel ist. **2.** ob das sehr weit von hier ist. **3.** ob es wirklich ein gutes Hotel ist. **4.** ob das Essen auch gut ist. **5.** ob es hier noch ein anderes Hotel gibt. **6.** wieviel ein Zimmer kostet. **7.** was die Mahlzeiten kosten.

V. *Machen Sie aus den folgenden Sätzen Fragen, indem Sie mit dem Verb beginnen* (Turn the following sentences into questions by placing the verb first):

BEISPIEL: Es gibt ein gutes Hotel in der Nähe.
×
Gibt es ein gutes Hotel in der Nähe?

1. Das beste Hotel ist in der Nähe. **2.** Das beste Hotel ist weit von hier. **3.** Es gibt ein gutes Restaurant in der Nähe. **4.** Es gibt ein gutes Restaurant gegenüber der Kirche. **5.** Es gibt ein Schreibwarengeschäft rechts vom Rathaus. **6.** Es gibt ein Schreibwarengeschäft gegenüber der Kirche. **7.** Im Rathaus ist ein Restaurant. **8.** Das Essen im Hotel ist ausgezeichnet.

VI. *Zählen Sie auf deutsch von elf bis zwanzig:*

1. elf (11), zwölf (12), dreizehn (13), vierzehn (14), fünfzehn (15), sechzehn* (16), siebzehn† (17), achtzehn (18), neunzehn (19), zwanzig (20).

2. Die geraden Zahlen von zwei bis zwanzig (The even numbers from 2 to 20): 2, 4, 6, 8, 10, 12, 14, 16, 18, 20.

3. Die ungeraden Zahlen von eins bis neunzehn (The odd numbers from 1 to 19): 1, 3, 5, 7, 9, 11, 13, 15, 17, 19.

4. Sagen Sie auf deutsch:
1 Mark, 11 Mark; 2 Mark, 12 Mark; 3 Mark, 13 Mark;
4 Mark, 14 Mark; 5 Mark, 15 Mark; 6 Mark, 16 Mark;
7 Mark, 17 Mark; 8 Mark, 18 Mark; 9 Mark, 19 Mark; 10 Mark, 20 Mark.

---

* Compare 6 and 16; -s is dropped in 16.
† Compare 7 and 17; -en is dropped in 17.

16

VIII. *Diktat aus Konversation 2*

VII. *Eine Unterhaltung* (*Eine Konversation*)

"Is there another hotel here?"
"But of course."
"Where is the hotel?"
"On the marketplace, opposite the church."
"How much does a room cost and how much are the meals?"
"A room costs twenty marks and the meals cost fifteen marks."

∾ Wann kommt der Zug an?

(When does the train arrive?)

Im Hotel	At the Hotel
DER HOTELANGESTELLTE: ¹Guten Tag, Herr Owens.	THE DESK CLERK: ¹*Good day, Mr. Owens.*
FRED: ²Guten Tag. ³Wie spät ist es?	FRED: ²*Good day.* ³*What time is it?*
DER HOTELANGESTELLTE: ⁴Es ist elf Uhr.	DESK CLERK: ⁴*It is eleven o'clock.*
FRED: ⁵Ist das Mittagessen fertig?	FRED: ⁵*Is lunch ready?*
DER HOTELANGESTELLTE: ⁶Nein, noch nicht. ⁷Wann wollen Sie essen?	DESK CLERK: ⁶*No, not yet.* ⁷*When do you want to eat?*
FRED: ⁸Um Viertel nach elf oder um halb zwölf.	FRED: ⁸*At a quarter past eleven or at half past eleven.*
DER HOTELANGESTELLTE: ⁹Wann gehen Sie zum Bahnhof?	DESK CLERK: ⁹*When are you going to the station?*
FRED: ¹⁰Am Mittag gehe ich zum Bahnhof. ¹¹Der Zug nach München kommt um Viertel nach zwölf an, nicht wahr?	FRED: ¹⁰*I am going to the station at noon.* ¹¹*The train to Munich arrives at a quarter past twelve, doesn't it?*
DER HOTELANGESTELLTE: ¹²Nein, Herr Owens. Er kommt um dreiviertel zwei an.	DESK CLERK: ¹²*No, Mr. Owens. It arrives at a quarter to two.*
FRED: ¹³Dann esse ich um zwölf Uhr, wie gewöhnlich. ¹⁴Ist das Postamt heute nachmittag offen?	FRED: ¹³*Then I (shall) eat at twelve o'clock, as usual.* ¹⁴*Is the post office open this (lit.:today) afternoon?*
DER HOTELANGESTELLTE: ¹⁵Ja, es ist von acht Uhr morgens bis sechs Uhr abends offen.	DESK CLERK: ¹⁵*Yes, it is open from eight o'clock in the morning until six o'clock in the evening.*

18

ÜBUNGEN

I. *Ausspracheübungen* (Pronunciation exercises)

A. /i/	/i:/	/i:/ + c-
iß	Isar	Italiener
nimmer — *never*	nie	Belgier
stillt	stiehlt	Bestie — *beast*

B. /ai/
sein
leise — *low soft*
reich — *rich*
weich — *soft*
Eis — *ice*

C. /j/
bejahen — *affirm*
Jahr
jodeln
Jacke
jeder —

19

D. /au/	**E.** /ɔi/
Brause	neu
Haus	Feuer
draußen *-outside*	beugen — *bend, bow*
laufen	Läufer
kaufen	Bräune
Traum	Träume
Raum	Räume

II. Substitution. *Wiederholen Sie die folgenden Sätze, und ersetzen Sie die schräggedruckten Wörter:*

1. Es ist *elf Uhr*.
   halb elf / viertel zehn / dreiviertel neun / Mittag

2. Wann gehen Sie *zum Bahnhof*?
   zum Hotel / ins Restaurant / nach München / zum Postamt

3. Ich gehe *um zwölf Uhr* zum Bahnhof.
   um sechs Uhr / um viertel elf / um halb sechs / um dreiviertel zwölf

4. Der Zug nach München kommt *um viertel eins* an, nicht wahr?
   um viertel zwei / um viertel drei / um dreiviertel drei / um halb vier

5. Ist *das Postamt* heute nachmittag offen?
   das Schloß / das Festspielhaus / das Schreibwarengeschäft

6. Es ist von *acht Uhr* morgens bis sieben Uhr abends offen.
   neun Uhr / zehn Uhr / elf Uhr

7. Es ist von sechs Uhr morgens bis *sechs Uhr* abends offen.
   acht Uhr / neun Uhr / zehn Uhr / sieben Uhr

8. Ich gehe *heute morgen* zum Festspielhaus.
   heute abend / heute nachmittag / um Mitternacht

III. *Übungen für den Sprachgebrauch* (Application exercises):

A. *Machen Sie aus den folgenden Sätzen Fragen, indem Sie mit dem Verb beginnen* (Turn the following sentences into questions by beginning with the verb):

1. Das Mittagessen ist fertig. **2.** Das Postamt ist heute nachmittag offen. **3.** Das Restaurant ist im Rathaus. **4.** Es gibt ein Restaurant in der Nähe des Schlosses. **5.** Es gibt ein Schreibwarengeschäft am Marktplatz. **6.** Der Zug nach München kommt um ein Uhr an. **7.** Es ist von morgens bis abends offen.

B. *Bilden Sie negative Sätze, indem Sie hinter jedes Verb* **nicht** *einsetzen* (Form negative sentences by placing **nicht** behind each verb):

BEISPIEL: Ich bin Herr Owens.

Ich bin nicht Herr Owens.

1. Ich spreche Deutsch. **2.** Ich spreche Englisch. **3.** Ich gehe zum Bahnhof. **4.** Ich esse um zwölf Uhr. **5.** Es ist weit von hier. **6.** Das Mittagessen ist fertig. **7.** Das Postamt ist offen. **8.** Es ist offen. **9.** Die Post* ist offen. **10.** Sie ist offen.

IV. *Antworten Sie auf deutsch:*

1. Wie geht es Ihnen? **2.** Wie spät ist es? **3.** Ist das Mittagessen fertig? **4.** Wann wollen Sie essen? **5.** Wann gehen Sie zum Bahnhof? **6.** Der Zug nach München kommt um Viertel nach zwölf an, nicht wahr? **7.** Ist das Postamt heute nachmittag offen? **8.** Ist die Post offen? **9.** Ist sie bis sechs Uhr abends offen? **10.** Kommt der Zug um halb eins an?

V. *Fragen Sie jemanden* (Ask someone):

1. Wie es ihm geht. **2.** wie spät es ist. **3.** ob das Mittagessen fertig ist. **4.** ob der Zug nach München um Viertel nach zwölf ankommt. **5.** ob das Postamt heute nachmittag offen ist. **6.** ob es weit von hier ist. **7.** ob es ein Schreibwarengeschäft in der Nähe gibt. **8.** ob er Deutsch spricht. **9.** ob er Englisch spricht. **10.** wann er zum Bahnhof geht. **11.** wann er essen will. **12.** ob er um halb eins essen will.

VI. *Diktat aus Konversation 3*

VII. *Eine Unterhaltung*

"How are you?"
"Fine, thanks. What time is it?"
"It is twelve o'clock. Where (*wohin*) are you going?"
"I am going to the station. Does the train for Munich arrive at 12:15?"
"Yes."
"Thank you very much."

---

* **Das Postamt** means *post office*. Frequently it is shortened to **die Post. Die Post** may therefore mean *post office*, but it also means *mail*.

ꙮ Definite Articles and Der-Words; Descriptive Adjectives; Personal Pronouns

1 ● Gender

In German, there are three genders: masculine, neuter, and feminine. The gender of a noun is grammatical, rather than natural. This means that while animates usually (but not always) reflect their natural gender, inanimates may have any of the three genders. Since the definite article and other modifiers vary with each gender, it is essential to memorize the gender of a noun by learning it with its modifiers in a phrase. On the other hand, there are many clues by which the gender of a noun can be recognized. Such clues will be included in several of the successive grammar units.

2 ● Forms of the definite article (English the)

The nature of the approaching noun is foreshadowed by the final letter of the definite article. Listen to it carefully!

A. SINGULAR

The masculine definite article ends in **-r: der**
The neuter definite article ends in **-s: das**
The feminine definite article ends in **-e: die**

B. PLURAL

All plural nouns share the same article, regardless of their singular gender. It is the same as the feminine: **die**

3 ● Omission of the definite article

Generally, the definite article is used more frequently than in English, for example with abstract nouns: **die** Natur (nature).

The definite article is omitted:

1. When stating someone's nationality or profession:

Fred ist Amerikaner.	Fred is *an* American.
Fred ist Ingenieur.	Fred is *an* engineer.

2. Before names of continents, countries, and cities:

Europa ist schön.	Europe is beautiful.
Deutschland ist klein.	Germany is small.
München ist in Bayern.	Munich is in Bavaria.

NOTE: A few countries (feminine or plural) are always preceded by their definite article **die**: **die Schweiz, die USA.**

4 ● Der-words and primary endings

A. Several so-called **der**-words function in a way similar to the definite article. They also end in the characteristic letter, called the *primary ending,* and include: **dies-** (this), **jen-** (that), **jed-** (each) and the interrogative **welch-** (which). (**Solch-** and **manch-** are also **der**-words, but will be discussed later).

MASCULINE:		NEUTER:		FEMININE:		PLURAL:	
der	Beamte	das	Hotel	die	Frau	die	Beamten
dieser	Zug	dieses	Essen	diese	Post	diese	Hotels
jener	Bahnhof	jenes	Schloß	jene	Straße	jene	Frauen
jeder	Passant	jedes	Rathaus	jede	Kirche	(alle)	Züge
welcher	Student	welches	Gasthaus	welche	Post	welche	Straßen

B. Primary endings are subject to change.

There are four cases in German:

1. The *nominative* case is the case of the subject and answers *who?* or *what?*

2. The *accusative* case is the case of the direct object and answers *whom?* or *what?*

3. The *dative* case is the case of the indirect object and answers *to whom?*

4. The *genitive* case is the case of possession and answers *whose?*

Since German is more highly inflected than English, the primary endings of definite articles and **der**-words change in some grammatical cases. Although Grammar Unit 1 pertains to the nominative case, note that only masculine

23

singular modifiers change in the accusative case. Neuter, feminine, and plural nouns employ the same modifiers, regardless of whether they are subjects or direct objects:

NOMINATIVE:	ACCUSATIVE:
Das Wort ist lang. **Es** ist lang.	Ich sage **das Wort.** Ich sage **es.**
Die Frau ist schön. **Sie** ist schön.	Ich sehe **die Frau.** Ich sehe **sie.**
Die Wörter sind kurz. **Sie** sind kurz.	Ich sage **die Wörter.** Ich sage **sie.**
Der Mann ist gut. **Er** ist gut.	BUT: Ich sehe **den guten Mann.**
	Ich sehe **ihn.**

The masculine singular article changes from **der** to **den** (followed by the adjective ending **-en: guten**); the pronoun **er** changes to **ihn** (him).

5 ● Adjectives

Basic adjectives in German are mostly short, monosyllabic words: **gut, schön, schnell, weiß.** They can be used in two different ways:

A. Inflected adjectives preceding a noun

Der (dieser, jener, jeder, welcher) gute Beamte.
Das (dieses, jenes, jedes, welches) alte Hotel.
Die (diese, jene, jede, welche) neue Post.
Die (diese, jene, alle, welche) schönen Zimmer.

1. After hearing the characteristic primary ending of the definite article, or **der**-word, the ear is satisfied; it knows what noun is approaching. Therefore, the adjective is merely lengthened by a secondary ending which creates an additional syllable. The secondary ending is **-e,** except after the plural **die,** when it is **-en,** to distinguish feminine from plural.

2. Attributive adjectives precede the noun, as in English.

B. Uninflected adjectives in the predicate or functioning adverbially

Europa ist **interessant.**	Europe is *interesting*.
Das Essen ist **gut.**	The food is *good*.
Fred spricht **gut.**	Fred speaks *well*.
Fred spricht **schnell.**	Fred speaks *quickly*.

Adjectives which do not precede nouns are uninflected predicate adjectives or function as adverbs.
Adverbs: Note that in English adverbs must add *-ly* to an adjective or even have special forms, e.g. *good - well,* whereas in German any uninflected adjective also serves as the adverb.

6 ● Subject pronouns

A. Third-person pronouns

Personal pronouns in the third person are very easy to acquire, because they echo the sound of the definite article. It is most important to remain aware of this similarity since an inanimate object is not always an *it* in German; **der Zug,** for instance, is masculine.

Compare:

der–er: *he*
das–es: *it*
die–sie: *she*

PLURAL die–sie: *they*

Der Zug ist lang.	*The* train is long.
Er ist lang.	*It* (lit. he) is long.
Das Hotel ist gut.	*The* hotel is good.
Es ist gut.	*It* is good.
Die Straße ist schön.	*The* street is pretty.
Sie ist schön.	*It* (lit. she) is pretty.
Die Zimmer sind groß.	*The* rooms are large.
Sie sind groß.	*They* are large.

B. Special third-person pronouns

1. Germans are very sensitive about being addressed in the prescribed way. The correct form of the pronoun is the same as third person plural **(sie)**; however, it must always be capitalized: Sprechen **Sie** Deutsch?

Sie: *you*, singular and plural.

2. For generalizations, the third person singular pronoun **man** is used: Wie kommt **man** hin? How does *one* get there?

How do *you* get there?
How do *they* (*people*) get there?

C. First-person pronouns

ich: I
wir: we

The pronoun **ich** is capitalized only when it is the first word in a sentence.

D. Informal, second-person pronouns: **du, ihr**

The singular **du**, *you* (old *thou*) and the plural **ihr**, *you* will be de-emphasized in this book, since the average student seldom has an opportunity for such familiar use (within family, to pets, etc.).

ÜBUNGEN

I. A. *Ersetzen Sie den bestimmten Artikel durch das angegebene* **der-***Wort* (Replace the definite article by the given **der**-word):

BEISPIEL: das Hotel; **(dies-)**
dieses Hotel

1. der Ingenieur, das Restaurant, die Kirche, die Autos; **(dies-)**
2. der Beamte, das Tabakwarengeschäft, die Straße, die Studenten; **(jen-)**
3. der Hausmeister, das Hotel, die Frau, die Zimmer; **(jed-)**
4. der Passant, das Festspielhaus, die Nähe, die Straßen; **(welch-)**

B. Singular: *Setzen Sie das Prädikatadjektiv vor dem Substantiv ein* (Insert the predicate adjective in front of the noun):

BEISPIEL: Das Essen ist gut.
das gute Essen

1. Der Wachtmeister ist freundlich; der Hotelangestellte ist höflich; der Beamte ist gut; der Marktplatz ist groß;
2. Das Festspielhaus ist interessant; das Essen ist gut; das Mittagessen ist ausgezeichnet; das Hotel ist billig;
3. Die Straße ist lang; die Post ist modern; die Kirche ist alt; die Frau ist schön.

C. Plural

BEISPIEL: Die Zimmer sind groß.
die großen Zimmer
Die Briefe sind kurz; die Züge sind schnell; die Straßen sind lang; die Hotels sind gut.

D. *Beantworten Sie die Fragen mit dem angegebenen Adjektiv* (Answer the questions with the given adjective):

BEISPIEL: Wie ist das Essen? **(ausgezeichnet)**
Das Essen ist ausgezeichnet.

1. Wie ist das Mittagessen? **(gut)** 2. Wie ist die Post? **(modern)** 3. Wie ist der Ratskeller? **(gemütlich)** 4. Wie ist der Brief? **(kurz)** 5. Wie sind die Zimmer? **(groß)** 6. Wie fährt der Zug? **(schnell)** 7. Wie spricht Fred? **(gut)** 8. Wie ist München? **(schön)**

E. *Ersetzen Sie die Substantive (Hauptwörter) durch Pronomen (Für-wörter). Imitieren Sie die Endungen der Artikel oder der **der**-Wörter* (Replace the nouns by pronouns. Imitate the endings of the articles or **der**-words):

> BEISPIEL: Der Brief ist da.
> **Er ist da.**

1. Der Ingenieur ist Amerikaner. **2.** Das Land liegt in Europa. **3.** Die Kirche ist in der Nähe. **4.** Die Zimmer sind warm. **5.** Der Brief ist für Herrn Owens. **6.** Das Festspielhaus ist in Bayreuth. **7.** Diese Straße geht zum Schloß. **8.** Jenes Schloß ist sehr alt. **9.** Jeder Zug kommt hier an. **10.** Diese Post ist abends offen.

F. *Bilden Sie die Mehrzahl* (Form the plural):

> BEISPIEL: Ich habe fünf Mark.
> **Wir haben fünf Mark.**

1. Ich esse hier. **2.** Ich habe Hunger. **3.** Ich frage: „Wie kommt man hin?" **4.** Ich antworte schnell. **5.** Ich gehe um zwölf Uhr zum Bahnhof. **6.** Ich spreche mit einem Passanten. **7.** Ich komme in München an.

II. *Antworten Sie auf deutsch:*

1. Wann gehen Sie zum Bahnhof? **2.** Wann gehen Sie zum Festspielhaus? **3.** Wann gehen Sie zum Hotel? **4.** Wann gehen Sie zur Kirche? **5.** Wann gehen Sie ins Restaurant? **6.** Ist ein Brief für mich da? **7.** Ist das Mittagessen fertig? **8.** Wieviel kostet ein Zimmer, bitte? **9.** Was kosten die Mahlzeiten?

III. *Fragen Sie auf deutsch:*

1. ob es ein Gasthaus und ein Tabakwarengeschäft in der Nähe gibt. **2.** wo das beste Hotel ist. **3.** ob es wirklich ein gutes Hotel ist. **4.** ob das Essen auch gut ist. **5.** ob das sehr weit von hier ist. **6.** wieviel ein Zimmer kostet. **7.** was die Mahlzeiten kosten.

IV. *Sagen Sie auf deutsch:*

1. Where do you want to eat? **2.** When do you want to eat? **3.** Is the post office on the left side of the marketplace? **4.** Is there a restaurant in the city hall? **5.** Is the station near here? **6.** I am going to the station at noon. **7.** The food at the hotel is excellent.

ᕮ Die Aufenthaltsgenehmigung

(The residence permit)

Beim Polizeipräsidium	At the Main Police Station
DER BEAMTE: [1]Wie heißen Sie, bitte?	EMPLOYEE: [1]*What is your name, please?*
FRED: [2]Ich heiße Fred Owens.	FRED: [2]*My name is Fred Owens.*
DER BEAMTE: [3]Was ist Ihre Nationalität?	EMPLOYEE: [3]*What is your nationality?*
FRED: [4]Ich bin Amerikaner.	FRED: [4]*I am an American.*
DER BEAMTE [5]Wo sind Sie geboren?	EMPLOYEE: [5]*Where were you born?*
FRED: [6]Ich bin in Boston geboren.	FRED: [6]*I was born in Boston.*
DER BEAMTE: [7]Wie alt sind Sie?	EMPLOYEE: [7]*How old are you?*
FRED: [8]Ich bin zweiundzwanzig Jahre alt.	FRED: [8]*I am twenty-two.*
DER BEAMTE: [9]Was sind Sie von Beruf?	EMPLOYEE: [9]*What is your profession?*
FRED: [10]Ich bin Ingenieur der Elektrotechnik.	FRED: [10]*I am an electronics engineer.*
DER BEAMTE: [11]Wo wohnen Sie?	EMPLOYEE: [11]*Where do you live?*
FRED: [12]Ich wohne in München.	FRED: [12]*I live in Munich.*
DER BEAMTE: [13]Was ist Ihre Münchner Adresse?	EMPLOYEE: [13]*What is your Munich address?*

SCHWABINGER SZENE

FRED: [14]München Schwabing,* Theresienstraße neunundzwanzig.

DER BEAMTE: [15]Wo leben Ihre Eltern?

FRED: [16]Meine Mutter lebt in Boston. [17]Ich habe keinen Vater mehr.

DER BEAMTE: [18]Haben Sie Verwandte in Deutschland?

FRED: [19]Nein, ich habe keine Verwandten in Deutschland.

DER BEAMTE: [20]Danke. Die Aufenthaltsgenehmigung kommt durch die Post.

FRED: [21]Danke sehr.

FRED; [14]*Munich Schwabing, twenty-nine Theresien Street.*

EMPLOYEE: [15]*Where do your parents live?*

FRED: [16]*My mother lives in Boston.* [17]*My father is dead (I haven't a father any more).*

EMPLOYEE: [18]*Have you relatives in Germany?*

FRED: [19]*No, I have no relatives in Germany.*

EMPLOYEE: [20]*Thank you. The residence permit will be mailed to you.*

FRED: [21]*Thank you very much.*

---

* Schwabing: A section of Munich near the university. The artists' quarter of the city.

ÜBUNGEN

I. *Deutsche Laute:* **ch** und die Endung **-ig**

/x/ after **a, o, u,** and **au**	/ç/ after other vowels
ach	ich
auch	weich
Krach	Reich
rauchen	riechen
kochen	Köcher
Woche	Wächter
suchen	süchtig
Wucht	wichtig
machen	mächtig
Sache	sächlich
gebrochen	Bräuche
roch	röcheln
Kuchen	Küche
Bruch	brüchig
Bauch	Bäuche
Schlauch	Schläuche

II. Substitution. *Wiederholen Sie die folgenden Sätze, und ersetzen Sie die schräggedruckten Wörter.*

1. Was ist *Ihre Nationalität?*
  Ihre Münchner Adresse / Ihre Stuttgarter Adresse / Freds Adresse / Freds Nationalität

2. Was kostet *das Zimmer?*
  das Essen / die Aufenthaltsgenehmigung / der Tabak / das beste Hotel

3. Ich bin *zweiundzwanzig* Jahre alt.
  achtzehn / einundzwanzig / siebzehn / sechzehn

4. Ich bin noch nicht *einundzwanzig* Jahre alt.
  dreiundzwanzig / sechsundzwanzig / siebenundzwanzig / neunundzwanzig

5. Wo leben Ihre *Eltern?*
  Brüder / Schwestern / Verwandten / Freunde

6. *Meine Mutter* wohnt in Boston.
  meine Schwester / meine Tante / mein Bruder / mein Vater / mein Onkel

III. *Antworten Sie auf deutsch, wie die Personen im Text* (Answer in German, assuming the roles of the persons in the text):

1. Wie heißen Sie? **2.** Was ist Ihre Nationalität? **3.** Wo sind Sie geboren? **4.** Wie alt sind Sie? **5.** Was sind Sie von Beruf? **6.** Wo wohnen Sie? **7.** Was ist Ihre Adresse? **8.** Wo leben Ihre Eltern? **9.** Haben Sie Verwandte in Deutschland?

IV. *Beantworten Sie die folgenden persönlichen Fragen:*

1. Wie heißen Sie? **2.** Was ist Ihre Nationalität? **3.** Wo sind Sie geboren? **4.** Wie alt sind Sie? **5.** Was sind Sie von Beruf? (Student, Studentin). **6.** Wo wohnen Sie? **7.** Was ist Ihre Adresse? **8.** Wo leben Ihre Eltern? **9.** Haben Sie Verwandte in Deutschland?

V. *Fragen Sie einen anderen Studenten (eine andere Studentin):*

1. wie er (sie) heißt. **2.** wo er (sie) geboren ist. **3.** wie alt er (sie) ist. **4.** wo er (sie) wohnt. **5.** was seine (ihre) Adresse ist. **6.** was seine (ihre) Nationalität ist. **7.** was er (sie) von Beruf ist. **8.** ob er (sie) Verwandte in Deutschland hat. **9.** ob er (sie) Brüder hat. **10.** ob er (sie) Schwestern hat. **11.** ob er (sie) Onkel hat. **12.** ob er (sie) Tanten hat. **13.** wo seine (ihre) Eltern leben. **14.** ob seine (ihre) Eltern in der Nähe wohnen.

VI. *Zahlen*

1. *Wiederholen Sie die folgenden Zahlen auf deutsch:*
einundzwanzig (21), zweiundzwanzig (22), dreiundzwanzig (23), vierundzwanzig (24), fünfundzwanzig (25), sechsundzwanzig (26), siebenundzwanzig (27), achtundzwanzig (28), neunundzwanzig (29), dreißig (30).

2. *Lesen Sie auf deutsch:*
5, 10, 15, 20, 25, 30.
3, 6, 9, 12, 15, 18, 21, 24, 27, 30.
1, 11, 21   2, 12, 22   3, 13, 23   4, 14, 24   usw. (etc.)

VII. *Diktat aus Konversation 4*

VIII. *Eine Unterhaltung*

Inquiries about birthplace, age, family, etc. among students.

31

❧ Ankunft in München

Der junge Amerikaner Fred Owens kommt nach München. In der bayrischen Hauptstadt will er eine Weile lang als Ingenieur in einer großen elektrotechnischen Firma arbeiten. Ein Taxi bringt ihn zu seiner kleinen Wohnung in der Theresienstraße 29. Zuerst lernt er den Hausmeister kennen und dann richtet er sich gemütlich ein. Während der ersten Tage entdeckt Fred viel Sehenswertes: das Rathaus, das Deutsche Museum, Schloß Nymphenburg, das Hofbräuhaus und vieles andere mehr. Alles ist sehr interessant, aber Fred fühlt sich trotzdem noch fremd in einem Land, wo selbst die Kinder Deutsch sprechen.

Das Stadtzentrum ist der Karlsplatz, aber alle nennen ihn „Stachus". In der Nähe ist die berühmte Frauenkirche. Eines Tages besucht Fred diese Kirche. Danach geht er ein bißchen spazieren und entdeckt dabei, daß die Ettstraße ganz in der Nähe ist. In dieser Straße ist das Polizeipräsidium, und Fred geht hinein, denn alle Ausländer brauchen eine Aufenthaltsgenehmigung, wenn sie in Deutschland arbeiten wollen. Bevor Fred die Aufenthaltsgenehmigung bekommt, muß er verschiedene persönliche Fragen beantworten.

Als sich Fred bei der Firma vorstellt, lernt er einen jungen deutschen Kollegen kennen. Er ist auch Ingenieur und heißt Hans Reichert. Bald sind die beiden gute Freunde. Eines Tages fahren sie mit der Straßenbahn zum Hauptbahnhof. Mit dem Zug geht es dann weiter nach Bayreuth. Dort besuchen

EINE AUFFÜHRUNG VON WAGNERS *TANNHÄUSER*

sie das Festspielhaus, wo man jedes Jahr den Komponisten Richard Wagner durch die Aufführung seiner Opern ehrt. Vor seinem Tode modernisierte Wieland Wagner, ein Enkel Richard Wagners, in den letzten Jahren die Aufführungen durch besondere Licht- und Illusionseffekte anstatt der traditionellen Inszenierungen. Außerdem gibt es in Bayreuth ein altes Schloß, so daß es für die vielen Touristen viel zu tun und zu sehen gibt.

FRAGEN

1. Was ist Freds Nationalität? **2.** Was ist Fred Owens von Beruf? **3.** Warum ist er in München? **4.** Wo wohnt Fred? **5.** Wo leben seine Eltern? **6.** Warum geht Fred zum Polizeipräsidium? **7.** Ist das Polizeipräsidium in der Ettstraße weit von der Frauenkirche? **8.** Wer ist Hans Reichert? **9.** Wie ehrt man Richard Wagner in Bayreuth? **10.** Wer ist Wieland Wagner?

❧ Beim Mittagessen

(At lunch)

FRED: ¹Ich habe Hunger.

HANS: ²Ich auch.

FRED: ³Essen wir zu Mittag.

HANS: ⁴Hier ist ein gutes Restaurant. Gehen wir hinein.

FRED: ⁵Dort drüben ist ein freier Tisch. Setzen wir uns.

HANS: ⁶Herr Ober, bringen Sie uns die Speisekarte, bitte.

OBER: ⁷Hier, bitte. Möchten die Herren Nudelsuppe oder Kartoffelsuppe?

HANS: *(Zu Fred)* ⁸Probieren Sie doch die gute Kartoffelsuppe.
⁹Was möchten Sie trinken, Wein oder Bier?

FRED: ¹⁰Ein kleines Helles, bitte.

FRED: ¹*I am hungry.*

HANS: ²*So am I.*

FRED: ³*Let's have (eat) lunch.*

HANS: ⁴*Here is a good restaurant. Let's go in.*

FRED: ⁵*Over there is a (free) table. Let's sit down.*

HANS: ⁶*Waiter, bring us the menu please.*

WAITER: ⁷*Here you are. Would the gentlemen like noodle soup or potato soup?*

HANS: *(To Fred)* ⁸*Do try the good potato soup.*
⁹*What would you like to drink, wine or beer?*

FRED: ¹⁰*A small light [beer], please.*

HANS: [11]Was für Fleisch essen Sie gern?

FRED: [12]Wiener Schnitzel, und dazu Kartoffelbrei.

OBER: [13]Was möchten die Herren zum Nachtisch?

HANS: [14]Was haben Sie denn alles?

OBER: [15]Wir haben Pudding, Obst und Kuchen.

HANS: [16]Bringen Sie mir eine Banane und einen Apfel oder eine Birne.

FRED: [17]Und mir Weintrauben.

OBER: [18]Möchten Sie später vielleicht Tee oder Kaffee?

HANS: [19]Für mich, einen Kaffee, bitte.

FRED: [20]Danke, aber nichts für mich.

HANS: (*Zum Ober*) [21]Herr Ober, die Rechnung, bitte.

OBER: [22]Sofort, mein Herr.

HANS: [11]*What kind of meat do you like to eat?*

FRED: [12]*Breaded veal cutlet, and with it mashed potatoes.*

WAITER: [13]*What would the gentlemen like for dessert?*

HANS: [14]*What sort of things do you have?*

WAITER: [15]*We have pudding, fruit, and cake.*

HANS: [16]*Bring me a banana and an apple or a pear.*

FRED: [17]*And for me grapes.*

WAITER: [18]*Would you perhaps like tea or coffee later?*

HANS: [19]*For me, (a) coffee, please.*

FRED: [20]*Thank you, nothing for me.*

HANS: (To the waiter) [21]*Waiter, the check, please.*

WAITER: [22]*At once, sir.*

ÜBUNGEN

I. *Deutsche Laute:* /k/ (Different ways of spelling the k-sound)

A. k (when preceded by a vowel, preceding vowel is long)

ck (equals kk, preceding vowel short)

klein	Blick
haken	hacken
Lukas	Lücke
buk	bücken
stark	Stock
stak	stecken

B. kn (both letters must be pronounced distinctly)

Knie	Knoten
knuspern	Knoblauch
knattern	kneifen
Kneipe	zerknüllen

C. -g (in final position, except -ig)

-g-(followed by final voiceless consonants)

mag	magst
frag'	fragt
klug	klagst
Sarg	sorgst
sog	saugst
Lug und Trug	der Anschein trügt

D. -chs and -x (rare) = /ks/

ch- (at the beginning of a word)*

sechs	Chor
wachsen	Charakter
wechseln	Christus
Hans Sachs	Christ
Sachsen	Chaos
Ochse	Chlor
Axt	verchromt
Hexe	
Sphinx	

---

* In words of French, rather than Greek origin, initial ch- like /ʃ/ (sh): *Chef, Champagner, Chiffre, Chance.* In *China* and *Chemie,* ch- like /ç/ in the North, like /k/ in the South.

E. qu = /kv/

Qual	Qualle
Quote	Quantentheorie
quer	Quecksilber
Quälgeist	Quelle

F. c- (before a, o, u, and before consonants. Used only in a few words from French.)

Café
Courage
Clique
Coupé
Creme

II. Substitution. *Wiederholen Sie die folgenden Sätze, und ersetzen Sie die schräggedruckten Wörter:*

1. Essen wir *im Restaurant* zu Mittag.
im Ratskeller / im Hofbräuhaus / im Hotel / im anderen Hotel

2. Hier ist *ein gutes Restaurant.*
ein gutes Hotel / das gute Hotel / das gute Restaurant / das gute Essen

3. Möchten sie *Nudelsuppe?*
Kartoffelsuppe / ein Glas Wein / ein helles Bier / ein dunkles Bier

4. Ich möchte *Wiener Schnitzel.*
Kartoffelbrei / Obst / Kaffee / Tee

5. Was *haben* Sie denn alles?
essen / möchten / trinken / bringen

6. Wir haben *Obst.*
Bananen / Äpfel / Birnen / Weintrauben

7. *Nichts* für mich.
etwas / alles / einen Kaffee / einen Tee

8. Was *essen* Sie gern?
trinken / haben / möchten / sagen

III. *Antworten Sie auf deutsch:*

1. Wie spät ist es? **2.** Haben Sie Hunger? **3.** Wann essen Sie zu Mittag? **4.** Wo essen Sie zu Mittag? **5.** Gibt es ein gutes Restaurant in der Nähe? **6.** Wo ist das gute Restaurant? **7.** Wo ist ein freier Tisch? **8.** Möchten Sie Wein oder Bier? **9.** Was für Fleisch essen Sie gern? **10.** Was möchten Sie zum Nachtisch? **11.** Möchten Sie Tee oder Kaffee?

IV. *Sagen Sie zu einem anderen Studenten (zu einer anderen Studentin):*

1. daß es zwölf Uhr mittags ist. **2.** daß Sie Hunger haben. **3.** daß hier ein gutes Restaurant ist. **4.** daß Sie hineingehen sollen. **5.** daß dort drüben links ein freier Tisch ist. **6.** daß Sie sich setzen sollen. **7.** daß er (sie) Ihnen die Speisekarte bringen soll. **8.** daß er (sie) Ihnen seine (ihre) Adresse geben soll.

V. *Fragen Sie jemanden:*

1. ob er Hunger hat. **2.** wann er zu Mittag ißt. **3.** wo er ißt. **4.** was für Fleisch er gern möchte. **5.** ob er gern Nachtisch möchte.

VI. *Wiederholung* (Review). *Sagen Sie auf deutsch:*

1. At once. **2.** Please. **3.** You are welcome. **4.** Over there. **5.** To the left. **6.** To the right. **7.** Straight ahead. **8.** Not yet. **9.** Me too (So do I, so am I, etc.). **10.** Near the station. **11.** Opposite the station. **12.** How old are you? **13.** Where were you born? **14.** Let's sit down. **15.** Let's eat. **16.** Let's go in. **17.** What time is it? **18.** It's 6 A.M. **19.** It's 6 P.M. **20.** As usual.

VII. *Diktat aus Konversation 5*

VIII. *Eine Unterhaltung*

(1)

Auf der Straße:
Sie sagen einem Freund (einer Freundin), er (sie) soll mit Ihnen essen.

(2)

Im Restaurant:
Sie bestellen (*order*) das Essen.

ॐ Word Order; Coordinating Conjunctions; Typical Nouns

7 ● Normal word order in declarative sentences

(1)	(2)	
Sie	gehen	um ein Uhr gern zum Bahnhof.
Um ein Uhr	gehen	Sie gern zum Bahnhof.
Gern	gehen	Sie um ein Uhr zum Bahnhof.
Zum Bahnhof	gehen	Sie um ein Uhr gern.

1. In a declarative sentence the conjugated (finite) **verb must stand second.**

2. The subject or any logical unit may stand first (expressions of time or place, objects, adverbs, etc.).

3. If the subject is not first, it "orbits" around the verb to third place. All other elements are left in place.

4. In German it is very common to start a sentence with a time expression.

5. Time expressions stand as close to the verb as possible (if not first).

6. **Time precedes place** in German, contrary to English. (See later chapters.)

7. There can be only one (the finite) verb in front, in second place. Modal auxiliaries, for example, "outrank" ordinary verbs, which must go to the end of the clause as infinitives: **Ich möchte Wein trinken.** *I would like to drink wine.*

8. *Yes, no* (**ja, nein**), interjections, exclamations, exhortations do not count: **Ja, Fred ist da. Hurra, Fred ist da!**

9. There are no progressive or emphatic forms in German. **Ich gehe** may mean *I go, I am going, I do go.*

40

8 ● Inverted word order

A. Questions

> Gehen Sie zum Bahnhof?
> Wann gehen Sie zum Bahnhof?
> Warum gehen Sie zum Bahnhof?

1. In English the auxiliary verb *to do* is used for asking questions. A few verbs in English form questions by inversion: *Am I? Can he?* In German *all* verbs employ the inversion method: *verb first!*
   REMINDER: There are no progressive (or emphatic) forms. **Gehen Sie?** may mean *do you go, are you going?*

2. The only element which may precede the verb in a question is an interrogative word or expression, e.g.: **wer,** *who;* **wen,** *whom;* **was,** *what;* **wem,** *to whom;* **wo,** *where;* **wohin,** *where to;* **wieviel,** *how much;* **wie viele,** *how many;* **um wieviel Uhr** or **wann,** *at what time;* **warum,** *why.*

3. As in English, in colloquial speech a declaratory sentence may be used as a question by raising the voice at the end: **Sie möchten Kaffee?** *You would like coffee?*

4. A statement turns into a question by the addition of **nicht wahr** (lit. *not true?*) or, to a lesser degree, **oder** (*or?* implied: *or isn't that true*). This relatively simple device requires a number of renditions in English, e.g.: *don't you, isn't he, will you,* etc.: **Sie sprechen gut Deutsch, nicht wahr?** *You speak German well, don't you?*

B. Commands

Gehen Sie zum Bahnhof.	*Go to the station.*
Essen Sie die Suppe.	*Eat the soup.*
Gehen wir hinein.	*Let's go in.*
Setzen wir uns.	*Let's sit down.*
	(Lit.: *Let's seat ourselves.*)

1. Commands are identical to questions in word order: *verb first!* Punctuation and intonation provide the difference.

2. Verb + **Sie:** formal commands in the singular and plural.
   Verb + **wir** corresponds to *let us ——.*

3. Familiar commands require a special form in the singular and a personal ending in the plural. They will be mentioned later.

41

9 ● Transposed word order

NOTE: Transposed word order is the third type of word order in German. It is difficult to get used to, because all verbs stand last, with the finite verb usually occurring at the very end. It must be used for all indirect questions, relative clauses, and subordinate clauses. It will be taken up later; for the present note its use in some of the exercises:

Sagen Sie, daß es zwölf Uhr **ist.**
daß Sie Hunger **haben.**
Fragen Sie, ob es zwölf Uhr **ist.**
ob er Hunger **hat.**

10 ● Coordinating conjunctions

Fred ißt Wiener Schnitzel, **und** er trinkt ein Bier. (*and*)
Fred geht zu Hans, **oder** Hans kommt zu Fred. (*or*)
Fred spricht Deutsch, **aber** er spricht es nicht schnell. (*but*)
Die Münchner sprechen oft nicht Deutsch, **sondern** sie sprechen Bayrisch. (*but rather*)
Fred ißt Wiener Schnitzel gern, **denn** sie sind gut. (*because*)

1. The five coordinating conjunctions are extremely important: they have absolutely no effect on word order and are followed by subject and verb. (All other conjunctions will require transposed order.)

2. **sondern,** *but rather,* must be used after a negative statement in establishing a contrast; **denn,** *for, because,* is the *only* conjunction that can be used in a causal way with normal word order.

NOTE: Special use of **aber**: when **aber** is not the first (but usually, the third) word in a clause it means *however.*

Fred trinkt Tee, Hans trinkt **aber** Kaffee.	Fred drinks tea; Hans, *however,* drinks coffee.

3. When both main clauses have the same subject, it may be omitted in the second clause. However, it remains implied and no other word may move in its place, i.e. the verb will follow the conjunction:

Fred ißt Wiener Schnitzel und trinkt Bier.

11 ● Typical nouns

The following is the first step in the somewhat complicated process of recognizing (if possible) the gender of a German noun and understanding its plural formation. As to the latter, only a few nouns of foreign origin form the plural by adding -s. The rest of German nouns employs a variety of formations.

You may already have noticed a tendency to compound nouns in German. Although the first noun of a compound gets the major stress in pronunciation, the very last noun of a compound determines the gender and the basic meaning of the whole word. A compound noun is pluralized by forming the plural of the last noun.

The following nouns are typical representatives of their respective genders and plural formations. Each is shown with a plausible adjective to review the use of primary and secondary endings.

SINGULAR:	PLURAL:
der lange **Brief**	die langen **Briefe**
der alte **Markt**platz	die alten **Marktplätze**
der schnelle **Zug**	die schnellen **Züge**
der moderne **Bahnhof**	die modernen **Bahnhöfe**
der freie **Tisch**	die freien **Tische**
der gute **Wein**	die guten **Weine**
das kleine **Haus**	die kleinen **Häuser**
das alte **Schloß**	die alten **Schlösser***
das deutsche **Land**	die deutschen **Länder**
das kleine **Kind** (*child*)	die kleinen **Kinder**
die lange **Straße**	die langen **Straßen**
die alte **Kirche**	die alten **Kirchen**
die neue **Adresse**	die neuen **Adressen**
die interessante **Speise**karte	die interessanten **Speisekarten**
die warme **Suppe**	die warmen **Suppen**
die gute **Birne**	die guten **Birnen**
die süße (*sweet*) **Wein**traube	die süßen **Weintrauben**
die gelbe (*yellow*) **Banane**	die gelben **Bananen**

1. In general, you can assume (and hope) that a short (monosyllabic) noun which ends in a consonant is masculine and forms the plural by adding -e and an Umlaut if possible, i.e. over **a, (au)**, **o**, and **u**. Your assumption will almost invariably be correct if the noun represents the stem of a verb, or a variation thereof: **der Zug,** variation of the past tense of **ziehen** (*to pull*): **zog.** If you are wrong, the noun is not typical and must be memorized.

2. A short noun may be neuter. As such it must be memorized. If it is neuter, you can assume (and hope) that it will form the plural by adding -er and an Umlaut, if possible. If not, memorize the correct plural.

---

*ß = ss between two short syllables.

3. Nouns which end in -e typically consist of two syllables and arc almost always feminine. Almost all feminine nouns end in -en in the plural, i.e. if they end in -e, -n must be added.

NOTE: Almost all types of feminine nouns can be recognized. Feminine nouns employ the greatest variety of endings in the language.

4. EXCEPTIONS: Short masculine nouns may pluralize the neuter way: **der Mann, die Männer.** Short neuter nouns may pluralize by adding -e, in which case they never add an Umlaut: **das Jahr, die Jahre.** Some masculine nouns also pluralize without Umlaut: **der Tag, die Tage.** Short nouns which end in -ft -cht, -st are normally feminine and will be studied later: **die Post.**

ÜBUNGEN

I. A. *Beginnen Sie jeden Satz mit allen logischen Elementen:*

BEISPIEL: Es gibt hier ein Schloß.
Hier gibt es ein Schloß.
Ein Schloß gibt es hier.

1. Es gibt ein gutes Restaurant im Rathaus. **2.** Das Essen ist im anderen Hotel sehr gut. **3.** Ein Zimmer kostet im besten Hotel zwanzig Mark. **4.** Fred geht nach dem Mittagessen zum Bahnhof. **5.** Ich esse um zwölf Uhr wie gewöhnlich.

B. *Bilden Sie Fragen und beginnen Sie mit dem Fragewort:*

BEISPIEL: Fred geht zum Bahnhof. (wann)
Wann geht Fred zum Bahnhof?

1. Fred hat keine Verwandten in Deutschland. (warum) **2.** Sie haben die Aufenthaltsgenehmigung. (wo) **3.** Der junge Amerikaner kommt nach München. (wann) **4.** Er will eine Weile lang arbeiten. (für wen) **5.** Er geht. (wohin)

C. *Bilden Sie die Befehlsform* (Form commands):

BEISPIEL: Wir essen zu Mittag.
Essen wir zu Mittag.

1. Wir gehen hinein. **2.** Sie gehen hinein. **3.** Wir setzen uns. **4.** Sie setzen sich. **5.** Sie bringen uns die Speisekarte. **6.** Wir probieren die gute Suppe. **7.** Sie probieren die gute Suppe. **8.** Sie bringen mir eine Banane. **9.** Sie bringen uns Weintrauben. **10.** Sie bringen Hans die Rechnung.

44

D. *Verbinden Sie jedes Satzpaar mit der Konjunktion:*

BEISPIEL: Fred ist Amerikaner. (und) Hans ist Deutscher.
Fred ist Amerikaner, und Hans ist Deutscher.

1. Fred geht in die Frauenkirche. (und) Dann geht er zum Polizeipräsidium.
2. Ich habe Hunger. (und) Mein Freund hat Durst. **3.** Die Münchener
sprechen Deutsch. (oder) Sie sprechen Bayrisch. **4.** Das Stadtzentrum von
München heißt der Karlsplatz. (oder) Man kann auch „Stachus" sagen.
5. Alles ist sehr interessant. (aber) Fred fühlt sich noch fremd. **6.** Fred
bekommt eine Aufenthaltsgenehmigung. (aber) Er muß verschiedene persön-
liche Fragen beantworten. **7.** Hans ist nicht Amerikaner. (sondern) Er ist
Deutscher. **8.** Fred geht nicht ins Deutsche Museum. (sondern) Er fährt mit
dem Zug nach Bayreuth. **9.** Fred fühlt sich noch fremd. (denn) Sogar die
Kinder sprechen Deutsch. **10.** Hans geht ins Restaurant. (denn) Er hat
Hunger.

E. *Ersetzen Sie den Artikel durch das angegebene* **der-***Wort. Bilden Sie
dann die Mehrzahl* (*Plural*):

BEISPIEL: der interessante Brief. (dies-)
dieser interessante Brief: diese interessanten Briefe

1. der schöne Marktplatz. (welch-) **2.** der lange Zug. (jen-) **3.** der alte
Bahnhof. (dies-) **4.** der freie Tisch. (jed- Pl.:alle) **5.** der rote Wein. (welch-)
6. das alte Rathaus. (dies-) **7.** das interessante Schloß. (jen-) **8.** das
deutsche Land. (jed-/alle) **9.** das liebe Kind (welch-) **10.** die moderne
Straße (welch-) **11.** die schöne Kirche. (jen-) **12.** die alte Adresse. (dies-)
13. die ausgezeichnete Speisekarte. (jed-/alle) **14.** die kalte Suppe. (dies-)
15. die süße Birne. (welch-) **16.** die gelbe Banane. (jen-).

II. *Fragen Sie jemanden auf deutsch:*

1. wo es ein gutes Restaurant gibt. **2.** wo ein freier Tisch ist. **3.** was er gern
trinkt. **4.** was er gern trinken möchte. **5.** was er denn alles hat. **6.** ob er
Tee oder Kaffee möchte.

III. *Sagen Sie auf deutsch:*

1. Are you hungry? **2.** Would you like soup? **3.** What would you like to
drink? **4.** What kind of meat do you like to eat? **5.** What would you like for
dessert?

45

DER KÖLNER DOM

✌ Beim Pläneschmieden

(*Making plans*)

FRED: [1]Der wievielte ist heute?

HANS: [2]Heute ist der neunundzwanzigste September. [3]Wann fahren Sie nach Hamburg?

FRED: [4]Im Oktober. [5]Das sind meine Pläne: [6]Oktober und November in Hamburg; [7]Dezember, Januar und Februar in München; [8]März und April in Köln; [9]Mai, Juni, Juli und August in München.

HANS: [10]Sind Sie nächste Woche noch frei?

FRED: [11]Mal sehen ... Was ist heute für ein Tag?

HANS: [12]Heute ist Freitag.

FRED: [13]Am Montag, Dienstag, Mittwoch und Donnerstag gehe ich ins Büro. [14]Am Freitag, Samstag und Sonntag bin ich frei.

HANS: [15]Wollen Sie mit mir nach Heidelberg fahren?

FRED: [16]Recht gern. Wann fahren Sie ab?

HANS: [17]Der Zug fährt am Donnerstag um achtzehn Uhr ab.*

FRED: [18]Einverstanden. Also, bis Donnerstag.

FRED: [1]*What is the date today?*

HANS: [2]*Today is September 29.*
[3]*When are you going to Hamburg?*

FRED: [4]*In October.* [5]*These are my plans:*
[6]*October and November in Hamburg;*
[7]*December, January and February in Munich;* [8]*March and April in Cologne;* [9]*May, June, July and August in Munich.*

HANS: [10]*Are you still free next week?*

FRED: [11]*Let's see . . . What's today?* (*What kind of day is today?*)

HANS: [12]*Today is Friday.*

FRED: [13]*On Monday, Tuesday, Wednesday and Thursday I go to the office.* [14]*On Friday, Saturday and Sunday I am free.*

HANS: [15]*Do you want to go [ride, drive, travel] to Heidelberg with me?*

FRED: [16]*Gladly. When do you leave?*

HANS: [17]*The train leaves Thursday at 6 PM.*

FRED: [18]*Agreed. Well then, until Thursday.*

---

* In Germany all official, and much private time is reckoned according to the twenty-four hour clock, which distinguishes between AM (to 12) and PM (13–24).

ÜBUNGEN

I. *Ausspracheübungen*

A. /x/ /ç/

lachen, lächeln, machen, mächtig, ach, ich, auch, räuchern, Brauch, Bräuche, Loch, Blech, doch, dicht, noch, nicht, roch, riecht, Flucht, Pflicht, Buch, Habicht, suchen, Sichel, wuchten, welcher, wenig, König, selig, wichtig, süchtig.

B. /k/ /ks/ /kv/

schlank, krank, Keks, Kaffee, Café (establishment), können, kennen, Klasse; wecken, stecken, Bäcker, Acker, Frack, Bock, Socken, schmecken; Tag, mag, sag, trug, schlug, Teig, Balg, weg; tagt, magst, sagt, trugst, schlugst, bargst, saugst, trügt; Wuchs, Wechsel, wichsen, sechs, Achsel, Deichsel, Dachs, Ochse; Axel, Axt, Nixe, Hexe; Chor, Chlor, Charakter, Christus; Quinte, Quantz, Quelle, bequem, Quaste, Quantität, Qualität, Quote.

II. Substitution

1. Heute ist der neunundzwanzigste *September.*
   Oktober / November / Dezember / Januar

2. Heute ist der *elfte* November.
   zehnte / zwölfte / dreizehnte / achte

3. Heute ist der erste *Februar.*
   März / April / Mai / Juni

4. *Im Juli* fahre ich nach Köln.
   im August / im September / im Oktober / im November

5. *Am ersten Juli* fahre ich nach Köln.
   am ersten Dezember / am zweiten Januar / am dritten Februar / am vierten März

6. Sind Sie *nächste Woche* frei?
   nächsten Montag / nächsten Dienstag / nächsten Mittwoch / nächsten Donnerstag

7. Heute ist *Freitag.*
   Samstag / Sonntag / Montag / Dienstag

III. *Antworten Sie auf deutsch, laut Text:*

1. Der wievielte ist heute? 2. Wann fahren Sie nach Hamburg? 3. Wann gehen Sie ins Büro? 4. Wann sind Sie frei? 5. Was ist heute für ein Tag? 6. Wollen Sie mit mir nach Heidelberg fahren? 7. Wann fährt der Zug ab?

IV. *Imitieren Sie Ihren Professor oder Lehrer:*

1. der erste, der zweite, der dritte, der vierte, der fünfte, der sechste, der siebte, der achte, der neunte, der zehnte, der elfte, der zwölfte, der dreizehnte, der vierzehnte, der fünfzehnte, der sechzehnte, der siebzehnte, der achtzehnte, der neunzehnte, der zwanzigste.

2. der einundzwanzigste, der zweiundzwanzigste, der dreiundzwanzigste.

3. der vierunddreißigste, der fünfunddreißigste, der sechsunddreißigste.

4. der siebenundvierzigste, der achtundvierzigste, der neunundvierzigste, der fünfzigste.

V. *Antworten Sie auf deutsch:*

> BEISPIEL: Welcher Monat ist der erste Monat des Jahres?
> **Der Januar ist der erste Monat des Jahres.**

1. Welcher Monat ist der zweite Monat des Jahres? 2. Welcher Monat ist der dritte Monat des Jahres? 3. Welcher Monat ist der vierte Monat des Jahres? 4. Welcher Monat ist der fünfte Monat des Jahres? 5. Welcher Monat ist der sechste Monat des Jahres? 6. Welcher Monat ist der siebte Monat des Jahres? 7. Welcher Monat ist der zehnte Monat des Jahres? 8. Welcher Monat ist der zwölfte (letzte) Monat?

VI. *Fragen Sie einen anderen Studenten (eine andere Studentin):*

1. der wievielte heute ist. 2. wie spät es ist. 3. wieviel Uhr es ist. 4. wann er (sie) zu Mittag ißt. 5. ob die Post heute nachmittag offen ist. 6. wie er (sie) heißt. 7. wie alt er (sie) ist. 8. wo er (sie) geboren ist. 9. wo er (sie) wohnt. 10. ob er (sie) am Sonntag frei ist. 11. wann er (sie) nach Hamburg fährt. 12. wann der Zug abfährt.

VII. *Diktat aus Konversation 6*

VIII. *Eine Unterhaltung*

Sie laden einen Freund oder eine Freundin ein, mit Ihnen eine Reise zu machen, und machen eine Verabredung.
(*You invite a boy friend or a girl friend to take a trip with you and you make a date.*)

❧ Present Indicative of Regular Verbs;
sein, haben, tun

12 ● Regular present tense conjugation

In English, the basic form, or infinitive, of a verb is identified by the word *to* in front of the verb. In German, infinitives end in **-en.**

Infinitive:

	to	come
komm	**en**	
stem	*ending*	

Conjugating means changing the infinitive into a *finite verb,* i.e. a verb whose endings agree with its subject. While English has mostly lost the variety of inflections, except for the third person singular ending *-s* (*he comes*), German has preserved it.

In German, as in English, there are weak (regular) verbs, e.g. *learn, learned, learned* and strong (irregular) verbs, mostly consisting of very old and basic verbs, e.g. *lie, lay, lain.* In the present tense conjugation some German strong verbs change **a** to **ä** and **e** to **i** in the second and third person singular. They will be presented later. Most verbs, however, weak or strong, take the same set of endings in the present tense.

50

A. Regular endings: Traditional conjugational sequence

PRONOUNS:	STEM:	ENDING:	STEM:	ENDING:
ich	komm	e	wohn	e
du	komm	st	wohn	st
er, sie, es; man	komm	t	wohn	t
wir	komm	en	wohn	en
ihr	komm	t	wohn	t
sie, Sie	komm	en	wohn	en

Arranged functionally, for speed:

wir, sie, Sie	kommen	wohnen	Equals infinitive
ich	komme	wohne	Infinitive minus -n
er, sie, es; man (ihr)	kommt	wohnt	Stem plus -t
(du)	kommst	wohnst	Stem plus -st

1. **kommen** is strong; **wohnen** is weak, but the endings are the same.

2. Learn to recognize **du**-forms and **ihr**-forms for reading purposes, but avoid their use, lest you offend. The remaining finite verb forms are reduced to three relatively simple forms.

3. Other verbs which have been introduced and follow the pattern above: Strong or irregular: **trinken, gehen, bringen, nennen;** Weak or regular: **leben, lernen, brauchen, ehren.**

B. Separable and inseparable prefixes

Fred kommt in München **an.**
Fred lernt den Hausmeister **kennen.**
Fred **be**kommt die Aufenthaltsgenehmigung.
Fred **be**sucht die Frauenkirche.

wir, sie, Sie (Fred und Hans)	kommen **an**	bekommen
ich	komme **an**	bekomme
er, sie, es; man (Fred)	kommt **an**	bekommt

1. Separable prefixes are complete words used as prefixes. Whenever the verb to which they are prefixed is conjugated, they go to the end of the clause, no matter how short. Beware of changes in meaning induced by prefixes: **kommen,** *to come*; **ankommen,** *to arrive*; **lernen,** *to learn*; **kennenlernen,** *to get acquainted*; **stellen,** *to place*; **sich vorstellen** (*refl.*), *to introduce oneself.*

2. Inseparable prefixes are never detached. Most of them are not words in their own right, but rather syllables, mainly **be-, emp-, ent-, ge-, ver-, zer-, er-.** They also change the meaning of the verb: **kommen,** *to come*; **bekommen,** *to receive*; **suchen,** *to search*; **besuchen,** *to visit*; **decken,** *to cover*; **entdecken,** *to discover.*

3. When speaking, always stress separable prefixes. Never stress inseparable prefixes.

C. Connecting -e

Fred arbeitet in München.
Was kostet das Zimmer?

wir, sie, Sie	arbeiten
ich	arbeite
er, sie, es; man (ihr)	arbeitet
(du)	arbeitest

1. A "connecting -e" is used to connect the personal consonant endings **-t, -st** to the verb stem when:
    (a) the stem ends in **-d** or **-t** (making an additional **-t** aurally undistinguishable) or
    (b) the verb stem ends in a consonant cluster, such as **-gn, -chn, -ffn** (where the additional **-t** or **-st** would result in an unpronouncible combination).

2. Verbs which have been introduced and require a connecting -e: **arbeiten,** *to work*; **kosten,** *to cost*; **antworten,** *to answer*; **einrichten,** *to furnish, get settled.*

D. Verb stems ending in sibilants

ich heiße
du heißt
er heißt
ihr heißt

Verbs, whose stems end in **-s, -ss, -ß, -z, -tz** do not add **-st** in the **du**-form but **-t.** Note that second and third person singular and often second person plural will be identical in such verbs. Also: **setzen: du, er, (ihr) setzt.**

E. Infinitives in **-ln** and **-rn**

EX.: **lächeln,** *to smile;* **wandern,** *to wander, hike.*

wir, sie, Sie	lächeln	wandern
ich	**läch-le**	**wand(e)re**
er, sie, es; man; (ihr)	lächelt	wandert
(du)	lächelst	wanderst

1. **-ele-, -ere-,** (and **-ene-**) sequences are shunned in German. A number of verbs with stems in **-el** and **-er** adds **-n** only for infinitive and **wir, sie, Sie** forms. In the **ich**-form, **-eln** verbs drop the **-e** of the stem in favor of the **-e** ending. With **-ern** verbs, the stem **-e** is usually (but not necessarily) written, but is not pronounced.

2. Otherwise **-eln** and **-ern** verbs are completely regular and may be reliably identified as weak, since they represent diminutive forms of other verbs or corruptions of nouns and other words.

3. PRACTICAL HINT: Verbs are also almost without exception weak if their infinitive has an Umlaut, since the latter indicates a new formation. The Umlaut occurs in all forms (e.g. **fühlen,** *to feel*). Furthermore, verbs in **-ieren** (e.g. **probieren,** *to try, probe*) are weak (with a slight irregularity in the past participle), since the ending **-ieren,** with the stress always on the **-ie-,** identifies them as recent formations from foreign verbs.

13 ● sein, haben, tun (to be, to have, to do)

	sein	haben	tun
wir, sie, Sie	**sind**	haben	**tun**
ich	**bin**	habe	tue
er, sie, es; man	**ist**	**hat**	tut
(ihr)	**seid**	habt	tut
(du)	**bist**	**hast**	tust

1. **sein** and **haben** are auxiliaries and must be memorized to the point of excellence.

2. **sein** is completely irregular, as is the verb *to be* in most languages, and should not be used as a model for any other verb.

3. **haben** has only two irregular forms which omit the -b- (compare English *thou hast, he has,* omission of -*v*-). The two persons affected will be affected by irregularities of other verbs.

4. **tun** is presented here as the only verb besides **sein** whose infinitive does not end in **-en,** without ending in **-eln** or **-ern** (see 12.E). Its conjugation is quite regular.

ÜBUNGEN

I. A. Substitution

1. *Ich bin* in München.
   er ist / sie ist / es ist / Fred ist /
   wir sind / sie sind / Sie sind / Fred und Hans sind

2. *Ich habe* eine Aufenthaltsgenehmigung.
   er hat / Fred hat / sie hat / die Ausländerin hat /
   wir haben / sie haben / alle Amerikaner haben / Sie haben

3. Was *tue ich* heute?
   tut er / tut sie / tut man / tut der Amerikaner /
   tun wir / tun sie / tun die Studenten / tun Sie

B. *Antworten Sie mit:* „Ja, wir . . .“ *und:* „Ja, ich . . .“

BEISPIEL: Wohnen Sie in München?
   Ja, wir wohnen in München.
   Ja, ich wohne in München.

1. Leben Sie in Amerika? 2. Lernen Sie Deutsch? 3. Brauchen Sie eine Aufenthaltsgenehmigung? 4. Fragen Sie den Wachtmeister? 5. Sagen Sie das oft? 6. Kommen Sie mit nach Bayreuth? 7. Bringen Sie Hans mit? 8. Trinken Sie gern Bier? 9. Gehen Sie oft in das beste Restaurant? 10. Arbeiten Sie für eine gute Firma? 11. Kommen Sie spät an? 12. Lernen Sie Herrn Reichert kennen? 13. Besuchen Sie heute die Frauenkirche? 14. Bekommen Sie oft Briefe? 15. Heißen Sie so? 16. Probieren Sie die gute Suppe? 17. Fühlen Sie es? 18. Sind Sie Amerikaner? 19. Haben Sie eine Aufenthaltsgenehmigung? 20. Tun Sie das oft?

C. *Bilden Sie die Mehrzahl* (*Plural*):

> BEISPIEL: Er ehrt Richard Wagner.
> **Sie ehren Richard Wagner.**

1. Er wohnt in München. 2. Sie lebt in Amerika. 3. Sie lernt Deutsch. 4. Kommt der Zug bald? 5. Kommt der Zug bald an? 6. Er nennt den Karlsplatz „Stachus". 7. Das kleine Kind trinkt Milch. 8. Es kostet sehr viel. 9. Er beantwortet die Frage nicht. 10. Er richtet sich gemütlich ein. 11. Sie arbeitet bei einer großen Firma. 12. Er stellt sich bei der Firma vor. 13. Er lernt Hans kennen. 14. Sie entdeckt das alte Schloß. 15. Er setzt sich. 16. Sie fühlt sich noch fremd. 17. Er lächelt oft. 18. Sie wandert oft in den Alpen. 19. Er ist Amerikaner. 20. Sie hat alles.

II. *Antworten Sie auf deutsch:*

1. Wann essen Sie zu Mittag? 2. Wo wohnen Sie? 3. Sprechen Sie Deutsch? 4. Wie heißen Sie? 5. Gibt es ein gutes Restaurant in der Nähe? 6. Ist Hans Deutscher oder Amerikaner? 7. Wo lebt er, in Deutschland oder in Amerika? 8. Bringt der Ober die Speisekarte? 9. Was bringt er zum Nachtisch? 10. Sind Sie heute frei?

III. *Fragen Sie einen anderen Studenten* (*eine andere Studentin*):

1. ob er (sie) heute frei ist. 2. ob er (sie) Amerikaner (Amerikanerin) ist. 3. ob er (sie) Ingenieur der Elektrotechnik ist. 4. wo er (sie) ist. 5. was er (sie) hat. 6. was er (sie) tut. 7. wann er (sie) frei ist. 8. was seine (ihre) Adresse ist. 9. der wievielte heute ist. 10. was seine (ihre) Nationalität ist. 11. was er (sie) von Beruf ist. 12. wie alt er (sie) ist. 13. ob er (sie) Hunger hat. 14. wo er (sie) wohnt. 15. wann er (sie) ankommt.

∾ **Am Kiosk**

(At the newsstand)

Auf der Straße

HANS: [1]Wohin gehen Sie denn?

FRED: [2]Ich muß eine Zeitschrift kaufen. [3]Wo verkauft man Zeitungen und Zeitschriften?

HANS: [4]Dort drüben am Kiosk.

Am Kiosk

FRED: [5]Bitte, verkaufen Sie Zeitschriften?

DIE VERKÄUFERIN: [6]Aber natürlich. Was für eine Zeitschrift möchten Sie gern?

FRED: [7]Haben Sie den Spiegel?

VERKÄUFERIN: [8]Leider nicht. Er ist ganz ausverkauft.

FRED: [9]Ach, wie schade. Haben Sie zufällig amerikanische Zeitungen?

VERKÄUFERIN: [10]Tut mir leid. Wünscht der Herr eine andere deutsche Zeitschrift?

On the Street

HANS: [1]*Where might you be going?*

FRED: [2]*I have to buy a magazine.* [3]*Where do they sell newspapers and magazines?*

HANS: [4]*Over there at the newsstand.*

At the Newsstand

FRED: [5]*Please, do you sell magazines?*

SALESGIRL: [6]*But of course. What kind of a magazine would you like?*

FRED: [7]*Do you have the* Spiegel *(Mirror)?*

SALESGIRL: [8]*Unfortunately not. It is completely sold out.*

FRED: [9]*Oh, that's too bad. Do you by any chance have American newspapers?*

SALESGIRL: [10]*I am sorry. Does the gentleman want a different German magazine?*

56

FRED: ¹¹Leider kenne ich noch keine anderen, aber geben Sie mir die Neue Revue.

VERKÄUFERIN: ¹²Bitte sehr. Das macht neunzig Pfennig.

FRED: ¹³Hier ist ein Fünfmarkstück. ¹⁴Können Sie es wechseln?

VERKÄUFERIN: ¹⁵Mal sehen; neunzig und zehn macht eine Mark, zwei, drei, vier, fünf. ¹⁶Sonst noch etwas?

FRED: ¹⁷Ich weiß noch nicht.—¹⁸Was kostet dieser Stadtplan von München?

VERKÄUFERIN: ¹⁹Zwei Mark zwanzig. Er ist sehr gut.

FRED: ²⁰Also gut, ich nehme ihn. ²¹Eine Mark, zwei Mark, zehn, zwanzig.

VERKÄUFERIN: ²²Ist das alles für heute?

FRED: ²³Danke, das ist alles. Auf Wiedersehen.

FRED: ¹¹*Unfortunately I do not know any others yet, but give me the* Neue Revue.

SALESGIRL: ¹²*Here you are. That comes to ninety pfennigs.*

FRED: ¹³*Here is a five mark piece.* ¹⁴*Can you change it?*

SALESGIRL: ¹⁵*Let's see; ninety and ten makes one mark, two, three, four, five.* ¹⁶*Anything else?*

FRED: ¹⁷*I don't know yet.*—¹⁸*How much is this city map of Munich?*

SALESGIRL: ¹⁹*Two marks twenty. It is very good.*

FRED: ²⁰*All right then, I'll take it.* ²¹*One mark, two marks, ten, twenty.*

SALESGIRL: ²²*Is that all for today?*

FRED: ²³*Thank you, that's all. Good-bye.*

ÜBUNGEN

I. *Deutsche Laute:* /g/ /ng/

/g/ (as in *good*): gut, groß, Garn, Geld, geben, gießen, Sorge, borgen bürgen, ärgern, taugen, legen, liegen, Sage, gleich.

/ng/ (one sound, as in *singer*): fangen, bangen, singen, Klang, Finger, Angst, klingen, rang, gerungen, länglich, lange, Anfang, Drang, Übung, Hang.

NOTE: In a few words of French origin, mostly ending in **-age** or **-oge** the **-g-** is "soft", like French /z/.

EX.: Courage, Gage, Loge, Garage.

II. Substitution

1. Ich muß *eine Zeitschrift* kaufen.
eine Zeitung / Zeitschriften / Zeitungen / einen Stadtplan

2. Wo verkauft man *Zeitungen*?
Zeitschriften / Zigaretten / Tabak / Milch

3. Was für *eine Zeitschrift* möchten Sie gern?
eine Zeitung / Zeitschriften / Zeitungen / einen Stadtplan

4. Haben Sie zufällig *amerikanische Zeitungen*?
deutsche Zeitungen / amerikanische Zeitschriften / deutsche Zeitschriften / andere Zeitschriften

5. Was kostet *dieser Stadtplan von München*?
diese Zeitung / diese Zeitschrift / diese Postkarte / jene deutsche Zeitung

III. *Ersetzen Sie die Substantive durch Pronomen* (**er, sie, es** *und* **ihn** *für* **den**):

BEISPIEL: Da haben Sie **den** Stadtplan.
Da haben Sie ihn.

1. Da haben Sie den Brief. **2.** Der Brief ist für Sie. **3.** Der Spiegel ist ausverkauft. **4.** Die Zeitschrift ist interessant. **5.** Wollen Sie den Spiegel? **6.** Da haben Sie die Aufenthaltsgenehmigung. **7.** Wo ist die Neue Revue? **8.** Wo sind die zwei Briefe? **9.** Wie nennt man den Karlsplatz? **10.** Haben Sie die Pläne?

IV. *Antworten Sie auf deutsch:*

1. Wohin gehen Sie denn? **2.** Wo verkauft man Zeitungen und Zeitschriften? **3.** Verkaufen Sie Zeitschriften? **4.** Haben Sie den Spiegel? **5.** Haben Sie zufällig amerikanische Zeitungen? **6.** Können Sie ein Fünfmarkstück wechseln? **7.** Was kostet dieser Stadtplan von München? **8.** Wo kauft Fred eine Zeitschrift? **9.** Wie heißt die Zeitschrift, die (*which*) Fred kauft?

10. Kennt Fred andere deutsche Zeitschriften? **11.** Wo verkauft man in Deutschland Zeitungen und Zeitschriften?

V. *Bilden Sie negative Sätze, indem Sie mit* **nein** *beginnen und mit* **nicht** *enden:*

BEISPIEL: Ja, Fred kennt den Spiegel.
Nein, Fred kennt den Spiegel nicht.

1. Ja, Fred kauft den Stadtplan von München. **2.** Ja, er kennt die Neue Revue. **3.** Ja, der Amerikaner kennt ihn. **4.** Ja, wir wissen das. **5.** Ja, er weiß es. **6.** Ja, ich kann das. **7.** Ja, ich nehme ihn. **8.** Ja, Fred nimmt ihn. **9.** Ja, die Verkäuferin wechselt das Fünfmarkstück. **10.** Ja, sie tut es.

VI. *Stellen Sie Fragen, zu denen die folgenden Antworten passen* (Ask questions to which the following answers are suitable):

BEISPIEL: Dieser Stadtplan von München kostet zwei Mark zwanzig.
Was kostet dieser Stadtplan von München?

1. Das ist alles für heute. **2.** Die Zeitschrift kostet neunzig Pfennig. **3.** Ich bin Amerikaner. **4.** Ich bin Student. **5.** Ich bin heute frei. **6.** Wir sind Amerikaner. **7.** Wir sind Studenten. **8.** Wir sind heute frei.

VII. *Fragen Sie einen anderen Studenten* (*eine andere Studentin*):

1. wohin er (sie) denn geht. **2.** warum er (sie) zum Kiosk geht. **3.** ob man am Kiosk Zeitungen und Zeitschriften verkauft. **4.** was für eine Zeitschrift er (sie) gern möchte. **5.** was die Neue Revue kostet. **6.** was (*or*: wieviel) der Stadtplan von München kostet. **7.** ob er (sie) amerikanische Zeitungen hat. **8.** ob er (sie) andere deutsche Zeitschriften kennt. **9.** ob er (sie) ein Fünfmarkstück wechseln kann. **10.** ob das alles für heute ist.

VIII. *Diktat aus Konversation 7*

IX. *Eine Unterhaltung*

(1)

"Do you have grapes?"

"No, I am sorry, but we have bananas or pears."

"Oh, that's too bad. Give me this yellow banana, please."

(2)

"Waiter, the check, please."

"Here you are."

"How much does that come to (make)?"

"Can you change twenty marks?"

"I don't know yet; let's see,—yes, I can."

1234567890

∾ Numbers

14 ● Cardinal numbers (one, two, three, etc.)

1 eins (ein, eine)	11 elf	21 einundzwanzig
2 zwei	12 zwölf	22 zweiundzwanzig
3 drei	13 dreizehn	33 dreiunddreißig
4 vier	14 vierzehn	34 vierunddreißig
5 fünf	15 fünfzehn	45 fünfundvierzig
6 sechs	16 sechzehn	46 sechsundvierzig
7 sieben	17 siebzehn	57 siebenundfünfzig
8 acht	18 achtzehn	58 achtundfünfzig
9 neun	19 neunzehn	69 neunundsechzig
10 zehn	20 zwanzig	79 neunundsiebzig
30 dreißig	40 vierzig	89 neunundachtzig
50 fünfzig	60 sechzig	99 neunundneunzig
70 siebzig	80 achtzig	101 hunderteins
90 neunzig	100 hundert	616 sechshundertsechzehn
1 000 tausend	1 000 000 eine Million	999 neunhundertneunundneunzig

1. **eins** is used for counting and calculating. When it precedes a noun, or refers to a certain noun, it becomes synonymous with the indefinite article and changes to **ein** for masculine and neuter nouns, to **eine** for feminine nouns: **ein Mann, ein Tisch, eine Frau.**

2. The other cardinal numbers cause the noun to be plural, but they take no ending themselves: **Diese drei Tische sind frei.**

3. Careful! Units precede tens in German; twenty-two = **zweiundzwanzig.**

4. The **-s** of **sechs** and the **-en** of **sieben** are dropped before **-z-: sechs, sechzehn, sechzig, sechshundert, sieben, siebzehn, siebzig, siebenhundert.**

5. Note that of the tens all end in **-zig** except for 30, which ends in **-ßig,** preceded by a vowel. In all other cases, consonants precede.

15 ● Ordinal numbers (first, second, third, etc.)

Wer kennt **die erste** Konversation?	Who knows *the first* conversation?
Heute ist **der zweite** dieses Monats.	Today is *the second* of this month.
Er ist **das dritte** Kind.	He is *the third* child.
Wann ist **der achte?**	When is *the eighth*?
Morgen ist **der zweiundzwanzigste** Tag.	Tomorrow is the *twenty-second* day.
Ist das **das letzte?**	Is that *the last* (*one*)?

1. The ordinal number is formed as follows: Cardinal number + ordinal number ending (**-t** or **-st**) + adjective ending: **vier + t + e; vierzig + st + e.**

2. Ordinal ending **-t** is added to numbers under 20. To twenty and above, add **-st.** For a quick response use the sound as a guide. If you hear the cardinal number ending in **-ig,** add **-st. Hundert** and **tausend** also add **-st,** since a **-t** could not be distinguished.

3. Special stems: **erst-, dritt-, acht-** (*no second -t*), **siebent-** OR **siebt-.**

4. The ordinal endings **-t-** and **-st-** cannot be terminal; they must be followed by the appropriate adjective ending. Ordinal numbers are therefore almost always preceded by a definite article with primary ending, with the ordinal number taking the secondary ending: **der vierte, die zwanzigste.**

16 ● Dates

Der wievielte ist heute?	What is the date today? (Lit.: the *how manieth* is today?)
Heute ist **der elfte** Juni.	Today is *the eleventh* of June.
Or	
Heute ist **der 11.** Juni.	
Friedrich II. starb **1786.**	Frederick II died *in 1786*.
Or	
Friedrich II. starb **im Jahre 1786.**	

1. In asking about the date, **wieviel** is treated like an ordinal number.

2. A number followed by a period must be read as an ordinal number: **der 11. Juni: der elfte Juni; Friedrich II.: Friedrich der Zweite.**

3. In English we say *"in 1786."* In German only the year is stated, **1786,** or the year may be preceded by **im Jahre 1786**.

4. From 1100 to 1900 you may say **elfhundert, zwölfhundert,** etc., especially with years: **Im Jahre neunzehnhundertneunundsechzig (1969).** Beyond 1900 use **tausend: Im Jahre zweitausendzweihundert (2 200).**

61

17 ● Fractions

$\frac{1}{2}$ ein halb	$\frac{1}{4}$ ein Viertel
$\frac{1}{2}$ kg ein halbes Kilo	$\frac{3}{4}$ drei Viertel
der halbe Tisch	$\frac{7}{10}$ sieben Zehntel
das halbe Land	$\frac{1}{22}$ ein Zweiundzwanzigstel

1. The fraction $\frac{1}{2}$ is treated like an adjective before a noun: **das halbe Pfund.**

2. Other fractions are formed by the capitalized ordinal number + -el. Their gender is neuter: **ein Zehntel.**

18 ● Time of day

A. Wie spät ist es? *Or*: **Wieviel Uhr ist es?** *What time is it?*

1:00 Es ist ein Uhr.
1:15 Es ist ein Uhr fünfzehn.*
     Es ist fünfzehn Minuten nach eins.
     Es ist Viertel nach eins.
     Es ist viertel zwei.
2:00 Es ist zwei Uhr.
2:30 Es ist zwei Uhr dreißig.*
     Es ist halb drei.
3:00 Es ist drei Uhr.
3:45 Es ist drei Uhr fünfundvierzig.*
     Es ist fünfzehn Minuten vor vier.
     Es ist Viertel vor vier.
     Es ist dreiviertel vier.

B. Wann . . .? Um wieviel Uhr . . . ?   *When . . . ? At what time . . . ?*

In conversation:	(Mostly) Official time, 24 hour system:	
Um neun Uhr morgens.	Um neun Uhr (9^h).	9:00 A.M.
Mittags.	Um zwölf Uhr (12^h).	12:00 A.M.
Um Mitternacht.	Um vierundzwanzig Uhr (24^h).	12:00 P.M.
Um acht Uhr abends.	Um zwanzig Uhr (20^h).	8:00 P.M.
Abends um halb neun.	Um zwanzig Uhr dreißig (20^h 30).	8:30 P.M.

---

* Recommended as easiest, most consistent method to acquire. Study and compare the other methods carefully and understand them.

19 ● Notes on gender and number

Die Eins, die Zwei, die Drei . . .	The (number) one, the two, the three . . .
Die Hundert, die Tausend.	The (number) hundred, the thousand.
Das Hundert kostet zwei Mark.	One hundred costs two marks.
Das Tausend kostet drei Mark.	One thousand costs three marks.
Das Dutzend fünfzig Pfennig.	One dozen—fifty pfennigs.
Zwei Mark das Viertel.	Two marks per quart.
Zwei Pfund Fleisch kosten 10 Mark.	Two pounds of meat are 10 marks.

1. The names of numbers, including 100, 1 000, 1 000 000, are feminine. When referring to a quantity, 100 and 1 000 become neuter.

2. All fractions, ending in **-el,** are neuter. Otherwise the ending **-el** mostly denotes masculine and a few feminine nouns.

3. Units of measurement, e.g. **Mark, Pfennig, Pfund,** are never pluralized. Note, however, that the verb is plural: *Zwei Pfund Fleisch* **kosten** *10 Mark.*

4. In German a comma is written in decimal fractions, not a decimal point: 6,4 (Read: **sechs Komma vier**).

ÜBUNGEN

I. *Übungen mit Zahlen* (*Nummern*)*. Zählen Sie auf deutsch:*

1. 10, 20, 30, 40, 50, 60, 70, 80, 90, 100, 1 000, 1 000 000.

2. 50, 55, 60, 65, 70, 75, 80, 85, 90, 95, 100.

3. 21, 31, 41, 51, 61, 71, 81, 91, 101.

4. 1, 11, 21; 2, 12, 22; 3, 13, 30, 33; 4, 14, 40, 44; 5, 15, 50, 55; 6, 16, 60, 66, 76; 7, 17, 70, 77, 87; 8, 18, 80, 88, 98; 9, 19, 90, 99.

II. Substitution

A.

1. Wie alt ist er? Er ist *neun Jahre* alt.
   zehn Jahre / acht Jahre / drei Jahre / ein Jahr

2. Wie alt ist sie? Sie ist *sechzehn Jahre* alt.
   siebzehn Jahre / sechzig Jahre / siebzig Jahre / sechsundzwanzig Jahre

3. Wieviel kostet das? Es kostet *zehn Mark.*
   neun Mark / acht Mark / sieben Mark / sechs Mark / fünf Mark

4. Was kosten die Bananen? *Zwei Mark* das Kilo.
   eine Mark fünfundachtzig / zwei Mark fünfzehn / zwei Mark fünfundsechzig / eins fünfundachtzig / zwei fünfzehn / zwei fünfundsechzig

5. Wieviel Uhr ist es? Es ist *sechs Uhr.*
   fünf Uhr / vier Uhr / drei Uhr / zwei Uhr / ein Uhr

63

B. *Wiederholen Sie die folgenden Sätze und ersetzen Sie die schräggedruckten Wörter:*

Montag ist *der erste* Wochentag.

Dienstag ... der zweite / Mittwoch ... der dritte / Donnerstag ... der vierte /
Freitag ... der fünfte / Samstag ... der sechste / Sonntag ... der letzte

III. *Beantworten Sie die folgenden Fragen mit einem vollständigen (kompletten) Satz:*

1. Wie viele Tage hat der März? **2.** Wie viele Tage hat der Februar? **3.** Wie viele Tage hat der Dezember? **4.** Wie viele Tage hat ein Jahr? **5.** Wie alt sind Sie? **6.** Wie alt ist Ihr (*your*) Vater? (Mein Vater ...) **7.** Wie alt ist Ihre (*your*) Mutter? (Meine Mutter ...) **8.** Welcher Tag ist der erste Wochentag? **9.** Welcher Tag ist der dritte Wochentag? **10.** Welcher Monat ist der dritte Monat des Jahres? **11.** Welcher Monat ist der zweite Monat des Jahres? **12.** Der wievielte Monat ist der April? **13.** Der wievielte Monat ist der Mai?

IV. *Sagen Sie die folgenden Tageszeiten auf deutsch und auf englisch:*

BEISPIEL: 22^h 45
Zweiundzwanzig Uhr fünfundvierzig; ten forty-five P.M.

1. 1^h 15, 1^h 25, 1^h 45. **2.** 6^h 23, 6^h 33, 6^h 47. **3.** 10^h 12, 11^h 19, 12^h 59. **4.** 13^h 01, 14^h 26, 17^h 50. **5.** 16^h 56, 18^h 55, 21^h 39. **6.** 19^h 19, 23^h 48, 24^h .

V. *Sagen Sie auf deutsch:*

BEISPIEL: May 5th; on May 5th.
der fünfte Mai; am fünften Mai.

1. March 1st, on March 1st; February 3rd, on February 3rd; January 6th, on January 6th. **2.** June 11th, on June 11th; May 16, on May 16th; April 17th, on April 17th. **3.** September 21st, on September 21st; Aug. 30th, on Aug. 30th; July 26, on July 26th. **4.** Dec. 31st, on Dec. 21st; Nov. 23rd, on Nov. 23rd; Oct. 26th, on Oct. 26th.

VI. Zahlenübungen

1. *Zählen Sie auf deutsch:* elfhundert, zwölfhundert, usw. bis neunzehnhundert.

2. *Lesen Sie die folgenden Jahreszahlen auf deutsch:*
1914, 1945, 1956, 1960, 1968, 1969; 1812, 1848, 1875, 1888, 1890, 1899;
1786, 1648, 1517, 1400, 1333, 1201.

3. *Lesen Sie die folgenden Brüche* (fractions) *auf deutsch:*
½, ¼, ¾, 1/3, 2/5, 6/6, 5/7, 7/8, 8/9, 9/10;
1/16, 1/19, 22/23, 23/45.
1,3; 2,6; 5,7; 8,9.

∾ Eine kleine Geschichtsprüfung

(*A little history quiz*)

Helga Bruckner, Hans Reichert's girlfriend, is testing Fred on history.

HELGA: ¹Kennen* Sie die deutsche Geschichte?

HELGA: *¹Do you know German history?*

FRED: ²Natürlich kenne ich sie.

FRED: *²Of course I know it.*

HELGA: ³Über wen wissen* Sie zum Beispiel etwas?

HELGA: *³About whom do you know something, for example?*

FRED: ⁴Ich weiß etwas über Friedrich den Großen von Preußen und Ludwig II. (den zweiten) von Bayern.

FRED: *⁴I know something about Frederick the Great of Prussia and Ludwig II of Bavaria.*

HELGA: ⁵Welches Jahrhundert kann man das Zeitalter Friedrichs des Großen nennen?

HELGA: *⁵Which century can be called (can one call) the age of Frederick the Great?*

FRED: ⁶Das 18. (achtzehnte), d.h. (das heißt) die zweite Hälfte, denn er wurde 1740 König.

FRED: *⁶The 18th, i.e. the second half, for he became king in 1740.*

HELGA: ⁷Wann ist Friedrich der Große oder Friedrich II. gestorben?

HELGA: *⁷When did Frederick the Great or Frederick II die?*

FRED: ⁸Friedrich II. ist im Jahre 1786 gestorben.

FRED: *⁸Frederick II died in 1786.*

HELGA: ⁹In welchem Jahrhundert war Ludwig II. König von Bayern?

HELGA: *⁹In which century was Ludwig II king of Bavaria?*

FRED: ¹⁰Im 19. (neunzehnten), denn er war ein Freund Richard Wagners.

FRED: *¹⁰In the 19th, for he was a friend of Richard Wagner.*

---

* KENNEN, *to know, be acquainted,* is always followed by an object.
WISSEN, *to know* (factual knowledge), is mostly followed by a subordinate clause specifying the knowledge.

66

HELGA: [11]Wann ist Ludwig II. von Bayern gestorben?

FRED: [12]Ich weiß nicht wann, nur wie. [13]Er ist ertrunken.

HELGA: [14]Wann wurde Karl der Große Kaiser?

FRED: [15]Ich weiß! Im Jahre 800.

HELGA: [16]Wann war der Erste Weltkrieg?

FRED: [17]Von 1914 bis 1918.

HELGA: [18]Und der zweite?

FRED: [19]Von 1939 bis 1945.

HELGA: [20]Kennen Sie den Namen der ersten deutschen Republik?

FRED: [21]Die Weimarer Republik.

HELGA: [22]Sie wissen alles.

HELGA: [11]*When did Ludwig II of Bavaria die?*

FRED: [12]*I don't know when, only how.* [13]*He drowned.*

HELGA: [14]*When did Charlemagne become emperor?*

FRED: [15]*I know! In the year 800.*

HELGA: [16]*When was World War I?*

FRED: [17]*From 1914 to 1918.*

HELGA: [18]*And the second [one]?*

FRED: [19]*From 1939 to 1945.*

HELGA: [20]*Do you know the name of the first German republic?*

FRED: [21]*The Weimar Republic.*

HELGA: [22]*You know everything.*

DIE GOLDENE KUTSCHE LUDWIGS II.

ÜBUNGEN

I. *Deutsche Laute:* /ʃ/: **sch** and initial **sp-** and **st-**

sch: Schuh, Schule, schnell, Schmied, schneiden, waschen, barsch, wünschen, Busch, schämen.
st-: still, stumm, steil, Stiel, Sturm, steigen, stehen, Start, Staub, Stange, stoßen.
sp-: spielen, Spitze, speien, Sport, Spule, Speck, Spange, spritzen, sprießen, spülen.

II. Substitution

1. Kennen Sie *die deutsche Geschichte?*
   die amerikanische Geschichte / die bayrische Geschichte /
   den amerikanischen Studenten / den deutschen Studenten

2. Ich kenne *die deutsche Geschichte.*
   die amerikanische Geschichte / die bayrische Geschichte /
   den amerikanischen Studenten / den deutschen Studenten

3. Wissen Sie, *wer der König von Preußen war?*
   wer der König von Bayern war / wer Karl der Große war / wer Richard Wagner war /
   wer George Washington war / wer der erste amerikanische Präsident war

4. *Ich weiß nicht,* wann Ludwig II. König war.
   er weiß nicht / sie weiß nicht / Fred weiß nicht / das Kind weiß nicht

III. *Antworten Sie auf deutsch, laut Text:*

1. Kennen Sie die deutsche Geschichte? **2.** Über wen wissen Sie etwas? **3.** Welches Jahrhundert kann man das Zeitalter Friedrichs des Großen nennen? **4.** Wann wurde Friedrich II. König? **5.** Wann ist Friedrich II. gestorben? **6.** In welchem Jahrhundert war Ludwig II. König von Bayern? **7.** Wie ist Ludwig II. gestorben? **8.** Wann wurde Karl der Große Kaiser? **9.** Wann war der Erste Weltkrieg? **10.** Wann war der Zweite Weltkrieg? **11.** Kennen Sie den Namen der ersten deutschen Republik?

IV. *Fragen Sie jemanden:*

1. ob er die deutsche Geschichte kennt. **2.** über wen er etwas weiß. **3.** ob er weiß, wann Friedrich der Große gestorben ist. **4.** ob er weiß, wann Ludwig II. gestorben ist. **5.** ob er weiß, wie Ludwig II. gestorben ist. **6.** ob er weiß, wann der Erste Weltkrieg war, und wann der Zweite Weltkrieg war. **7.** ob er die amerikanische Geschichte kennt und studiert.

V. *Antworten Sie auf deutsch:*

1. In welchem Jahr sind Sie geboren? **2.** Der wievielte ist heute? **3.** Welcher Wochentag ist heute? **4.** Wie alt ist Ihr (*your*) Vater? **5.** In welchem Jahr ist er geboren? **6.** In welchem Monat sind Sie geboren? (im Januar, usw.) **7.** Wann ist Ihr (*your*) Geburtstag? (*birthday*)

VI. *Sagen Sie auf deutsch:*

1. On May 5th. On July 16th. On September 27th. On December 31st.

2. In 1970. In 1901. In 1848. In 1777.

3. In the 20th century. In the 19th century. In the 18th century. In the 17th century.

VII. *Lesen Sie auf deutsch:*

1. Der 2. Januar 1969. **2.** Der 18. März 1945. **3.** Der 6. April 1899. **4.** Der 1. Juni 1717. **5.** Der 31. August 1698. **6.** Der 26. Mai 1398.

VIII. *Diktat aus Konversation 8*

IX. *Eine Unterhaltung*

(1)

"Do you know George Washington?"
"Of course I know him (*ihn*)."
"What was he?"
"He was the first American president."
"In which century was he president?"
"In the 18th."
"When did he die?"
"He died in 1799."

(2)

"Do you know something about the 4th (*den vierten*) of July?"
"But of course. It is Independence Day (*der Tag der amerikanischen Unabhängigkeitserklärung*)."
"In which year was the Declaration of Independence [made]?"
"In 1776."

69

ᰔ Eine bevorstehende Heirat

(*An impending marriage*)

HANS: ¹Kennen Sie Irma Krämer?

FRED: ²Nein, ich kenne sie nicht.

HANS: ³Oh doch.* Sie haben sie letzte Woche bei Helga kennengelernt.

FRED: ⁴Ist sie eine kleine Blondine mit blauen Augen?

HANS: ⁵Nein, ganz im Gegenteil. Sie ist eine große Brünette.

FRED: ⁶Welche Farbe haben ihre Augen?

HANS: ⁷Sie hat braune Augen und einen sehr hübschen Mund.

FRED: ⁸Jetzt erinnere ich mich. ⁹Meinen Sie das Mädchen im schwarz-weißen Kleid?

HANS: ¹*Do you know Irma Krämer?*

FRED: ²*No, I do not know her.*

HANS: ³*Yes, you do. You met her at Helga's last week.*

FRED: ⁴*Is she a small blonde with blue eyes?*

HANS: ⁵*No, quite on the contrary. She is a tall brunette.*

FRED: ⁶*What color are her eyes?*

HANS: ⁷*She has brown eyes and a very pretty mouth.*

FRED: ⁸*Now I remember.* ⁹*Do you mean the girl in the black and white dress?*

---

* DOCH is used instead of JA to contradict negative statements.

70

HANS: ¹⁰Genau die meine ich.

FRED: ¹¹Na und?

HANS: ¹²Nächsten Freitag verheiratet sie sich.

FRED: ¹³So? Mit wem denn?

HANS: ¹⁴Mit Dieter Müller.

FRED: ¹⁵Den Dieter Müller kenne ich sehr gut.

HANS: ¹⁶Was ist er denn?

FRED: ¹⁷Er ist auch Ingenieur.

HANS: ¹⁸Was halten Sie von ihm?

FRED: ¹⁹Ich halte ihn für einen Glückspilz. ²⁰Seine Verlobte ist nicht nur hübsch sondern auch sehr nett.

HANS: *¹⁰I mean her exactly.*

FRED: *¹¹Well?*

HANS: *¹²She is getting married next Friday.*

FRED: *¹³Is that so? To whom?*

HANS: *¹⁴To Dieter Müller.*

FRED: *¹⁵I know Dieter Müller very well.*

HANS: *¹⁶What does he do?*

FRED: *¹⁷He is also an engineer.*

HANS: *¹⁸What do you think of him?*

FRED: *¹⁹I consider him a lucky fellow. ²⁰His fiancée is not only pretty but also very nice.*

HOCHZEIT IN EINER BAROCKKIRCHE

ÜBUNGEN

I. *Ausspracheübung:* /ʃ/ (sch, sp-, st-)

lauschen, rauschen, rasch, Bursche, naschen, erwischen, Schub, Storch, Stein, Wallenstein, Abstieg, Aufstieg, Stiege, steil, Spindel, Sprudel, Spinne, Sportauto, Spalier, spitzen, spucken, löschen, Spannung, Stange, Gebüsch, Stimmung, spät, Spion, Stück, scheuchen.

II. Substitution

    1. Sie haben sie letzte Woche *bei Helga* kennengelernt.
        bei Hans Reichert / bei Fred Owens / bei uns / bei der Party

    2. Sie ist eine *große* Brünette.
        kleine / nette / hübsche / freundliche

    3. Sie hat *blaue Augen.*
        braune Augen / schwarze Augen / schöne Augen / schwarzes Haar /
        braunes Haar /blondes Haar

    4. *Nächsten Freitag* verheiratet sie sich.
        nächste Woche / nächsten Monat / im Juli / am 15. August (fünfzehnten) /
        am 10. September (zehnten) / nächstes Jahr

    5. Er ist *Ingenieur.*
        Beamter / Angestellter / Mathematiker / Amerikaner / Deutscher / Student

    6. Er ist ein junger *Ingenieur.*
        Beamter / Angestellter / Mathematiker / Amerikaner / Deutscher / Student

    7. Das Mädchen im *schwarzweißen* Kleid.
        roten / gelben / schwarzen / rosa

III. *Antworten Sie auf deutsch, laut Text:*

1. Kennen Sie Irma Krämer? **2.** Wo haben Sie sie kennengelernt? **3.** Wann haben Sie sie kennengelernt? **4.** Ist sie eine kleine Blondine mit blauen Augen? **5.** Wann verheiratet sie sich? **6.** Mit wem verheiratet sie sich denn? **7.** Kennen Sie Dieter Müller? **8.** Was ist er denn? **9.** Was halten Sie von Dieter Müller? **10.** Ist seine Verlobte hübsch?

IV. *Beantworten Sie die folgenden persönlichen Fragen:*

1. Haben Sie blondes Haar? **2.** Haben Sie blaue Augen? **3.** Welche Farbe haben Ihre Augen? (Meine Augen . . .) **4.** Hat Ihre Nachbarin blondes Haar? (Meine Nachbarin . . . *my neighbor, fem.*) **5.** Hat sie blaue Augen?

V. *Setzen Sie das Prädikatadjektiv vor das Substantiv:*

BEISPIEL: Der Ingenieur ist intelligent.
Der intelligente Ingenieur.

1. Die Blondine ist hübsch. **2.** Der Amerikaner ist freundlich. **3.** Das Mädchen ist nett. **4.** Der Student ist klug. **5.** Das Kind ist klein. **6.** Das Kleid ist weiß. **7.** Das Mädchen ist groß. **8.** Die Frau ist intelligent.

VI. *Diktat aus Konversation 9*

VII. *Eine Unterhaltung*

(1)

"Do you know Irma Krämer?"
"Yes, I know her.—Well?"
"She is getting married next Saturday."
"To whom?"
"To Dieter Müller."
"He is a lucky fellow."

(2)

"Do you know when Charlemagne died?"
"No, but I know when he became emperor."
"In what year?"
"In 800."

∽ Die deutsche Küche

Hans und Fred essen zusammen in einem der eleganten Restaurants in der Nähe des Stachus im Stadtzentrum. Sie sitzen an einem Tisch nicht weit vom Fenster und können darum die unaufhörlich vorbeifahrenden Autos bequem betrachten. Bald bringt der Ober die Speisekarte, und die beiden Freunde studieren eifrig die verschiedenen Gerichte.

Fred kennt schon viele der Gerichte von Amerika, wie zum Beispiel ,Wiener Schnitzel', ,Sauerbraten', und ,Steak'. Da die Atmosphäre in München ziemlich kosmopolitisch ist, findet Fred auch französische Namen auf der Speisekarte. Er entdeckt auch, daß ,Pommes Frites' dasselbe ist wie amerikanische *french fries*. Das Essen ist gut und nicht so schwer, wie man in Amerika immer sagt. Allerdings sieht Fred, daß die amerikanischen Kritiker in einem Punkt recht behalten: Die Bayern trinken unheimlich viel Bier. Sogar die Kinder dürfen ein bißchen von dem milderen dunklen Bier probieren.

Fred möchte mehr über bayrische Spezialgerichte wissen und fragt Hans über sie. „Nun", sagt Hans, „Kalbshaxe mit Sauerkraut ist eine bayrische Spezialität, das Münchner Bier ist weltbekannt, aber ein besonderer Leckerbissen sind die

Weißwürste." „Ich weiß, in München kann man überall Würste kaufen, besonders am Stehausschank. Es ist fast so wie *hot dogs* und *hamburgers* bei uns", sagt Fred. „Aber Weißwürste kenne ich noch nicht. Warum sind sie nicht weltbekannt wie das Bier?" „Das hat einen guten Grund", erklärt Hans, „man sagt, die Weißwürste werden in der Nacht gemacht und müssen vor Mittag gegessen werden, sonst sind sie nicht mehr frisch und schmecken nicht so gut. Also ist es unmöglich, sie zu exportieren." „Was ißt man mit den Weißwürsten?" fragt Fred. „Brezeln und süßen Senf, eine weitere Spezialität."

Nach dem Essen fahren die beiden Freunde an die schöne Isar. Die grünen Ufer und die vielen Brücken sehen sehr malerisch aus. Ab und zu sieht man eine Insel und teilweise fließt der Strom geteilt als Doppelfluß. Vor einem Kiosk bemerkt Fred wieder, wie international der Charakter der Stadt ist. Unter den Zeitungen und Zeitschriften findet man nicht nur deutsche, sondern auch englische, amerikanische, französische, italienische und sogar auch türkische und griechische. „Wenn man all diese fremdsprachigen Zeitungen und Zeitschriften sieht, dann versteht man erst, wie viele Ausländer es in München geben muß", sagt Fred, und fühlt sich nicht mehr so allein.

FRAGEN

1. Wo essen Hans und Fred zusammen? **2.** Wo steht ihr Tisch? **3.** Was können sie durch das Fenster sehen? **4.** Was bringt ihnen der Ober? **5.** Welche Gerichte sind Münchner Spezialitäten? **6.** Welche Stadt ist das Zentrum der Brauereien? **7.** Was ißt man mit Weißwurst? **8.** Warum kann man Weißwürste nicht so gut exportieren? **9.** Wie heißt der Fluß, der durch München fließt? **10.** Wo bemerken die Freunde, daß der Charakter der Stadt kosmopolitisch und international ist? **11.** Warum fühlt sich Fred nicht mehr so allein?

Modal Auxiliaries; wissen, werden; Vowel Changes of Strong Verbs; Gender of Geographic Names; Adjectives used as Nouns

20 ● Modal auxiliary verbs

A. Meanings of modal auxiliaries

The six modal auxiliary verbs in German have several peculiarities, some of which will be taken up later. Note, however, that their English counterparts also have their idiosyncracies, e.g. *he can* takes no *-s* ending. As *can* may only be used in two tenses in English (*can* and *could*), whereas in German the modals are used in all tenses, it is imperative to be fully aware of their idiomatic meanings, i.e. **können** should not be learned as *can* but also as *to be able to*.

Modals express permission, ability, possibility, compulsion, obligation, and intention:

dürfen *may, to be permitted*
können *can, to be able to; to know* (see **D.** below)
mögen *to like (to), to be glad to; may, might* (see **D.** below)
müssen *must, to have to*
sollen *shall* (not future), *ought to, to be supposed to; to be said to* (see **D.** below)
wollen *want, desire; to claim* (see **D.** below)

B. The present indicative of modal auxiliaries and **wissen**

wir, sie, Sie:	dürfen	ihr:	dürft
	können		könnt
	mögen		mögt
	müssen		müßt
	sollen		sollt
	wollen		wollt
	wissen		wißt

ich, er, sie, es, man:		du:	
	darf		**darfst**
	kann		**kannst**
	mag		**magst**
	muß		**mußt**
	soll		**sollst**
	will		**willst**
	weiß		**weißt**

1. wissen, *to know,* is not a modal auxiliary, but its conjugational pattern always follows that of **müssen.**

2. The modals and **wissen** are completely regular in the plural. In the singular, most of them have special stems; all lose the *Umlaut,* and the first and third persons are alike.

C. Word order with modal auxiliaries

Er **darf** keinen Wein **trinken.**	He *is not permitted to drink* wine.
Wir **können** im Restaurant **essen.**	We *can eat* at the restaurant.
Ich **mag (will)** ihn nicht **sehen.**	I do not *want to see* him.
Müssen Sie schon **gehen?**	*Must* you *go* already?
Man **soll** in Deutschland Deutsch **sprechen.**	One *ought to speak* German in Germany.

1. When used with another verb, the modal auxiliary becomes the finite (conjugated) verb in the sentence and stands in second place (first place in questions). The other verb must go to the end of the clause as an infinitive.

2. At the end of a clause an infinitive and its separable prefix are written as one word: **Der Zug muß bald ankommen.**

79

D. Special meanings and use of modal auxiliaries

Ich **darf** nach Deutschland.	I *am permitted* [*to go*] to Germany.
Er **muß** schnell zum Postamt.	He *must* quickly [*go*] to the post office.
Fred **muß nicht** zum Postamt (gehen).	Fred *doesn't have to go* to the post office.
Fred **darf nicht** zum Postamt.	Fred *musn't* [*go*] to the post office.
Er **kann** ein bißchen Deutsch.	He *knows* a little German.
Mögen Sie **gerne** singen?	Do you *like* to sing?
Das **mag** sein.	That **may** be.
Irma **soll** hübsch sein.	Irma *is said to* be pretty.
Er **will** immer reich sein.	He always *claims to* be rich.
	(*or:* he always wants to be rich.)

1. When modal auxiliaries are used in conjunction with motion, the verb of motion is generally implied, but not expressed: **Er muß heute nach München,** *he has* [*to go*] *to Munich today.*

   NOTE: In view of the fact that the very broadly applied English *to go* requires a precise rendition in German (*to drive, to fly, to travel*), the omission of verbs of motion after modals becomes an advantage, once the idiomatic aspect of the construction has become familiar.

2. NOTE: German does not parallel the English idiom *must not*. In German, **müssen** means *to have to,* **nicht müssen** simply means *not to have to.* **nicht dürfen** is the equivalent of the English *mustn't.*

3. **Können** used as sole verb often means *to know,* or *to know how to* (*do*): **Können Sie das?** *Do you know how to do it?* This use of **können** provides a third way of saying *to know*: **kennen, wissen, können.**

4. **Mögen,** *to like* is frequently intensified by the adverb **gern(e): Mögen Sie singen? = Mögen Sie gerne singen? = Singen Sie gern?**

5. **Mögen** is predominantly used in the sense of *to like.* As an expression of possibility (*may, might*) it mostly occurs in standard expressions: **Das mag sein.** Also note the possible use of **sollen** as *to be said to* and **wollen** as *to claim.* The latter can be ambiguous; **er will reich sein** could mean both *he wants to be rich* and *he claims to be rich.*

6. Past subjunctive of **mögen:** due to its widespread use it should be acquired at this point. *ich, er, sie, es, man:* **möchte;** *wir, sie, Sie:* **möchten;** (*du* **möchtest;** *ihr* **möchtet**). Meaning: *would like* (*to*): **Möchten Sie Tee?** *Would you like tea?* **Er möchte den Kaffee trinken.** *He would like to drink the coffee.*

21 ● Present indicative of <u>werden</u>

Werden in its own right means *to become*. Its present tense forms also serve as the equivalent of the English future auxiliaries *shall* and *will*. Furthermore, it is used as the auxiliary for the passive, where *to be* is employed in English. A thorough knowledge of the verb is therefore mandatory. Although **werden** is irregular, its irregularity is typical, affecting the second and third persons singular only.

wir, sie, Sie:	werden	(ihr werdet)
ich:	werde	
er, sie, es, man:	**wird**	(du **wirst**)

22 ● Vowel changes of strong verbs in the present indicative

Approximately fifty strong verbs change their stem vowel from **a** to **ä** and from **e** to **i** (**ie,** or **i** followed by a double consonant) in the second and third person singular of the present tense conjugation:

fahren (ä)	*to drive, ride, go* (by some means of transportation); **abfahren,** *to depart*
halten (ä)	*to hold;* **halten von,** *to think of*
geben (i)	*to give*
essen (i)	*to eat*
sprechen (i)	*to speak*
lesen (ie)	*to read*
sehen (ie)	*to see*
nehmen (imm)	*to take*

The standard abbreviations which follow the above verbs affect the conjugation as follows:

REGULAR:

    wir, sie, Sie: fahren, halten; geben, essen, sprechen, lesen, sehen, nehmen.

           ich· fahre, halte; gebe, esse, spreche, lese, sehe, nehme.

           (ihr: fahrt, haltet; gebt, eßt, sprecht, lest, seht, nehmt.)

IRREGULAR:

    er, sie, es, man: **fährt, hält***; **gibt, ißt, spricht, liest, sieht, nimmt.**

         (du: **fährst, hältst***; **gibst, ißt, sprichst, liest, siehst, nimmst.**)

NOTE: This concludes the presentation of all possible conjugational patterns of the present indicative.

---

* When the stem vowel changes, no connecting **-e** is used, since the changed verb stem sufficiently identifies the form. The resulting consonant cluster in **hältst** is impossible to pronounce. As a solution, the first **-t** is silent.

23 ● The gender of geographic names

München ist interessant.	Das interessante München . . .
Deutschland ist klein.	Das kleine Deutschland . . .
Afrika ist groß.	Das große Afrika . . .

1. Cities, countries, and continents are neuter.

2. The definite article is omitted before the name of a city, country, or continent, unless a descriptive adjective is used.

3. A few (feminine or plural) countries require the article **die** at all times: **die Schweiz, die schöne Schweiz,** *Switzerland*; **die Sowjetunion,** *the Soviet Union*; **die Niederlande,** *the Netherlands*; **die Vereinigten Staaten,** *the United States*; **die Türkei,** *Turkey*; **die Tschechoslowakei,** *Czechoslovakia*.

24 ● Adjectives used as nouns

Der **Große** ist stark.	The *tall* [*one* / *man*] is strong.
Das **Alte** und das **Neue** . . .	The *old* and the *new* . . .
Der **Deutsche** lernt Englisch.	The *German* (masc.) learns English.
Diese **Deutsche** singt gut.	This *German* (fem.) sings well.
Das **Deutsche** daran interessiert mich.	The *German* [*thing* / *aspect*] of it interests me.
Die **Deutschen** lieben die Natur.	*Germans* love Nature.

1. Adjectives may be used as nouns by simply dropping the noun and capitalizing the adjective. (English requires the addition of *one*).

2. The German is the only national treated as an adjective!!!

3. The adjective ending remains unchanged when an adjective is used as a noun.

4. Adjectives used without a noun are not capitalized if the noun to which they refer has just been mentioned: **Zwei Frauen singen; die junge singt gut, die alte singt schlecht.**

I. Substitution

1. *Darf ich* eine Birne haben?
   darf er / darf sie / darf das Kind / darf Fred

2. In München *kann ich* englische Zeitungen kaufen.
   kann man / kann ein Amerikaner / kann Helga / kann der Deutsche

3. *Ich mag* die gute Kartoffelsuppe.
   Fred mag / Irma mag / das Kind mag / es mag

4. *Ich muß* heute im Restaurant essen.

er muß / sie muß / der Student muß / der Ingenieur muß

5. In Deutschland *soll ich* Deutsch sprechen.

soll der Ausländer / soll die Ausländerin / soll man / soll Fred

6. *Ich will* die Festspiele in Bayreuth sehen.

Fred will / Hans will / die Amerikanerin will / sie will

7. *Ich weiß* etwas über die deutsche Geschichte.

Helga weiß / Fred weiß / er weiß / sie weiß

II. *Beantworten Sie jede Frage positiv:*

BEISPIEL: Können Sie Deutsch?
Ja, ich kann Deutsch.

1. Dürfen Sie nach Deutschland? **2.** Können Sie Englisch? **3.** Müssen Sie zum Postamt? **4.** Mögen Sie Wiener Schnitzel? **5.** Sollen Sie nicht Deutsch sprechen? **6.** Wollen Sie nach Hamburg? **7.** Wissen Sie das? **8.** Möchten Sie noch etwas? **9.** Möchten Sie nach Amerika? **10.** Möchten Sie das Schloß sehen?

III. *Wiederholen Sie jeden Satz mit dem angegebenen Hilfszeitwort* (Repeat each sentence with the given auxiliary verb):

BEISPIEL: Fred ißt im Restaurant. (mögen)
Fred mag im Restaurant essen.

1. Die Touristen besuchen das Schloß. (dürfen) **2.** Man findet in München viele ausländische Zeitungen. (können) **3.** Fred spricht gern Deutsch. (mögen) **4.** Hans fährt nach Köln. (müssen) **5.** Wir studieren Deutsch. (sollen) **6.** Irma Krämer verheiratet sich bald (wollen). **7.** Ich kaufe gern eine Zeitschrift. (möchte).

IV. *Bilden Sie die Mehrzahl* (*Plural*):

BEISPIEL: Ich esse gern im Restaurant.
Wir essen gern im Restaurant.

1. Ich fahre nach Heidelberg. **2.** Er fährt nach Heidelberg. **3.** Der elektrische Zug fährt bald ab. **4.** Ich halte viel von Dieter. **5.** Sie hält viel von Dieter. **6.** Es hält an. (*It stops.*) **7.** Ich werde Beamter (*pl.*: Beamte). **8.** Der Brief wird lang. **9.** Der Wein wird gut. **10.** Sie möchte Tee. **11.** Er spricht gut Deutsch. **12.** Sie liest sehr schnell. **13.** Ich sehe das Schloß. **14.** Du siehst das Schloß. **15.** Er ißt im Restaurant. **16.** Nimmt er die Zeitung? **17.** Sie gibt ihm die neue Adresse.

V. *Wiederholen Sie die folgenden Namen mit dem angegebenen Adjektiv:*

> BEISPIEL: Deutschland, klein.
> **das kleine Deutschland.**

1. Amerika, groß. **2.** Asien, fern (*distant*). **3.** Europa, alt. **4.** Afrika, heiß (*hot*). **5.** Australien, interessant. **6.** Griechenland, antik. **7.** Frankreich, heutig. **8.** Belgien, neutral. **9.** die Schweiz, schön. **10.** München, kosmopolitisch. **11.** New York, riesig (*huge*). **12.** Köln, berühmt (*famous*).

VI. *Bilden Sie die Mehrzahl:*

> BEISPIEL: Der Fremde sieht viel Interessantes.
> **Die Fremden sehen viel Interessantes.**

1. Der Beamte* ist freundlich. **2.** Der Angestellte* ist auch freundlich. **3.** Die Verlobte* ist hübsch. **4.** Der Verwandte* lebt in Amerika. **5.** Das Kleine fährt sehr schnell. **6.** Das Schöne wird schöner. **7.** Der Deutsche ißt gern Wurst. **8.** Die Deutsche singt gern. **9.** Der Deutsche ist interessant. **10.** Diese Hübsche nimmt eins. **11.** Welcher Alte sieht schlecht? **12.** Jener Große gibt nichts, aber dieser Kleine gibt alles.

VII. *Wiederholung* (Review). *Sagen Sie auf deutsch:*

1. What do you think of him? **2.** What does he do? **3.** When is she getting married? **4.** Now I remember. **5.** What color are her eyes? **6.** I consider him a lucky fellow. **7.** Do you know German? **8.** Do you know everything? **9.** Do you know Dieter? **10.** What is the date today? **11.** Anything else? **12.** Is that all for today? **13.** I don't know yet. **14.** I am sorry. **15.** Unfortunately. **16.** Where do they sell newspapers? **17.** Oh, that's too bad. **18.** Agreed. **19.** Gladly. **20.** Let's see.

---

* These are all past participles used as adjectives and the adjectives are in turn used as nouns. Although these nouns have become commonplace, their ending is strictly an adjective ending. (NOTE: **der Beamte** should be **der Beamtete;** one -te- has been dropped to simplify pronunciation.)

ᘓ Machen wir einen Spaziergang!

(Let's go for a walk!)

HANS: [1]Möchten Sie gern einen Spaziergang machen?*

HELGA: [2]Ja, ganz gern, aber wie ist das Wetter heute?

HANS: [3]Das Wetter ist heute sehr schön.

HELGA: [4]Ist es draußen sonnig oder kalt?

HANS: [5]Es ist weder sonnig noch kalt, nur ein bißchen windig.

HELGA: [6]Glauben Sie, es wird regnen? [7]Soll ich meinen Regenmantel oder einen Regenschirm mitnehmen?

HANS: [8]Nein, das lohnt sich gar nicht. [9]Der Himmel ist blau und unbewölkt, und jetzt scheint sogar die Sonne.

HELGA: [10]Also gut, dann will ich mich auf Sie verlassen.

(Eine Stunde später)

HELGA: [11]Es regnet in Strömen! [12]Ich bin bis auf die Haut durchnäßt. [13]Das ist Ihre Schuld.

HANS: [14]Meine Schuld? Ja wieso denn?

HELGA: [15]Das brauche ich Ihnen kaum zu sagen,† das wissen Sie schon selber. [16]Offensichtlich kann man sich auf Sie doch nicht verlassen.

HANS: [1]*Would you like to take a walk?*

HELGA: [2]*Yes, gladly, but how is the weather today?*

HANS: [3]*The weather is very nice today.*

HELGA: [4]*Is it sunny or cold outside?*

HANS: [5]*It is neither sunny nor cold, only a little windy.*

HELGA: [6]*Do you think (believe) it will rain?* [7]*Shall I take my raincoat along, or an umbrella?*

HANS: [8]*No, that isn't worth the trouble at all.* [9]*The sky is blue and cloudless, and now the sun is even shining.*

HELGA: [10]*Well, all right, then I am going to rely on you.*

(One hour later)

HELGA: [11]*It's pouring!* [12]*I am soaked to the skin.* [13]*That's your fault.*

HANS: [14]*My fault? Why (how come)?*

HELGA: [15]*I hardly need to tell you that, you know very well yourself.* [16]*Obviously one can't rely on you after all.*

---

* **Machen,** to do, make, is used in a number of idiomatic expressions relating to motion or travel, for which English employs to take: **eine Reise machen,** to take a trip, **einen Spaziergang machen,** to take a walk.

† Note that infinitives used with modals are not preceded by **zu,** to. With other verbs, the **zu** is required: **Das kann ich Ihnen kaum sagen,** but, **das brauche ich Ihnen kaum zu sagen.**

SCHLOSS NYMPHENBURG: DIE MÜNCHNER RESIDENZ DER EHEMALIGEN BAYRISCHEN KÖNIGE

ÜBUNGEN

I. *Deutsche Laute:* /p/ /b/

   A. /p/ (Different ways of spelling the p-sound):

1. p	**2.** pp
Paul	Wappen
Mops	Rappen
Hupe	klappern
Lupe	Suppe
Tulpe	Apparat
stülpen	Appell
stolpern	Pappel
Trompete	Knüppel

     3. pf (both letters must be pronounced distinctly)

Pfeife	Apfel
pflücken	Wipfel
Pflug	Gipfel
Pfund	Pfarrer

4. -b (in final position)   -b- (followed by final
                                         voiceless consonants)

Hab (und Gut)	habt
Staub	stäubst
Laub	erlaubt
Grab	grabt
halb	salbt
gelb	gebt

B. /b/ (as in English, except as noted in A.4 above):

Buch	haben
Bach	stauben
Bauch	erlauben
Birke	graben
Blume	Salbe
Bunsenbrenner	geben
Blick	halbe
brechen	gelbe

II. Substitution

1. Draußen ist es *schön.*
   sonnig / windig / kalt / warm / heiß

2. Es ist weder *sonnig* noch *kalt.*
   warm . . . kalt / heiß . . . kalt / windig . . . windstill

3. Das ist *Ihre* Schuld.
   meine / seine / ihre / unsere

4. Auf *Sie* kann man sich verlassen.
   mich / ihn / sie / uns

5. Auf Sie *kann* man sich verlassen.
   darf / muß / soll / mag

III. *Antworten Sie auf deutsch, laut Text:*

1. Möchten Sie gern einen Spaziergang machen? **2.** Wie ist das Wetter heute?
3. Ist es draußen sonnig oder kalt? **4.** Glauben Sie, es wird regnen? **5.** Soll
ich einen Regenmantel mitnehmen? **6.** Soll ich einen Regenschirm mitneh-
men? **7.** Wie sieht der Himmel aus? (*How does the sky look?*) **8.** Scheint
jetzt die Sonne? **9.** Regnet es eine Stunde später? **10.** Sind Sie durchnäßt?
11. Wessen (*whose*) Schuld ist das?

IV. *Antworten Sie auf deutsch:*

1. Wie ist das Wetter heute? **2.** Ist es sonnig? (Scheint die Sonne?) **3.** Ist es kalt? **4.** Wird es regnen? **5.** Wie ist das Wetter im Juni? **6.** Wie ist das Wetter im Januar? **7.** Ist es im März windig? **8.** Ist es im Februar sehr kalt? **9.** Schneit es heute? (schneien: *to snow*).

V. *Fragen Sie jemanden:*

1. ob er einen Spaziergang machen möchte. **2.** wie das Wetter ist. **3.** ob es sonnig ist. **4.** ob es kalt ist. **5.** ob es sehr heiß ist. **6.** ob das Wetter für einen Spaziergang schön ist. **7.** ob man einen Regenmantel mitnehmen soll. **8.** ob man einen Regenschirm mitnehmen muß.

VI. *Bilden Sie negative Sätze, indem Sie* **ein-** *in* **kein-** *verwandeln* (Form negative sentences by changing **ein-** to **kein-**):

    BEISPIEL: Ich nehme einen Regenmantel mit.
       Ich nehme keinen Regenmantel mit.

1. Helga nimmt einen Regenschirm mit. **2.** Fred trinkt ein Bier. **3.** Er hat ein Fünfmarkstück. **4.** Haben Sie einen Brief für mich? **5.** Wir wollen eine Suppe. **6.** Er ist ein guter Student. **7.** Sie hat eine neue Adresse. **8.** Er wird ein berühmter Ingenieur.

VII. *Wiederholen Sie jeden Satz mit* **weder . . . noch** *anstatt* **entweder . . . oder** (Repeat each sentence, using *neither . . . nor* instead of *either . . . or*):

    BEISPIEL: Es ist entweder sonnig oder kalt.
       Es ist weder sonnig noch kalt.

1. Die Suppe ist entweder heiß oder kalt. **2.** Das Wetter ist entweder gut oder schlecht. **3.** Sie ist entweder groß oder klein. **4.** Irma ist entweder eine Blondine oder eine Brünette. **5.** Er spricht entweder Deutsch oder Englisch. **6.** Wir wollen entweder Birnen oder Bananen. **7.** Wir haben entweder Äpfel oder Weintrauben. **8.** Hier verkauft man entweder Zeitungen oder Zeitschriften.

VIII. *Diktat aus Konversation 10*

IX. *Eine Unterhaltung*

Sie wollen mit jemandem einen Spaziergang machen.

✎ Die Jahreszeiten

(The seasons)

HANS: ¹Es schneit!

FRED: ²Tatsächlich, der erste Schnee.

HANS: ³Der Winter ist hier. ⁴Haben Sie den Winter gern?

FRED: ⁵Ja, ich habe den Winter ziemlich gern aber ich habe den Sommer lieber. Und Sie?

HANS: ⁶Ich habe den Winter am liebsten, denn ich bin ein begeisterter Wintersportler.

FRED: ⁷Na ja, schließlich haben Sie ja auch die Alpen ganz in der Nähe.

HANS: ⁸Ja, das stimmt.

FRED: ⁹Welchen Sport treiben Sie?

HANS: ¹⁰Ich gehe skifahren und Schlittschuh laufen. Sie auch?

FRED: ¹¹Nein, ich gehe lieber ins Theater oder zum Konzert. ¹²Im Winter ist es auch schön, zu Hause zu bleiben und Schallplatten anzuhören oder ein gutes Fernsehprogramm anzuschauen.

HANS: ¹*It's snowing!*

FRED: ²*Indeed, the first snowfall.*

HANS: ³*Winter is here.* ⁴*Do you like winter?*

FRED: ⁵*Yes, I like winter pretty much but I prefer summer. And you?*

HANS: ⁶*I like winter best because I am an enthusiastic winter-sportsman.*

FRED: ⁷*Well, after all, the Alps are quite near you.*

HANS: ⁸*Yes, that's right.*

FRED: ⁹*Which sports do you participate in?*

HANS: ¹⁰*I go skiing and skating. You too?*

FRED: ¹¹*No, I prefer to go to the theater or to a concert.* ¹²*In winter it is also nice to stay at home and listen to records or watch a good television program.*

HANS: [13]Ja, das stimmt. Haben Sie den Sommer lieber als den Winter?

FRED: [14]Ich habe den Sommer genau so gern wie den Winter. [15]Im Sommer ist es meistens zu heiß und im Winter zu kalt für mich.

HANS: [16]Ich glaube, ich weiß, was Sie sagen wollen.

FRED: [17]Ich will sagen, daß ich den Frühling und den Herbst am liebsten habe.

HANS: [13]*Yes, that's right. Do you like summer better than winter?*

FRED: [14]*I like summer just about as much as winter.* [15]*In summer it is mostly too hot for me and in winter too cold.*

HANS: [16]*I believe I know what you want to say.*

FRED: [17]*I want to say that I like spring and fall best.*

ÜBUNGEN

I. *Deutsche Laute:* /t/ /d/

A. /t/ (Different ways of spelling the t-sound):

1. t	**2.** tt
bieten	bitten
beten	betten
raten	Ratten
steht	statt
löten	Latte
Angst	wetten
bersten	Mitte
tun	Schnitt
Tat	stritt
töten	glitt

3. th (-h is ignored; used in very few words)

Thron	Ethik
Goethe	Mathematik
mythisch	Ethnologie

4. -d (in final position)	-dt-, -dst-
Tod	Stadt
Bad	verwandt
Hund	Verwandte
Kind	sandte
Stand	standst
Band	bandst

B. /d/ (as in English, except as noted in paragraph A.4 above):

Tode	du
baden	denn
Hunde	da
Kinder	dadurch
Ständer	Dynamit
Bänder	Durst

II. Substitution

1. Ich habe den Winter *gern.*
sehr gern / nicht sehr gern / nicht gern / gar nicht gern

2. Ich habe *den Winter* lieber.
den Sommer / den Frühling / den Herbst

3. Ich habe *den Frühling* am liebsten.
ihn / Fred / Irma / den Januar

4. Er geht *gern* ins Theater.
sehr gern / lieber / am liebsten

5. Ich habe *den Sommer* genau so gern wie *den Winter.*
den Frühling . . . den Herbst / ihn . . . sie / Tee . . . Kaffee / es . . . Sie

6. Es ist auch schön, *zu Hause zu bleiben.*
ins Theater zu gehen / zum Konzert zu gehen / skifahren zu gehen / Schlittschuh zu laufen / Schallplatten anzuhören / ein gutes Fernsehprogramm anzuschauen / Sport zu treiben

III. *Antworten Sie auf deutsch:*

1. Wie ist das Wetter? **2.** Schneit es? **3.** Welche Jahreszeit hat Fred ziemlich gern? **4.** Welche Jahreszeit hat Fred lieber? **5.** Welche Jahreszeit hat Fred am liebsten? **6.** Warum hat Hans den Winter am liebsten? **7.** Welchen Sport kann man im Winter treiben? **8.** Was kann man im Winter sonst noch tun? **9.** Welche Jahreszeit ist für Fred zu heiß und welche zu kalt? **10.** Wer hat die Alpen ganz in der Nähe?

IV. *Fragen Sie jemanden:*

1. wie das Wetter ist. **2.** ob es regnet. **3.** ob es schneit. **4.** ob er den Winter gern hat. **5.** welchen Sport er treibt. **6.** ob er den Sommer lieber hat als den Winter. **7.** ob er den Sommer genau so gern hat wie den Herbst. **8.** ob er den Frühling am liebsten hat. **9.** ob er skifahren geht. **10.** ob er Schlittschuh laufen geht.

V. *Diktat aus Konversation 11*

VI. *Eine Unterhaltung*

"I don't like winter at all."
"What season do you prefer?"
"I like spring best."
"I like summer just as much as fall."

✎ Ein-Words; Negations; Nouns in -chen, -lein, -en, -el, -er, -in, -ik

25 ● Ein- words (Indefinite articles, <u>kein-</u>, and all possessive adjectives)

A. The indefinite article **ein-** (English *a, an*):

		DEFINITE ARTICLE:	INDEFINITE ARTICLE:	
MASC. SING.	*Nominative only:*	der Zug	**ein** Zug	
MASC. SING.	*Accusative:*	den Zug	**einen** Zug	
NEUT. SING.	*Nominative and Accusative:*	das Kind	**ein** Kind	
FEM. SING.	*Nominative and Accusative:*	die Kirche	**eine** Kirche	
PLURAL	*Nominative and Accusative:*	die Züge	**keine** Züge	*(no trains)*

1. In almost all cases the indefinite article ends in the same primary ending as the definite article.

2. In three instances the indefinite article **(ein)** takes no ending at all: masculine singular nominative, neuter singular nominative and accusative. These three exceptional situations are extremely important to remember, as the adjective ending is affected as well (see below). If they are not thoroughly understood, they remain a constant source of confusion to the student of German.

3. As there is no plural of *a,* **keine** is used for the plural example above.

4. There is no difference between the indefinite article *a, an* and the number *one*. If necessary, **ein** can be spaced apart to indicate *one*: **ein Zug**, *a train*; **e i n Zug**, *one train*.

94

B. kein- (English *not a, not any, none*)

der	Zug	ein	Zug	**kein**	Zug
das	Kind	ein	Kind	**kein**	Kind
die	Kirche	eine	Kirche	**keine**	Kirche
die	Züge			**keine**	Züge
den	Zug	einen	Zug	**keinen**	Zug

1. **kein** takes the same endings as **ein**.

2. **kein** is used to negate nouns, otherwise **nicht** is used for negations.

C. Possessive adjectives

ich	**mein**	*my*
(du)	**(dein)**	*(your)*
er, es	**sein**	*his, its*
sie	**ihr**	*her*
wir	**unser**	*our*
(ihr)	**(euer)**	*(your)*
sie	**ihr**	*their*
Sie	**Ihr**	*your* (formal, singular and plural)

Ein (mein, sein, unser, ihr, Ihr) Zug.
Ein (mein, sein, unser, ihr, Ihr) Kind.
Eine (meine, seine, unsere, ihre, Ihre) Kirche.
Keine (meine, seine, unsere, ihre, Ihre) Züge.
Ich sehe einen (meinen, seinen, unseren, ihren, Ihren) Zug.

1. All possessive adjectives take the same ending as **ein**.

2. **unser** and **ihr (Ihr)** merit special attention since they do not sound like **ein**.

3. **euer** loses an **-e-** when an ending is added: **eure Mutter; unser** may also drop the **-e-**, however, usually it is written but not pronounced: **uns(e)re Mutter**.

4. Note that **sein** means both *his* and *its*; **ihr** means both *her* and *their*.

D. Adjectives preceded by **ein**-words

der lange Zug :	ein (mein, sein)	langer Zug
das gute Kind :	ein (kein, ihr)	gutes Kind
die alte Kirche:	eine (keine, unsere)	alte Kirche
die langen Züge :	keine (unsere, Ihre)	langen Züge
den langen Zug :	einen (keinen, meinen)	langen Zug

95

1. In most situations, **der**-words and **ein**-words take primary endings, the following adjectives secondary endings: **die langen Züge; keine langen Züge.**

2. In the three situations where **ein** does not take an ending, the adjective following **ein** takes the primary ending **-er** or **-es** instead of the secondary ending to identify the following noun. *The necessity for distinguishing* **der**-*words from* **ein**-*words rests entirely on these three situations.*

3. When neither **der**-words nor **ein**-words are used (mostly in direct address) the unpreceded adjective also takes the primary ending to identify the noun: gute**r** Mann, gute**s** Kind, gut**e** Frau, gut**e** Leute (*people*).

4. Adjectives always act as a group. Whatever ending the first one takes is taken by all the others: der gute, kluge, intelligente Student; ein gute**s**, kluge**s**, intelligente**s** Kind; gute**r**, kluge**r**, intelligente**r** Freund.

26 ● Negation

A. The use of **nicht**

Er kennt die hübsche junge Dame mit den blauen Augen **nicht.**
Der Zug nach München fährt heute um ein Uhr **nicht** ab.
Ich kann den Ausländer mit dem spanischen Akzent **nicht** verstehen.
Im April ist das Wetter in vielen Ländern **nicht** schön.
Sprechen Sie **nicht** so schnell.
Nächsten Sommer fahren wir **nicht** nach Italien.
Nicht Fred, sondern Hans ist ein begeisterter Wintersportler.

1. In simple tenses and sentences **nicht** usually stands last.

2. **nicht** precedes separable prefixes and all verb forms at the end of a clause.

3. **nicht** precedes predicate adjectives or adverbs, predicate nouns, and predicate phrases.

4. **nicht** immediately precedes a specific word or phrase which it negates.

5. The auxiliary *to do* is never employed for negations in German.

B. The use of **kein**

Er ist ein guter Ingenieur.	Er ist **kein** guter Ingenieur.
Sie ist eine gute Studentin.	Sie ist **keine** gute Studentin.
Er hat deutsche Freunde.	Er hat **keine** deutschen Freunde.
Ich habe heute Zeit. (*time*)	Ich habe heute **keine** Zeit.

96

1. Nouns preceded by a form of **ein** are negated by simply prefixing **k-** to **ein.**

2. Even when **ein** is not used in the positive statement, the proper form of **kein** is used in the negative statement before nouns.

27 ● Nouns

A. Neuter nouns in -en, -chen, -lein

1. In diesem Restaurant ist **das Essen** sehr gut.   (*the food*)
   Das Leben ist schön.   (*life*)
   Das Biertrinken ist in Bayern sehr populär.   (*the drinking of beer*)

Any plausible infinitive may be used as a neuter noun in German. Of course, it must be capitalized. The resulting noun may have a special meaning, e.g. *food, life*. If not, it corresponds to the gerund in English: (*the*) *drinking*. As such, it cannot be pluralized. Where plural forms make sense, only the article changes: **das Leben, die Leben.**

2. Das **Männchen** ist nicht sehr klug.   (*little man, funny little man*)
   Das **Züglein** fährt nicht sehr schnell.   (*little train*)
   Das **Kindchen** ist süß.   (*little child*)
   Das **Mädchen** ist hübsch.   (*girl*)
   Dieses **Fräulein** heißt Fräulein Krämer.   (*young lady, Miss*)

a. The endings **-chen** and **-lein** are diminutive endings which may be attached to most nouns by adding an Umlaut over **a**, the **a** of **au**, **o**, and **u**, and by dropping the final **-e**, if necessary: **die Kirche, das Kirchlein.**

b. The endings are interchangeable. The selection may depend on euphony: **der Ball, das Bällchen** (in view of the **-ll**).

c. The resulting nouns are always neuter, supplanting even the natural gender.

d. The plurals are formed by changing the article only: **das Kindchen, die Kindchen.**

e. Note that in the case of **das Mädchen** and **das Fräulein** the original respective connotations of *little maiden* and *little woman* have been lost in favor of simply *girl* and *young lady, Miss.*

B. Masculine nouns in -en, -el, -er; miscellaneous comments

1.

der Regen	der Mantel	der Hunger
der Leckerbissen	der Regenmantel	der Kaiser
der Morgen	der Apfel	der Sportler
der Westen	der Himmel	der Ausländer
der Osten	der Spiegel	der Amerikaner

97

a. All nouns in **-en** are masculine, with the exception of capitalized infinitives and diminutive nouns in **-chen,** which are neuter.

b. Nouns in **-el** are generally masculine, with the exception of all fractions **(das Viertel)** and some feminine nouns **(die Kartoffel).**

c. Nouns in **-er** are generally masculine, with the exception of some neuter nouns **(das Ufer, das Theater, das Fenster)** and some feminine nouns **(die Schwester,** *sister;* **die Butter).** Nouns in **-er** include most agents and nationals: **der Käufer, der Amerikaner.**

d. Masculine (and neuter) nouns in **-en, -el,** and **-er** generally form the plural by changing only the article: **der Leckerbissen, die Leckerbissen; der Spiegel, die Spiegel; der Sportler, die Sportler.** However, sometimes an Umlaut is added, especially for the letter **-a-: der Mantel, die Mäntel; der Apfel, die Äpfel.**

e. NOTE: Feminine nouns always change in the plural, since the article remains **die.** Feminine nouns in **-el** and **-er** form the plural by adding **-n: die Kartoffel, die Kartoffeln; die Schwester, die Schwestern.**

2.

der Morgen	der Montag	der Januar	der Frühling
der Vormittag	der Dienstag	der Februar	der Sommer
der Nachmittag	der Mittwoch	der März	der Herbst
der Mittag	der Donnerstag	der April	der Winter
der Abend	der Freitag	der Mai	der Osten
	der Samstag	der Juni	der Westen
	der Sonntag	der Juli	der Norden
			der Süden

a. Times of the day (except **die Nacht**), days of the week, all months, the seasons, and directions are masculine.

b. In several cases the masculine gender is supported by the endings **-en** and **-er** (**-ling** is also masculine, but rare).

C. Feminine nouns in **-ik**

die Republik	repub*lic*
die Mathematik	mathema*tics*
die Mechanik	mecha*nics*
die Physik	phys*ics*
die Musik	mus*ic*

1. Nouns which end in *-ic* or *-ics* in English may be converted to feminine German nouns by changing the ending to **-ik.**

2. Masculine agents are formed from these nouns by adding **-er: die Musik, der Musiker** (*musician*); **die Physik, der Physiker** (*physicist*).

D. The formation of agents (and feminine nouns in **-in**)

Agents from verbs: **sprechen**

der Sprech**er**	the speaker (masculine)
die Sprech**er**	the speakers (masculine)
die Sprech**erin**	the speaker (feminine)
die Sprech**erinnen**	the speakers (feminine)

Agents from other words: **Amerika**

der Amerikan**er**	the American (masculine)
die Amerikan**er**	the Americans (masculine)
die Amerikan**erin**	the American (feminine)
die Amerikan**erinnen**	the Americans (feminine)

1. Agents are formed from verbs by attaching the endings shown above to the stem of the verb.

2. Feminine agents may be formed from masculine nouns, even if the masculine agent does not end in **-er: der Freund, die Freundin, die Freundinnen.**

3. Note the doubling of the **-n** of **-in** when forming the plural of the feminine agent. This is done to achieve a rapid pronunciation of a word which is adding its third ending: **Sprech-er-in/n-en.**

ÜBUNGEN

I. Substitution

1. *Ein* guter Freund studiert in München.
   mein / sein / ihr / Ihr

2. Ich kenne *einen* Hausmeister in der Theresienstraße.
   seinen / Freds / ihren / Helgas

3. Das ist *meine* hübsche Verlobte.
   seine / Dieters / Ihre

4. *Meine* lieben Verwandten leben in Amerika.
   seine / ihre / Ihre / unsere

5. Ist das nicht *ein* gutes Kind?
   mein / sein / ihr / Ihr / unser

6. Kauft er *einen* guten Stadtplan?
   keinen / ihren / Ihren / unseren

II. A. *Wiederholen Sie zuerst mit* **ein,** *dann nur mit dem Adjektiv:*

BEISPIELE:	der kluge Freund	das liebe Kind
	ein kluger Freund	**ein liebes Kind**
	kluger Freund	**liebes Kind**

99

1. der alte Vater; der große Bruder; der liebe Onkel.
2. die alte Mutter; die große Schwester; die liebe Tante.
3. das alte Väterchen; das liebe Mütterlein; das süße Mädchen.
4. den roten Wein; den guten Sauerbraten; den süßen Senf.
5. (**kein** statt **ein**): die deutschen Freunde; die lieben Eltern; die Deutschen.

B. *Ersetzen Sie die **der**-Wörter durch die angegebenen **ein**-Wörter:*

BEISPIEL: Dieses hübsche Mädchen heißt Irma. (sein)
Sein hübsches Mädchen heißt Irma.

1. Dieser elektrische Zug fährt nach München. (kein) **2.** Mancher junge Ausländer studiert in Deutschland. (unser) **3.** Jenes moderne Postamt ist offen. (ihr) **4.** Solche alten Schlösser haben wir nicht. (Ihr) **5.** Diese junge Dame ist sehr nett. (sein) **6.** Den großen Bruder kennen Sie nicht. (mein)

III. *Bilden Sie negative Sätze!*

A. *Setzen Sie **nicht** ein:*

BEISPIEL: Fred studiert in Deutschland.
Fred studiert nicht in Deutschland.

1. Fred kennt Irma, Dieters Verlobte. **2.** Er kauft den Spiegel. **3.** Der junge Ingenieur stellt sich vor. **4.** Er kommt an. **5.** Er kommt gut an. **6.** Ich darf diese Zeitung kaufen. **7.** Wir können den Ausländer mit dem Akzent verstehen. **8.** Heute ist das Wetter sehr schön. **9.** Der Hausmeister spricht gut Englisch. **10.** Er ist Professor. **11.** Die beiden Freunde fahren nach Heidelberg. **12.** Sie gehen ins Theater. **13.** Sie gehen oft zum Konzert. **14.** Wir essen im Restaurant. **15.** Heute machen wir einen Spaziergang. (Nicht heute, sondern morgen. . .).

B. *Setzen Sie **kein** ein:*

BEISPIEL: Er ist ein guter Student.
Er ist kein guter Student.

1. Haben Sie einen guten Freund? **2.** Hat er denn eine hübsche Verlobte? **3.** Ich habe Verwandte in Deutschland. **4.** Das ist ein gutes Restaurant. **5.** Haben Sie Zeit? **6.** Haben Sie Kaffee? **7.** Wir haben Rotwein.

IV. *Bilden Sie Substantive:*

> Beispiel: essen, gut
> **das gute Essen**

1. essen, ausgezeichnet **2.** fahren, schnell **3.** sprechen, langsam **4.** leben, schön **5.** denken, modern **6.** lernen, viel.

V. *Verkleinern Sie die Substantive und bilden Sie die Mehrzahl:*

A. *mit* **-chen:**

> Beispiel: der kleine Tisch
> **das kleine Tischchen**
> **die kleinen Tischchen**

1. der neue Mantel **2.** die moderne Stadt **3.** der schöne Fluß **4.** das kleine Schloß **5.** das liebe Kind **6.** die alte Straße.

B. *mit* **-lein:**

> Beispiel: der kleine Tisch
> **das kleine Tischlein**
> **die kleinen Tischlein**

1. der elektrische Zug **2.** die alte Mutter **3.** das kleine Haus **4.** das schöne Schloß **5.** die bunte Blume **6.** der nette Brief.

VI. *Bilden Sie die Mehrzahl:*

> Beispiel: Der junge Amerikaner spricht gut Deutsch.
> **Die jungen Amerikaner sprechen gut Deutsch.**

1. Die junge Amerikanerin spricht gut Deutsch. **2.** Der Sommer ist schön. **3.** Dieser schöne Mantel ist ganz neu. **4.** Dieser nette Deutsche ist Musiker. **5.** Jener gute Spiegel kostet sehr viel. **6.** Wie heißt dieser ausgezeichnete Leckerbissen? **7.** Der Morgen ist immer kühl.

VII. *Wiederholung* (Review). *Sagen Sie auf deutsch:*

1. That's right. **2.** Which sports do you participate in? **3.** You too? **4.** Not yet. **5.** It is pouring. **6.** That is your fault. **7.** That isn't worth the trouble. **8.** Next Friday. **9.** When is she getting married? **10.** What do you think of him? **11.** Last week. **12.** Now I remember. **13.** What color are her eyes? **14.** In 800. **15.** In the 19th century. **16.** In December. **17.** On Monday. **18.** That comes to 90 pfennings. **19.** Anything else? **20.** Agreed.

101

∾ Besorgungen

(*Errands*)

HELGA: ¹Wohin gehen Sie denn heute?

FRED: ²Ich muß einige Besorgungen machen.

HELGA: ³So? Was wollen Sie denn kaufen?

FRED: ⁴Ich will Brot kaufen, also muß ich zum Lebensmittelgeschäft, nicht wahr?

HELGA: ⁵Nein, Brot kauft man meistens in der Bäckerei.

FRED: ⁶Wo soll ich hin, um Fleisch zu kaufen?

HELGA: ⁷Zur Metzgerei, natürlich. Jeder Laden hat seine Spezialität.

FRED: ⁸Wollen Sie vielleicht auch sagen, daß man in der Drogerie kein Briefpapier bekommt?

HELGA: ⁹Ganz genau. In der Drogerie verkauft man nur Medizin und kosmetische Artikel.

FRED: ¹⁰Wie schrecklich. Für jedes Ding muß ich in ein anderes Geschäft.

HELGA: ¹¹Nicht unbedingt. Wenn Sie so dagegen sind, dann gehen Sie doch einfach zum Konsum.*

HELGA: ¹*Where are you going today?*

FRED: ²*I have to do some errands.*

HELGA: ³*Is that so? What do you want to buy?*

FRED: ⁴*I want to buy bread, so I have to [go] to the grocery store, don't I?*

HELGA: ⁵*No, usually one buys bread at the bakery.*

FRED: ⁶*Where shall I [go] in order to buy meat?*

HELGA: ⁷*To the butcher's, of course. Every store has its own specialty.*

FRED: ⁸*Are you also trying to tell me that you can't get any stationery at the drugstore?*

HELGA: ⁹*Precisely. At the drugstore they only sell medicine and cosmetics.*

FRED: ¹⁰*How awful. For each thing I have to [go] into a different store.*

HELGA: ¹¹*Not necessarily. If you are so much against it, why don't you simply go to the supermarket?*

---

* **der Konsum** is a cooperative type supermarket. Other supermarkets are also called **(der) Supermarkt** or by the general term **der Selbstbedienungsladen** *(self-service store)*.

FRED: ¹²Kann man im Konsum alles bekommen?

HELGA: ¹³So ziemlich, aber ohne persönliche Aufmerksamkeit zu bekommen, ohne ein wenig plaudern zu können, ohne Land und Leute kennenzulernen. . . .

FRED: ¹⁴Das genügt. Ich bin überzeugt. ¹⁵Um den Konsum mache ich einen großen Bogen, denn Land und Leute will ich kennenlernen.

FRED: ¹²*Can you get everything at the supermarket?*

HELGA: ¹³*Pretty much so, but without getting personal attention, without being able to chat a little, without getting to know the country and the people. . . .*

FRED: ¹⁴*That's enough. I am convinced.* ¹⁵*I'll make a big detour around the supermarket because I want to get to know the country and the people.*

ÜBUNGEN

I. *Aussprachübungen*

A. /p/-/b/

1. Pate—bat, Pulle—Bulle, Peter—beten, Pracht—brachte.

2. Knappe—Knabe, Steppe—Stäbe, Lippen—lieben, Lappen—laben.

3. zupfen—Zuber, Tropfen—droben, Zipfel—Zwiebel, schnupfen—schnobern.

4. gab, gabt—Gabe; lieb, liebt—Liebe; leb, lebst—leben; heb, hebst—heben.

B. /t/-/d/

1. werten—werden, Boten—Boden, leiten—leiden, Flöte—öde.

2. bitter—bieder, Latten—Laden, Watte—Wade, Seite—Seide.

3. Ethik—Edikt, mythisch—müde, Goethe—schnöde, Thron—drohen.

4. stand, standst—Stande; band, bandst—Bande; Rad—radeln; Bad—baden.

C. /k/-/g/

1. Kern—gern, Ekel—Egel, Luke—lugen, Enkel—Engel.

2. flicken—fliegen, Lücken—lügen, Zacken—zagen, rücken—rügen.

3. Knabe—Gnade, Knoten—Gnom, knallen—Galle, knattern—ergattern.

4. mag, magst—Magen; säg, sägt—sägen; wag, wagte—wagen; arg, argwöhnen—ärgern.

5. sechs—Segen, Wachs—wagen, Hexen—hegen, Sphinx—schwingen.

6. Qualle—Galle, Quecksilber—Geck, quer—Gert, Quote—Gote.

II. Substitution

1. *Ich muß* einige Besorgungen machen.
   er muß / Fred muß / sie muß / das Kind muß /
   wir müssen / sie müssen / Sie müssen / müssen Sie?

2. Ich muß *zum Lebensmittelgeschäft,* nicht wahr?
   zum Schreibwarengeschäft / zum Konsum / zur Bäckerei / zur Metzgerei

3. *Brot* kauft man *in der Bäckerei.*
   Fleisch . . . in der Metzgerei / Milch . . . in der Molkerei /
   Medizin und kosmetische Artikel . . . in der Drogerie / Briefpapier . . . im
   Schreibwarengeschäft / Salz und Pfeffer . . . im Lebensmittelgeschäft

4. Wo soll ich hin, um *Fleisch* zu kaufen?
   Brot / Milch / Medizin / Briefpapier

5. Kann man *im Konsum* alles bekommen?
   im Lebensmittelgeschäft / im Schreibwarengeschäft / im Restaurant /
   in der Drogerie / in der Bäckerei / in der Metzgerei

6. Er geht *zur Bäckerei,* um *Brot* zu kaufen.
   zur Metzgerei . . . Fleisch / zur Molkerei . . . Milch / zur Drogerie . . .
   Medizin / zum Lebensmittelgeschäft . . . Salz und Pfeffer / zum
   Schreibwarengeschäft . . . Briefpapier / zum Konsum . . . alles Mögliche

III. *Antworten Sie auf deutsch:*

1. Wohin gehen Sie denn? **2.** Müssen Sie einige Besorgungen machen? **3.** Was wollen Sie denn kaufen? **4.** Wo sollen Sie hin, um Fleisch zu kaufen? **5.** Wo kauft man meistens Brot? **6.** Wo bekommt man kein Briefpapier? **7.** Wo verkauft man Medizin und kosmetische Artikel? **8.** Wo kann man so ziemlich alles bekommen? **9.** Warum macht Fred einen großen Bogen um den Konsum? **10.** Wollen Sie Land und Leute kennenlernen? **11.** Wohin gehen Sie, um Land und Leute kennenzulernen?

IV. *Fragen Sie jemanden:*

1. wohin er heute geht. **2.** ob er einige Besorgungen machen muß. **3.** was er kaufen will. **4.** wo man Brot kauft. **5.** wo Sie hinsollen, um Fleisch zu kaufen. **6.** ob er sagen will, daß man in der Drogerie kein Briefpapier bekommt. **7.** ob man im Konsum alles bekommen kann. **8.** ob man im Lebensmittelgeschäft alles bekommen kann. **9.** wo Sie hingehen sollen, um Land und Leute kennenzulernen.

V. *Machen Sie aus jedem Satzpaar einen Satz, zuerst mit* **um ... zu,** *und dann mit* **ohne ... zu:**

> BEISPIEL: Er geht zur Bäckerei. Er kauft Brot.
> **Er geht zur Bäckerei, um Brot zu kaufen.**
> **Er geht zur Bäckerei, ohne Brot zu kaufen.**

1. Er geht zur Metzgerei. Er kauft Weißwürste. **2.** Er geht zur Molkerei. Er kauft Butter. **3.** Fred geht ins Restaurant. Er ißt Kartoffelsuppe. **4.** Wir fahren in die Stadt. Wir machen viele Besorgungen. **5.** Die Deutschen gehen zum Lebensmittelgeschäft. Sie bekommen persönliche Aufmerksamkeit. **6.** Viele Touristen kommen nach Deutschland. Sie lernen Land und Leute kennen. **7.** Man geht zum Konsum. Man kann ein wenig plaudern.

VI. *Diktat aus Konversation 12*

VII. *Eine Unterhaltung*

(1)

Sie wollen Weißwürste, Briefpapier und Aspirin kaufen. Sie fragen jemanden, wo man alle diese Dinge verkauft.

(2)

Sie wollen ein Picknick machen. Sie fragen jemanden, wo man die Lebensmittel verkauft, die (*which*) Sie dazu brauchen.

105

๛ Summary of the Nominative and Accusative Case

28 ● Use of the nominative and the accusative case

A. Use of the nominative case

Der Ingenieur arbeitet in München.
Der Ingenieur, ein junger Amerikaner, arbeitet in München.
Der Ingenieur ist ein junger Amerikaner.

1. The nominative case is used for the subject of a sentence.
2. The nominative case is used for nouns in apposition to the subject.
3. The nominative case is used in the predicate after linking verbs, primarily after the verb **sein,** *to be* (also after **bleiben,** *to remain,* **heißen,** *to be called,* **werden,** *to become*).
4. The nominative case is used in German the same way it is used in English.

B. Use of the accusative case

Ich lese das Buch.
Ich lese den langen Brief.
Diesen Mann kenne ich gut.
Ich arbeite für meinen alten Freund.

1. The accusative case is used for direct objects (as in English), i.e. it is used after most (transitive) verbs.
2. Approximately twenty verbs which govern the accusative case in English, govern the dative case in German, e.g. **helfen: Ich helfe ihm** (not **ihn**), *I help him.* These verbs will be presented in Grammar Unit 10.

106

3. Five prepositions always govern the accusative case in German. They must be memorized:

um	around	**ohne**	without
durch	through	**gegen**	against
für	for	[**wider**	against (*obsolete*)]

4. NOTE: Nine other prepositions, e.g. **in**, are followed by the accusative when motion or transfer is implied. (When location is implied, they are followed by the dative case. See Grammar Unit 10.)

29 ● Primary and secondary endings in the nominative and accusative

	MASCULINE:	NEUTER:	FEMININE:	PLURAL:
NOM.:	der gute Mann ein guter Mann* guter Mann	das gute Kind ein gutes Kind* gutes Kind	die gute Frau eine gute Frau gute Frau	die guten Leute keine guten Leute gute Leute
ACC.:	den guten Mann einen guten Mann guten Mann			

* These are the only three situations in which **ein**-words take no ending so that the primary ending is shown by the adjective. Elsewhere, **der**-words and **ein**-words employ the same (primary) ending (so that distinguishing them becomes unnecessary).

REMINDER: Unpreceded adjectives take primary endings.

NOTE: Masculine accusative and feminine can be easily and quickly acquired since the primary and secondary endings are identical.

30 ● Nominative, accusative, and reflexive pronouns

NOM.:	ACC.:	REFL.:	NOM.:	ACC.:	REFL.:
ich	mich = mich		I	me	myself
(du)	(dich) = (dich)		(you)	(you)	(yourself)
er	ihn		he	him	
sie = sie		sich	she	her	himself, herself, itself
es = es			it	it	
wir	uns = uns		we	us	ourselves
(ihr)	(euch) = (euch)		(you)	(you)	(yourselves)
sie = sie		sich	they	them	themselves
Sie = Sie		sich	you	you	yourself, yourselves

1. First (and second) person pronouns must be memorized.

2. Third person pronouns always reflect the (primary) ending of the definite article. Many mistakes can be avoided by observing this association: **der** *Tisch*: **er,** not *it*.

3. Most reflexive verbs employ accusative reflexive pronouns. The few which employ dative reflexive pronouns differ only inasmuch as they use **mir** (and **dir**) instead of **mich** (and **dich**). The rest are alike: **Ich stelle mich vor,** *I introduce myself*; **Ich stelle mir vor,** *I imagine*; **Er stellt sich vor,** *he introduces himself,* or, *he imagines.*

4. The pronoun **uns** (and **euch**) stays the same in the dative case. **Uns** may therefore mean *us, ourselves, to us, to ourselves.*

5. **wer,** *who*; **was,** *what* are nominative interrogative pronouns. **wen,** *whom*; **was,** *what* are accusative interrogative pronouns.

31 ● Contractions of prepositions with <u>das</u>

Er macht einen großen Bogen **ums** Geschäft.
Fred fährt jeden Tag **durchs** Stadtzentrum.
Wir danken **fürs** Essen.

1. **um das, durch das, für das** may be contracted to **ums, durchs, fürs.** These contractions are optional.

2. **gegen das** is sometimes contracted to **gegens** in colloquial speech; **ohne** may never be contracted (or compounded).

32 ● Compounds of prepositions and pronouns

A. Wo-compounds

Gegen was sind Sie?	**Wogegen** sind Sie?
Für was arbeiten Sie?	**Wofür** arbeiten Sie?

1. **was** preceded by a preposition in a question may be changed to **wo-** and prefixed to the preposition to form a so-called **wo-**compound.

2. **wor-** is prefixed to prepositions which begin with a vowel: **worum.**

3. Although **wo-**compounds are optional they are always used in polished style.

4. **ohne** cannot be compounded.

108

B. Da-compounds

Ich bin **gegen den Plan.**	Ich bin **dagegen.** (*against it*)
Durchs Lesen lernen wir.	**Dadurch** lernen wir. (*through it*)
Ich arbeite **für den Herrn.**	Ich arbeite **für ihn.** (*for him*)

1. When a preposition should be followed by a pronoun representing an inanimate object (*it,* sometimes *them* in English), **da- (dar-** or **dr-** before vowels: **darum, drum)** is prefixed to the preposition instead. **Da-**compounds must replace a preposition + **es.**

2. **Da-**compounds cannot be formed with **ohne.**

ÜBUNGEN

I. **A.** *Bilden Sie Sätze:*

BEISPIEL: ein guter Ingenieur. Ich kenne . . .

Ich kenne einen guten Ingenieur.

1. dieser gute Stadtplan. Wir kaufen . . . 2. roter Wein. Er trinkt . . . 3. keine gelbe Banane. Sehen Sie . . . ? 4. die schönen Alpen. Sie fotografiert . . . 5. mein langer Brief. Sie liest . . . 6. unser alter Vater. Kennen Sie . . . ? 7. seine hübsche Schwester. Fragen Sie doch . . . 8. kalter Pudding. Fred ißt gern . . . 9. unsere lieben Eltern. Wir besuchen nächste Woche . . . 10. Ihr schönes Schloß. Ich sehe. , , .

B. *Beginnen Sie mit der angegebenen Präposition:*

BEISPIEL: der junge Deutsche; für

für den jungen Deutschen

1. der weiße Schnee; durch 2. dieser kalte Regen; ohne 3. ein guter Freund; ohne 4. jeder begeisterte Wintersportler; für 5. ihre bevorstehende Heirat; gegen 6. welches alte Schloß; um 7. gute Dinge; durch 8. die schnellen Züge; gegen 9. ihr kleiner Bruder; für 10. guter Willen; durch 11. ich; für 12. er; durch 13. wir; ohne 14. sie; um

109

C. *Bilden Sie die Befehlsform* (*Imperativ*):

BEISPIEL: Der junge Mann spricht nicht.
Junger Mann, sprechen Sie!

1. Der gute Freund kommt nicht. **2.** Die hübsche Dame (*lady*) schreibt nicht.
3. Das liebe Fräulein Krämer antwortet nicht. **4.** Die faulen Angestellten
schreiben nicht. **5.** Das alte Mütterchen spricht nicht.

D. *Ersetzen Sie die Substantive durch Pronomen:*

BEISPIEL: Der Student kauft die Schallplatte.
Er kauft sie.

1. Der Deutsche hat den Sommer gern. **2.** Der Bäcker verkauft frisches Brot.
3. Der Ober muß die Rechnung bringen. **4.** Der Mensch liebt den Frühling.
5. Oft kann der Münchner die Alpen gut sehen. **6.** Die junge Dame heiratet
einen Glückspilz. **7.** Das Mädchen nimmt einen Regenschirm mit. **8.** Sein
Bruder kennt meinen Vater. **9.** Ihre Mutter besucht seine Schwester.
10. Seine Freundin liest seine langen Briefe nie (*never*).

E. *Benützen Sie* **da-** *oder* **wo-** *Verbindungen wenn möglich* (Use **da-** or
wo-compounds if possible):

BEISPIEL: Ich lebe für den Wintersport.
Ich lebe dafür.

1. Für was arbeitet er denn? **2.** Fallen Sie nicht gegen den Tisch.
3. Er geht um den Bahnhof herum. **4.** Der Tourist kauft einen Stadtplan;
durch ihn findet er die Theresienstraße.

II. Substitution

1. *Fred* will *sich* vorstellen.
    ich . . . mich / er . . . sich / sie . . . sich / der Ingenieur . . . sich.
2. *Irma* wird *sich* bald verheiraten.
    Dieter . . . sich / er . . . sich / das Mädchen . . . sich / sie . . . sich
3. *Wir* setzen *uns* an den Tisch.
    Fred und ich . . . uns / sie . . . sich / Sie . . . sich / die beiden Freunde . . . sich

III. *Sagen Sie auf deutsch:*

1. How awful.   **2.** Not necessarily.   **3.** That's enough.   **4.** I am convinced.
5. Where shall I go?   **6.** Precisely.   **7.** Yes, that's right.   **8.** I like summer.
9. He prefers winter.   **10.** She likes spring best.

IV. *Eine Unterhaltung*

(1)

Plaudern Sie (*chat*) über eine Person, die (*whom*) Sie gern haben;

(2)

über eine Person, die Sie nicht gern haben.

✎ Eine Einladung

(*An invitation*)

FRED: ¹Ich habe für morgen eine Einladung bekommen.

HANS: ²Das ist aber nett. ³Wer hat Sie denn eingeladen?

FRED: ⁴Die Familie Brown. Kennen Sie die Browns?

HANS: ⁵Den Namen habe ich von Ihnen schon gehört aber ich kenne sie nicht persönlich.
⁶Sind das Amerikaner?

FRED: ⁷Herr Brown ist vor acht Jahren aus Amerika gekommen, aber seine Frau ist Französin.

HANS: ⁸Haben sie einander* in Deutschland kennengelernt?

FRED: ⁹Ja, und bald darauf haben sie sich verheiratet.

HANS: ¹⁰Wie lange sind sie jetzt schon verheiratet?

FRED: ¹*I received an invitation for tomorrow.*

HANS: ²*How nice.* ³*Who invited you?*

FRED: ⁴*The Brown family. Do you know the Browns?*

HANS: ⁵*I have heard the name from you already but I don't know them personally.*
⁶*Are they Americans?*

FRED: ⁷*Mr. Brown came from America eight years ago, but his wife is French.*

HANS: ⁸*Did they get acquainted in Germany?*

FRED: ⁹*Yes, and soon thereafter they got married.*

HANS: ¹⁰*How long have they been married now?*

---

* **einander** may be used in place of the reflexive **sich** to establish reciprocity clearly: *each other.*

FRED: ¹¹Ich glaube, sie sind schon sieben Jahre lang verheiratet.

HANS: ¹²Was ist Herr Brown eigentlich von Beruf?

FRED: ¹³Er ist seit fünf Jahren Direktor einer chemischen Firma.

HANS: ¹⁴Wie sind Sie miteinander bekannt geworden?

FRED: ¹⁵Herr Brown ist ein alter Freund unserer Familie. ¹⁶In Boston hat er uns oft besucht.

HANS: ¹⁷Sind Sie schon oft bei den Browns zu Besuch gewesen?

FRED: ¹⁸Ja, ich bin sie schon öfters besuchen gegangen. ¹⁹Sie sind mir sehr sympathisch.

HANS: ²⁰Das freut mich.

FRED: ¹¹*I believe they have been married for seven years.*

HANS: ¹²*What is Mr. Brown actually?*

FRED: ¹³*He has been director of a chemical firm for five years.*

HANS: ¹⁴*How did you become acquainted (with one another)?*

FRED: ¹⁵*Mr. Brown is an old friend of our family.* ¹⁶*He used to visit us frequently in Boston.*

HANS: ¹⁷*Have you been a guest at the Brown's often?*

FRED: ¹⁸*Yes, I have gone to visit them on several occasions.* ¹⁹*I find them very likable.*

HANS: ²⁰*I am glad.*

ÜBUNGEN

I. *Deutsche Laute* /z/ /s/ /ts/

A. /z/ (initially before vowels, spelling **s**):

so	also
Saar	Isar
sie	Poesie
sagen	versagen
Senator	rasen
sich	riesig
sonderbar	Besonderheit
sucht	besucht
Saum	versäumen
Söhne	versöhnen

B. /s/ (medially and in final position)

1. Spelling **-s:**		**2.** Spelling **-ß** **-ss-** (between 2 short syllables)	
ist	Begebnis	Haß	hassen
leisten	Gleis	mußte	müssen
rasten	raus	iß	Essen
raspeln	Gras	große	Rosse
dreist	Eis	bißchen	Bissen
Hostie	Haus	Straße	Rasse
Nest	Ananas	reißen	Risse
Wespe	wes	Ruß	Russe
Hamster	Wams	Nuß	Nüsse
Elster	als	schießen	Schüsse

C. /ts/

1. spelling **z** (initially, after long vowels, after consonants)

spelling **-tz** (after short vowels)

Weizen	Witz
heizen	hitzig
Erz	ätzen
schwarz	schwatzen
zehn	schmatzen
zu	Sitzung
Scherz	Schatz
Grenze	Grütze
Schmalz	Satz
Holz	Trotz

2. spelling **c** (before **e, i, ä, ö,** in a few foreign words, very rare)

spelling **ti** (in a few foreign words)

Cäcilie	Nation
Cäsar	nationalistisch
Cis	Variationen

II. Substitution

1. Ich habe *für morgen* eine Einladung bekommen.
   für heute abend / für morgen abend / für nächste Woche / für nächstes Jahr

2. Er ist *vor acht Jahren* aus Amerika gekommen.
   vor einer Woche / vor einem Monat / vor einem Jahr / vor zwei Jahren

3. Wie lange sind Sie jetzt schon *verheiratet?*
   verliebt / verlobt / in Deutschland / bei der Firma / Ingenieur / Student

4. Ich glaube, sie sind *schon sieben Jahre lang* verheiratet.
   erst einen Tag lang / erst fünf Minuten lang / schon einen Monat lang / schon eine Woche lang / schon ein Jahr lang

5. Er ist *seit fünf Jahren* Direktor einer chemischen Firma.
   seit 1965 / seit sechs Monaten / seit drei Wochen / seit einer Woche

6. Sind Sie schon oft *bei den Browns* gewesen?
   bei Krämers / in München / im besten Hotel / in der Frauenkirche / bei ihm / bei uns in Deutschland / beim Zahnarzt (*dentist*)

7. *Sie sind* mir sehr sympathisch.
   die Deutschen sind / die Amerikaner sind / Helga ist / Irma ist /

115

III. *Antworten Sie auf deutsch:*

1. Für wann hat Fred eine Einladung bekommen? **2.** Wer hat ihn eingeladen? **3.** Kennt Hans die Browns? **4.** Ist Herr Brown Amerikaner? **5.** Ist Frau Brown Amerikanerin? **6.** Vor wieviel Jahren ist Herr Brown aus Amerika gekommen? **7.** Wo haben Herr und Frau Brown einander kennengelernt? **8.** Wie lange sind die Browns jetzt schon verheiratet? **9.** Was ist Herr Brown eigentlich von Beruf? **10.** Wie lange ist Herr Brown Direktor einer chemischen Firma? **11.** Wie sind Fred und Herr Brown miteinander bekannt geworden? **12.** Ist Fred schon oft bei den Browns zu Besuch gewesen? **13.** Sind die Browns Fred sympathisch?

IV. *Fragen Sie einen anderen Studenten* (*eine andere Studentin*):

1. für wann Fred eine Einladung bekommen hat. **2.** wer Fred eingeladen hat. **3.** ob Hans die Browns kennt. **4.** ob Herr und Frau Brown Amerikaner sind. **5.** wann Herr Brown aus Amerika gekommen ist. **6.** wo die Browns einander kennengelernt haben. **7.** wie viele Jahre die Browns verheiratet sind. **8.** was Herr Brown von Beruf ist. **9.** wie lange Herr Brown schon Direktor einer chemischen Firma ist. **10.** wie Fred mit Herrn Brown bekannt geworden ist. **11.** ob Fred schon oft bei den Browns zu Besuch gewesen ist. **12.** ob die Browns Fred sympathisch sind.

V. *Sagen Sie auf deutsch:*

1. How nice. **2.** I don't know them personally. **3.** Are they Americans? **4.** His wife is French. **5.** How long have they been married? **6.** How long have you been married? **7.** I have been married for seven years. **8.** He has been director for five years. **9.** I find you very likable. **10.** I am glad.

VI. *Diktat aus Konversation 13*

VII. *Eine Unterhaltung*

Sie erklären (*explain*) einem Freund oder einer Freundin, warum Sie nicht zu Besuch kommen können.

116

∾ Present Perfect Tense

33 ● Meaning, use and formation of the present perfect tense

In German, the present perfect tense is the tense in which one converses about past events. In writing, many of these past events would be rendered by the past tense. In conversation, however, the compounded present perfect tense achieves a colloquial ease which somewhat compensates for the lack of progressive forms in German. Due to the popularity of the present perfect tense in German, its English meaning covers a variety of possibilities: **Er hat uns besucht,** *he has visited us, he visited us, he was visiting us, he used to visit us.* An important idiosyncrasy of German is the use of the present tense for events which call for the present perfect tense in English (see 37 below).

In German, the present perfect tense is also used to relate past events which still have a bearing on the present: **Wagner hat in Bayreuth gelebt,** *Wagner lived in Bayreuth (and we are still very much aware of it)*; it is also used for events which have happened very recently: **Ich habe gerade diesen Brief bekommen,** *I have just received this letter.*

The present perfect tense is formed by combining the conjugated auxiliary **haben** (or **sein** with some verbs) and the past participle. Since the auxiliary is in the present indicative, the tense is called *present*; the past participle always adds the word *perfect* to the name of a tense, hence: present perfect.

34 ● Present perfect of verbs conjugated with haben

Ich habe eine Einladung **bekommen.**	*I received* an invitation.
Sie haben sich bald darauf **verheiratet.**	*They got married* soon thereafter.
Er hat es so **gewollt.**	*He wanted* it that way.
Haben sie die Suppe **probiert?**	*Have they tasted* the soup?
Wir haben einmal in Wien **gewohnt.**	*We used to live* in Vienna once.
Hans hat damals ein Sportauto **gefahren.**	*Hans was driving* a sportscar then.
Hat sie viele Freunde **gehabt?**	*Has she had* many friends?

118

1. In the present perfect tense, the finite verb is the auxiliary and it stands in second place. *The past participle goes to the end of the clause.*

2. *All transitive verbs* i.e. verbs which admit a direct object are conjugated with **haben**: **bekommen,** *to receive.*

3. *All reflexive verbs* are conjugated with **haben.** Note that most of them are basically transitive verbs which are used reflexively, i.e. when the subject acts upon itself: **Ich wasche ihn,** *I wash him;* **ich wasche mich,** *I wash myself.*

4. *The six modal auxiliaries* are conjugated with **haben.**

5. *Almost all foreign verbs ending in* **-ieren** are conjugated with **haben**: **probieren.**

6. *Most intransitive verbs* are conjugated with **haben**: **wohnen,** *to reside.*

7. *Some intransitive verbs* which are usually conjugated with **sein** are conjugated with **haben** *when used transitively*: **Hans ist nach München gefahren,** *Hans drove to Munich;* **Hans hat das Auto gefahren,** *Hans drove the car.*

8. **Haben** is conjugated with **haben**: **Ich habe gehabt,** *I have had.*

35 ● Double infinitive construction with modal auxiliary verbs

Hans hat nach Wien **gemußt; Hans hat** nach Wien **fahren müssen.**
Ich habe den Kaffee **gewollt; ich habe** den Kaffee **trinken wollen.**

1. The present perfect tense of modal auxiliaries is formed with **haben** and the past participle of the modal verb when the modal is the *sole verb.*

2. When a dependent infinitive accompanies the modal, the past participle of the modal is reduced to its infinitive. Originally a corruption, this has become a required construction, the *double infinitive construction.*

3. In a double infinitive construction the modal stands absolutely last. The infinitive of the modal still acts as past participle: **Ich habe den Kaffee trinken wollen,** *I have* **wanted** *to drink the coffee.*

4. The double infinitive construction is also popular but optional with: **lassen,** *to let;* **hören,** *to hear;* **sehen,** *to see.* **Ich habe sie singen hören,** or: **Ich habe sie singen gehört,** *I have heard her sing.*

36 ● Present perfect of verbs conjugated with sein

Er ist aus Amerika **gekommen.**	*He has come from America.*
Sind Sie schon oft bei den Browns **gewesen?**	*Have you been at the Browns' often?*
Ich bin sie öfters **besuchen gegangen.**	*I went to see them rather often.*
Er ist Direktor **geworden.**	*He became the director.*
Wir sind nach München **gefahren.**	*We went (drove, traveled) to Munich.*

119

1. German verbs are conjugated with **sein** under two conditions: they must be intransitive *and* they must express a change of condition or motion to a place, e.g. *to die, be born, happen; to drive, run, fall.*

2. **sein,** *to be,* and **bleiben,** *to remain,* are conjugated with **sein,** although they do not meet both of the above conditions. This fact must be learned.

3. **liegen, sitzen, stehen,** *to lie, sit, stand,* are conjugated with **sein** by most Germans, although there is no reason for it. Follow this practice.

4. **werden,** *to become* (change of condition) is conjugated with **sein,** as it should be. Keep this well in mind. Since **werden** also serves as passive auxiliary, passive perfect tenses are conjugated with **sein.**

5. Note that prefixes may change the meaning of a verb and cause it to change from **haben** to **sein** as the perfect auxiliary: **Ich habe geschlafen,** *I have slept;* **ich bin eingeschlafen,** *I have fallen asleep* (change of condition).

6. When the meaning of a verb usually conjugated with **sein** is such as to permit transitive use as well, **haben** must be used in the transitive sentence (also see 34. 7): **reiten,** *to ride* (*on horseback*); **Er ist in die Stadt geritten,** *he rode into town;* **er hat das Pferd geritten,** *he rode the horse* (transitive).

7. REMINDER: Modal auxiliaries outrank verbs, including verbs usually conjugated with **sein.** When a modal is used, the perfect auxiliary is always **haben: Er ist in die Stadt geritten,** but, **er hat in die Stadt reiten müssen.**

8. Almost all verbs conjugated with **sein** are strong (irregular) verbs.

37 ● Use of the present indicative in German for the present perfect in English

Wie lange **sind sie** jetzt schon verheiratet? How long *have they been* married now?

Sie sind schon sieben Jahre lang verheiratet. *They have been* married for 7 years.

Er ist seit fünf Jahren Direktor. *He has been* the director for 5 years.

1. When an action has begun in the past and is still continuing, English uses the present perfect tense; German uses the present tense.

2. Note the use of **seit,** *since* (temporal) or, intensified, **schon seit,** *ever since,* in such constructions, as well as the use of **lang (schon . . . lang),** *for. . . .*

38 ● Past participles

A. Past participles of weak (regular) verbs

INFINITIVE:	PAST PARTICIPLE:	THIRD PERSON SINGULAR, PRESENT TENSE (for comparison):
wohnen	**gewohnt**	er wohnt
kosten	**gekostet**	es kostet
stud**ieren**	**—studiert**	= er studiert
besuchen	**besucht**	= er besucht
vorstellen	**vorgestellt**	er stellt vor

1. Past participle formation of regular weak verbs: **ge + stem + t.**
2. Past participle of verbs requiring *connecting* **e: ge + stem + et.**
3. Verbs of French origin, ending in **-ieren,** do not prefix **ge-.** The past participle is identical with third person singular, present indicative. Reason: The ending **-ieren** is a combination of the French infinitive ending **-(i)er** and the German infinitive ending **-en.** Prefixing another syllable would make the verb even longer than it is already.
4. Verbs with inseparable prefixes (mainly **ge-, be-, zer-, ver-, er-, ent-**) do not prefix **ge-** to form the past participle. The past participle is identical with third person singular, present indicative: **besucht.**
5. When a verb has a separable prefix, the **ge-** of the past participle is inserted between the separable prefix and the stem: **vorgestellt.**

   NOTE: The position of **zu,** *to* in **zu** + infinitive clauses is similar: **Es ist nett, Schallplatten anzuhören,** *It is nice to listen to records.*

B. Past participles of mixed (basically regular) verbs

a.	können	**gekonnt**	sollen	**gesollt**
	mögen	**gemocht**	wollen	**gewollt**
	dürfen	**gedurft**		
	müssen	**gemußt**	wissen	**gewußt**
b.	haben	**gehabt**		
c.	kennen	**gekannt**	senden *send*	**gesandt** or **gesendet†**
	nennen	**genannt**	wenden *turn*	**gewandt** or **gewendet**
	rennen *run*	**gerannt***	bringen *bring*	**gebracht**
	brennen *burn*	**gebrannt**	denken *think*	**gedacht**

---

* **rennen** is conjugated with **sein: Er ist gerannt,** *he has run.*
† **gesendet** is used in the sense of *broadcasted.*

1. With the exception of these verbs, all verbs are either weak or strong.
2. The *Umlaut* is dropped when forming the past participle of modals.
   REMINDER: The infinitive serves as past participle in *double infinitive constructions* with modals.
3. The past participle of **haben** is regular.
4. The main irregularity of the verbs listed under **C.** above is the change of stem vowel **e** to **a**.

C. Past participles of strong (irregular) verbs

INFINITIVE:	PAST PARTICIPLE:	THIRD PERSON SINGULAR, PRESENT IND.:
lassen	**gelassen**	er läßt
anhalten	**angehalten**	er hält an
geben	**gegeben**	es gibt
sprechen	**gesprochen**	er spricht
trinken	**getrunken**	er trinkt
ziehen *pull*	**gezogen**	er zieht
reiten	(ist) **geritten**	er reitet
scheinen	**geschienen**	die Sonne scheint
tun	**getan**	er tut
verstehen	**verstanden**	er versteht

1. Past participle formation of strong verbs:
   ge + **stem** (mostly with at least a vowel change) + **en**

2. Separable and inseparable prefixes are treated as with weak verbs.

3. With the exception of **tun** and **verstehen,** the above verbs represent the approximately eight groups into which strong verbs may be divided. Study the examples well to recognize similar forms.

4. Important short cut: All verbs which change **a** to **ä** in the present tense conjugation, and most verbs which change **e** to **i** have no stem change in forming the past participle, i.e. the past participle looks like the infinitive with a **ge-** prefix. If verbs which change **e** to **i** in the present tense change the stem for the formation of the past participle, they change to **-o-: sprechen, gesprochen; nehmen, genommen.**

D. Past participles of some verbs conjugated with **sein**

sein	**ist gewesen**	gehen	**ist gegangen**
werden	**ist geworden**	kommen	**ist gekommen**
bleiben	**ist geblieben**	ankommen	**ist angekommen**
fahren	**ist gefahren**	stehen	**ist gestanden**
abfahren	**ist abgefahren**	sterben	**ist gestorben**

1. It is customary to show **ist** in front of the past participle of a verb conjugated with **sein.**

2. Of the above verbs **bleiben, (ab)fahren** and **sterben** are typical. The others are quite unique among the strong verbs and should be memorized.

3. When the basic form of a verb is conjugated with **sein** its compounds formed with prefixes are usually also conjugated with **sein; fahren, abfahren; kommen; ankommen.**

4. REMINDER: Almost all verbs conjugated with **sein** are strong.

ÜBUNGEN

I. A. *Schwache Verben* (weak verbs)

> BEISPIEL: wohnen
> **er wohnt**
> **er hat gewohnt**

1. leben, sagen, fühlen, glauben, hören.

2. kosten, antworten, arbeiten, bilden, regnen (es).

3. studieren, probieren, fotografieren, exportieren, importieren.

4. besuchen, entdecken, entschuldigen, ersetzen, wiederholen.

5. sich vorstellen, kennenlernen, spazierengchen.

B. *Modalverben und gemischte Verben*

> BEISPIEL: können
> **ich habe gekonnt**

1. mögen, dürfen, müssen, sollen, wollen.

2. haben, wissen.

3. nennen, kennen, rennen (ich bin . . .), brennen.

4. senden, wenden, bringen, denken.

C. *Starke Verben*

> Beispiel: lassen
> **gelassen**

1. verlassen, halten, behalten, anhalten, fahren, abfahren.
2. geben, sehen, lesen, essen (gegessen: *exceptional use of connecting* **-g-**).
3. sprechen, nehmen, werden.
4. trinken, ziehen, reiten, scheinen, tun, verstehen.

D. **sein** *als Hilfszeitwort*

> Beispiel: werden
> **ich bin geworden**
> **er ist geworden**

1. rennen 2. reiten 3. sein 4. werden 5. fahren 6. abfahren 7. gehen
8. kommen 9. bleiben 10. ankommen 11. stehen 12. sterben

II. *Bilden Sie die Mehrzahl:*

> Beispiel: Ich habe eine Einladung bekommen.
> **Wir haben eine Einladung bekommen.**

1. Er hat sich bald darauf verheiratet. 2. Sie hat es so gewollt. 3. Hat das Kind die Suppe gegessen? 4. Ich habe Deutsch studiert. 5. Er hat heute ein Examen gehabt. 6. Sie hat uns oft besucht.

III. *Setzen Sie das Modalverb ein* (*Hilfszeitwort* **haben**):

> Beispiel: Ich habe das Buch gelesen. (wollen)
> **Ich habe das Buch lesen wollen.**

1. Er hat ein bißchen Deutsch verstanden. (können) 2. Hans ist nach Heidelberg gefahren. (müssen) 3. Fred hat die Browns besucht. (wollen) 4. Er hat sich bei der Firma vorgestellt. (dürfen) 5. Sie hat einen Regenmantel mitgenommen. (sollen) 6. Wir haben den Kaffee nicht getrunken. (mögen)

IV. *Antworten Sie auf deutsch:*

1. Sind Sie in Amerika geboren? **2.** Ist Herr Brown aus Amerika gekommen? **3.** Ist Fred oft bei den Browns gewesen? **4.** Wann ist Herr Brown Direktor einer chemischen Firma geworden? **5.** Wann hat heute Ihre Deutschklasse begonnen? **6.** Wann haben Sie zu Mittag gegessen? **7.** Was haben Sie heute gegessen? **8.** Wann ist Ihr Onkel gestorben? **9.** Haben Sie letzten Winter viel Wintersport getrieben? **10.** Sind Sie letzten Sommer nach New York gefahren? **11.** Hat es gestern geregnet? **12.** Haben Sie heute Ihren Regenschirm mitgenommen? **13.** Haben Sie Deutsch mit ihm gesprochen? **14.** Hat der Stadtplan viel Geld gekostet? **15.** Ist Fred öfters zu den Browns zu Besuch gegangen?

V. *Fragen Sie jemanden:*

1. ob er in Amerika geboren ist. **2.** wann seine Klasse heute begonnen hat. **3.** wann er zu Mittag gegessen hat. **4.** was er gegessen hat. **5.** ob er letzten Winter viel Wintersport getrieben hat. **6.** ob letzten Sommer nach Deutschland geflogen ist. **7.** ob es gestern geregnet hat. **8.** ob der Stadtplan viel gekostet hat. **9.** ob er alles verstanden hat. **10.** ob er neue Schallplatten gekauft hat.

VI. *Bilden Sie das Perfekt* (present perfect):

> Beispiel: Ich kaufe einen Stadtplan.
> **Ich habe einen Stadtplan gekauft.**

1. Ich esse um ein Uhr zu Mittag. **2.** Ich spreche mit meinem Freund Deutsch. **3.** Er nimmt den Stadtplan nicht mit. **4.** Sie bringt uns Obst. **5.** Das Kind mag die Suppe nicht essen. **6.** Wir exportieren Büromaschinen. **7.** Haben Sie Zeit? **8.** Sind Sie oft in Deutschland? **9.** Nennen Sie ihn Hans oder Hänschen? **10.** Bleiben Sie im Winter in Amerika?

VII. *Sagen Sie auf deutsch:* (Use the present tense!)

1. How long have they been married? **2.** They have been married for 7 years. **3.** He has been the director for five years. **4.** He has been living in Germany since 1960. **5.** I have been here for five minutes (already).

∾ Beim Einkaufen

(*Shopping*)

FRED: ¹Was haben Sie heute getan? *gemacht*

HELGA: ²Ich <u>bin</u> beim Einkaufen in der Stadt <u>gewesen</u>.

FRED: ³Was haben Sie denn gekauft?

HELGA: ⁴Mehrere nette Sachen.

FRED: ⁵Wo haben Sie eingekauft?

HELGA: ⁶Zuerst im Kaufhaus, und dann habe ich nach einem neuen Hut gesucht.

FRED: ⁷Haben Sie einen gefunden?

HELGA: ⁸Ich habe viele <u>reizende</u> Hüte gesehen.

FRED: ⁹Na und? ¹⁰Haben Sie sich nicht entscheiden können?

HELGA: ¹¹Oh doch, ich habe mich endlich für ein sehr schickes aber leider auch teures Hütchen entschieden.

FRED: ¹²Haben Sie es mitgebracht? ¹³Darf ich es sehen?

HELGA: ¹⁴Gern, aber Sie müssen mir versprechen, nicht zu lachen.

FRED: ¹*What did you do today?*

HELGA: ²*I have been shopping in town.*

FRED: ³*What did you buy?*

HELGA: ⁴*Several nice things.*

FRED: ⁵*Where did you shop?*

HELGA: ⁶*First at the department store, and then I looked for a new hat.*

FRED: ⁷*Did you find one?*

HELGA: ⁸*I saw many charming hats.*

FRED: ⁹*Well?* ¹⁰*Couldn't you make up your mind?*

HELGA: ¹¹*Oh yes, finally I decided on a very smart but unfortunately also expensive little hat.*

FRED: ¹²*Did you bring it with you?* ¹³*May I see it?*

HELGA: ¹⁴*Gladly, but you must promise me not to laugh.*

FRED: [15]Ich gebe Ihnen mein Ehrenwort.

HELGA: (*setzt sich den Hut auf*) [16]Gefällt es Ihnen?

FRED: [17]Was für ein bezauberndes Hütchen! Und ob es mir gefällt!

HELGA: [18]Das freut mich sehr.

FRED: [19]Sind Sie nach so einem anstrengenden Tag nicht müde?

HELGA: [20]Doch, sehr sogar, denn ich bin zu Fuß gegangen.

FRED: [21]Warum sind Sie nicht mit der Straßenbahn gefahren?

HELGA: [22]Nicht bei diesem schönen Wetter. [23]Übrigens hat mir der Spaziergang gut getan.

FRED: [15]*I give you my word of honor.*

HELGA: (puts on the hat) [16]*Do you like it? (lit. Does it please you?)*

FRED: [17]*What an enchanting little hat! I should say I like it!*

HELGA: [18]*That makes me very happy.*

FRED: [19]*Aren't you tired after such a strenuous day?*

HELGA: [20]*Yes, in fact rather, since I walked.*

FRED: [21]*Why didn't you take the street car?*

HELGA: [22]*Not when the weather is this nice. [23]Anyway, the walk was good for me.*

127

ÜBUNGEN

I. Aussspracheübungen

Kontraste:	/ʃ/	/z/	/s/	/ts/
1.	Mischung	Weisung	Rüstung	Sitzung
2.	Masche	Masern	mästen	Metzger
3.	schälen	Seelen	Achsel	zählen
4.	Speer	sehr	besser	verzehren
5.	Busch	Bluse	Bus	Butzenscheiben
6.	schon	so	Lasso	Zoo
7.	Schein	sein	Forstei	verzeihen
8.	Aufstieg	Sieg	bissig	einzig
9.	Freundschaft	Saft	seßhaft	zapfen
10.	Fleisch	Weise	weiß	Weizen

II. Substitution

1. Ich bin *beim Einkaufen* in der Stadt gewesen.

beim Bäcker / beim Zahnarzt / bei meinem Freund / bei meinen Freunden

2. *Wo* haben Sie eingekauft?

was / wann / warum / mit wem

3. *Haben Sie sich* nicht entscheiden können?

haben sie sich / haben die Browns sich / hat er sich / hat sie sich

4. Ich habe mich *für ein Hütchen* entschieden.

für ein Sportauto / für einen großen Tisch / für die Nudelsuppe / für den Rotwein

5. Sie müssen mir versprechen, *nicht zu lachen.*

nichts zu sagen / darüber kein Wort zu sagen / mitzukommen / zu studieren

6. *Gefällt es* Ihnen?

gefällt sie / gefällt er / gefalle ich / gefallen wir

7. Was für *ein bezauberndes Hütchen*!

ein schöner Tag / schönes Wetter / gute Leute / ein guter Mensch

8. *Ich bin* zu Fuß gegangen.

er ist / sie ist / das Kind ist / wir sind / sie sind / Sie sind / sind Sie . . . ?

III. *Beantworten Sie die folgenden Fragen laut Text:*

1. Was hat Helga heute getan? **2.** Was hat sie denn gekauft? **3.** Wo hat sie zuerst eingekauft? **4.** Wonach hat sie dann gesucht? **5.** Hat sie einen Hut gefunden? **6.** Hat sie sich entscheiden können? **7.** Hat sie sich für ein teures oder ein billiges Hütchen entschieden? **8.** Hat sie es mitgebracht?

9. Was muß Fred versprechen, bevor er das Hütchen sehen darf? **10.** Was gibt Fred Helga? **11.** Gefällt Fred das Hütchen? **12.** Was sagt er dazu? **13.** Was antwortet Helga? **14.** Warum ist Helga müde? **15.** Warum ist Helga nicht mit der Straßenbahn gefahren?

IV. *Fragen Sie jemanden:*

1. was er heute getan hat. **2.** was er in der Stadt gekauft hat. **3.** wo er eingekauft hat. **4.** ob er einen schönen Hut gefunden hat. **5.** ob er sich nicht hat entscheiden können. **6.** ob er den Hut mitgebracht hat. **7.** ob ihm das Hütchen gefällt. **8.** ob er nach so einem anstrengenden Tag nicht müde ist. **9.** ob er zu Fuß gegangen ist. **10.** warum er nicht mit der Straßenbahn gefahren ist.

V. *Antworten Sie auf deutsch:*

1. Was ist eine Bäckerei? **2.** Was ist eine Metzgerei? **3.** eine Drogerie? **4.** ein Konsum? **5.** ein Kaufhaus? **6.** ein Lebensmittelgeschäft? **7.** Wohin geht man, um Briefpapier zu kaufen? **8.** Wo kauft man Briefmarken (*stamps*)? **9.** Wo kann man essen? **10.** Wo kann man übernachten (*stay over night*)?

VI. *Diktat aus Konversation 14*

VII. *Eine Unterhaltung*

Erzählen Sie (*tell*), was Sie heute getan haben.

129

∾ Der Föhn und das Oktoberfest

Eines Tages muß Fred zum amerikanischen Konsulat in der Königinstraße. Helga geht mit, um das moderne Konsulatsgebäude zu sehen, und um mit Fred zu plaudern. Beim Konsulat registriert Fred als Amerikaner seine Münchner Adresse.

130

Es ist ein sonniger Septembertag, und die beiden Bekannten entscheiden sich, einen kleinen Spaziergang zu machen. Sie gehen die Prinzregentenstraße entlang, vorbei am Haus der Kunst und dem Englischen Garten und auf das Nationalmuseum zu. Fred will wissen, ob es im Winter immer sehr kalt ist und fragt Helga darüber.

„Meistens sind die Winter nicht zu kalt", antwortet Helga. „Ab und zu haben wir einen großen Schneefall, dann aber wieder Regen und Matsch. Wenn es geschneit hat, wollen alle entweder zum Skifahren in die Alpen oder nach Italien, wo die Sonne immer scheinen soll, und die Autobahn nach dem Süden ist oft stundenlang verstopft. Dazu kommt noch unser großes Problem, der Föhn, der viele Leute nervös oder sogar krank macht." Fred hat das Wort Föhn noch nie gehört und will mehr darüber wissen. „Der Föhn ist ein milder Wind mit vielen kleinen Luftwirbeln, der von den Alpen weht. Viele Leute sagen, daß sie davon nervös werden, und daß es ihnen davon schwindlig wird, und dann ist es aus mit der berühmten deutschen Gemütlichkeit."

Fred erinnert sich daran, daß das Oktoberfest bald beginnt. Er hat gehört, daß das Oktoberfest einerseits ein Höhepunkt der Gemütlichkeit ist, aber daß es andrerseits auf dem Oktoberfest immer viele Schlägereien gibt. Er fragt Helga, ob diese Schlägereien vielleicht mit dem schlechten Einfluß des Föhns zusammenhängen.

„Ich glaube, das mag sein", antwortet Helga, „aber ich bin sicher, daß der Föhn für viele Bayern nur eine gute Entschuldigung ist, ihre natürliche Kampflust auszulassen. In Deutschland haben die Bayern nämlich einen ähnlichen Ruf wie bei Ihnen die Iren: Sie lieben eine Schlägerei. Natürlich soll das alles sehr harmlos sein."

„Oh weh", sagt Fred, „ich habe mich schon sehr auf das Oktoberfest gefreut, aber Schlägereien liebe ich nicht, denn ich bin nicht Ire."

„Sorgen Sie sich nicht, Fred. Man sieht Ausländer beim Oktoberfest sehr gern und man behandelt die vielen Amerikaner, Engländer, Italiener, Griechen, Türken, Schweden und andere, die kommen, sehr gut und höflich. Sie werden sich gut amüsieren, aber vergessen Sie nicht, daß das Oktoberfest schon Ende September beginnt."

Fred hat das nicht gewußt und dankt für die Information. Dann will er noch wissen, wo das Oktoberfest abgehalten wird.

„Das Oktoberfest findet auf der Theresienwiese, unter den Augen der riesigen Bavaria-Statue statt. Es hat vor vielen Jahren als kleine landwirtschaftliche Ausstellung begonnen und hat mit den Jahren so viel an Popularität gewonnen, daß man sogar im Ausland vom Oktoberfest liest und spricht. Kommen Sie also, nicht um sich zu raufen und zu prügeln, sondern um zu singen, um zu tanzen, und, vor allem, um zu essen und zu trinken."

FRAGEN

1. Wo ist das amerikanische Konsulat in München? **2.** Warum geht Fred zum Konsulat? **3.** Auf welcher Straße ist das Haus der Kunst? **4.** Warum ist die Autobahn nach dem Süden im Winter oft verstopft? **5.** Wie soll das Wetter in Italien immer sein? **6.** Schneit es immer im Winter in Deutschland? **7.** Warum ist der Föhn ein Problem? **8.** Was ist der Föhn? **9.** Wofür dient der Föhn vielen Bayern als Entschuldigung? **10.** Kommen viele Ausländer zum Oktoberfest? **11.** Wann beginnt das Oktoberfest? **12.** Wo findet es statt? **13.** Wie heißt die riesige Statue auf der Theresienwiese? **14.** Wie hat das Oktoberfest begonnen? **15.** Was tut man heute beim Oktoberfest?

∾ Comparison of Adjectives and Adverbs; Participles used as Adjectives; Feminine Noun Suffixes

39 ● Comparison of adjectives and adverbs

A. Normal comparison

Adjectives:

POSITIVE	**der schnelle** Zug	*the fast* train
COMPARATIVE	**der schnellere** Zug	*the faster* train
SUPERLATIVE	**der schnellste** Zug	*the fastest* train

Predicate Adjective:

POSITIVE	Dieser Zug ist **der schnelle.**	. . . *the fast* (*one*)
COMPARATIVE	Dieser Zug ist **der schnellere.**	. . . *the faster* (*one*)
SUPERLATIVE	Dieser Zug ist **der schnellste.**	. . . *the fastest* (*one*)
	Dieser Zug ist **am schnellsten.**	. . . *fastest*

Adverbs:

POSITIVE	Dieser Zug fährt **schnell.**	. . . goes *fast*
COMPARATIVE	Dieser Zug fährt **schneller.**	. . . goes *faster*
SUPERLATIVE	Dieser Zug fährt **am schnellsten.**	. . . goes *fastest*

1. In English, short adjectives are compared by attaching the suffixes *-er* and *-est*; long adjectives are compared by using *more* and *most*. In German, all adjectives and adverbs follow one method, regardless of length. In normal comparison, the stem of the adjective remains unchanged; **-er** is added as comparative ending, **-st** as superlative ending.

134

2. Adjectives and adverbs with stems ending in **-s, -sch, -z, -t, -d** add **-est** as the superlative suffix:

nett   netter   der (die, das) nett**este**;   am nett**esten**

3. When a noun follows the comparative or superlative form of the adjective, or when such a noun is implied, e.g. in the predicate, the usual adjective ending must be added after the comparative or superlative endings: der schnell**e**, der schneller**e**, der schnellst**e**.

4. The superlative form **am . . . sten** is not declined. (It is used for predicate adjectives and for adverbs which lack adjective endings.)

B. Comparison with *Umlaut*

The comparative and superlative degrees of the following common adjectives require an *Umlaut*:

alt	älter	der (die, das) älteste;	am ältesten
arm	ärmer	der (die, das) ärmste;	am ärmsten
dumm	dümmer	der (die, das) dümmste;	am dümmsten
groß	größer	der (die, das) größte;	am größten
jung	jünger	der (die, das) jüngste;	am jüngsten
kalt	kälter	der (die, das) kälteste;	am kältesten
klug	klüger	der (dic, das) klügste;	am klügsten
krank	kränker	der (die, das) kränkste;	am kränksten
kurz	kürzer	der (die, das) kürzeste;	am kürzesten
lang	länger	der (die, das) längste;	am längsten
oft	öfter		am öftesten
rot	röter	der (die, das) röteste;	am rötesten
scharf	schärfer	der (die, das) schärfste;	am schärfsten
schwach	schwächer	der (die, das) schwächste;	am schwächsten
schwarz	schwärzer	der (die, das) schwärzeste;	am schwärzesten
stark	stärker	der (die, das) stärkste;	am stärksten
warm	wärmer	der (die, das) wärmste;	am warmsten

C. Irregular comparison

gern(e) (*Adv.*)	lieber		am liebsten
gut	besser	der (die, das) beste;	am besten
hoch*	höher	der (die, das) höchste;	am höchsten
nahe	näher	der (die, das) nächste;	am nächsten
viel	mehr	der (die, das) meiste;	am meisten
viele	mehr	*Plural*: die meisten;	am meisten

---

* The **c** of **hoch** is dropped with the addition of a vowel: **das hohe Haus.**

D. Positive and negative comparison

Fred ist **älter als** Hans.	Fred is *older than* Hans.
Fred ist (**nicht**) **so** alt **wie** Hans.	Fred is (*not*) *as* old *as* Hans.

1. The comparative degree of the adjective is followed by **als,** *than.*

2. In (negative) comparison, **nicht** is followed by **so . . . wie,** *as . . . as,* with the adjective of the positive degree intervening: **so alt wie.**

40 ● Adverbs derived from the superlative degree

Kommen Sie doch **wenigstens.**	*At least* come.
Das kostet **höchstens** 2 Mark.	That costs 2 marks *at the most.*
Das kostet **mindestens** 1 Mark.	That costs *at least* 1 mark.
Meistens kommt er zu spät.	*Mostly* he is late.
Er kommt **spätestens** um ein Uhr.	He is coming at one o'clock *at the latest.*

Adverbs are formed by adding **-ens** to the superlative ending **-st.** The English equivalents frequently start with *at the . . .*

41 ● Miscellaneous notes on noun modifiers

A. Numerical adjectives in the plural

Alle guten Studenten lernen viel.	All good students study much.
Ich habe keine deutschen Kollegen.	I have no German colleagues.
Ich habe einige deutsche Kollegen.	I have some German colleagues.
Ich habe viele reizende Hüte gesehen.	I saw many charming hats.
Ich habe mehrere nette Sachen gekauft.	I bought several nice things.
Er hat nur wenige deutsche Freunde.	He has only few German friends.

1. After the absolutes **alle** and **keine,** the attributive adjective takes the secondary ending. (First two examples above.)

2. After other numerical adjectives, both the numerical and the attributive adjective take the primary ending in the nominative and accusative case.

B. Adjectives after **etwas** and **nichts** vlel

Er sagt immer **etwas Nettes** zu mir.	He always tells me *something nice.*
Haben Sie **nichts Gutes** über ihn zu sagen?	Have you *nothing good* to say about him?

After the indefinite pronouns **alles** and **nichts,** the adjective is capitalized and takes the ending **-es.**

C. Use of **solch-, manch-, welch-, was für**

Solch ein schlechtes Wetter. **So ein** schlechtes Wetter.	} *Such* bad weather.
(Mancher gute Junge.) **Manch** guter Junge.	} *Many a* good boy.

The above examples illustrate ways in which **solch-** *such a,* and **manch-** *many a* may be used. Although **solch-** and **manch-** are basically **der-**words, usually only their stems are used, followed by **ein** or the adjective. Therefore, the adjective ending is either determined by **ein,** or else the adjective may be considered unpreceded and takes the primary ending. The most popular form for *such (a)* is **so ein.**

Welcher alte Herr?	*Which* old gentleman?
Welch ein alter Herr!	*What* an old gentleman!

Welch- is ordinarily used with primary endings, as a **der-**word, in the sense of *which?* When only the stem is used, followed by **ein,** it has exclamatory force: *what a!* To use *what a, what kind of (a)* in ordinary questions, **was für (ein)** is employed:

Was für ein altes Buch ist das?	*What kind of an* old book is that?
Was für einen Stadtplan wollen Sie?	*What sort of* city map do you want?
Was für Leute kommen hierher?	*What kind of* people come here?

1. In the singular, **was für** is ordinarily followed by the proper form of **ein.** Note that **für** does *not* act as a preposition governing the accusative, as usual. The case of **ein** must rather be determined by the use of the noun, which follows it, within the clause.

2. In the plural, only **was für** is used.

D. Adjectives from city names

Das **Münchner** Bier.	Munich beer.
Der **Kölner** Dom.	The cathedral of Cologne.
Frankfurter Würstchen.	Frankfurters.

1. Adjectives are formed from names of cities by attaching the ending **-er** to the name of the city. Such adjectives are invariable, i.e. their ending does not change throughout the declension.

2. Adjectives referring to inhabitants of cities are derived the same way. However, they do add an **-s** in the genitive case. (See Grammar Unit 12.)

137

42 ● Participles used as adjectives

Fred und Hans betrachten die **vorbeifahrenden** Autos.	Fred and Hans watch the cars which are *driving by*.
Die **singenden** Kinder gehen zur Schule.	The *singing* children are going to school.

1. Formation of the present participle in German: Infinitive + **d** (= English *-ing*).

2. Present participles are used almost exclusively as adjectives in German. The function of the letter **-d** is to facilitate the pronunciation of the adjective ending.

3. The intricate and widespread use of present participles as adjectives in German surpasses English use to such an extent that frequently a relative clause in English translates the German participle best (first example above).

Der **handgemachte** Hut.	The *handmade* hat.
Die **gekauften** Sachen.	The *purchased* things.
Der **angehaltene** Zug.	The train *which was stopped*.

1. Past participles are used as adjectives with the addition of an adjective ending only.

2. REMINDER: Adjectives, including participles, may be capitalized and used as nouns. Develop the ability to recognize such nouns, since their ending will be subject to the same inflections as an adjective ending: **der Angestellte,** *employee;* **der Reisende,** *traveler.*

43 ● Feminine noun suffixes

A. Germanic nouns: **-ung, -keit, -heit, -schaft, -ei**

die **Wohnung**	*apartment*	die **Meinung**	*opinion*
die **Freundlichkeit**	*friendliness*	die **Gemütlichkeit**	*comfort, ease*
die **Gelegenheit**	*opportunity*	die **Berühmtheit**	*celebrity*
die **Freundschaft**	*friendship*	die **Brüderschaft**	*brotherhood*
die **Bäckerei**	*bakery*	die **Malerei**	*(art of) painting*

1. The above suffixes always denote a feminine noun and they all form the plural the usual (feminine) way by adding **-en: die Wohnungen,** etc.

2. **-ung** is usually attached to verb stems (**wohn**en, **mein**en). It used to correspond to English *-ing*; however, in modern use, the English equivalents usually end in *-ion* or *-ent*: apartment, opinion.

3. **-keit** and **-heit** are usually attached to adjectives: **-keit** especially to adjectives which end in **-ich** or **-ig**; **-heit** to past participles.

4. **-schaft** is usually attached to nouns. It often corresponds to *-ship*.

5. **-ei** is usually attached to agents in **-er** to denote an establishment or a field of endeavor.

B. Nouns of non-German origin: **-ie, -ion, -ität, -ur, -enz**

		ENGLISH SUFFIX	GERMAN SUFFIX
die Industrie	die Kolonie	*-y*	**-ie**
die Nation	die Prozession	*-ion*	**-ion**
die Nationalität	die Formalität	*-ity*	**-ität**
die Literatur	die Miniatur	*-ure*	**-ur**
die Frequenz	die Dekadenz	*-nc-*	**-nz**

1. The above suffixes always denote a feminine noun. The plural form is **-en**.

2. Since they are cognates with English, many English nouns may be converted to German by a change of suffix, as indicated, and by changing English *-c-* to **k** (if pronounced like **k** in English) or to **z** (if pronounced like *s* in English).

3. Conversions from English to German are especially reliable with words having to do with any of the sciences, i.e. words of relatively recent origin.

4. Words of German origin are stressed on the first or stem syllable. Words of non-German origin are stressed on later syllables than their English counterparts, as a rule, often on the *last* syllable, as the five suffixes given above.

ÜBUNGEN

I. A. *Steigern Sie beide Adjektive* (Compare both adjectives):

> BEISPIEL: Der moderne Hut ist der hübsche.
> **Der modernere Hut ist der hübschere.**
> **Der modernste Hut ist der hübscheste.**

1. Der große Stadtplan ist der neue. **2.** Der kurze Zug ist der schnelle.
3. Das nette Mädchen ist meine kleine Schwester. **4.** Der gute Sohn bekommt
den langen Brief. **5.** Der arme Student kauft das kleine Mittagessen. **6.** Die
schwache Frau ist die kranke. **7.** Das hohe Haus ist das moderne.

B. *Vollenden Sie jeden Satz laut Beispiel:*

> BEISPIEL: Dieser Student spricht gut.
> **Dieser Student spricht gut, jener spricht besser, aber welcher spricht am**
> **besten?**

1. Dieses Hotel ist gut. **2.** Dieses Metall ist hart. **3.** Diese Stadt ist nahe.
4. Dieser Amerikaner studiert gern. **5.** Dieser Regenschirm kostet viel.
6. Dieser Mantel sieht kurz aus. **7.** Diesen Herrn sehen Sie oft.

C. *Vergleichen Sie laut Beispiel* (Compare . . .):

> BEISPIEL: Ich bin klein. (Sie)
> **Ich bin so klein wie Sie.**
> **Ich bin kleiner als Sie.**

1. Wir sind arm. (sie) **2.** Er versteht gut. (ich) **3.** Sie ist klug. (er) **4.** Ich
singe schön. (sie) **5.** Wir kaufen viel. (Sie) **6.** Sie sind dumm. (wir)

D. *Bilden Sie ein Adverb:*

> BEISPIEL: Kommen Sie nicht später als um ein Uhr.
> **Kommen Sie spätestens um ein Uhr.**

1. Gehen Sie nicht früher als morgen. 2. Zahlen Sie nicht weniger als eine
Mark. 3. Bieten Sie nicht höher als fünf Dollar. 4. Fahren Sie nicht schneller
als achtzig Kilometer die Stunde.

II. A. *Setzen Sie das angegebene Wort vor das Adjektiv:*

BEISPIEL: Alle guten Studenten lernen viel. (einige)
Einige gute Studenten lernen viel.

1. Ich muß heute keine großen Besorgungen machen. (viele) 2. Haben Sie
keine netten Hüte gesehen? (einige) 3. Er kauft immer alle interessanten
Sachen. (mehrere) 4. Er hat noch keine deutschen Freunde. (wenige) 5. Alle
interessierten Touristen besuchen das Oktoberfest. (viele).

B. *Ersetzen Sie* alles *durch* etwas *und* nichts:

BEISPIEL: alles Gute
etwas Gutes; nichts Gutes

1. alles Schöne 2. alles Alte 3. alles Neue 4. alles Deutsche 5. alles
Kranke.

C. *Stellen Sie Fragen mit* was für:

BEISPIEL: Ich habe einen neuen Regenschirm.
Was für einen Regenschirm haben Sie?

1. Ich habe eine moderne Wohnung. 2. Ich habe eine gute Meinung von ihm.
3. Ich habe ein deutsches Auto. 4. Ich kenne ein gutes Hotel. 5. Wir
schreiben einen langen Brief. 6. Wir sehen einen schnellen Zug. 7. Wir
haben gute Freunde. 8. Wir brauchen Frankfurter Würstchen.

D. *Bilden Sie aus dem Namen der Stadt ein Adjektiv:*

BEISPIEL: der Dom von Köln
der Kölner Dom

1. die Sängerknaben von Wien. 2. die Festspiele in Salzburg und Bayreuth.
3. die Frauenkirche in München. 4. das Münster von Ulm. 5. Schnitzel von
Wien. 6. das Symphonieorchester von Stuttgart. 7. der Hafen von Hamburg.

141

III. *Machen Sie aus dem zweiten Satz ein Partizipadjektiv für den ersten Satz:*

A. *Partizip der Gegenwart* (present participle):

BEISPIEL: Ich höre das Kind. Es lacht.
Ich höre das lachende Kind.

1. Ich sehe meinen Freund. Er liest. **2.** Ich kenne das Mädchen. Es singt.
3. Ich besuche seinen Vater. Er altert. (altern) **4.** Er fragt jene Touristen.
Sie wandern. **5.** Sie hat einen hübschen Mund. Er lacht.

B. *Partizip der Vergangenheit* (past participle):

BEISPIEL: Ich habe den Hut gesucht und gefunden.
Ich habe den gesuchten Hut gefunden.

1. Ich habe den Regenschirm *umbrella* gekauft und mitgenommen. **2.** Ich habe das
Lied (*song*) gelernt und gesungen. **3.** Ich habe die Übung verstanden und
gemacht. **4.** Fred hat sein Ehrenwort gegeben und gehalten. **5.** Die Stu-
denten haben den Satz gesprochen und geschrieben.

IV. *Bilden Sie die Mehrzahl:*

BEISPIEL: Diese alte Wohnung ist zu klein für mich.
Diese alten Wohnungen sind zu klein für uns.

1. Diese deutsche Zeitung hat keinen interessanten Artikel für mich. **2.** Seine
neue Aufenthaltsgenehmigung kommt bald an. **3.** Kennt er denn keine große
Berühmtheit? **4.** Haben Sie die berühmte Sehenswürdigkeit gesehen?
5. Gibt es für ihn immer diese große Gesellschaft (*party*)? **6.** Ist er in meinem
Klub? **7.** Sehen Sie die neue Bäckerei?

V. *Sagen Sie auf deutsch* (*mit dem Artikel*):

1. industry, family, theory, colony, geology, geography, sociology, anthro-
pology, biology, fantasy.

2. nation, inflation, procession, confession, production, reduction, com-
mission, concentration, communion, provision.

3. nationality, personality, university, velocity, formality, individuality,
mentality, electricity, elasticity, rarity.

4. literature, miniature, frequency, cadence, pestilence, existence.

142

✤ Auf Wohnungssuche

(Looking for a place to live)

FRED: ¹Guten Tag. Sie vermieten doch möblierte Zimmer, nicht wahr?

WIRTIN: ²Ja, ich habe zwei zu vermieten, beide sind im ersten Stock.*

FRED: ³Darf ich sie mir ansehen, bitte?

WIRTIN: ⁴Aber natürlich. Folgen Sie mir nach oben, mein Herr.

FRED: ⁵Recht gern.

WIRTIN: ⁶Da sind wir ja schon. ⁷Die zweite Tür links.

FRED: ⁸Was für ein nettes Zimmer! ⁹Und so eine hübsche Einrichtung.

WIRTIN: ¹⁰Ja, und dabei haben Sie ein eigenes Badezimmer mit fließendem Wasser. ¹¹Gefällt Ihnen die Aussicht vom Balkon?

FRED: ¹²Einfach herrlich! Aber wie hoch ist eigentlich die Miete?

FRED: ¹*Hello. You do rent furnished rooms, don't you?*

LANDLADY: ²*Yes, I have two for rent, both are on the second floor.*

FRED: ³*May I see them, please?*

LANDLADY: ⁴*But of course. Follow me upstairs, sir.*

FRED: ⁵*With pleasure.*

LANDLADY: ⁶*Here we are (already). ⁷It is the second door on the left.*

FRED: ⁸*What a nice room! ⁹And such pretty furnishings.*

LANDLADY: ¹⁰*Yes, and with it you have a private (own) bathroom with running water. ¹¹Do you like the view from the balcony?*

FRED: ¹²*Simply marvelous! But how much is the rent, actually?*

---

* **Der este Stock** is one flight up from the ground floor.

MODERNES HOCHHAUS

WIRTIN: [13]Die Miete beträgt zweihundert Mark im Monat.

FRED: [14]Darf ich mich nach der Miete des anderen Zimmers erkundigen?

WIRTIN: [15]Das andere Zimmer hat keinen Balkon und nur eine Dusche.

FRED: [16]Das macht mir nichts aus. [17]Ich dusche sowieso immer. [18]Was beträgt die Miete?

WIRTIN: [19]Hundertdreißig Mark. Es ist gleich nebenan. [20]Wollen Sie es sich ansehen?

FRED: [21]Ja, bitte.—Ich nehme es. [22]Darf ich schon morgen einziehen?

WIRTIN: [23]Gern, wenn Sie wünschen.

FRED: [24]Ich danke Ihnen. [25]Das ist mir sehr angenehm.

WIRTIN: [26]Nichts zu danken.

LANDLADY: [13]*The rent comes to two hundred marks per month.*

FRED: [14]*May I inquire about the rent of the other room?*

LANDLADY: [15]*The other room has no balcony and only a shower.*

FRED: [16]*That doesn't matter to me.* [17]*I always take a shower anyway.* [18]*What does the rent come to?*

LANDLADY: [19]*One hundred thirty marks. It's right next to this one.* [20]*Do you want to see it?*

FRED: [21]*Yes, please—I [am going to] take it.* [22]*May I move in by tomorrow?*

LANDLADY: [23]*That suits me fine, if you want to.*

FRED: [24]*I thank you.* [25]*That is very good (pleasant) for me.*

LANDLADY: [26]*Don't mention it.*

145

ÜBUNGEN

I. *Deutsche Laute:* /f/ /v/

A. Different ways of spelling the **f**-sound:

v	f	ph (rare, in words from Greek)
1. viel	fiel	Philharmoniker
2. brav	traf	Photograph (*or* Fotograf)
3. von	Föhn	Telephon (*or* Telefon)
4. Vater	fand	phantastisch
5. bevor	Reform	metaphorisch
6. Vergaser	Faser	Phase
7. Vesper	Frage	Phrase
8. Vogel	befohlen	Phonologie
9. Veilchen	Feilchen	Philologie
10. vier	fingst	Sphinx

B. Different ways of spelling the **v**-sound:

w	v (in words of non-German origin, usually cognates)
1. was	Vase
2. werben	Verb
3. wie	Relativität
4. wem	November
5. bewiesen	Visum
6. Wagen	Rivale
7. wandern	Vandalen
8. wiegen	Viktualien
9. Wille	Villa
10. Watt	privat

II. Substitution

1. Sie vermieten doch *möblierte Zimmer,* nicht wahr?
unmöblierte Zimmer / Wohnungen / Häuser / Autos

2. Ich habe *zwei* zu vermieten.
eins / drei / mehrere / einige

3. Ich habe eins *im ersten Stock.*
im Keller / im Erdgeschoß / im zweiten Stock / im oberen Stock

4. *Folgen* Sie mir, bitte.
glauben / sagen / antworten / helfen

5. Gefällt Ihnen *die Aussicht?*
das Zimmer / das Badezimmer / der Balkon / die Wohnung

6. Darf ich schon morgen *einziehen?*
ausziehen / kommen / gehen

III. *Ersetzen Sie die Hauptwörter (*Substantive*) durch* **ihn, es, sie:**

> BEISPIEL: Sehen Sie den Balkon?
> **Sehen Sie ihn?**

1. Vermieten Sie das Zimmer? **2.** Darf ich das Zimmer ansehen? **3.** Was beträgt die Miete im Monat? **4.** Mir gefällt die Einrichtung sehr. **5.** Betreten Sie den ersten Stock oft? **6.** Sehen Sie meinen Balkon? **7.** Kennen Sie Fred? **8.** Kennen Sie Helga? **9.** Kennen Sie Fred und Helga? **10.** Was sagt Ihre Wirtin?

IV. *Antworten Sie auf deutsch laut Text:*

1. Sie vermieten doch möblierte Zimmer, nicht wahr? **2.** In welchem Stock sind die beiden Zimmer? **3.** Darf ich mir die Zimmer ansehen? **4.** Wie gefällt Ihnen die Aussicht vom Balkon? **5.** Wie hoch ist die Miete des Zimmers mit Balkon? **6.** Wie hoch ist die Miete des Zimmers ohne Balkon? **7.** Haben beide Zimmer Badezimmer dabei? **8.** Badet Fred immer oder duscht er? **9.** Darf Fred schon am nächsten Tag einziehen?

V. *Fragen Sie jemanden:*

1. ob sie möblierte Zimmer vermietet. **2.** ob Sie sich die Zimmer ansehen dürfen. **3.** ob beide Zimmer im ersten Stock sind. **4.** ob er ein eigenes Badezimmer hat. **5.** ob ihm die Aussicht vom Balkon gefällt. **6.** wie hoch die Miete ist. **7.** ob Sie sich nach der Miete des anderen Zimmers erkundigen dürfen. **8.** ob Sie schon morgen einziehen dürfen.

VI. *Setzen Sie in den folgenden Sätzen* **kein** *ein:*

> BEISPIEL: Ich vermiete möblierte Zimmer.
> **Ich vermiete keine möblierten Zimmer.**

1. Ich habe zwei Zimmer zu vermieten. **2.** Das ist ein nettes Zimmer. **3.** Wir haben eine hübsche Einrichtung. **4.** Sie haben ein eigenes Badezimmer, nicht wahr? **5.** Das Zimmer hat einen Balkon. **6.** Meine Wirtin ist freundlich. **7.** Das andere Zimmer hat eine Dusche. **8.** Fred mietet ein großes Haus. **9.** Er mietet eine Wohnung.

VII. *Diktat aus Konversation 15*

VIII. *Eine Unterhaltung*

Sie wollen ein Zimmer mieten und stellen Fragen darüber.

147

❧ The Dative Case

44 ● Forms of the dative case

A. Der-words, ein-words, and plural numerical adjectives

MASCULINE AND NEUTER:		FEMININE:		PLURAL:	
dem		der		den	
einem	guten	einer	guten	keinen	
welchem	Freund (e)	welcher	Freundin	welchen	guten
seinem		seiner		seinen	Freunden
				mehreren	
				einigen	

1. The primary endings in the dative case are: masculine and neuter **-em,** feminine **-er,** plural **-en. Der-**words, **ein-**words, and numerical adjectives in the plural take the same ending.

2. All attributive adjectives after **der-**words or **ein-**words end in **-en** in the dative.

3. REMINDER: As usual, unpreceded adjectives (very rare in the dative) take primary endings: Ein Badezimmer mit fließend**em** Wasser.

B. Nouns in the dative case

MASCULINE AND NEUTER:	FEMININE:	PLURAL:
dem Zug(e)	der Frau	den Kindern
dem Kind(e)	der Freundin	den Amerikanern
dem Wintersportler	der Schwester	den Schwestern

148

1. Since masculine and neuter nouns are mostly short, monosyllabic words, an **-e** may be added to them after the primary ending **-em**. Note that this creates a second syllable and often restores the softness of the final consonant. The addition of **-e** is optional and perhaps less customary than some years ago. It is not used with longer words.

2. Feminine singular nouns do not change in the dative.

3. Dative plural nouns must end in **-n** if they do not already end in **-n.** Since the primary and secondary ending **-en** coincides with masculine singular accusative, and since many masculine nouns do not change in the plural, the compulsory **-n** on dative plural nouns helps to distinguish the two cases. Note that most feminine nouns are not affected by this rule since their plurals are formed by adding **-(e)n.**

EXCEPTION: Foreign nouns which form the plural by adding **-s** do not add the **-n: das Auto, die Autos, mit den Autos.**

C. Personal and reflexive pronouns in the dative case

DATIVE PERSONAL PRONOUNS:					DATIVE REFLEXIVE PRONOUNS:			
1. **mir**	*to me*	**uns**	*to us*	=	1. **mir**	*to myself*	**uns**	*to ourselves*
2. (**dir**	*to you*	**euch**	*to you)*	=	2. (**dir**	*to yourself*	**euch**	*to yourselves)*
3. **ihm**	*to him, it*	**ihnen**	*to them*		3. **sich** *to himself, itself, herself, yourself,*			
ihr	*to her*	**Ihnen**	*to you*		*themselves, yourselves*			

1. Memorize **mir (dir).**

2. Note that **uns (euch)** are accusative and dative personal pronouns, and accusative and dative reflexive pronouns.

3. **ihm, ihr** reflect the primary ending of the definite article, as usual.

4. **ihnen** reflects the article in the first part: **ihn-** (den). The ending **-en** is the leftover distinguishing compulsory ending of the dative plural noun which is being supplanted by the pronoun.

5. Dative reflexive pronouns differ from accusative reflexive pronouns only in the first and second person singular: **mich (dich)** become **mir (dir).** However, most reflexive verbs call for accusative pronouns.

6. The dative interrogative pronoun is **wem: Wem schreiben Sie?** *To whom are you writing?*

149

45 ● Use of the dative case

A. Use of the dative after verbs

Fred gibt **der Wirtin** die Miete.	Fred gives *the landlady* the rent.
Er erklärt **den Studenten** den Satz.	He explains the sentence *to the students.*
Er erklärt ihn **den Studenten.**	He explains it *to the students.*
Er erklärt ihn **ihnen.**	He explains it *to them.*
Ich helfe **ihm,** und er hilft **sich.**	I help *him,* and he helps *himself.*
Folgen Sie **mir** nach oben.	Follow *me* upstairs.
Helga glaubt **ihm** nicht.	Helga does not believe *him.*

1. The dative is used as indirect object after verbs like *to give, to explain,* as in English.

2. The preposition *to* is implied in the primary dative ending of noun modifiers. **Zu,** *to* is only used with motion: *Sie gibt* **ihm** *einen Apfel. Sie geht* **zu ihm.**

3. Word order: **Dative before accusative, but, accusative pronoun before dative!** It is immaterial whether the dative is a noun or a pronoun. Note that accusative pronouns are shorter than dative pronouns, hence the reluctance to conclude a sentence on one of them.

4. The dative is the sole object of approximately twenty common German verbs which are followed by a direct object in English. They include: **antworten, danken, dienen** (*serve*), **folgen, gefallen, glauben, helfen.**

B. Use of the dative after prepositions

Ein Badezimmer **mit fließendem Wasser.**	A bathroom *with running water.*
Irma lebt **seit dem Jahre** 1948 in München.	Irma has been living in Munich *since the year* 1948.
Nach der Arbeit geht Fred ins Theater.	*After work* Fred goes to the theater.
Im Englischen Garten ist es schön.	It is nice *in the English Garden.*
Das Auto steht **hinter dem Haus.**	The car is parked *behind the house.*

1. The following eight prepositions always govern the dative:

aus	*out of*	mit	*with*	seit	*since* (temporal)
außer	*except for*	nach	*after, according to, to*	von	*of, from*
bei	*near, at*		(geographic places)	zu	*to*

2. The following nine prepositions govern the dative when no motion with transfer is implied and when they answer the question **wo**? *where?*

in	*in, into*	**über**	*above, over, across*	**neben**	*next to*
an	*at, on, to*	**unter**	*beneath, under*	**zwischen**	*between*
auf	*on, onto*	**vor**	*before, in front of*		
		hinter	*behind, in back of*		

NB

3. With motion and transfer, answering to **wohin?** *whereto?* the above nine prepositions govern the accusative: **Das Buch liegt auf dem Tisch. Er legt es auf den Tisch.**

4. MNEMONIC AID: Topple the letter **A** (for Accusative) and **D** (for Dative) to obtain: ▷ suggesting motion with accusative,
◁ suggesting location with dative.

C. Use of the dative for possession and reference

Helga setzt **sich** den Hut auf.	Helga puts on *her* hat.
Ich wasche **mir** die Hände.	I wash *my* hands.
Ich kaufe **mir** ein Auto.	I buy a car (*for me, for myself*).

1. With such personal items as clothing and parts of the body, definite articles are used instead of possessive adjectives in German. Possession of these items is expressed by the dative (pronoun).

2. The dative is also used for reference and intensification. As such it is often best omitted in translation to avoid bad English: *I buy (me) a new car.*

D. Use of the dative with certain adjectives *Bei mir bist du schon*

Das ist **mir** sehr angenehm.	I like that. (That is very pleasant *for me*.)
Diese Übung fällt **ihm** schwer.	This exercise is hard *for him*.
Sie ist **ihr** böse.	She is angry *at her*.

Certain predicate adjectives, usually used with the verb **sein**, govern the dative. They include: **ähnlich**, *similar*; **fremd**, *strange*; **leicht**, *easy*; **lieb**, *dear*.

151

46 ● Contractions and <u>da</u>-compounds in the dative

A. Contractions of dative definite articles with prepositions

1. dem may be contracted with the following prepositions: **bei dem = beim; von dem = vom; zu dem = zum; in dem = im; an dem = am.**

2. der may be contracted with **zu** only: **zu der = zur.**

B. Da-compounds

Sehen Sie das alte Haus? Er wohnt **darin.**   Do you see the old house?
                                             He lives *in it.*
Wo ist mein Hammer? Das Kind spielt **damit.** Where is my hammer?
                                           The child is playing *with it.*

1. When the pronoun **ihm** should follow a preposition and represent an inanimate *it* (also, but less frequently, **ihnen,** representing inanimate *them*) it is customary to change **ihm** (or **ihnen**) to **da-** and prefix the **da-** to the preposition.

2. When the preposition begins with a vowel, **dar-** or simply **dr-** is prefixed: **daraus (draus), dabei, damit, danach, davon, dazu; darin (drin), daran (dran), darauf (drauf), darüber (drüber), darunter (drunter), davor, dahinter, daneben, dazwischen.**

NOTE: **wo-**compounds in the dative are optional, as usual (see paragraph 32.A.).

ÜBUNGEN

I. **A.** *Wiederholen Sie die folgenden Sätze und ziehen Sie die Präpositionen mit den Artikeln zusammen:*

BEISPIEL: Fred hat schon lange von dem Vater nichts gehört.
Fred hat schon lange vom Vater nichts gehört.

1. Hans hat bei dem Militär gedient. **2.** Die junge Dame will zu dem Theater.
3. Der Ingenieur geht oft in dem Englischen Garten spazieren. **4.** Oft geht er an dem Isarufer entlang. **5.** Jeden Morgen fährt er zu der Arbeit.

B. *Wiederholen Sie die folgenden Sätze und ersetzen Sie die schräggedruckten Wörter durch* **da-** *oder* **dar-** *Verbindungen:*

BEISPIEL: Er zahlt *mit dem Fünfmarkstück.*
Er zahlt damit.

1. *Nach dem Theater* geht Fred nach Hause. **2.** *Hinter den hohen Bäumen* fließt die Isar. **3.** Die Dame steht *neben dem Kiosk.* **4.** Was ist wohl *in dem Haus?* **5.** Was halten Sie *von der ganzen Sache?* **6.** Die Münchner amüsieren sich *bei dem Oktoberfest.* **7.** Was liegt *unter dem Tisch?* **8.** Er hat seinen Brief *zu den anderen Briefen* gelegt. **9.** Fred hat sich *nach der Miete* erkundigt. **10.** Er hat nichts *zu der Höhe der Miete* gesagt.

II. *Ersetzen Sie die schräggedruckten Wörter durch passende Pronomen im Dativ:*

BEISPIEL: Fred macht *Helga* ein Kompliment.
Fred macht ihr ein Kompliment.

1. Fred gibt *der Wirtin* Geld. **2.** Sie hat *dem Amerikaner* das Zimmer gezeigt.
3. Er hat *der Dame* sein Problem erklärt. **4.** Ich habe *meinen Eltern* schon lange nicht geschrieben. **5.** Helga hat *dem Studenten* nicht geglaubt. **6.** Die Mieter haben *der Wirtin* sehr gefallen. **7.** Die Browns sind *Fred* sehr sympathisch. **8.** Außer *den Münchnern* besuchen viele Leute das Oktoberfest.
9. Fred hat bei *einer alten Witwe* ein Zimmer gemietet. **10.** Er hat sich nach *einem hübschen Mädchen* erkundigt. **11.** Fred fühlt sich unter *den Bayern* wohl. **12.** Das Bild seiner Eltern hängt über *seinem Bett.*

III. *Mehrzahlbildung*

A. *Bilden Sie die Mehrzahl der ersten drei Wörter:*

> BEISPIEL: Ich kaufe mir eine Zeitung.
> **Wir kaufen uns eine Zeitung.**

1. Ich kaufe mir ein Auto. **2.** Er ist mir sehr angenehm. **3.** Ich wasche mir die Hände. **4.** Sie setzt sich den Hut auf. **5.** Ich habe mir das Zimmer angesehen. **6.** Er hat ihm das Zimmer gezeigt. **7.** Sie ist mir zu leicht. **8.** Er hat ihr rote Rosen geschenkt.

B. *Bilden Sie die Mehrzahl der schräggedruckten Wörter:*

> BEISPIEL: Er folgt *der Wirtin* nach oben.
> **Er folgt den Wirtinnen nach oben.**

1. Er spricht mit *dem kleinen Kind.* **2.** Wir helfen *diesem deutschen Wintersportler.* **3.** Wir sitzen neben *unserem guten Freund.* **4.** Ich habe *seiner jungen Schwester* geglaubt. **5.** Haben Sie *jenem freundlichen Beamten* gedankt? **6.** Haben Sie sich nach *dem Zug* erkundigt? **7.** Hat sie vor *ihrem kleinen Häuschen* gespielt? **8.** Ist sie zu *seinem alten Freund* gegangen? **9.** Hat er mit *der netten Studentin* gesprochen?

IV. *Pronomen im Dativ und Akkusativ*

A. *Ersetzen Sie die schräggedruckten Substantive durch Pronomen:*

> BEISPIEL: Er hat mir *das Geld* gegeben.
> **Er hat es mir gegeben.**

1. Er hat mir *das Buch* gegeben.
> die Zeitung / den Brief / die Blumen / seine Adresse

2. Er hat uns *das Buch* gegeben.
> die Zeitung / den Brief / die Blumen / seine Adresse

3. Hat er Ihnen *das Buch* gegeben?
> die Zeitung / den Brief / die Blumen / seine Adresse

B. *Ersetzen Sie die Substantive durch zwei Pronomen:*

> BEISPIEL: Ich habe meinem Vater das Geld gegeben.
> **Ich habe es ihm gegeben.**

1. Ich habe der Wirtin die Miete bezahlt. **2.** Ich habe meinen Freunden meine neue Adresse gegeben. **3.** Er hat Fred und Hans den Brief gebracht. **4.** Er hat Helga die Briefmarken gebracht. **5.** Wir haben Herrn Brown das Bild geschenkt. (*Given as a gift.*) **6.** Haben Sie dem Mädchen rote Rosen gesandt?

V. *Antworten Sie auf deutsch und ersetzen Sie die Substantive durch passende Pronomen oder* **da-***Verbindungen:*

> Beispiel: Danke Sie den Studenten für ihre Hilfe?
> **Ja, ich danke ihnen dafür.**

1. Kennen Sie Irma Krämer? **2.** Kennen Sie die Browns? **3.** Haben Sie gestern Ihren Freund gesehen? **4.** Haben Sie das Zimmer gemietet? **5.** Ist Fred Ihnen sympathisch? **6.** Haben Sie Helga gedankt? **7.** Sind Sie Ihren Freunden gefolgt? **8.** Haben Sie dem Kind geglaubt? **9.** Haben Sie dem Professor die Übung gezeigt? **10.** Haben Sie dem Mieter den Brief gegeben? **11.** Haben Sie Ihrer Wirtin die schönen Blumen geschenkt? **12.** Haben Sie Ihren Eltern einen langen Brief geschrieben? **13.** Hat der alte Herr im Theater geschlafen? **14.** Hat Ihre Freundin von der Sache gewußt? **15.** Haben die Browns über den Film gesprochen? **16.** Hat er nach dem Geld gefragt? **17.** Hat er das Kind mit dem Hammer spielen sehen? **18.** Haben Sie den Beamten über die Fahrkarte gefragt? **19.** Haben Sie die nette Dame bei dem Kiosk gesehen? **20.** Haben Sie diesen Hut im Kaufhaus gekauft? **21.** Haben Sie dem Ausländer mit seinem Deutsch geholfen?

∾ Was haben Sie vor?

(What are your plans?)

HANS: ¹Was tun Sie heute nachmittag?

HELGA: ²Ich gehe in die Stadt.

HANS: ³Was haben Sie in der Stadt vor?

HELGA: ⁴Ich muß ein paar Besorgungen machen.

HANS: ⁵Werden Sie etwas kaufen?

HELGA: ⁶Mag sein. Jedenfalls werde ich mir einige Kleider anschauen.

HANS: ⁷Dann werden Sie sicher etwas kaufen.

HELGA: ⁸Mag schon sein.

HANS: ⁹Gehen Sie zu Fuß oder werden Sie mit der Straßenbahn fahren?

HELGA: ¹⁰Ich würde fahren, aber die Straßenbahn ist mir immer zu überfüllt. ¹¹Wahrscheinlich werde ich zu Fuß gehen.

HANS: ¹²Da werden Sie schnell müde werden.

HANS: ¹*What are you going to do this afternoon?*

HELGA: ²*I am going downtown.*

HANS: ³*What are you planning [to do] in town?*

HELGA: ⁴*I have to do some errands.*

HANS: ⁵*Are you going to buy something?*

HELGA: ⁶*Maybe. In any case, I shall look at some dresses.*

HANS: ⁷*In that case you will surely buy something.*

HELGA: ⁸*Perhaps.*

HANS: ⁹*Will you walk or will you take the streetcar?*

HELGA: ¹⁰*I would ride, but the streetcar is always too crowded for me.* ¹¹*Probably I shall walk.*

HANS: ¹²*Then you will get tired quickly.*

156

HELGA: ¹³Das macht mir nichts aus. ¹⁴Bald wird ja die neue U-Bahn* fertig sein.

HANS: ¹⁵Vielleicht wird es heute regnen.

HELGA: ¹⁶Wenn es regnet, nehme ich ein Taxi.

HANS: ¹⁷Um wieviel Uhr werden Sie wieder zurück sein?

HELGA: ¹⁸Ich bin früh wieder da, so gegen vier Uhr.

HANS: ¹⁹Werden Sie unsere Verabredung nicht vergessen? ²⁰Das würde mir leid tun.

HELGA: ²¹Eine Verabredung würde ich nie vergessen, ganz bestimmt nicht.

HANS: ²²Gut, dann hole ich Sie Punkt zwanzig Uhr ab.

* die U-Bahn: die Untergrundbahn.

HELGA: ¹³*That doesn't matter to me.* ¹⁴*Anyway, the new subway will be finished soon.*

HANS: ¹⁵*Perhaps it will rain today.*

HELGA: ¹⁶*If it rains, I shall take a taxi.*

HANS: ¹⁷*At what time will you be back?*

HELGA: ¹⁸*I'll be back early, approximately toward four o'clock.*

HANS: ¹⁹*Won't you forget our date?* ²⁰*I would be sorry.*

HELGA: ²¹*I would never forget a date, you can be sure of that.*

HANS: ²²*Fine, then I'll call for you this evening at eight sharp.*

ÜBUNGEN

I. *Ausspracheübungen : /f/ /v/ (Kontraste)*

1. find, wind
   fegen, wegen
   befahren, bewahren
   fühlen, wühlen
   feil, weil

2. vernimmt, wer nimmt
   Veilchen, Weilchen
   vier, wir
   Vieh, wie
   Sankt Veit, weit

3. Phase, Vase
   Phänomen, wen
   Graphit, Gravität
   Vater, privater
   van Beethoven

II. Substitution

1. Ich bin *früh* wieder da.
   erst spät / um halb vier / um Viertel nach neun / um dreiviertel sechs /
   um sieben Uhr abends

2. Ich werde Sie *Punkt zwanzig Uhr* abholen.
   Punkt elf Uhr / Punkt vierzehn Uhr / Punkt neun Uhr / um Mitternacht / am Mittag

3. Ich werde mir neue Kleider *anschauen.*
   ansehen / kaufen / bestellen / aussuchen

4. Ich würde *fahren,* aber ich kann nicht.
   kommen / fliegen / zu Fuß gehen / spazierengehen

5. Das würde mir *leid tun.*
   gefallen / mißfallen / Freude machen / Angst machen

6. Das würde *mir* leid tun.
   ihm / ihr / ihnen / Ihnen / uns

III. *Antworten Sie auf deutsch laut Text:*

1. Was tun Sie heute nachmittag? 2. Was haben Sie in der Stadt vor?
3. Werden Sie etwas kaufen? 4. Gehen Sie zu Fuß oder werden Sie fahren?
5. Warum fahren Sie nicht gern mit der Straßenbahn? 6. Wann wird die neue
U-Bahn fertig sein? 7. Was werden Sie tun, wenn es regnet? 8. Um wieviel
Uhr werden Sie wieder zurück sein? 9. Werden Sie unsere Verabredung
nicht vergessen? 10. Wann werden Sie mich abholen?

IV. *Fragen Sie jemanden:*

1. was er heute nachmittag tut. **2.** was er in der Stadt vorhat. **3.** ob er etwas kaufen wird. **4.** ob er zu Fuß geht. **5.** ob er mit der Straßenbahn fahren wird. **6.** wann er wieder zurück sein wird. **7.** ob er seine Verabredung nicht vergessen wird.

V. *Wiederholung*

A. *Ersetzen Sie die Hauptwörter (Substantive) durch passende Fürwörter (Pronomen):*

BEISPIEL: Die Wirtin hat mir den Brief gegeben.
Sie hat ihn mir gegeben.

1. Ich habe mir die Zeitschrift gekauft. **2.** Ich habe ihm die Zeitungen gegeben. **3.** Ich habe ihnen das Bild gezeigt. **4.** Ich habe ihr den Brief geschrieben. **5.** Ich habe uns das Hotel gefunden. **6.** Die Wirtin hat uns einen Schlüssel gegeben. **7.** Der Verkäufer hat ihm amerikanische kosmetische Artikel verkauft. **8.** Helga hat sich neue Kleider gekauft. **9.** Hans hat sich die neue U-Bahn angesehen. **10.** Wir haben das schwarze Taxi genommen.

B. Substitution

1. Ich werde *mich verheiraten.*
mich erinnern / mich waschen / mich setzen / mich erkundigen
2. Er wird *sich verheiraten.*
sich erinnern / sich waschen / sich setzen / sich erkundigen
3. Wir werden *uns verheiraten.*
uns erinnern / uns waschen / uns setzen / uns erkundigen

C. *Fragen Sie jemanden:*

1. wie er sich fühlt. **2.** um wieviel Uhr er sich wäscht. **3.** um wieviel Uhr er sich heute morgen gewaschen hat. **4.** ob er sich morgen waschen wird. **5.** ob er sich nach der Miete erkundigt hat. **6.** ob er sich erinnern kann. **7.** ob er sich setzen will. **8.** ob man sich auf dem Oktoberfest amüsiert. **9.** ob er sich hat entscheiden können. **10.** ob man sich auf ihn verlassen kann.

VI. *Diktat aus Konversation 16*

VII. *Eine Unterhaltung*

Sie machen für das kommende Wochenende eine Verabredung.

159

Future Tense and Conditional Tense; Exceptional Masculine and Feminine Nouns

47 ● Formation of the future tense

Werden Sie heute Einkäufe **machen?**	*Will you do* any shopping today?
Ich werde im Kaufhaus **einkaufen.**	*I'll shop* at the department store.
Wann **wird die U-Bahn** fertig **sein?**	When *will the subway be* finished?
Sie wird nächstes Jahr fertig **sein.**	*It will be* finished next year.
Werden Sie den Brief **lesen können?**	*Will you be able to read* the letter?
Ich werde ihn gleich **lesen können.**	*I'll be able to read* it right away.
Werden Sie unsere Verabredung **nicht vergessen?**	*Won't you forget* our date?
Nein, **ich werde** sie **nicht vergessen.**	No, *I shall not forget* it.

The forms of the future tense of all verbs are:

wir, sie, Sie	**werden**	
ich	**werde**	
er, sie, es, man	**wird**	**machen (vergessen, sein, haben, werden, tun, etc.)**
(du	**wirst)**	
(ihr	**werdet)**	

1. The future tense of all verbs is formed with the present tense of **werden** as conjugated future auxiliary and any infinitive.

2. As usual, the finite verb (auxiliary) stands in second place; the infinitive stands at the end of the clause. If there is a separable prefix at the end of the clause, the infinitive is attached to it.

160

3. The infinitive of a modal auxiliary stands absolutely last.

4. Reflexive pronouns remain behind the finite verb: **Ich werde mich nach der Miete erkundigen.**

5. The future tense simply denotes futurity. No fine distinction can be made between willingness and compulsion as in the modern use of *shall* and *will* in English.

6. The English form *I am going to . . .* in place of *shall* or *will* has no equivalent in German.

48 ● Use of the future tense

Morgen **werde ich** mir etwas **kaufen.**	Tomorrow *I shall buy* something.
Er **wird wohl** etwas **finden.**	*He'll probably find* something.
Nächsten Sommer **fliegen wir** nach England.	Next summer *we shall fly* to England.

1. The future tense may be used exactly as in English.

2. Future tense + **wohl** denotes probability.

3. In German, the use of the present tense in place of the future tense is extremely prevalent, especially when a time expression denotes the futurity of the action, no matter how distant: **Im Jahre 1990 fliege ich zum Mond.**

   REMINDER: In German, time expressions very often stand in first place, especially when the present tense is used in place of the future tense.

49 ● Formation of the conditional tense

Würden Sie mit uns **kommen?**	*Would you come* with us?
Ich würde gern mitkommen, aber ich habe leider keine Zeit.	*I would like to come along,* but unfortunately I have no time.
Würden Sie es ihm bitte **sagen?**	*Would you tell* him that, please?
Ich würde es ihm **sagen,** aber ich sehe ihn nie.	*I would tell* him that, but I never see him.
Würde er Karten **spielen wollen?**	*Would he want to play* cards?
Er würde Karten **spielen wollen,** aber er muß studieren.	*He would want to play* cards but he has to study.
Das würde mir leid tun.	*I would be sorry.*

The forms of the conditional tense are:

wir, sie, Sie	**würden**	
ich, er, sie, es, man	**würde**	**mitkommen (machen, vergessen, sagen,** *etc.***)**
(du	**würdest)**	
(ihr	**würdet)**	

161

1. The conditional tense is formed almost exactly as the future tense, but with the past subjunctive of **werden** as auxiliary, which equals *should, would*.

2. No distinction between willingness and compulsion is possible.

3. The conditional is being introduced at this point because of its structural similarity to the future. For the time being it must be completed with a factual *but*-clause, as in the examples above. If-clauses and possible contractions of the strong verb in the conditional will be studied later.

50 ● Exceptional feminine nouns

SINGULAR:	PLURAL:
die Nacht	die Nächte
die Wurst	die Würste
die Luft *air*	die Lüfte
die Stadt	die Städte

1. Monosyllabic nouns which end on a consonant are generally masculine (or neuter). However, if the final consonant is **-t,** the noun tends to be feminine, especially if it ends in **-cht, -st, -ft.**

2. These nouns form the plural in accordance with their masculine appearance, i.e. by adding *Umlaut* and **-e.** There are exceptions, however, which employ the usual feminine plural ending **-en: die Zeit, die Zeiten.**

51 ● Exceptional masculine nouns

der Student	der Grieche	der Junge *boy*	der Löwe *lion*
der Diplomat	der Schwede	der Knabe *boy*	der Ochse
der Christ	der Türke	der Bote *messenger*	der Bulle
der Tourist	der Franzose	der Kunde *customer*	der Hase *hare*
der Philosoph	der Chinese	der Jude *Jew*	der Rabe *raven*

1. Nouns which end in **-e,** especially when they consist of two syllables, are generally feminine. The above nouns, however, are masculine by virtue of their meaning. They include:

   a. Agents derived from foreign words, even when these cognates do not end in **-e** in German (e.g. **der Student**).

   b. Approximately half of the nationals. The other nationals are **-er** agents: **der Amerikaner, der Engländer, der Italiener.**
   The noun *German* is the only exception, since it is treated like an adjective: **der Deutsche, die Deutsche, das Deutsche, die Deutschen.**

   c. Agents ending in **-e,** with a clearly masculine meaning: **Junge, Bote,** *boy, messenger.*

d. These nouns must not be confused with nouns derived from adjectives, including participles, which have adjective endings: **der Deutsche, der Angestellte, der Reisende, der Gute.**

e. Some masculine animals, mostly with strong, ferocious, or cunning characteristics, birds of prey, etc.

2. All of these nouns take the ending **-en** in all cases, singular and plural, except as subjects in the nominative singular:

der Student	die Studenten
den Studenten	die Studenten
dem Studenten	den Studenten
des Studenten*	der Studenten

der Soldat   *die Soldaten*

3. All nouns belonging to this exceptional group can be readily recognized according to the above classification. In dictionaries they are listed in the following manner: **der Student, -en, -en.** However, a few nouns exist which belong to this group as well but cannot be recognized. They include:

a. Monosyllabic titles of nobility: **der Prinz.**

b. A few miscellaneous nouns, the two most popular of which are **der Mensch,** *man, person, human being,* and **der Herr. Der Herr** is unique inasmuch as **-n** is added to the remainder of the singular, **-en** to all of its plural: **Herr, Herrn, Herrn, Herrn; Herren, Herren, Herren, Herren.**

52 ● The formation of agents

A. Agents ending in **-er**

to play	spielen	der Spieler	*the player*
		die Spieler	
		(die Spielerin)	
		(die Spielerinnen)	
mathematics	die Mathematik	der Mathematiker	*mathematician*

B. Agents from foreign words

tourism	der Tourismus	=	der Tourist	*tourist*
philosophy	die Philosophie	=	der Philosoph	*philosopher*
			der Detektiv =	*detective*
			der Student =	*student*

1. Two agents are derived from the field to which they belong.

a. If the field ends in *-ism* in English, it ends in **(der) -ismus** in German, and the agent in **-ist** may be formed.

---

*Other masculine (and neuter) nouns add **-s** in the genitive (Grammar Unit 12).

b. If the field ends in *-y* in English, it ends in **-ie** in German, and the agent is formed by dropping the **-ie** ending. (NOTE EXCEPTION: **Chemie,** *chemistry,* **Chemiker,** *chemist.*)

2. Agents (and other nouns) which end in **-ive** in English may be converted to masculine German nouns by dropping -e: *nominative,* **der Nominativ,** *detective,* **der Detektiv.** They do not belong to the exceptional nouns. Plural in **-e: die Detektive.**

3. Agents which end in *-ent* in English, end in **-ent** in German. However, when an English noun in *-ent* denotes an inanimate object, the German noun is neuter: **das Fragment,** plural, **die Fragmente.** It no longer belongs to the exceptional nouns.

53 ● Feminine agents

der Spieler	die Spielerin	die Spielerinnen
der Musiker	die Musikerin	die Musikerinnen
der Student	die Studentin	die Studentinnen
der Sozialist	die Sozialistin	die Sozialistinnen
der Schwede	die Schwedin	die Schwedinnen
der Chinese	die Chinesin	die Chinesinnen
der Christ	die Christin	die Christinnen
der Löwe Li͕ w	die Löwin	die Löwinnen

1. Germanic and non-Germanic agents derive feminine agents in the same manner, if a feminine agent makes sense at all.

2. If the masculine agent ends in **-e,** the **-e** is dropped when adding **-in.**

3. Note two exceptional additions of an *Umlaut*: **der Franzose, die Französin; der Jude, die Jüdin.**

54 ● Nouns ending in -or

der Diktator	*dictator*	die Diktatoren
der Motor	*motor*	die Motoren

1. Nouns (including agents) which end in *-or* in English, end in **-or** in German.

2. Such nouns are normal in the singular, i.e. the only ending added is **-s** in the genitive. In the plural, however, they act exceptionally and end in **-en** in all four cases.

3. In forming the plural of these nouns, a shift of stress takes place, which is a very unusual feature for German. While the singular form is ordinarily stressed on the syllable preceding the **-or,** the **-or** is stressed in the plural: **der Diktator, die Diktatoren.**

4. The following nouns have the same endings as nouns ending in **-or,** i.e. **-(e)s** is added to the genitive singular, **-(e)n** to all cases in the plural:

der **Bauer, -n**	*farmer*	der **Strahl, -en**	*ray*
der **Nachbar, -n**	*neighbor*	das **Auge, -n**	*eye*
der **Vetter, -n**	*cousin*	das **Bett, -en**	*bed*
der **Schmerz, -en**	*pain*	das **Ende, -n**	*end*
der **See, -n**	*lake*	das **Hemd, -en**	*shirt*
der **Staat, -en**	*state*	das **Ohr, -en**	*ear*

55 ● Miscellaneous masculine agents

SINGULAR	PLURAL
der **König**	die **Könige**
der **Lehrling** *apprentice*	die **Lehrlinge**
der **Ingenieur**	die **Ingenieure**
der **Pionier**	die **Pioniere**

The few agents that end in **-ig, -ling, -eur, -ier** are usually normal in every respect and form the plural by adding **-e.**

ÜBUNGEN mit dem Futur

I. A. *Bilden Sie die Mehrzahl:*

> BEISPIEL: Ich werde es machen.
> **Wir werden es machen.**

1. Ich werde ihn sprechen. **2.** Ich werde bald zurück sein. **3.** Ich werde Geld haben. **4.** Ich werde sie vergessen. **5.** Ich werde ihm schreiben. **6.** Ich werde mich erkundigen. **7.** Ich werde mich setzen. **8.** Ich werde es tun können. **9.** Ich werde es machen müssen. **10.** Ich werde ins Theater gehen dürfen. **11.** Ich werde nicht lesen mögen. **12.** Ich werde mir nichts kaufen wollen.

165

B. *Bilden Sie die Mehrzahl:*

BEISPIEL: Er wird nicht sprechen.
Sie werden nicht sprechen.

1. Er wird kein Geld haben. **2.** Er wird sich setzen. **3.** Er wird sich erkundigen. **4.** Er wird es sehen müssen. **5.** Sie wird Einkäufe machen. **6.** Sie wird sich eine Wohnung mieten. **7.** Sie wird sich den Hut aufsetzen. **8.** Sie wird sich nicht erinnern können. **9.** Das Kind wird gleich singen. **10.** Es wird bald sprechen. **11.** Es wird mit uns nicht spielen dürfen.

C. *Bilden Sie die Zukunft* (future):

BEISPIEL: Ich miete mir eine Wohnung.
Ich werde mir eine Wohnung mieten.

1. Es regnet heute. **2.** Sie macht ein paar Besorgungen. **3.** Er ist fünfundzwanzig Jahre alt. **4.** Sie kauft neue Kleider. **5.** Bald haben wir Hunger. **6.** Sie will zu Fuß gehen. **7.** Fahren Sie mit der Straßenbahn? **8.** Es gibt nichts Neues. **9.** Der Bus fährt um drei Uhr ab. **10.** Sie setzen sich. **11.** Ich esse zu Hause (*at home*). **12.** Ich bringe sie mit.

II. *Beginnen Sie mit* **Nächstes Jahr** *und vollenden Sie den Satz in der Gegenwart:*

BEISPIEL: Ich werde nach Deutschland fliegen.
Nächstes Jahr fliege ich nach Deutschland.

1. Ich werde zur Universität gehen. **2.** Ich werde in Europa studieren. **3.** Er wird in München arbeiten. **4.** Sie wird skifahren. **5.** Die U-Bahn wird fertig sein. **6.** Es wird interessant werden. **7.** Sie werden die Verabredung vergessen. **8.** Sie werden keine Zeitschriften bestellen. **9.** Die Studenten werden kein Geld haben. **10.** Sie werden arbeiten müssen.

III. *Beantworten Sie die folgenden Fragen auf deutsch:*

1. Was wird Helga heute nachmittag tun? **2.** Was wird Helga in der Stadt machen? **3.** Wird sie etwas kaufen? **4.** Wird sie zu Fuß gehen? **5.** Wird sie mit der Straßenbahn fahren? **6.** Was wird sie tun, wenn es regnet? **7.** Wann wird die neue U-Bahn fertig sein? **8.** Wann wird Helga wieder zurück sein? **9.** Was wird Helga nicht vergessen? **10.** Wann wird Hans Helga abholen?

166

ÜBUNGEN mit dem Konditional

IV. A. *Bilden Sie die Mehrzahl:*

BEISPIEL: Ich würde es gern kaufen.
Wir würden es gern kaufen.

1. Ich würde gern kommen. **2.** Ich würde nicht gehen. **3.** Ich würde zu Hause bleiben. **4.** Ich würde nichts bringen müssen. **5.** Ich würde mich nicht danach erkundigen. **6.** Er würde alles kaufen. **7.** Er würde nichts wissen. **8.** Sie würde sich den Hut aufsetzen. **9.** Sie würde schreiben-wollen. **10.** Es würde sicher brav sein.

B. *Bilden Sie die Mehrzahl des ersten Satzes:*

BEISPIEL: Ich würde gern kommen, aber es geht nicht.
Wir würden gern kommen, aber es geht nicht.

1. Ich würde ein Taxi nehmen, aber es gibt hier keine. **2.** Ich würde alles kaufen, aber das geht leider nicht. **3.** Ich würde gern skifahren, aber es schneit leider nicht. **4.** Ich würde vielleicht nichts sagen, aber jetzt ist das leider unmöglich. **5.** Ich würde mich setzen, aber hier ist kein Stuhl. **6.** Er würde mitkommen, aber es ist zu spät. **7.** Er würde helfen, aber wir wohnen zu weit. **8.** Er würde ihn darum bitten, aber er ist nicht zu Hause. **9.** Sie würde auf den Berg steigen, aber er ist zu hoch. **10.** Es würde brav sein können, aber die Eltern sind nicht streng genug.

V. *Substantive*

A. *Bilden Sie einen Satz mit dem Akkusativ im Singular und dann im Plural laut Beispiel:*

BEISPIEL: Die Wurst ist weiß.
Ich kenne die weiße Wurst.
Ich kenne die weißen Würste.

1. Die Nacht ist lang. **2.** Die Macht ist groß. **3.** Die Luft ist gut. **4.** Diese Last ist schwer. **5.** Der Soldat ist tapfer (*brave*). **6.** Der Präsident ist beliebt. **7.** Der Fotograf ist nett. **8.** Der Detektiv ist klug. **9.** Der Schwede ist blond. **10.** Der Junge ist groß. **11.** Der Löwe ist stark. **12.** Der Hase ist schlau (*cunning*). **13.** Der Herr ist deutsch. **14.** Der Professor ist streng. **15.** Der König ist berühmt. **16.** Der Lehrling ist dumm. **17.** Der Ingenieur ist intelligent. **18.** Der Pionier ist tapfer.

167

B. *Bilden Sie Agenten:*

BEISPIEL: der Tourismus   die Philosophie   die Optik   hören
         der Tourist   **der Philosoph**   **der Optiker**   **der Hörer**

1. der Kommunismus, der Sozialismus, der Optimismus, der Pessimismus, der Nihilismus.
2. die Fotografie, die Theologie, die Geologie, die Biologie, die Geographie.
3. die Musik, die Physik, die Mathematik, die Mechanik, die Politik.
4. spielen, hören, sprechen, arbeiten, fahren.

C. *Machen Sie aus den männlichen Agenten weibliche Agentinnen:*

BEISPIEL: Sein Freund ist ein Geheimagent.
         Seine Freundin ist eine Geheimagentin.

1. Der Student ist Deutscher. **2.** Der Tourist ist Franzose. **3.** Unser Freund ist Jude. **4.** Der Löwe ist ein Raubtier. **5.** Die Spieler sind Türken. **6.** Der Herr des Hauses ist ein Christ. **7.** Dieser Grieche war König. **8.** Jener Lehrer ist Dozent (*lecturer*). **9.** Welcher Chinese ist ein Kommunist? **10.** Unsere Angestellten sind Beamte.

Note on the Aufsatz

The *Aufsatz* will appear in Grammar Units from now on. It is a little composition based upon some of the preceding dialogues and is designed to augment your skill in using authentic German patterns. Although the level of difficulty hardly exceeds that of the dialogues, an intensified effort is necessary to do justice to the greater variety of expressions and longer sentences used.

The best approach to the *Aufsatz* is to prepare it orally before writing down each sentence. If you have difficulty finding the right word or phrase, it is better to locate it in a dialogue than in the vocabulary, in order to see it in context. Even if you do look up words in the vocabulary, double-check the entire construction; never translate word by word. Think in German before writing.

After a sentence seems to sound right orally, write it down, observing proper spelling, inflection, punctuation, etc. After you have written each sentence, reread it to be sure that it conveys the idea required.

VI. *Aufsatz*

Fred Owens is a young electronics engineer from America. He lives and works in Munich. The artists' quarter of this German culture center is called *Schwabing.* There Fred has rented a room in the house of (*bei*) an old lady (*Dame*). She likes Americans and speaks a little English. Fred, however, wants to speak German. That isn't always easy in Munich, for many people speak Bavarian. The Bavarian dialect is very hard to understand. In Munich there is much to see and to hear: museums (*Museen*), theaters, operas and concerts. Fred often walks in the English Garden. September and October are very gay (*fröhlich*) months for the inhabitants of Munich, because their famous *Oktoberfest* takes place in these months. Everyone eats, drinks, laughs, sings and dances even (*noch*) more than usual.

IM HOFGARTEN, MÜNCHEN

∾ Eine kleine Wienreise

(*A little trip to Vienna*)

Am Fahrkartenschalter	At the Ticket Window
FRED: ¹Ich möchte eine Rückfahrkarte nach Wien, bitte.	FRED: ¹*I would like a round-trip ticket to Vienna, please.*
DER BEAMTE: ²Welche Klasse, erste oder zweite?	THE EMPLOYEE: ²*What class, first or second?*
FRED: ³Zweite, bitte. ⁴Wie lange ist diese Fahrkarte gültig? ⁵Ich möchte nämlich die Fahrt einen Tag lang in Salzburg unterbrechen.	FRED: ³*Second, please.* ⁴*How long is this ticket valid?* ⁵*You see, I would like to interrupt the trip at Salzburg for one day.*
BEAMTE: ⁶Das geht in Ordnung. ⁷Diese Fahrkarte ist vierzehn Tage lang gültig.	EMPLOYEE: ⁶*That will be all right.* ⁷*This ticket is valid for two weeks.*
FRED: ⁸Muß ich vor Salzburg noch einmal umsteigen?	FRED: ⁸*Do I have to change trains again before Salzburg?*
BEAMTE: ⁹Nein, aber vergessen Sie nicht Ihren Ausweis für die Grenzkontrolle.	EMPLOYEE: ⁹*No, but don't forget your I.D. card for the check at the border.*
FRED: ¹⁰Bekommt man in Salzburg leicht Anschluß nach Wien?	FRED: ¹⁰*Can one easily get a connection from Salzburg to Vienna?*
BEAMTE: ¹¹Sehr leicht, denn die Züge verkehren sehr regelmäßig.	EMPLOYEE: ¹¹*Very easily, since the trains run quite regularly.*

170

Am Auskunftsschalter in Salzburg

At the Information Window in Salzburg

FRED: ¹²Auf welchem Gleis fährt der Zug nach Wien ab?

BEAMTE: ¹³Gleis vier, aber der Zug hat fünf Minuten Verspätung.

FRED: ¹⁴So? Dann habe ich gerade noch Zeit, zur Wechselstube zu laufen, und einen Reisescheck einzulösen, nicht wahr? ¹⁵Ich habe nämlich fast gar keine Schillinge mehr.

BEAMTE: ¹⁶Dann beeilen Sie sich lieber, denn der Zug hält nur ein paar Minuten. ¹⁷Wenn Sie ihn verpassen, müssen Sie hier übernachten, denn der nächste Zug fährt erst morgen früh.

FRED: ¹²*On which track does the train leave for Vienna?*

EMPLOYEE: ¹³*Track four, but the train is five minutes late.*

FRED: ¹⁴*Is that so? Then I have just enough time to run to the money exchange (room) and to cash a traveler's check, don't I?* ¹⁵*You see, I'm almost completely out of shillings.*

EMPLOYEE: ¹⁶*Then you better hurry, because the train only stops for a few minutes.* ¹⁷*If you miss it, you'll have to stay here overnight, because the next train doesn't leave (go) until tomorrow morning.*

SALZBURG

171

ÜBUNGEN

I. *Deutsche Laute:* /l/ /r/

A. /l/ (like initial *l* in English)

1. lieben, leben, loben, laben, lügen, lugen, Lauge, Löwe, läge, Läufer.
2. viel, Nebel, Kohle, Qual, Schule, Aula, Öl, wählen, Säule.
3. Perle, Applaus, klein, Bäumlein, Bächlein, Schlitten, Anlaut, Island, England, außerordentlich.
4. fallen, stellen, Pille, toll, Bulle, füllen, Heinrich Böll, fällen, Friedrich von Schiller.

B. /r/ (uvular or trilled)

1. Rat, Regen, Riga, rot, Runen, Rätsel, Römer, rügen, Raum, räumen.
2. gar, mehr, Bier, Tor, zur, ärmer, hören, Gebühren, Mauren, teure.
3. krank, streben, springen, Brot, Gruft, prägen, dröhnen, drüben, grau, greulich.
4. scharren, zerren, wirr, knorrig, murren, Arrest, zerrissen, verraten, errungen, erreichen.

II. Substitution

1. Ich möchte eine Rückfahrkarte nach *Wien,* bitte.
   Hamburg / Bonn / Stuttgart / Frankfurt am Main
2. Ich möchte die Fahrt in *Salzburg* unterbrechen.
   Nürnberg / Heidelberg / Freiburg / Köln
3. Diese Fahrkarte ist *vierzehn Tage* lang gültig.
   zwei Tage / eine Woche / einen Monat / ein halbes Jahr
4. Bekommt man in Salzburg leicht Anschluß nach *Wien?*
   München / Bayern / Deutschland / Italien
5. Der Zug hat *fünf Minuten* Verspätung.
   eine Minute / eine Stunde / zweieinhalb Stunden / keine

III. *Antworten Sie auf deutsch laut Text:*

1. Wohin fährt Fred? **2.** In welcher Klasse fährt er? **3.** Was für eine Fahrkarte möchte er? **4.** Wie lange ist die Rückfahrkarte gültig? **5.** Wo möchte er die Fahrt einen Tag lang unterbrechen? **6.** Muß er vor Salzburg umsteigen? **7.** Was darf er für die Grenzkontrolle nicht vergessen?

Ausweis

Sehr leicht denn die Züge verkehren sehr regelmässig   Gleis Vier

8. Bekommt man in Salzburg leicht Anschluß nach Wien? 9. Auf welchem
Gleis fährt der Zug nach Wien ab? 10. Hat der Zug Verspätung?
11. Warum will Fred zur Wechselstube laufen? 12. Was muß Fred tun, wenn
er den Zug verpaßt? 13. Wann fährt der nächste Zug?

Er muss einen Reisescheck einzulösen.   Er muss übernachten

Der nächste Zug fährt erste Morgen Früh

IV. *Fragen Sie jemanden:*

Ich möchte eine Rückfahrkarte nach Wien bitte

1. nach (*for*) einer Rückfahrkarte nach Wien. 2. wie lange diese Fahrkarte
gültig ist. 3. ob Sie vor Salzburg umsteigen müssen. 4. ob man in Salzburg
leicht Anschluß nach Wien bekommt. 5. auf welchem Gleis der Zug nach
Wien abfährt. 6. ob Sie gerade noch Zeit haben, zur Wechselstube zu laufen,
um einen Reisescheck einzulösen.

V. A. *Stellen Sie passende Fragen mit:* **Wie lange . . . ?** *zu denen* (to which)
die folgenden Sätze Antworten sind:

BEISPIEL: Fred bleibt einen Tag lang in Salzburg.
Wie lange bleibt Fred in Salzburg?

1. Ich möchte die Fahrt einen Tag lang in Salzburg unterbrechen. 2. Diese
Fahrkarte ist vierzehn Tage lang gültig. 3. Sie haben gerade noch Zeit, zur
Wechselstube zu laufen. 4. Der Zug hält nur ein paar Minuten. 5. Fred ist
schon ein paar Monate in Deutschland.

*Wie lang
ist diese Fahrkarte gültig.   Habe ich genug Zeit zur
Wechselstube zu laufen   Wie lang ist der Zug gehalten
Wie lang ist Fred in Deutschland*

Replace

B. *Ersetzen Sie* **um** (at) *durch* **gegen** (toward):

1. Ich bin um vier Uhr wieder zurück. 2. Ich esse um ein Uhr. 3. Der Zug
fährt um Mitternacht ab. 4. Er kommt um 20 Uhr.

C. *Beginnen Sie mit:* **Ich habe gerade noch Zeit,** *und enden Sie mit:* **zu** +
Infinitiv:

BEISPIEL: Ich laufe zur Wechselstube.
Ich habe gerade noch Zeit, zur Wechselstube zu laufen.

1. Ich beende meine Arbeit. 2. Ich gehe zur Bäckerei. 3. Ich mache die
Übung. 4. Ich besuche meine Freunde. 5. Ich lese die Zeitschrift. 6. Ich
mache ein paar Besorgungen. 7. Ich gehe zum Konzert. 8. Ich schreibe
einen langen Brief an meine Eltern. 9. Ich gehe ein wenig im Englischen
Garten spazieren. 10. Ich kaufe dieses Hütchen für meine Freundin.

VI. *Diktat aus Konversation 17*

VII. *Eine Unterhaltung* *Conversation*

Sie bitten um (*ask for*) Auskunft am Auskunftsschalter eines Bahnhofs.

173

❧ Im Herrenbekleidungsgeschäft

(*At the men's furnishings store*)

HANS: ¹Haben Sie weiße Taschentücher?

HANS: ¹*Do you have any white handkerchiefs?*

DER VERKÄUFER: ²Gewiß, mein Herr, sogar sehr schöne, eine Mark fünfzig das Stück.

SALESMAN: ²*Certainly, sir, in fact, very nice ones, [for] one mark fifty each (per piece).*

HANS: ³Geben Sie mir ein halbes Dutzend davon. ⁴Außerdem brauche ich auch noch Handschuhe. ⁵Haben Sie welche von guter Qualität?

HANS: ³*Give me half a dozen of them.* ⁴*Besides, I also need gloves.* ⁵*Have you any of good quality?*

VERKÄUFER: ⁶Dieses braune Paar* ist sehr elegant und kostet nur zwanzig Mark. ⁷Gefällt es Ihnen?

SALESMAN: ⁶*This brown pair is very elegant and only costs twenty marks.* ⁷*Do you like it?*

HANS: ⁸Sehr gut, aber ich möchte lieber graue Handschuhe.

HANS: ⁸*Very much, but I would prefer gray gloves.*

VERKÄUFER: ⁹Damit kann ich auch dienen, und zwar zum selben Preis; hier, bitte.

SALESMAN: ⁹*I can also help you with that, at the same price in fact; here you are.*

HANS: ¹⁰Genau was ich will, ich nehme sie. ¹¹Was kostet jener Mantel?

HANS: ¹⁰*Exactly what I want, I'll take them.* ¹¹*By the way, how much is that topcoat?*

---

* **das Paar,** *the pair;* **ein Paar,** *a couple;* **ein paar,** *a few.*

Meinen Sie diesen

VERKÄUFER: [12]Meinen Sie diesen schweren schwarzen oder jenen beigen leichten?

HANS: [13]Ich meine den leichteren. [14]Wie hoch ist der Preis, bitte?

VERKÄUFER: [15]Der Preis des leichten Mantels ist zweihundertzwanzig Mark. [16]Wollen Sie ihn anprobieren?

HANS: [17]Gern, wenn ich darf.

VERKÄUFER: [18]Er steht Ihnen ausgezeichnet. [19]Wollen Sie sich gleich dafür entscheiden?

HANS: [20]Ich habe mich schon entschieden. [21]Bitte, packen Sie ihn ein.

VERKÄUFER: [22]Wollen Sie den Mantel gleich mitnehmen?

HANS: [23]Ja, denn ich will ihn heute abend tragen. Kann[24] ich jetzt zahlen?

VERKÄUFER: [25]Danke schön, und hier ist Ihre Quittung.

SALESMAN: [12]*Do you mean this heavy black one or that beige light one?*

HANS: [13]*I mean the lighter one.* [14]*What is the price, please?*

SALESMAN: [15]*The price of the light coat is two hundred twenty marks.* [16]*Do you want to try it on?*

HANS: [17]*Gladly, if I may.*

SALESMAN: [18]*It looks excellent on you.* [19]*Do you want to decide on it right away?*

HANS: [20]*I've already made up my mind.* [21]*Please wrap it up.*

SALESMAN: [22]*Do you want to take the coat with you right away?*

HANS: [23]*Yes, since I want to wear it tonight.* [24]*May I pay now?*

SALESMAN: [25]*Thank you very much, and here is your receipt.*

175

ÜBUNGEN

I. *Deutsche Laute:* /m/ /n/ /h/

A. /m/

1. Maus, Mehl, Miete, Motte, Mutter, Meute, Mütze.

2. lahm, wem, ihm, Ohm, um, träumen, anonym.

3. atmen, arm, wärmen, Halm, zermürben, schmeicheln, Asthma.

4. Hammel, Semmel, immer, Sommer, Kummer, Lümmel, dumm, Kamm, Lamm.

B. /n/

1. Name, nehmen, Niete, Note, nun.

2. ahnen, wen, ihnen, ohne, unangenehm.

3. tarnen, knoten, schneiden, lernen, trocknen.

4. Tanne, Tenne, innen, können, Tunnel.

C. /h/   silent h

1. Hahn   ahnen

2. hegen   gehen

3. hinter   ihnen

4. Hohn   ohne

5. hurtig   ruhig

176

II. Substitution

1. Geben Sie mir *ein halbes Dutzend* davon.

   ein Dutzend / zwei Dutzend / fünf / zehn

2. Außerdem brauche ich auch noch *Handschuhe.*

   Schuhe / ein Hemd (*shirt*) / einen Anzug (*suit*) / eine Jacke /
   ein Paar Hosen (*a pair of pants*) / einen Schlafanzug (*pajamas*)

3. Ich möchte lieber *graue* Handschuhe.

   weiße / schwarze / braune / gelbe

4. Wie hoch ist der Preis *des leichten Mantels?*

   des weißen Hemdes / des grauen Anzugs / des gelben Schlafanzugs / der warmen Jacke /
   der roten Krawatte (*tie*) / der schwarzen Weste / der grauen Handschuhe /
   der langen Hosen / der gelben Schlafanzüge

5. Wollen Sie *ihn* anprobieren?

   den Mantel / den Anzug / das Hemd / die Weste / die Krawatte / die Jacke /
   die Handschuhe / die Schuhe

6. *Ich habe mich* schon dafür entschieden.

   er hat sich / sie hat sich / sie haben sich / Sie haben sich / wir haben uns

III. *Antworten Sie auf deutsch laut Text:*

Gewiss, mein Herr, sogar sehr schöne. Hans hat ein halbes dutzend
1. Haben Sie weiße Taschentücher? 2. Wie viele Taschentücher kauft
gekauft. Außerdem braucht er auch noch Handschuhe. Die braune Paar
Hans? 3. Was braucht Hans außerdem noch? 4. Welches Paar Handschuhe
ist sehr elegant, es kostet zwanzig Mark. Hans möchte lieber graue
ist sehr elegant? 5. Was kostet es? 6. Was für Handschuhe möchte Hans
Handschuhe. Der Preis des leichten Mantels ist zweihundert Mark.
lieber? 7. Wie hoch ist der Preis des leichten Mantels? 8. Wie steht er *Er*
steht ihm ausgezeichnet. Hans hat sich schon entschieden.
Hans? 9. Hat sich Hans schon entschieden? 10. Warum will Hans den
Mantel gleich mitnehmen? *Er will den Mantel gleich mitnehmen*
denn er will ihn derselben Abenden tragen.

IV. *Antworten Sie auf deutsch:*

Ich werde heute nachmittag Besorgungen machen. Ich werde
1. Werden Sie heute nachmittag Besorgungen machen? 2. Wann werden
um vier Uhr wieder zurück sein. Ich werde im Restaurant essen. Eine
Sie wieder zurück sein? 3. Werden Sie im Restaurant essen? 4. Werden
Verabredung würde ich nicht vergessen. Die U-Bahn wird bald Fertig
Sie unsere Verabredung nicht vergessen? 5. Wird die U-Bahn bald fertig
sein.
sein? 6. Werden Sie sich nach dem Preis des Hutes erkundigen?
Ich werde mich nach dem Preis des Huts
erkundigen.

V. *Ersetzen Sie die Befehlsform (Imperativ) durch:* **Würden Sie bitte** +
Infinitiv:

BEISPIEL: Sprechen Sie Deutsch!
   Würden Sie bitte Deutsch sprechen?

Würden Sie den Hut aufsetzen. Würden Sie nach Wien mitkommen
1. Setzen Sie den Hut auf! 2. Kommen Sie nach Wien mit! 3. Probieren
Sie den Mantel an! 4. Packen Sie den Mantel ein! 5. Zahlen Sie!
6. Nehmen Sie die Quittung! 7. Vergessen Sie Ihre Papiere nicht!

177

VI. *Bilden Sie* **da-***Verbindungen:*

> Beispiel: Ich habe mich für den Mantel entschieden.
> **Ich habe mich dafür entschieden.**

1. Ich bin gegen die hohen Preise. *(dagegen)* **2.** Er hält nichts von der ganzen Sache. *(davon)*
3. Geben Sie mir eine Quittung für das Geld. *(dafür)* **4.** Packen Sie den Anzug mit *(damit)*
dem Mantel ein. **5.** Erkundigen Sie sich nach dem Preis der grauen Hand- *(danach)*
schuhe. **6.** Mit grauen Handschuhen kann ich auch dienen. *(Damit)*

VII. *Bilden Sie* **wo-***Verbindungen:*

> Beispiel: Mit was kann ich dienen?
> **Womit kann ich dienen?**

1. Mit wessen Geld zahlen Sie? *(Womit zahlen Sie)* **2.** Für was haben Sie sich entschieden? *(wofür haben Sie)*
3. Von welcher Sache sprechen Sie? *(Woran)* **4.** Durch was wissen Sie das so gut? *(Wodu)*
5. Nach was hat er sich erkundigt? *(wonach)* **6.** Von was hält er nichts?

VIII. *Diktat aus Konversation 18*

IX. *Eine Unterhaltung*

Sie wollen Obst kaufen. Diskutieren Sie über den Preis und die Qualität des
Obstes.

EIN MARKTPLATZ IN ÖSTERREICH

✆ The Genitive Case; Miscellaneous Neuter Nouns; Irregular Nouns; Conclusion of the Study of Nouns

56 ● Forms of the genitive case

A. Nouns and their modifiers

MASCULINE AND NEUTER:		FEMININE:		PLURAL:	
des		der		der	
eines	alten Vaters	einer		keiner	
Ihres	kleinen Kindes	welcher	netten Freundin	welcher	guten Leute
seines		unserer		dieser	
manches		seiner		meiner	

1. The primary endings in the genitive case are: masculine and neuter **-es,** feminine and plural **-er. Der**-words and **ein**-words take the same ending.

2. All attributive adjectives after **der**-words or **ein**-words end in **-en.**

3. Note that the feminine and plural endings are identical, and that the feminine genitive endings are the same as in the dative case.

4. Masculine and neuter nouns add -s in the genitive case, **-es** if they are monosyllabic. Exceptional nouns (Grammar Unit 11, #51) do not add **-s.**

5. Feminine and plural nouns do not change in the genitive.

6. With feminine and plural nouns, unpreceded adjectives, including plural numerical adjectives, take primary endings as usual: **guter Freundin, netter Leute, einiger Leute.** With masculine and neuter nouns, however, unpreceded adjectives keep their secondary ending **-en,** since the noun has the distinctive genitive ending -(e)s: **kleinen Kindes.**

   EXCEPTION: With exceptional nouns which do not add -(e)s in the genitive, unpreceded adjectives do take the primary ending: **altes Herrn.** Unpreceded adjectives in the genitive are extremely rare.

B. Personal pronouns in the genitive case

NOMINATIVE:	GENITIVE:	SPECIAL FORMS:
ich	meiner	meinetwegen
(du)	(deiner)	(deinetwegen)
er, es	seiner	seinetwegen
sie	ihrer	ihretwegen
wir	unser	unseretwegen
(ihr)	(euer)	(euretwegen)
sie	ihrer	ihretwegen
Sie	Ihrer	Ihretwegen

1. Genitive pronouns are almost never used and need not be memorized.

2. Note and learn the relatively common special forms: **meinetwegen,** etc. meaning *on account of me,* or *for all I care,* etc.

3. The genitive interrogative pronoun is **wessen,** *whose*: **Wessen Buch ist das?** *Whose book is that?*

57 ● Use of the genitive case

A. To indicate possession:

Der Preis **des Anzugs** . . .	The price *of the suit* . . .
Die Wirtin **des Studenten** . . .	The landlady *of the student* . . .
Die Mutter **des Kindes** . . .	The mother *of the child* . . .
Der Mann **der Frau** . . .	The husband *of the lady* . . .
Der Nachbar **dieser Leute** . . .	The neighbor *of these people* . . .
Freds Wirtin . . .	*Fred's* landlady . . .
Goethes Gedichte . . .	*Goethe's* poems . . .

1. The genitive indicates possession. *Of* is implied in the endings.

2. In English one can say *the mother of the child* or *the child's mother.* Both constructions exist in German: **die Mutter des Kindes, des Kindes Mutter.** However, the latter construction may be used only when the owner is a person and should be limited to names: **Freds Wirtin.** Note that in German the noun keeps the ending **-s,** regardless of sequence.

3. Authorship should be shown by **von** (+ dative): **Ein Gedicht von Goethe, eine Symphonie von Mozart.**

NOTE: In colloquial German this construction is frequently employed in place of the (correct) genitive: **Der Preis von diesem Anzug (der Preis dieses Anzugs).**

181

B. Use of the genitive after prepositions

Während des Essens . . .	*During* the meal . . .
Wegen des Kindes . . . , *or*	*On account of* the child . . .
des Kindes **wegen** . . .	
Trotz der vielen Arbeit . . .	*In spite of* the great amount of work . .
(An)statt der netten Leute . . .	*Instead of* the nice people . . .

1. Four common prepositions are always followed by the genitive: **während,** *during,* **wegen,** *on account of,* **trotz,** *in spite of,* **statt** or **anstatt,** *instead of.*

2. Prepositions ending in **-halb** and **-seits** are also followed by the genitive:

oberhalb *above*	**diesseits** *on this side of*
unterhalb *below*	**jenseits** *on the other side of*
innerhalb *within, on the inside of*	
außerhalb *on the outside of*	

C. Genitive of time

The genitive is used to express indefinite time:

Eines Tages fahren sie nach Heidelberg.   *One day* they travel to Heidelberg.

The accusative is used to express definite time:

Er bleibt **einen Tag lang** in Salzburg.   He stays in Salzburg *for one day.*
Jeden Morgen kommt der Milchmann.   The milkman comes *every morning.*

D. The genitive in compound nouns

Nouns are usually compounded in German where a genitive construction is required in English: **der Hausherr,** *the master of the house.* The first noun in such German compounds frequently has the genitive **-s** ending: **ein Geburtstagsgeschenk,** *a birthday present.* No rules can be given for the use of this **-s,** it has to be learned through observation and use. When the first noun in a compound is feminine, it often ends in (plural) **-en: ein Damenmantel,** *a lady's coat.*

58 ● Summary of cases

	MASCULINE	NEUTER
NOM.:	der große Mann ein großer Mann großer Mann	das kleine Kind ein kleines Kind kleines Kind
ACC.:	den großen Mann einen großen Mann großen Mann	
DAT.:	dem großen Mann(e) einem großen Mann großem Mann	dem kleinen Kind(e) einem kleinen Kind kleinem Kind
GEN.:	des großen Mannes eines großen Mannes großen Mannes	des kleinen Kindes eines kleinen Kindes kleinen Kindes

	FEMININE	PLURAL
NOM.: & ACC.	die nette Dame eine nette Dame nette Dame	die guten Leute keine guten Leute gute Leute
DAT.:	der netten Dame einer netten Dame netter Dame	den guten Leuten keinen guten Leuten guten Leuten
GEN.:		der guten Leute keiner guten Leute guter Leute

183

Summary of primary and secondary endings:

	MASCULINE	NEUTER	FEMININE	PLURAL
NOMINATIVE	-r -e*	-s -e*	-e	-e -en
ACCUSATIVE	-en			
DATIVE	-em -en		-er -en	-en
GENITIVE	-es -en			

* **Ein**-words take no ending.

NOTES ON TERMINOLOGY:

1. Primary endings are also called *strong* endings; secondary endings are also called *weak* endings.

2. The declension of an unpreceded adjective is therefore called *strong declension,* since the adjective takes the strong ending at all times.

3. The declension of an adjective preceded by **der**-words is called *weak declension,* since the adjective takes the weak ending at all times.

4. The declension of an adjective preceded by **ein**-words is called *mixed declension,* since the adjective takes strong endings in three situations, weak endings otherwise.

59 ● Conclusion of the study of nouns

A. Foreign nouns

das Auto	der Park
das Radio	das Restaurant
das Büro *office*	das Hotel
das Porto *postage*	das Sofa

1. Foreign nouns ending in **-o** are neuter.

2. Other foreign nouns (usually cognates) may have any gender.

3. Most foreign nouns add **-s** for the plural. They do not add **-n** in the dative plural.

B. Neuter suffixes

NOMINATIVE	GENITIVE	PLURAL	MEANING
das Ereignis	des Ereignisses	die Ereignisse	*event*
das Schicksal	des Schicksals		*fate*
das Königtum	des Königtums	die Königtümer	*kingdom*
das Studium	des Studiums	die Studien	*study*

1. Nouns ending in **-nis, -sal, -tum, -um** are neuter, with the exception of a few feminine nouns in **-nis**.

2. Nouns in **-nis** add **-ses** in the genitive and **-se** in the plural.

3. Nouns in **-um** change **-um** to **-en** to form the plural.

C. Neuter nouns with **Ge-** prefix

das Gebäude	das Geschäft	das Gericht ~~course~~ *dish*, *courthouse*
die Gebäude	die Geschäfte	die Gerichte

Gemälde — painting

1. Most nouns with prefix **Ge-** are neuter. If possible, they also have an *ge kaufte — purchase* *Umlaut*.

2. Such nouns form the plural by adding **-e**. If they already end in **-e**, as many of them do, there is no change in the plural.

3. Such nouns must not be confused with past participles used as nouns: **der Gekaufte, das Gekaufte, die Gekaufte, die Gekauften.**

D. The irregular noun **Herz,** *heart*

NOMINATIVE:	das Herz	die Herzen
ACCUSATIVE:	das Herz	die Herzen
DATIVE:	dem Herzen	den Herzen
GENITIVE:	des Herzens	der Herzen

E. The irregular noun **Name**

NOMINATIVE:	der Name	die Namen
ACCUSATIVE:	den Namen	die Namen
DATIVE:	dem Namen	den Namen
GENITIVE:	des Namens	der Namen

1. The noun **Name** has lost a final **-n (Namen)** in modern usage. Otherwise it is declined like a masculine noun ending in **-en**.

2. The following masculine nouns share the same peculiarity:

der Friede *peace*	**der Funke** *spark*	**der Gedanke** *thought, idea*
der Glaube *faith, belief*	**der Same** *seed*	**der Wille** *will*

185

ÜBUNGEN

I. Substitution

1. *Meinetwegen* kommt er sicher nicht.

   seinetwegen / ihretwegen / Ihretwegen / unseretwegen

2. Der Preis *des Anzugs* ist zu hoch.

   des Taschentuchs / des Hauses / des Mittagessens / des Stadtplans

3. Mir gefällt die Farbe *der Weste.*

   der Hose / der Jacke / der Krawatte / der Briefmarke

4. Haben Sie die Unterhaltung *der Leute* gehört?

   der Eltern / der Studenten / der Touristen / der Verkäuferinnen

5. *Trotz des Regens* gehe ich spazieren.

   während des Wochenendes / trotz des Schnees / wegen der frischen Luft /
   der frischen Luft wegen / anstatt zu Hause zu bleiben / statt zu arbeiten

II. *Bilden Sie den Genitiv:*

   BEISPIEL: Ich habe den Brief von seinem Bruder.
   Ich habe den Brief seines Bruders.

1. Ich kenne den Bruder von seinem Onkel. **2.** Ich kenne den Vater von
diesem armen Kind. **3.** Das ist das Auto von ihrer großen Schwester.
4. Das ist der Preis von jenem leichten Mantel. **5.** Das sind die Kinder von
den netten Leuten.

III. *Ändern Sie die Wortstellung laut Beispiel* (Change the word order . . .):

   BEISPIEL: des Kindes Mutter
   die Mutter des Kindes

1. des Onkels Bruder. **2.** des Bruders Brief. **3.** des Kindes Vater. **4.** ihrer
Schwester Auto. **5.** der netten Leute Kinder.

IV. *Bilden Sie aus dem ersten Satz einen Genitiv und verbinden Sie beide Sätze:*

   BEISPIEL: Das Essen ist gut. Ich trinke Bier. (während)
   Während des guten Essens trinke ich Bier.

1. Der Regen ist kalt. Ich gehe spazieren. (während) **2.** Das Wetter ist sonnig.
Die Kinder spielen Fußball. (während) **3.** Die Arbeit ist schwer. Ich kann
nicht ins Theater. (wegen) **4.** Der Preis ist hoch. Hans kann den Mantel
nicht kaufen. (wegen) **5.** Das Wetter ist schlecht. Hans geht skifahren.
(trotz) **6.** Die Adresse ist klar. Wir können das Haus nicht finden. (trotz)
7. Die Taschentücher sind weiß. Er hat bunte gekauft. (anstatt) **8.** Die
Übungen sind leicht. Wir haben die schweren gemacht. (statt)

186

V. *Bilden Sie den Genitiv des Wortes in Klammern:*

> BEISPIEL: Unterhalb (das Bild) hängt ein Foto.
> **Unterhalb des Bildes hängt ein Foto.**

1. Das Schloß liegt oberhalb (die Stadt). **2.** Unterhalb (das Schloß) fließt der Neckar. **3.** Innerhalb (das alte Haus) liegt viel Glas. **4.** Er kommt wahrscheinlich innerhalb (eine halbe Stunde) nach Hause. **5.** Außerhalb (die Schule) spricht er nie Englisch. **6.** Das Museum ist diesseits (der schöne Fluß). **7.** Die Statue steht jenseits (die Isar).

VI. *Bilden Sie den Genitiv und die Mehrzahl:*

> BEISPIEL: das rote Auto
> **des roten Autos, die roten Autos**

1. das bequeme Sofa. **2.** das laute Radio. **3.** das moderne Hotel. **4.** das letzte Begebnis. **5.** das alte Heiligtum. **6.** das neue Museum. **7.** das schwache Herz. **8.** der lange Friede. **9.** der schöne Name. **10.** der tiefe Glaube.

VII. *Wiederholung. Sagen Sie auf deutsch:*

1. What do you think of him? **2.** What do you think of it? **3.** I cannot remember. **4.** Sit down, please. **5.** Have you inquired about it? **6.** The coat looks good on him. **7.** I am sorry. **8.** That will be all right. **9.** You have to stay here overnight. **10.** Put on the hat.

VIII. *Aufsatz*

One afternoon Fred and Hans did some errands. They went into a stationery store in order to buy some writing paper. Fred said to (*zu*) the salesman: "I would like a few postage stamps." The salesman answered: "One cannot buy (any) stamps here. You will have to go to the post office." "How does one get there?" Fred wanted to know. "It's the second street on the left," the salesman explained, "the post office is not hard (*schwer*) to find."

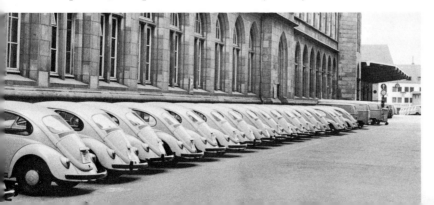

187

⚬ In der Stadt

(*Downtown*)

An der Autobushaltestelle	At the Bus Stop
HANS: ¹Guten Tag, Fred. Was tun Sie denn eigentlich hier? *actually*	HANS: ¹*Hello, Fred. What on earth are you doing here?*
FRED: ²Wie Sie sehen, warte ich auf den Autobus.	FRED: ²*As you see, I am waiting for the bus.*
HANS: ³Warten Sie schon lange?	HANS: ³*Have you been waiting for a long time?*
FRED: ⁴Ich warte schon seit einer halben Stunde.	FRED: ⁴*I have been waiting for half an hour.*
HANS: ⁵Wirklich? Wollen Sie sagen, daß Sie während der letzten halben Stunde keinen einzigen Bus gesehen haben?	HANS: ⁵*Really? Do you mean to say that you haven't seen a single bus during the past half hour?*
FRED: ⁶Doch, einer*ist vorbeigekommen.	FRED: ⁶*Yes [I have]; one has gone by.*
HANS: ⁷Warum sind Sie nicht mitgefahren?	HANS: ⁷*Why didn't you get on?*
FRED: ⁸Ich habe nicht einsteigen können. ⁹Er war überfüllt.	FRED: ⁸*I wasn't able to get on.* ⁹*It was too crowded.*
HANS: ¹⁰Da kommt gerade ein anderer Autobus.	HANS: ¹⁰*Here comes another bus.*
FRED: ¹¹Da stehen aber auch Leute drin.	FRED: ¹¹*But there are people standing in it, too.*
HANS: ¹²Das macht doch nichts. ¹³Steigen Sie nur ruhig ein.	HANS: ¹²*That doesn't matter.* ¹³*Go ahead and get in.*

---

* **Ein**-words used as pronouns always take primary endings.

Im Autobus	On the Bus

FRED: ¹⁴Ich kann mich hier kaum rühren.

FRED: ¹⁴*I can hardly move here.*

HANS: ¹⁵Das wird gleich besser werden, denn die Leute werden anfangen auszusteigen.

HANS: ¹⁵*It will get better right away, because the people will start getting off.*

FRED: ¹⁶Hoffentlich. ¹⁷Wo steigen Sie aus?

FRED: ¹⁶*I hope so.* ¹⁷*Where are you getting off?*

HANS: ¹⁸Ich steige in der Nähe des Hauptbahnhofs aus. ¹⁹Ich muß nämlich zum Friseur.

HANS: ¹⁸*I am getting off near the main railroad station.* ¹⁹*You see, I have to go to the barber's.*

FRED: ²⁰Ich auch. Wenn Sie wollen, werde ich mitkommen.

FRED: ²⁰*So do I. If you want [me to], I'll come along.*

HANS: ²¹Einverstanden. Gehen wir zusammen hin.

HANS: ²¹*Agreed. Let's go there together.*

ÜBUNGEN

I. *Aussprachübungen:* /l/ /m/ /n/ /r/ /h/

   1. lila, lallen, lieblich, lächerlich, Lilie.

   2. Mama, vermummen, Marmelade, Marmor, Mumie.

   3. Nonne, Nibelungen, nennen, einander, nennenswert.

   4. Raritäten, Rhabarber, knarren, verursachen, Verräter.

   5. Höhe, Hahn, Hohenlohe, verhehlen, geheimhalten.

II. Substitution

   1. *Ich warte* schon seit einer halben Stunde.

      Ich stehe hier / es regnet / Hans spricht / wir amüsieren uns

   2. Wie lange *warten Sie schon*?

      sind Sie schon hier / sprechen Sie schon Deutsch / arbeiten Sie schon bei der Firma / wohnen Sie schon in München

   3. Seit wann *warten Sie schon*?

      haben Sie ihn nicht gesehen / haben Sie schon diesen Mantel / regnet es schon / wartet Fred auf den Autobus

   4. Ich habe nicht *einsteigen* können.

      länger warten / aussteigen / umsteigen / sprechen

   5. *Einer* ist vorbeigekommen.

      eine / eines / keiner

III. *Beantworten Sie die folgenden Fragen auf deutsch laut Text:*

   1. Guten Tag. Was tun Sie denn eigentlich hier? **2.** Warten Sie schon lange? **3.** Wollen Sie sagen, daß Sie während der letzten halben Stunde keinen einzigen Autobus gesehen haben? **4.** Warum sind Sie nicht mitgefahren? **5.** Ist der Bus überfüllt? **6.** Warum kann sich Fred nicht rühren? **7.** Warum wird das bald besser werden? **8.** Wo wird Hans aussteigen? **9.** Wohin muß er? **10.** Wird Fred mitkommen?

IV. *Fragen Sie jemanden:*

   1. was er hier tut. **2.** ob er schon lange wartet. **3.** ob er während der letzten halben Stunde keinen einzigen Bus gesehen hat. **4.** warum er nicht mitgefahren ist. **5.** wo er aussteigt. **6.** ob er will, daß Sie mitkommen.

V. *Wiederholen Sie die folgenden Sätze mit* **schon lange**:

> Beispiel: Ich habe keinen einzigen Autobus gesehen.
> **Ich habe schon lange keinen einzigen Autobus gesehen.**

1. Ich habe meine Eltern nicht gesehen. **2.** Ich bin nicht ins Theater gegangen.
3. Fred hat die Browns nicht besucht. **4.** Ich bin nicht im Autobus gefahren.
5. Er hat keine Zeit gehabt.

VI. *Sagen Sie auf deutsch:*

1. I have been here for six months. **2.** I have been waiting for half an hour.
3. I have been living in Germany for a long time. **4.** I have been living in
Germany since 1966. **5.** I have been studying German for two years.

VII. *Wiederholung. Antworten Sie mit einer* **da**-*Verbindung:*

> Beispiel: Haben Sie von der Sache gewußt?
> **Ja, ich habe davon gewußt.**

1. Haben Sie alles für das Geld bekommen? **2.** Haben Sie durch den Aufsatz
etwas gelernt? **3.** Haben Sie in diesem Haus gewohnt? **4.** Haben Sie sich
nach dem Buch erkundigt? **5.** Hat er ein halbes Dutzend von den Taschen-
tüchern gekauft? **6.** Haben Sie über Deutsch gesprochen? **7.** Haben Sie
die Briefmarken zu dem Papier gelegt? **8.** Haben Sie mit dieser Feder (*pen*)
schon geschrieben?

VIII. *Diktat aus Konversation 19*

IX. *Eine Unterhaltung*

Sie unterhalten sich, während Sie auf den Autobus warten.

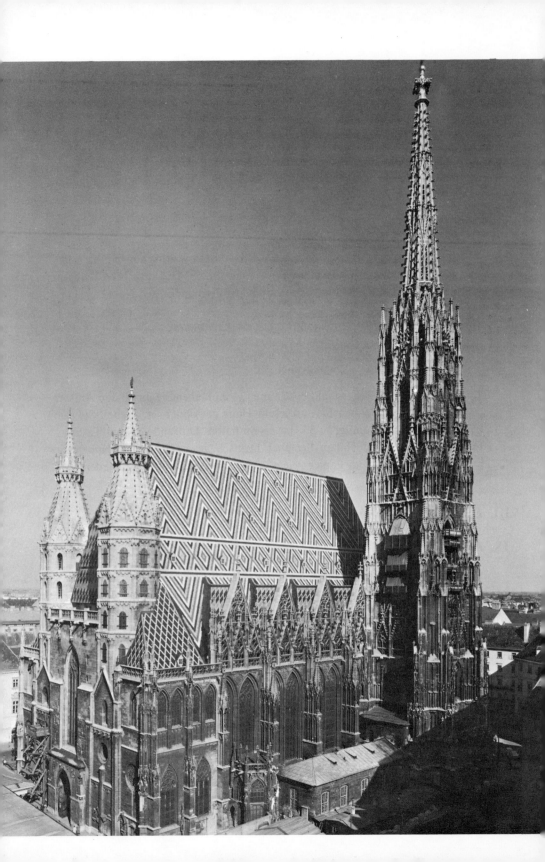

☙ Ein Besuch in Wien

Fred und Hans haben sich entschieden, während der letzten schönen Herbsttage eine kleine Reise nach Wien, der Hauptstadt Österreichs, zu machen. Sie haben vor, die Fahrt in Salzburg zu unterbrechen, um einen Tag lang die alte, bekannte Stadt besichtigen zu können. Fred kennt schon den Namen der Stadt durch die Salzburger Festspiele.

Alles geht wie geplant. Nachdem die beiden einen Eindruck von Salzburg bekommen haben, geht es weiter nach Wien. Heute ist München die deutsche Stadt der Kunst, früher war aber Wien jahrhundertelang das Kulturzentrum der deutschsprachigen Welt. Als Wien in Sicht kommt, bemerkt Fred gleich den Stephansturm, das Symbol Wiens. Viele alte Städte haben ein berühmtes Wahrzeichen, und das Wahrzeichen Wiens ist der Stephansturm. Ein anderes Wahrzeichen, aber im leichteren Sinn, ist das Riesenrad im Prater, dem bekannten Vergnügungspark Wiens.

Wien gefällt Fred sehr gut, und die Wiener sind ihm sehr sympathisch. Er findet sie so charmant und hilfsbereit, daß er sich gleich zu Hause fühlt. Mit dem Geld und mit der Sprache hat er aber einige Probleme, denn er hat gerade gelernt, Dollar in Mark umzurechnen, und jetzt muß er auch noch Mark in Schillinge umrechnen, und das ist am Anfang nicht leicht, besonders da er den Wiener Dialekt nicht gut verstehen kann.

Den ganzen Tag besichtigen die beiden Freunde die alte Stadt. Endlich fragt Fred Hans: „Ich habe immer so viel über die Wiener Kaffeehäuser gehört, aber ich sehe nur wenige davon. Wie kommt das?"

„Das moderne Leben geht zu schnell", antwortet Hans. „Man hat keine Zeit mehr, stundenlang im Kaffeehaus zu sitzen. Außerdem kostet heute alles so viel, daß viele Kaffeehäuser einfach nicht mehr existieren können, außer wenn viele Gäste kommen und nicht zu lange bleiben." Dann gehen Fred und Hans in ein freundliches Café und probieren ein Stück Apfelstrudel, eine der Spezialitäten Wiens.

„Es ist ein komisches Gefühl zu wissen, daß ich in der Stadt von Johann Strauß bin, dessen Walzer die ganze Welt liebt", sagt Fred. „Nicht nur Strauß hat hier gelebt und gewirkt", antwortet Hans, „sondern auch andere große Komponisten, wie zum Beispiel Franz Schubert, Johannes Brahms, der berühmte Klassiker Ludwig van Beethoven, und vor ihm Wolfgang Amadeus Mozart."

„Ich möchte einmal gerne eine Oper von Mozart hören", sagt Fred, „denn ich habe Mozarts Musik von der klassischen Musik am liebsten. Sie ist immer so schön und fröhlich."

Am Abend hat Hans eine Überraschung für Fred. Er hat zwei Karten gekauft und nimmt Fred mit in die Oper, wo Mozarts Hochzeit des Figaro aufgeführt wird. Damit hat er Fred eine große Freude bereitet.

Am nächsten Tag geht es wieder zurück nach München. Die Rückfahrt ist genau so schön wie die Hinfahrt gewesen war. Das machen eben die herrlichen Alpen.

FRAGEN

Sie haben sich entscheiden, eine Reise nach Wien zu machen

1. Wofür haben sich Fred und Hans entschieden? 2. Was ist die *Wien ist der*
Hauptstadt Österreichs
Hauptstadt Österreichs? 3. Wo haben sie vor, die Fahrt in Salzburg zu *unterbrechen*
Sie haben vor, die Fahrt in Salzburg zu
Fred kennt schon den Namen der Stadt durch die Salzburger Festspiele
4. Wodurch kennt Fred schon den Namen der Stadt Salzburg? 5. Welche *München ist*
heute die deutsche Stadt der Kunst
Stadt ist heute die deutsche Stadt der Kunst? 6. Welche Stadt war *Früher war Wien das*
Deutsche Kulturzentrum *Der Stephansturm ist das Wahrzeichen*
früher das deutsche Kulturzentrum? 7. Was ist das berühmte Wahr-
Wiens
zeichen (Symbol) Wiens? 8. Wie heißt der Vergnügungspark Wiens? *Der Prater*
Nein, Man kann nicht den Wiener Dialekt leicht verstehen
9. Kann man den Wiener Dialekt leicht verstehen? 10. Warum gibt *Es kostet*
zu viel *Strauss, Schubert,*
es nicht mehr so viele Kaffeehäuser wie früher in Wien? 11. Welche
Brahms, Beethoven haben in Wien gelebt und gewirkt
Komponisten haben in Wien gelebt und gewirkt? 12. Welche Oper wird *Mozarts*
in der Wiener Oper gegeben? *Hochzeit des Figaro aufgeführt wird.*

৯৯ Erinnerungen an die Kindheit

(Memories of childhood)

FRED: ¹Was für Schulen besuchten Sie vor der Universität?

FRED: ¹*What kind of schools did you attend prior to the university?*

HANS: ²Zuerst besuchte ich vier Jahre lang die Volksschule und danach neun Jahre lang die Oberschule.

HANS: ²*First I attended elementary school for four years and after that high school for nine years.*

FRED: ³Wie alt waren Sie, als Sie mit der Oberschule anfingen?

FRED: ³*How old were you when you started high school?*

HANS: ⁴Ich fing mit zehn Jahren mit der Oberschule an.

HANS: ⁴*I started high school at the age of ten.*

FRED: ⁵Fanden Sie die Oberschule leicht oder schwer?

FRED: ⁵*Did you find high school easy or difficult?*

HANS: ⁶Schon die ersten zwei Jahre waren nicht leicht, aber dann wurde es noch schwerer, denn wir mußten dreizehn Fächer nehmen.

HANS: ⁶*Even the first two years weren't easy, but then it became still more difficult, as we had to take thirteen subjects.*

FRED: ⁷Welche Fächer mußten Sie denn nehmen?

FRED: ⁷*Which subjects did you have to take?*

196

HANS: ⁸Wir nahmen die folgenden Fächer: Deutsch, Englisch, Französisch, Mathematik, Physik, Musik, Chemie, Biologie, Geographie, Geschichte, Religion, Zeichenunterricht und Leibeserziehung.

FRED: ⁹Sie Armer! Hatten Sie auch eine Abschlußprüfung?

HANS: ¹⁰Ja, das sogenannte Abitur. ¹¹Das Abitur ist sehr wichtig, denn es berechtigt einen zur Annahme bei allen deutschen Universitäten.

FRED: ¹²Dann hat sich ja all das Lernen gelohnt, nicht wahr?

HANS: ¹³Selbstverständlich. Außerdem hat mir die Schule immer Spaß gemacht, und die Disziplin war auch gut für mich.

HANS: ⁸*We studied the following subjects: German, English, French, mathematics, physics, music, chemistry, biology, geography, history, religion, art (drawing) and physical education.*

FRED: ⁹*You poor fellow! Did you also have a final exam?*

HANS: ¹⁰*Yes, the so-called Abitur. ¹¹The Abitur is very important, because it entitles a person to admission at all German universities.*

FRED: ¹²*Then the hard studies paid off, didn't they?*

HANS: ¹³*That goes without saying. Besides, I always enjoyed school and the discipline was also good for me.*

197

ÜBUNGEN

I. *Deutsche Laute*

A. *Lernen Sie das deutsche Alphabet:*

A aa	F eff	K kar	P pay	U oo
B bay	G gay	L el	Q coo	V vay
C say	H ha	M em	R err	W vow
D day	I ee	N en	S ess	X ix
E ay	J yat	O oh	T tay	Y upsilon
				Z zet

B. *Buchstabieren Sie die folgenden Wörter laut auf deutsch* (Spell the following words orally in German):

ab	Oper
Bach	quälen
Café	USA, DKW, BMW, BRD
dein	Völker
egal	weiß (**ß** pronounced **sz** or **scharfes s**)
Junge	Axt
Komma (*double* = **doppel**)	Lyrik
Lüste	zu

NOTE:

This concludes the presentation of new sounds in German. Pronunciation exercises in future chapters will be combined with studies on stress as influenced by the origin and composition of words.

II. Substitution

1. Was für Schulen besuchten Sie *vor der Universität*?
vor der Oberschule / vor der Volksschule / nach der Volksschule / nach der Oberschule / nach dem Kindergarten

2. Wie alt waren Sie, als Sie *mit der Oberschule* anfingen?
mit der Volksschule / mit dem Kindergarten / an der Universität / bei der Firma

3. Fanden Sie *die Oberschule* leicht oder schwer?
die Volksschule / die Universität / die Aufgabe / das Examen / das Abitur

4. Welche Fächer mußten Sie denn *nehmen*?
studieren / lernen / können / behandeln

5. Dann hat sich ja *das schwere Studium* gelohnt, nicht wahr?
das Abitur / die Abschlußprüfung / die große Arbeit / der Einkauf

untersuchten — to examine.

III. *Antworten Sie auf deutsch laut Text:*

1. Was für Schulen besuchten Sie vor der Universität? **2.** Wie alt waren Sie, als Sie mit der Oberschule anfingen? **3.** Fand Hans die Oberschule leicht oder schwer? **4.** Wie viele Fächer mußte er nehmen? **5.** Welche Fächer mußte er nehmen? **6.** Hatte Hans eine Abschlußprüfung? **7.** Warum ist das Abitur sehr wichtig? **8.** Hat sich all das Lernen für Hans gelohnt? **9.** Hat es ihm Spaß gemacht? **10.** Warum war die Schule gut für ihn?

IV. *Fragen Sie jemanden:*

1. was für Schulen er vor der Universität besuchte. **2.** wie alt er war, als er mit der Oberschule anfing. **3.** wie alt er war, als er mit der Volksschule anfing. **4.** ob er die Schule leicht oder schwer fand. **5.** wie viele Fächer er nehmen mußte. **6.** welche Fächer er nehmen mußte. **7.** ob er eine Abschlußprüfung hatte. **8.** ob sich das schwere Studium für ihn gelohnt hat. **9.** ob es ihm Spaß gemacht hat. **10.** ob die Disziplin gut für ihn war.

V. *Beantworten Sie die folgenden persönlichen Fragen auf deutsch:*

1. Was für Schulen besuchten Sie vor der Universität oder dem College? **2.** Wie alt waren Sie, als Sie mit der Oberschule anfingen? **3.** Fanden Sie die Oberschule leicht oder schwer? **4.** Wie viele Fächer mußten Sie nehmen? **5.** Welche Fächer mußten Sie nehmen? **6.** Hatten Sie eine Abschlußprüfung? **7.** Hat sich all das Lernen gelohnt? **8.** Was denken Sie über die Schule?

VI. *Sagen Sie auf deutsch:*

1. Six years ago, Hans attended high school. **2.** Now he is working for (*bei*) a large firm. **3.** He has been living in Munich for several years. **4.** He came (*kam*) to Munich four years ago. **5.** He started high school at the age of ten. **6.** First it was easy, but then it became more difficult. **7.** He had to take thirteen subjects. **8.** He had a final exam, the so-called *Abitur*. **9.** The hard studies paid off. **10.** He always enjoyed school.

VII. *Diktat aus Konversation 20*

VIII. *Eine Unterhaltung*

Erinnerungen an die Kindheit: Sprechen Sie über die Schulen, die (*which*) Sie besuchten.

199

✍ The Past Tense

60 ● Remarks about the past tense

In spoken German the past tense and the present perfect tense may be interchanged at will. Although the present perfect tense is the preferred conversational tense, the interjection of past tense forms provides a pleasing variety comparable, although not parallel, to the interchange of the past and progressive past in English.

In written German the past tense is employed for events which began and ended in the past and have no particular bearing on the present time. Therefore, the past tense predominates in written narration.

NOTE: It is common practice in German to change the tense of a narration from past to present to render certain suspense-filled passages more vivid.

61 ● Past tense of weak verbs

A. Completely regular: **besuchen**   **B.** With *connecting -e-:* **arbeiten**

wir, sie, Sie	besuchten	wir, sie, Sie	arbeiteten
ich, er, sie, es	besuchte	ich, er, sie, es	arbeitete
(du	besuchtest)	(du	arbeitetest)
(ihr	besuchtet)	(ihr	arbeitetet)

1. In English usually *-ed* is added to a verb to form the past tense. In German, **-t-** is inserted between stem and ending: Ich besuch**te**, I visit*ed*.

2. The ending for the first and third person plural is **-ten.** The ending for the first and third person singular is **-te.**

3. Verbs which require a *connecting* **-e-** in some forms of the present tense and in the past participle employ a *connecting* **-e-** between stem and ending in all forms of the past tense.

62 ● Past tense of modals and irregular (basically weak) verbs

INFINITIVE:	PAST STEM:	WEAK ENDINGS:	wir	ich	(du)	(ihr)
sollen	soll-		sie	er		
wollen	woll-		Sie	sie		
dürfen	durf-			es		
können	konn-					
mögen	**moch-**					
müssen	muß-					
wissen	wuß-					
kennen	kann-		-ten	-te	(-test)	(-tet)
nennen	nann-					
rennen	rann-					
brennen	brann-					
senden	sand-*					
wenden	wand-*	←turn around				
denken	**dach-**					
bringen	**brach-**					

1. Four modals lose their *Umlaut,* as they did in the past participle formation.

2. wissen follows the pattern of **müssen,** as usual.

3. The irregular verbs mostly change **e** to **a,** as in the past participle.

63 ● Past tense of the auxiliary verbs <u>haben</u> and <u>werden</u>

wir, sie, Sie	hatten	wurden
ich, er, sie, es	hatte	wurde
(du	hattest	wurdest)
(ihr	hattet	wurdet)

1. Haben changes **b** to **t** with weak endings. Past participle: **gehabt.**

2. Note that **werden** changes the vowel and takes weak endings without **-t-.** Past participle: **geworden.**

64 ● Past tense of strong verbs: <u>sein</u>, to be, <u>finden</u>, to find

wir, sie, Sie	waren	fanden
ich, er, sie, es	war	fand
(du	warst	fandst)
(ihr	wart	fandet)

1. Strong verbs employ special stems for the past tense. These stems may or may not also be the stems for the past participle formation.

---

* Alternate forms completely regular: **sendete, wendete.**

201

2. The ending for the first and third person plural is **-en.** The first and third person singular have no ending.

3. The **du-**form of strong verbs never employs a *connecting* **-e-**; the **ihr-**form does, whenever required by the final stem consonant(s).

65 ● Principal parts of verbs

In the examples below, the infinitive, past stem (which is also the proper form for first and third person singular), past participle, and third person singular of the present tense are given. The present tense is included for the sake of verbs with vowel changes or connecting **-e-.** Study carefully the manner in which inseparable and separable prefixes are stated.

A. Weak verbs

brauchen	brauchte	gebraucht	er braucht
entdecken	entdeckte	entdeckt	er entdeckt
anhören	hörte an	angehört	er hört an

B. Weak verbs with connecting **-e-**

arbeiten	arbeitete	gearbeitet	er arbeitet
beantworten	beantwortete	beantwortet	er beantwortet
einrichten	richtete ein	eingerichtet	er richtet ein

C. Foreign verbs in **-ieren** (no **ge-** in the past participle)

sich amüsieren	amüsierte sich	sich amüsiert	er amüsiert sich
studieren	studierte	studiert	er studiert
anprobieren	probierte an	anprobiert	er probiert an

D. Modals and irregular verbs

sollen	sollte	gesollt*	er soll
dürfen	durfte	gedurft*	er darf
mögen	mochte	gemocht*	er mag
wissen	wußte	gewußt	er weiß
kennen	kannte	gekannt	er kennt
rennen	rannte	ist gerannt	er rennt
denken	dachte	gedacht	er denkt
mitbringen	brachte mit	mitgebracht	er bringt mit
haben	hatte	gehabt	er hat
werden†	wurde	ist geworden	er wird

---

* REMINDER: In double infinitive constructions, modals employ the infinitive in place of the past participle.

† **werden** has strong characteristics, except in the past tense.

E. Strong verbs

The five strong verbs presented below, and their compounds, should be memorized as their principal parts do not resemble those of other strong verbs. The remaining strong verbs can be divided into eight groups and will be presented in Grammar Unit 14.

kommen	kam	ist gekommen	er kommt
bekommen	bekam	bekommen	er bekommt
ankommen	kam an	ist angekommen	er kommt an
gehen	ging	ist gegangen	er geht
hineingehen	ging hinein	ist hineingegangen	er geht hinein
stehen	stand	*hat* (ist) gestanden	er steht
verstehen	verstand	verstanden	er versteht
tun	tat	getan	er tut
sein	war	ist gewesen	er ist

ÜBUNGEN

I. *Beantworten Sie die Fragen laut Beispiel:*

BEISPIEL: Wer dankte ihm?
Er dankte ihm, ich dankte ihm, wir dankten ihm, Sie dankten ihm.

A. 1. Wer diente ihm? **2.** Wer glaubte das? **3.** Wer lachte darüber? **4.** Wer liebte sie? **5.** Wer zahlte? **6.** Wer bemerkte es? **7.** Wer beeilte sich? **8.** Wer besuchte sie? **9.** Wer setzte ihn auf? **10.** Wer stellte sich vor?

B. 1. Wer arbeitete schwer? **2.** Wer bildete das Wort? **3.** Wer wartete? **4.** Wer betrachtete alles? **5.** Wer übernachtete in Salzburg? **6.** Wer verheiratete sich? **7.** Wer vermietete Zimmer? **8.** Wer bereitete es? **9.** Wer richtete sich gemütlich ein? **10.** Wer rechnete es um?

C. 1. Wer hatte das Abitur? **2.** Wer wußte es? **3.** Wer wurde hungrig? **4.** Wer kannte ihn? **5.** Wer nannte es? **6.** Wer sandte es? **7.** Wer brachte es mit? **8.** Wer konnte Englisch? **9.** Wer mochte ihn? **10.** Wer durfte hinein?

D. 1. Wer kam gestern? **2.** Wer ging hinein? **3.** Wer stand da? **4.** Wer tat das? **5.** Wer war hier? **6.** Wer bekam ihn? **7.** Wer verstand es? **8.** Wer kam an? **9.** Wer ging spazieren? **10.** Wer kam vorbei?

E. *Bilden Sie das Imperfekt* (past tense):

BEISPIEL: Ich besuche die Oberschule.
Ich besuchte die Oberschule.

1. Wir wünschen uns viel. **2.** Sie setzen sich. **3.** Ich wohne ın München.
4. Er liebt Irma. **5.** Es schneit in den Alpen. **6.** Sie erinnert sich an ihn.
7. Wir probieren die Suppe. **8.** Sie kosten zu viel. **9.** Ich übernachte hier.
10. Er arbeitet zu viel. **11.** Es regnet nicht. **12.** Sie vermietet Zimmer.
13. Wir rechnen es gern um. **14.** Sie kennen ihn nicht. **15.** Sie müssen
kommen. **16.** Ich weiß das. **17.** Er kann nicht. **18.** Es wird etwas.
19. Sie ist da. **20.** Wir kommen. **21.** Sie verstehen mich. **22.** Ich gehe.
23. Er tut es. **24.** Sie steht auf. **25.** Wir kommen an.

II. *Antworten Sie auf deutsch:*

1. Um wieviel Uhr gingen Sie heute zur Schule? **2.** Regnete es? **3.** War es
am Morgen schön? **4.** Hat Ihnen die Schule Spaß gemacht? **5.** Welche
Fächer haben Sie heute gehabt? **6.** Wurden Sie sehr müde? **7.** Hatten Sie
mittags großen Hunger? **8.** Hat es gestern geschneit? **9.** Wann bekamen
Sie zuletzt einen Brief? **10.** Wo kauften Sie diesen Mantel?

III. *Fragen Sie jemanden:*

1. ob er die Geschichte gut kennt. **2.** ob er weiß, wer Carl Schurz war.
3. wann er lebte. **4.** was er in Deutschland tat. **5.** ob damals in Deutschland
eine Revolution war. **6.** ob er nach Amerika emigrierte. **7.** wann er in
Amerika ankam. **8.** was er in Amerika tat. **9.** warum er nicht mehr nach
Deutschland wollte. **10.** wann Deutschland eine Republik wurde.

IV. *Erzählen Sie* (tell) *das Folgende im Perfekt* (present perfect):

Um acht Uhr ging Fritz zur Schule. Er nahm seinen Regenmantel mit, denn es
regnete. Er mußte sich beeilen, denn er wollte nicht zu spät kommen. Er rannte
den ganzen Weg und kam rechtzeitig an. In der Schule verstand er alles und
lernte viel. Es machte ihm sogar Spaß. Nach der Schule besuchte er seinen
Onkel und bekam von ihm einen schönen Apfel. Beim Bäcker kaufte er noch
ein paar Brötchen und aß sie zum Apfel. Dann ging er nach Hause.

V. *Aufsatz*

Fred and Hans took a little trip to Vienna. In Salzburg they had to stay over-night. Fred cashed (in) a traveler's check, since he needed Austrian Shillings. The (*am*) next day, the two friends arrived in Vienna. Hans bought two tickets and they went to the Vienna Opera since Fred wanted to see "The Marriage of Figaro," an opera by Mozart. It was very beautiful. They also visited the *Stephansdom* and amused themselves in the *Prater*. The return trip was also nice, thanks to the Alps (the Alps did [made] that).

RESIDENZBRUNNEN IN SALZBURG

✺ Eine Schneeballschlacht

(*A snowball fight*)

FRED: ¹Guten Tag, Helga, was war denn los?

HELGA: ²Wann denn?

FRED: ³Nun, übers Wochenende. ⁴Ich hatte gehofft, Sie bei der Party zu sehen, aber Sie kamen nicht.

HELGA: ⁵Mir war es nicht gut, und da bin ich zu Hause geblieben und früh zu Bett gegangen.

FRED: ⁶Hoffentlich war es nichts Ernstliches.

HELGA: ⁷Das dachte ich mir zuerst auch, aber dann bekam ich Halsweh und Fieber.

FRED: ⁸Was hat denn der Arzt gesagt?

HELGA: ⁹Den Arzt habe ich gar nicht gerufen, denn es war ja wirklich nur eine kleine Erkältung.

FRED:¹⁰ Was haben Sie dagegen gemacht?

HELGA: ¹¹Ich blieb einfach im Bett, bis es mir besser ging.

FRED: ¹*Hello, Helga, what was the matter?*

HELGA: ²*When do you mean?*

FRED: ³*Well, over the weekend.* ⁴*I had hoped to see you at the party, but you didn't come.*

HELGA: ⁵*I didn't feel well and so I stayed at home and went to bed early.*

FRED: ⁶*I hope it was nothing serious.*

HELGA: ⁷*That's what I thought, too, at first, but then I got a sore throat and fever.*

FRED: ⁸*What did the doctor say?*

HELGA: ⁹*I didn't even call the doctor, since it was really just a little cold.*

FRED: ¹⁰*What did you do for it* (lit.: *against it*)?

HELGA: ¹¹*I simply stayed in bed until I was better.*

206

FRED: ¹²Es freut mich, daß es Ihnen wieder gut geht, aber wie hatten Sie sich vor der Party erkältet?

HELGA: ¹³Nun, vielleicht erinnern Sie sich noch, daß es vor dem Wochenende geschneit hatte. ¹⁴Hans und ich konnten einer Schneeballschlacht einfach nicht widerstehen.

FRED: ¹⁵Also so haben Sie sich erkältet.

HELGA: ¹⁶Ich glaube ja, denn wir blieben sehr lange draußen und mir war es sehr kalt.

FRED: ¹⁷Vielleicht sollten Sie vorsichtiger sein!

HELGA: ¹⁸Mag sein, aber von einer kleinen Erkältung werde ich nicht gleich sterben.

FRED: *¹²I am glad that you are well again, but how had you caught cold before the party?*

HELGA: *¹³Well, perhaps you still remember that it had snowed before the weekend. ¹⁴Hans and I simply could not resist a snowball fight.*

FRED: *¹⁵So that's how you caught cold.*

HELGA: *¹⁶I believe so, since we stayed outside very long and I was very cold.*

FRED: *¹⁷Perhaps you should be more careful!*

HELGA: *¹⁸Maybe, but a little cold won't kill me right away. (lit.: I won't die from a little cold right away.)*

MÜNCHEN IM SCHNEE

ÜBUNGEN

I. *Wortstudien*

REMINDER: Words of Germanic origin are stressed on the first syllable. Inseparable prefixes are not stressed, except for **Un-** (*un-*), since it reverses the meaning of a word. In compound nouns, the first noun is stressed, but the last noun contains the basic meaning, determines the gender and forms the plural for the whole compound: **das Haus, die Frau, die Hausfrau, die Hausfrauen.**

Lesen Sie und betonen Sie sorgfältig (Read and stress carefully):

A.

1. das Haus	der Gast	der Hausgast	die Hausgäste
2. die Stadt	der Plan	der Stadtplan	die Stadtpläne
3. der Winter	der Sport	der Wintersport	
4. die Welt	der Krieg	der Weltkrieg	die Weltkriege
5. schnell	der Zug	der Schnellzug	die Schnellzüge
6. die Bahn	der Hof	der Bahnhof	die Bahnhöfe
7. die Hand	der Schuh	der Handschuh	die Handschuhe
8. der Markt	der Platz	der Marktplatz	die Marktplätze
9. der Regen	der Schirm	der Regenschirm	die Regenschirme
10. der Schnee	der Fall	der Schneefall	die Schneefälle

B.

1. die Post	das Amt	das Postamt	die Postämter
2. die Schule	das Kind	das Schulkind	die Schulkinder
3. der Rat	das Haus	das Rathaus	die Rathäuser
4. der Sonntag	das Kleid	das Sonntagskleid	die Sonntagskleider
5. die Tasche	das Tuch	das Taschentuch	die Taschentücher

208

C.
1. (das) Wien	die Reise	die Wienreise	die Wienreisen
2. der Schall	die Platte	die Schallplatte	die Schallplatten
3. der Wechsel	die Stube	die Wechselstube	die Wechselstuben
4. die Wohnung	die Suche	die Wohnungssuche	
5. die Nudel	die Suppe	die Nudelsuppe	die Nudelsuppen
6. der Wein	die Traube	die Weintraube	die Weintrauben
7. die Speise	die Karte	die Speisekarte	die Speisekarten
8. weiß	die Wurst	die Weißwurst	die Weißwürste
9. reiten	die Kunst	die Reitkunst	
10. der Sommer	die Nacht	die Sommernacht	die Sommernächte

II. Substitution

1. Ich hatte gehofft, Sie *bei der Party* zu sehen.
beim Arzt / bei Browns / übers Wochenende / in der Schule

2. Mir war *nicht gut.*
nicht sehr gut / schlecht / sehr schlecht / kalt / heiß / nicht kalt / warm

3. Hoffentlich war es nichts *Ernstliches.*
Dummes / Schlechtes / Schlimmes / Böses (*evil*)

4. Ich bekam *Halsweh* und Fieber.
Ohrenweh / Zahnweh / Bauchweh / Kopfweh (*earache / toothache / stomachache / headache*)

5. Was haben Sie alles *dagegen* gemacht?
dafür / damit / darüber / daraus / gegen ihn / gegen uns

6. Hans und ich konnten *einer Schneeballschlacht* einfach nicht widerstehen.
einer kleinen Wienreise / einem Spaziergang / dem Apfelstrudel / dem Münchner Bier

III. *Antworten Sie auf deutsch:*

1. Wann war etwas mit Helga los? **2.** Wo hatte Fred gehofft, Helga zu sehen?
3. Warum kam Helga nicht zur Party? **4.** Was tat sie, anstatt zur Party zu kommen? **5.** Wie fühlte sich Helga und was bekam sie? **6.** Hat Helga den Arzt gerufen? **7.** Warum hat Helga den Arzt nicht gerufen? **8.** Was hat sie alles gegen die Erkältung gemacht? **9.** Wie lange blieb Helga im Bett?
10. Freut es Fred, daß es Helga wieder gut geht? **11.** Wie hatte sich Helga vor der Party erkältet? **12.** Wann hatte es geschneit? **13.** Wem oder was konnten Helga und Hans einfach nicht widerstehen? **14.** Wie lange blieben Hans und Helga bei der Schneeballschlacht draußen? **15.** War es Helga kalt dabei? **16.** Was rät (*advises*) Fred Helga? **17.** Was antwortet Helga darauf?

IV. *Fragen Sie auf deutsch:*

1. ob Fred gehofft hatte, Helga bei der Party zu sehen. **2.** was los war.
3. warum Helga nicht kam. **4.** ob ihr nicht gut war. **5.** ob sie zu Hause
geblieben und früh zu Bett gegangen ist. **6.** ob es etwas Ernstliches war.
7. was der Arzt gesagt hat. **8.** was sie alles gegen die Erkältung gemacht hat.
9. wie sich Helga vor der Party erkältet hatte. **10.** ob es vor dem Wochenende
geschneit hatte. **11.** ob sie sehr lange draußen blieb. **12.** ob es ihr kalt war.

V. *Sagen Sie auf deutsch:*

A.

> BEISPIEL: I am cold.
> **Mir ist (es) kalt.** (The subject **es** may be omitted.)

1. Are you cold? **2.** We are warm. **3.** She feels well. **4.** She didn't feel
very well. **5.** He was too hot. **6.** Wasn't he cold? **7.** He didn't feel well.
8. We felt very well. **9.** Were you warm enough? **10.** Was he too warm?

B.

1. She got a fever. **2.** He got a sore throat. **3.** I have a toothache. **4.** I had
a headache. **5.** They had an earache. **6.** Did you have a stomach ache?

VI. *Erzählen Sie das folgende Stück in der Vergangenheit. Benützen Sie
Perfekt oder Imperfekt, wie Sie wollen:*

Eines Tages machen Hans und Helga eine Schneeballschlacht. Sie bleiben zu
lange draußen. Nachher ist es Helga kalt und sie fühlt sich nicht wohl. Zuerst
denkt sie sich, daß es nichts Ernstliches ist. Dann bekommt sie aber Halsweh
und Fieber und geht schnell zu Bett. Den Arzt ruft sie aber nicht, denn es ist
ja nur eine kleine Erkältung. Sie bleibt einfach im Bett, bis es ihr besser geht.
Fred tut es leid, daß sie krank ist, denn sie kann nicht zur Party kommen.

VII. *Diktat aus Konversation 21*

VIII. *Eine Unterhaltung*

Plaudern Sie über eine Party und eine Schneeballschlacht in der Vergangenheit.

210

EINE APOTHEKE AUS DEM 18. JAHRHUNDERT

211

✍ Haben Sie etwas verlegt?

(Did you lose something?)

HANS: ¹Wir sollten gehen, Fred. ²Wonach suchen Sie denn noch? ³Haben Sie etwas verlegt?

FRED: ⁴Ich kann meine gestreifte Krawatte nicht finden. ⁵Ich kaufte sie in Wien, nachdem ich den Reisescheck eingelöst hatte.

HANS: ⁶Vielleicht ist sie unterwegs verlorengegangen.

FRED: •⁷Nein, denn ich trug sie erst vergangenes Wochenende bei der Party.

HANS: ⁸Ich habe mehrere gestreifte Krawatten. ⁹Borgen Sie sich doch eine davon.

FRED: ¹⁰Danke, aber Ihre Krawatten gefallen mir nicht.

HANS: ¹¹Na so etwas! Soll das heißen, daß ich keinen guten Geschmack habe?

HANS: ¹*We should be going, Fred.* ²*What are you still looking for?* ³*Did you lose (misplace) something?*

FRED: ⁴*I can't find my striped tie.* ⁵*I bought it in Vienna after I had cashed the traveler's check.*

HANS: ⁶*Maybe it got lost during the trip.*

FRED: ⁷*No, because I wore it at the party just last weekend.*

HANS: ⁸*I have several striped ties.* ⁹*Why don't you borrow one of them?*

FRED: ¹⁰*Thank you, but I don't like your ties.*

HANS: ¹¹*Now I've heard everything! Is that supposed to mean that my taste isn't good?*

212

FRED: [12]Ganz und gar nicht. Meine eigenen Krawatten gefallen mir eben besser. [13]Es ist reine Geschmackssache.

HANS: [14]Na, jedem das Seine! [15]Haben Sie die Schubladen schon durchsucht?

FRED: [16]Nur meine eigene, natürlich.

HANS: [17]Schauen Sie doch in meiner auch nach, vielleicht werden Sie doch eine hübsche Krawatte entdecken.

FRED: [18]Also gut.—Da ist eine! [19]Sie gefällt mir ausgezeichnet;—sie gehört nämlich mir!

HANS: [20]Wie ist denn das nur passiert? [21]Glauben Sie mir, ich hatte keine Ahnung. [22]Es tut mir sehr leid.

FRED: [23]Schon gut, es macht nichts. [24]Vielleicht haben Sie doch einen besseren Geschmack, als ich angenommen hatte.

FRED: [12]*Not in the least. I just like my own ties better.* [13]*It's purely a matter of taste.*

HANS: [14]*Well, to each his own!* [15]*Have you searched the drawers already?*

FRED: [16]*Only my own, naturally.*

HANS: [17]*Why don't you also check mine —perhaps you will find a nice tie after all.*

FRED: [18]*Very well then.—Here is one!* [19]*I like it extremely well;—as a matter of fact, it belongs to me!*

HANS: [20]*How on earth did that happen?* [21]*Believe me, I had no idea.* [22]*I'm very sorry.*

FRED: [23]*All right, it doesn't matter.* [24]*Perhaps you do have better taste than I had assumed.*

213

ÜBUNGEN

I. *Wortstudien. Lesen Sie und betonen Sie sorgfältig:*

A. (das) Deutschland   deutsch   der Deutsche, ein Deutscher*

B. Some countries with nationals in **-er**

NOTE: Unless **die** appears before the name of a country, the article is **das**. Wherever appropriate, the name of the language may be obtained by capitalizing the adjective. The gender is neuter: **das Deutsch.** Feminine nationals are obtained by attaching **-in** to the masculine nationals: **der Engländer, die Engländerin.**

COUNTRY	ADJECTIVE	NATIONAL
1. England	englisch	Engländer
2. Island	isländisch	Isländer
3. Holland	holländisch	Holländer
4. Luxemburg	luxemburgisch	Luxemburger
5. Japan	japanisch	Japaner
6. die Schweiz	schweizer†	Schweizer
7. Italien	italienisch	Italiener
8. Österreich	österreichisch	Österreicher
9. Amerika	amerikanisch	Amerikaner
10. Kanada	kanadisch	Kanadier
11. Spanien	spanisch	Spanier
12. Belgien	belgisch	Belgier
13. Norwegen	norwegisch	Norweger

* This is the only national treated like an adjective.
† Adjective invariable. Language: Schweizer Deutsch

214

C. Some countries with nationals in **-e** (**-en** in all remaining cases)

NOTE: Unless listed, feminine nationals are obtained by dropping the **-e** of the masculine national and attaching **-in: der Pole, die Polin.**

COUNTRY	ADJECTIVE	NATIONAL
1. Polen	polnisch	Pole
2. Schweden	schwedisch	Schwede
3. Jugoslawien	jugoslawisch	Jugoslawe
4. Bulgarien	bulgarisch	Bulgare
5. Rumänien	rumänisch	Rumäne
6. Griechenland	griechisch	Grieche
7. Rußland	russisch	Russe
8. Irland	irisch	Ire
9. Finnland	finnisch	Finne
10. Dänemark	dänisch	Däne
11. die Türkei	türkisch	Türke
12. die Tschechoslowakei	tschechisch	Tscheche
13. Portugal	portugiesisch	Portugiese
14. China	chinesisch	Chinese
15. Frankreich	französisch	Franzose Französin
16. Ungarn	ungarisch	Ungar (**-n** in all other cases: **Ungarn**)

II. Substitution

1. Haben Sie etwas *verlegt*?
   verloren / vergessen / versprochen / verstanden

2. Vielleicht ist sie *unterwegs* verlorengegangen.
   in der Schule / im Hotel / im Restaurant / im Zug / in Wien

3. Ich trug sie erst *vergangenes Wochenende.*
   vergangenen Montag / vergangenen Monat / vergangenes Jahr / vergangene Woche

4. Ihre *Krawatten* gefallen mir nicht.
   Schuhe / Handschuhe / Anzüge / Socken / Taschentücher / Hemden

5. Haben Sie *die Schubladen* schon durchsucht?
   das Zimmer / die Kommode / Ihre Taschen / die Papiere

6. Schauen Sie doch in *meiner* auch nach.
   Ihrer / seiner / unserer / ihrer

7. Da ist *eine*!
   meine / unsere / Ihre / einer / meiner / eins / meins / Ihres

III. *Beantworten Sie die folgenden Fragen auf deutsch:*

1. Hat Fred etwas verlegt? **2.** Wonach sucht er noch? **3.** Welche Krawatte kann er nicht finden? **4.** Wo kaufte er sie? **5.** Wonach kaufte er sie? **6.** Wo ist sie vielleicht verlorengegangen? **7.** Wann trug er sie zuletzt? **8.** Wie viele gestreifte Krawatten hat Hans? **9.** Was soll sich Fred von Hans borgen? **10.** Gefallen Fred die Krawatten seines Freundes? **11.** Wessen Krawatten gefallen Fred besser? **12.** Welche Schublade hat Fred schon durchsucht? **13.** Warum soll Fred in der Schublade von Hans nachschauen? **14.** Wem gehört die Krawatte, die (*which*) Fred so gut gefällt? **15.** Wovon hatte Hans keine Ahnung? **16.** Wie fühlt sich Hans?

IV. *Fragen Sie jemanden:*

1. wonach er sucht. **2.** ob er etwas verlegt hat. **3.** ob er sich eine Krawatte borgen will. **4.** ob er die Schubladen schon durchsucht hat. **5.** ob das heißen soll, daß er keinen guten Geschmack hat. **6.** wie das nur passiert ist.

V. *Sagen Sie auf deutsch:*

1. Perhaps it got lost. **2.** I don't like your ties. **3.** Now I've heard everything! **4.** Is that supposed to mean . . . ? **5.** Not in the least. **6.** It's purely a matter of taste. **7.** To each his own. **8.** Very well then. **9.** There is one! **10.** It belongs to me. **11.** How on earth did this happen? **12.** Believe me! **13.** I had no idea. **14.** I am very sorry. **15.** All right. **16.** It doesn't matter.

VI. *Diktat aus Konversation 22*

VII. *Eine Unterhaltung*

Sie wollen den Regenmantel Ihres Freundes borgen. Er braucht ihn selber, aber er kann Ihnen einen Regenschirm leihen (*lend*).

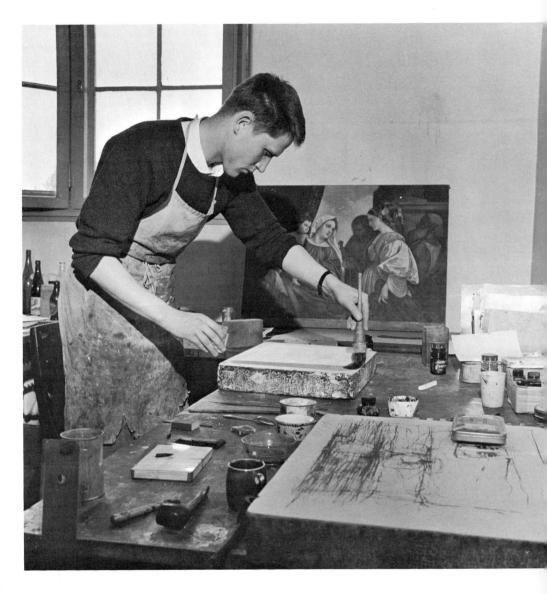

✆ Past Perfect Tense; Principal Parts of Strong Verbs

66 ● Past perfect tense

Fred **hatte** die Krawatte schon **getragen,** bevor er sie verlor.	Fred *had* already *worn* the tie before he lost it.
Er **hatte** in Deutschland **gelebt,** bevor er nach Amerika emigrierte.	He *had lived* in Germany, before he emigrated to America.
Ich **war** schon **spazierengegangen,** als sie telefonierte.	I *had* already *gone for a walk* when she telephoned.
Die Freunde **hatten** schon immer eine Oper von Mozart **hören wollen.**	The friends *had* always *wanted to hear* an opera by Mozart.

1. The past perfect tense is formed almost exactly as the present perfect tense, except that the auxiliary verb is in the past tense.

2. Verbs conjugated with **haben** employ the proper form of **hatte;** verbs conjugated with **sein** employ the proper form of **war** as auxiliary.

3. REMINDER: When a modal is used with another verb, the infinitive of the modal is used in place of its past participle, resulting in the double infinitive construction for all perfect tenses.

4. The past perfect tense is used as in English, i.e. to express events in the past which preceded other events in the past. The most recent of the two events usually stands in the past tense, although the present perfect tense could be used in conversation.

218

67 ● Principal parts of strong verbs

The following listing includes all strong verbs introduced in the text so far and not covered in Grammar Unit 13. They are divided into eight groups on the basis of the following stem vowel changes in the principal parts:

1.	i	a	u	
		(o for a few verbs)		
2.	ie	o	= o	
3.	ei	ie	= ie	
4.	ei	i*	= i*	* followed by double consonant
5.	a	ie	a	
6.	a	u	a	Infinitive and past participle: same stem
7.	e	a	e	
8.	e	a	o	

A few of the verbs listed deviate slightly from the above pattern for certain reasons but still belong to the group in which they are shown. Verbs of the last four groups have vowel changes in the present tense conjugation, second and third person singular. Therefore, the third person singular, present tense, is shown as a fourth principal part.

INFINITIVE	PAST (**ich** and **er** form)	PAST PARTICIPLE
1. singen	sang	gesungen
trinken	trank	getrunken
ertrinken	ertrank	ist ertrunken
binden	band	gebunden
verbinden	verband	verbunden
finden	fand	gefunden
stattfinden	fand statt	stattgefunden
gewinnen	gewann	gewonnen
beginnen	begann	begonnen
2. fließen	floß	ist geflossen
einziehen	zog ein	ist eingezogen
3. steigen	stieg	ist gestiegen
einsteigen	stieg ein	ist eingestiegen
aussteigen	stieg aus	ist ausgestiegen
umsteigen	stieg um	ist umgestiegen
bleiben	blieb	ist geblieben
treiben	trieb	getrieben
scheinen	schien	geschienen
sich entscheiden	entschied sich	sich entschieden

219

4. reiten (*ride astride*) ritt (ist) geritten

5.			
halten	hielt	gehalten	er hält
behalten	behielt	behalten	er behält
abhalten	hielt ab	abgehalten	er hält ab
fallen	fiel	ist gefallen	er fällt
gefallen	gefiel	gefallen	es gefällt
anfangen	fing an	angefangen	er fängt an
verlassen	verließ	verlassen	er verläßt
auslassen	ließ aus	ausgelassen	er läßt aus
laufen	lief	ist gelaufen	er läuft
zusammenhängen	hing zusammen	zusammengehangen	es hängt zu-sammen
heißen	hieß	geheißen	er heißt
rufen	rief	gerufen	er ruft

6.			
tragen	trug	getragen	er trägt
betragen	betrug	betragen	es beträgt
einladen	lud ein	eingeladen	er lädt ein
fahren	fuhr	ist gefahren	er fährt
abfahren	fuhr ab	ist abgefahren	er fährt ab
vorbeifahren	fuhr vorbei	ist vorbeigefahren	er fährt vorbei
skifahren,	fuhr ski	ist skigefahren	er fährt ski

7.			
geben	gab	gegeben	er gibt
lesen	las	gelesen	er liest
sehen	sah	gesehen	er sieht
ansehen	sah an	angesehen	er sieht an
aussehen	sah aus	ausgesehen	er sieht aus
essen	aß	gegessen	er ißt
vergessen	vergaß	vergessen	er vergißt
sitzen	saß	(ist) gesessen	er sitzt

8.			
brechen	brach	(ist) gebrochen	er bricht
unterbrechen	unterbrach	unterbrochen	er unterbricht
sprechen	sprach	gesprochen	er spricht
versprechen	versprach	versprochen	er verspricht
sterben	starb	ist gestorben	er stirbt
nehmen	nahm	genommen	er nimmt
mitnehmen	nahm mit	mitgenommen	er nimmt mit
annehmen	nahm an	angenommen	er nimmt an
gebären	gebar	geboren	sie gebiert

ÜBUNGEN

I. *Ersetzen Sie das Perfekt durch das Plusquamperfekt* (past perfect):

> BEISPIEL: Es hat geregnet.
> **Es hatte geregnet.**

A. 1. Ich habe darüber gelacht. 2. Ich habe heute viel gelernt. 3. Er hat sich sehr beeilt. 4. Er hat sich danach erkundigt. 5. Sie hat sehr schön gesungen. 6. Es hat noch nicht begonnen. 7. Wir haben uns dafür entschieden. 8. Sie haben viel Wintersport getrieben. 9. Hat Ihnen die Oper gefallen? 10. Haben Sie es versprochen?

B. 1. Ich bin zur Arbeit gelaufen. 2. Ich bin gerade in meine neue Wohnung eingezogen. 3. Er ist schon gestorben. 4. Er ist nach Wien gefahren. 5. Sie ist im Bett geblieben. 6. Sie ist fast ertrunken. 7. Es ist gebrochen. 8. Wir sind am Museum vorbeigefahren. 9. Sie sind gefallen. 10. Sind Sie gekommen?

C. 1. Ich habe nicht arbeiten wollen. 2. Er hat heute singen sollen. 3. Sie hat sich entscheiden müssen. 4. Es hat passieren können. 5. Wir haben nicht essen mögen. 6. Haben Sie es kaufen dürfen?

II. *Ersetzen Sie Präsens durch Imperfekt:*

> BEISPIEL: Er lebt in München.
> **Er lebte in München.**

A. 1. Ich entschuldige mich. 2. Er löst den Scheck ein. 3. Sie beantwortet seine Frage. 4. Es kostet zu viel. 5. Wir behandeln ihn gut. 6. Sie plaudern gern. 7. Amüsieren Sie sich?

B. 1. Ich kann Englisch. 2. Ich weiß alles. 3. Er darf mit. 4. Er denkt nicht. 5. Sie mag Apfelstrudel. 6. Sie rennt zur Schule. 7. Es brennt. 8. Wir bringen es mit. 9. Sie senden es uns. 10. Müssen Sie gehen?

C. 1. Ich beginne das Studium. 2. Ich ziehe in die Wohnung ein. 3. Er steigt um. 4. Er reitet gut. 5. Sie verläßt sich auf ihn. 6. Sie fährt gut ski. 7. Es gefällt mir gut. 8. Es beträgt nicht viel. 9. Wir essen oft im Restaurant. 10. Wir unterbrechen Sie nicht gern. 11. Sie nehmen das immer an. 12. Sie behalten nichts für sich. 13. Nehmen Sie ihn mit? 14. Lesen Sie das Buch gern?

III. *Drücken Sie den ersten Satz im Plusquamperfekt aus, den zweiten im Imperfekt; verbinden Sie die Sätze mit der angegebenen Konjunktion:*

BEISPIEL: Fred trägt die Krawatte. (bevor) Er verliert sie.
Fred hatte die Krawatte getragen, bevor er sie verlor.

A. 1. Fred sieht nie eine Oper. (bevor) Er fährt nach Wien.
  2. Ich lese den Brief nicht. (als) Er kommt an.
  3. Wir sehen ihn noch. (bevor) Er stirbt.
  4. Essen die Kinder schon? (als) Der Vater kommt nach Hause.
  5. (da) Es regnet. Die Straßen sind naß.
  6. Sie beendet die Aufgabe. (als) Ihr Freund telefoniert.

B. 1. Ich gehe schon spazieren. (als) Sie ruft mich an.
  2. Er ertrinkt schon. (als) Man findet ihn.
  3. Wir ziehen schon ein. (als) Wir zahlen der Wirtin die Miete.
  4. Steigen Sie schon ein? (bevor) Sie bemerken, daß es der falsche Zug ist.
  5. Sie stirbt schon. (als) Man lernt ihre Musik kennen.

C. 1. Ich will den Hut kaufen. (aber) Er ist schon verkauft.
  2. Er kann den Zug nicht sehen. (denn) Das Gebäude blockiert die Sicht.
  3. Wir müssen die Übung gleich machen. (denn) Der Lehrer will sie.
  4. Sie mögen das Lied nicht singen. (denn) Es ist zu schwer.

IV. *Wiederholung aus Konversationen 18 und 19*

1. Was für eine Fahrkarte möchte Fred für die Reise nach Wien? **2.** In welcher Klasse fährt er? **3.** Wie lange ist die Rückfahrkarte gültig? **4.** Wo und wie lange möchte er die Fahrt unterbrechen? **5.** Was soll er für die Grenzkontrolle nicht vergessen? **6.** Bekommt man in Salzburg leicht Anschluß nach Wien? **7.** Hat der Zug Verspätung? **8.** Wofür hat Fred gerade noch Zeit? **9.** Was würde passieren, wenn Fred den Zug verpassen würde? **10.** Wie viele Taschentücher kauft Hans? **11.** Wieviel kostet das elegante Paar Handschuhe? **12.** Kauft Hans die braunen Handschuhe oder die grauen? **13.** Wie steht ihm der Mantel, den (*which*) er anprobiert? **14.** Warum nimmt er den Mantel gleich mit? **15.** Was gibt ihm der Verkäufer, nachdem er bezahlt hat?

V. *Aufsatz*

Fred took a long walk and caught a cold. It had rained and the air was humid (*feucht*). When he came home he did not feel very well. Hans said to (*zu*) him: "Go to bed quickly, I shall call the doctor. I hope it is nothing serious, but one never knows . . . " The doctor arrived a little later. He was a friendly old gentleman in a black suit. After he had looked at Fred's throat he took his (the) temperature and said: "You have a little cold and [a] fever. You cannot do too much for (against) it. Simply stay in bed until you are better. A little cold won't kill you right away." Fred is well again now.

ᔰ Nach den Ferien

(*After the vacation*)

FRED: ¹Guten Abend, Helga. ²Nun, wie haben Sie die Weihnachtsferien verbracht?

HELGA: ³Sehr angenehm, danke, denn ich habe alle meine Angehörigen wiedergesehen.

FRED: ⁴Und wie fanden Sie Hamburg?

HELGA: ⁵Sehr ermüdend. Der Weihnachtstrubel, der wahnsinnige Verkehr—Hamburg ist eben eine echt moderne Weltstadt.

FRED: ⁶War Hamburg nach dem Krieg sehr zerstört?

HELGA: ⁷Vollkommen. Vielleicht ist es deshalb so modern, weil alles neu geplant und gebaut ist.

FRED: ⁸War die Reise interessant?

HELGA: ⁹Ja, sehr interessant, besonders das Ruhrgebiet. ¹⁰Mit den vielen Fabriken und der schweren Industrie ist es ja das Herz der deutschen Wirtschaft und des ‚Wirtschaftswunders'.

FRED: ¹¹Haben Sie sonst noch etwas Schönes gesehen oder erlebt?

FRED: ¹*Good evening, Helga.* ²*Well, how did you spend the Christmas vacation?*

HELGA: ³*Very pleasantly, thank you, since I saw all my relatives again.*

FRED: ⁴*And how was (did you find) Hamburg?*

HELGA: ⁵*Very tiring. The Christmas rush, the crazy traffic—Hamburg is a real modern metropolis.*

FRED: ⁶*Was Hamburg badly destroyed after the war?*

HELGA: ⁷*Completely. Perhaps that's the reason why it is so modern, because everything is newly planned and built.*

FRED: ⁸*Was the trip interesting?*

HELGA: ⁹*Yes, very interesting, especially the Ruhr [valley] region.* ¹⁰*With its (the) many factories and heavy industry it is the heart of the German economy and the 'economic miracle', as you know.*

FRED: ¹¹*Did you see or experience anything else that was nice?*

HELGA: [12]Ja, auf der Rückreise, denn ich bin über Köln gefahren, um den Dom zu besuchen. [13]Danach ging es den schönen Rhein entlang.

FRED: [14]Haben Sie vom Zug aus viele der Burgen sehen können?

HELGA: [15]Ziemlich viele. Ich saß eine Zeitlang im Speisewagen und genoß die Aussicht. [16]Natürlich sollte man den Rhein im Sommer besichtigen, und zwar vom Schiff aus.

FRED: [17]Was haben Sie am Heiligen Abend und am Weihnachtstag gemacht?

HELGA: [18]Am Heiligen Abend öffneten wir die Geschenke und gingen dann zur Christmette. [19]Es war sehr schön und feierlich. [20]Am Weihnachtstag verzehrten wir eine große Gans.

HELGA: [12]*Yes, on the return trip, because I traveled via (over) Cologne to visit the cathedral.* [13]*After that [the train] followed the beautiful Rhine.*

FRED: [14]*Were you able to see many of the castles from the train?*

HELGA: [15]*Quite a few. I sat in the diner for some time and enjoyed the view.* [16]*Of course, one should [come to] see the Rhine in summer, ideally from a ship.*

FRED: [17]*What did you do Christmas Eve and Christmas Day?*

HELGA: [18]*On Christmas Eve we opened presents and then we went to midnight mass.* [19]*It was very beautiful and solemn.* [20]*On Christmas Day we had (consumed) a large goose.*

BURG KATZ AM RHEIN

225

IM RUHRGEBIET

ÜBUNGEN

I. *Wortstudien. Imitieren Sie sorgfältig die Aussprache der Umlaute:*

das (sing.)/ **die** (plural):

1.	der Platz	Plätzchen	or	Plätzlein
2.	der Satz	Sätzchen		Sätzlein
3.	das Land	Ländchen		Ländlein
4.	die Karte	Kärtchen		Kärtlein
5.	die Straße	Sträßchen		Sträßlein
6.	der Strom	Strömchen		Strömlein
7.	der Stock	Stöckchen		Stöcklein
8.	das Schloß	Schlößchen		Schlößlein
9.	das Wort	Wörtchen		Wörtlein
10.	das Buch	——		Büchlein
11.	der Fluß	Flüßchen		Flüßlein
12.	das Haus	Häus/chen		Häuslein
13.	der Fuß	Füßchen		Füßlein
14.	die Stube	Stübchen		Stüblein
15.	die Suppe	Süppchen		Süpplein
16.	die Stunde	Stündchen		Stündlein
17.	die Luft	Lüftchen		Lüftlein
18.	die Wurst	Würstchen		Würstlein
19.	die Uhr	Ührchen		Ührlein
20.	die Küche	——		Küchlein

II. Substitution

1. Wie haben Sie *die Weihnachtsferien* verbracht?
die Osterferien / die Sommerferien / das Wochenende / den Sonntag

2. Ich habe alle meine *Angehörigen* wiedergesehen.
Verwandten / Bekannten / Freunde / Geschwister *(siblings, brothers and sisters)*

3. War *Hamburg* nach dem Krieg sehr zerstört?
Berlin / Köln / München / Wien

4. Haben Sie sonst noch etwas *Schönes* gesehen oder erlebt?
Interessantes / Wichtiges / Neues / Amüsantes

5. Natürlich sollte man *den Rhein* im Sommer besichtigen.
den Neckar / den Main / die Donau / die Isar

III. *Beantworten Sie die folgenden Fragen auf deutsch:*

1. Wie hat Helga die Weihnachtsferien verbracht? **2.** Wo hat Helga die Weihnachtsferien verbracht? **3.** Wie fand sie Hamburg? **4.** Wen hat sie in Hamburg gesehen? **5.** Was macht Hamburg eine echt moderne Weltstadt? **6.** War Hamburg nach dem Krieg sehr zerstört? **7.** Weshalb ist Hamburg heute vielleicht so modern? **8.** War Helgas Reise interessant? **9.** Welches Gebiet der Bundesrepublik ist das Herz der Wirtschaft? **10.** Was gibt es viel im Ruhrgebiet? **11.** Was war schöner, die Hin- oder die Rückreise? **12.** Warum ist Helga über Köln zurückgefahren? **13.** An welchem Fluß fuhr der Zug nach Köln entlang? **14.** Hat Helga vom Zug aus viele der Rheinburgen sehen können? **15.** Wo saß Helga, um die Aussicht zu genießen? **16.** Wann sollte man den Rhein besichtigen? **17.** Wann hat Helga die Geschenke geöffnet? **18.** Ging sie zur Christmette? **19.** Wie war die Messe? **20.** Was verzehrte Helgas Familie am Weihnachtstag?

IV. *Fragen Sie jemanden:*

1. wo und wie Helga die Ferien verbracht hat. **2.** wie sie Hamburg fand. **3.** ob die Stadt nach dem Krieg sehr zerstört war. **4.** ob die Reise interessant war. **5.** ob Helga sonst noch etwas Schönes gesehen oder erlebt hat. **6.** ob Helga vom Zug aus viele der Rheinburgen hat sehen können. **7.** was Helga am Heiligen Abend gemacht hat. **8.** was sie am Weihnachtstag gemacht hat. **9.** wann Helgas Familie eine große Gans verzehrte.

V. *Setzen Sie das Modalverb ein:*

BEISPIEL: Sie ist zu Hause geblieben. (wollen)
Sie hat zu Hause bleiben wollen.

1. Er ist am nächsten Tag in die neue Wohnung eingezogen. (wollen)

2. Sie ist den ganzen Tag im Bett geblieben. (müssen)

3. Helga ist im Speisewagen gesessen. (dürfen)

4. Wir sind den Rhein entlanggefahren. (sollen)

5. War Fred schon spazierengegangen? (können)

6. War Ludwig II. von Bayern gestorben? (mögen)

VI. *Antworten Sie bejahend (affirmativ) und ersetzen Sie die Substantive durch Pronomen:*

> BEISPIEL: Hat der Student die Aufgabe schon gemacht?
> **Ja, er hat sie schon gemacht.**

1. Haben Sie gestern einen Brief geschrieben? **2.** Haben Sie mit Ihrem Freund gesprochen? **3.** Hat der Student seinen Freunden geglaubt? **4.** Haben Sie den Regenmantel für Ihre Freundin mitgenommen? **5.** Hat Helga mit Fred über die Ferien geplaudert? **6.** Hat Helga die Weihnachtsferien angenehm verbracht? **7.** Hat die Familie eine große Gans verzehrt?

VII. *Diktat aus Konversation 23*

VIII. *Eine Unterhaltung*

Plaudern Sie über Ihre Ferien und was Sie gemacht haben.

DÜSSELDORF

∾ Wenn ich Geld hätte!

(If I had money!)

FRED: ¹Was würden Sie tun, wenn Sie reich wären, Hans?

HANS: ²Wenn ich viel Geld hätte, würde ich zuerst eine Weltreise machen, um verschiedene Länder kennenzulernen.

FRED: ³Was täten Sie dann?

HANS: ⁴Dann würde ich mir einen schnellen, eleganten Sportwagen kaufen und auf der Autobahn kreuz und quer durch Deutschland fahren.

FRED: ⁵Oh weh! Der Verkehr ist doch jetzt schon schlimm genug. ⁶Hätten Sie keine bessere Idee?

HANS: ⁷Oh doch! Ich würde mir ein Ferienhäuschen in meinem Heimatdorf in Oberbayern kaufen, damit ich Wintersport treiben könnte, wann ich wollte.

FRED: ¹*What would you do if you were rich, Hans?*

HANS: ²*If I had a lot of money, first of all, I would take a trip around the world to get to know different countries.*

FRED: ³*What would you do then?*

HANS: ⁴*Then I would buy a fast, elegant sportscar and drive on the autobahn through Germany in all directions.*

FRED: ⁵*How unfortunate! After all, traffic is bad enough now.* ⁶*Wouldn't you have any better idea?*

HANS: ⁷*Yes, I would! I would buy a vacation cottage in my native village in southern (upper) Bavaria, so that I could participate in wintersports whenever I wanted to.*

FRED: ⁸Hätten Sie einmal das Häuschen, so würde es Ihnen bald langweilig werden. ⁹Ich glaube, Sie würden die Großstadt vermissen.

HANS: ¹⁰Nicht, wenn ich Bürgermeister des Dorfes werden würde.

FRED: ¹¹Würden Sie Bürgermeister eines Dorfes sein wollen?

HANS: ¹²Warum denn nicht? Aus dem einfachen Dorf ist jetzt nämlich ein vornehmer Kurort geworden.

FRED: ¹³Wie ist denn das geschehen?

HANS: ¹⁴Nun, da es in meinem Heimatort weder Fabriken noch Rohstoffe gab, beschlossen die Einwohner, vom Einzigen zu profitieren, das sie hatten.

FRED: ¹⁵Und das wäre?

HANS: ¹⁶Gute Luft und hohe Berge.

FRED: ⁸*Once you had the cottage you would soon get bored.* ⁹*I believe you would miss the big city.*

HANS: ¹⁰*Not if I became mayor of the village.*

FRED: ¹¹*Would you want to be mayor of a village?*

HANS: ¹²*Why not? You see, the simple village has turned into a fashionable health resort.*

FRED: ¹³*How did that happen?*

HANS: ¹⁴*Well, since there were neither factories nor raw materials in my native village, the inhabitants resolved to profit from the only thing which they did have.*

FRED: ¹⁵*And what would that be?*

HANS: ¹⁶*Good air and high mountains.*

ÜBUNGEN

I. *Wortstudien: Betonte und unbetonte Endungen weiblicher Substantive*

A. *Weibliche Substantive deutschen Ursprungs* (origin) *mit unbetonten Endungen:*

1. die Genehmigung, Aufführung, Ausstellung, Besorgung, Einladung, Prüfung, Ordnung, Quittung, Rechnung, Verabredung.
2. die Aufmerksamkeit, Gemütlichkeit, Freundlichkeit, Feindseligkeit, Möglichkeit.
3. die Verschiedenheit, Bestimmtheit, Gelassenheit, Berühmtheit, Freiheit.
4. die Gesellschaft, Verwandtschaft, Bekanntschaft, Freundschaft, Feindschaft.

B. *Weibliche Substantive meist nichtdeutschen Ursprungs mit betonten Endungen:*

1. die Drogerie, Industrie, Symphonie, Ironie, Kolonie.
   (ABER: die Famili-e, Lili-e, Lini-e, Besti-e, Furi-e.)
2. die Bäckerei, Metzgerei, Schlägerei, Träumerei, Malerei.
3. die Information, Konversation, Nation, Inflation, Produktion.
4. die Nationalität, Qualität, Popularität, Spezialität, Personalität.
5. die Literatur, Miniatur, Agentur, Partitur; (das Abitur).
6. die Frequenz, Kadenz, Potenz, Dekadenz, Distanz.
7. die Musik, Republik, Physik, Rubrik.
   ABER: die Mechanik, Elektrotechnik, Mathematik, Logik, Lyrik.

232

II. Substitution

1. Was würden Sie tun, wenn Sie *reich* wären?
   arm / dumm / in Hamburg / zu Hause

2. Wenn ich *Geld* hätte, würde ich *eine Weltreise* machen.
   Zeit . . . meine Aufgaben / Lust . . . einen Spaziergang / keine Lust . . . nichts /
   Gelegenheit (*opportunity*) . . . eine Wienreise

3. Was *täten* Sie dann?
   wären / hätten / tränken / äßen

4. Ich würde mir *einen Sportwagen* kaufen.
   einen Regenmantel / einen Regenschirm / ein Ferienhäuschen / eine Wohnung

5. Hätten Sie keine bessere *Idee*?
   Frage / Antwort / Wohnung / Überraschung

6. Ich glaube, Sie würden die Großstadt *vermissen*.
   vergessen / gern haben / lieben / anschauen

7. Würden Sie *Bürgermeister eines Dorfes* sein wollen?
   ein Arzt / Universitätsprofessor / Präsident der Vereinigten Staaten (*USA*) /
   Ingenieur der Elektrotechnik

III. *Beantworten Sie die folgenden Fragen auf deutsch:*

1. Was würden Sie tun, wenn Sie reich wären? 2. Würden Sie eine Weltreise machen? 3. Warum würden Sie eine Weltreise machen? 4. Was täten Sie dann? 5. Hätten Sie keine bessere Idee, als (*than*) auf der Autobahn herumzufahren? 6. Würden Sie sich ein Ferienhäuschen kaufen? 7. Würden Sie Wintersport treiben wollen? 8. Würden Sie die Großstadt vermissen? 9. Würden Sie Bürgermeister eines Dorfes werden wollen? 10. Warum werden aus vielen einfachen Dörfern vornehme Kurorte? 11. Gibt es in Ihrem Heimatort viele Fabriken? 12. Wovon profitieren die Einwohner Ihrer Heimat?

IV. *Fragen Sie jemanden:*

1. was er tun würde, wenn er reich wäre. 2. ob er eine Weltreise machen würde, um verschiedene Länder kennenzulernen. 3. was er dann täte. 4. ob er sich einen Sportwagen kaufen würde. 5. ob er sich ein Ferienhäuschen kaufen würde. 6. ob er Wintersport treiben würde, wann er wollte. 7. ob er die Großstadt nicht vermissen würde. 8. ob er Bürgermeister eines Dorfes würde sein wollen. 9. ob das Dorf von der guten Luft und den hohen Bergen profitieren könnte.

V. *Vertauschen Sie Haupt- und Nebensatz und beachten Sie die Wortstellung. Lassen Sie danach die Konjunktion* **wenn** *aus und setzen Sie* **so** *ein; beachten Sie wiederum die Wortstellung* (Exchange the main clause and the subordinate clause, observing word order. Then omit the conjunction *if* and insert **so,** again observing word order):

> BEISPIEL: Ich würde nichts tun, wenn ich reich wäre.
> **Wenn ich reich wäre, würde ich nichts tun.**
> **Wäre ich reich, so würde ich nichts tun.**

1. Ich würde eine Weltreise machen, wenn ich viel Geld hätte.

2. Hans würde sich einen Sportwagen kaufen, wenn er reich wäre.

3. Sie würde alle Übungen machen, wenn sie mehr Zeit hätte.

4. Wir würden uns ein Ferienhäuschen kaufen, wenn wir könnten.

5. Ich würde die Großstadt vermissen, wenn ich auf dem Dorf wohnte.

6. Er würde Bürgermeister werden, wenn er beliebter wäre.

7. Aus dem Dorf würde ein Kurort werden, wenn es dort keine Fabriken gäbe.

8. Wir würden die Aufgabe machen, wenn sie nicht so schwer wäre.

VI. *Diktat aus Konversation 24*

VII. *Eine Unterhaltung*

Plaudern Sie über Ihre Vorstellung (Idee) von einem schönen Leben.

234

ᔕ Altes und Neues

Die Weihnachtsferien sind vorbei, und Helga und Hans sind wieder nach München zurückgekommen. Helga war in Hamburg gewesen, um ihre Eltern und Verwandten zu besuchen. Hans hatte die Ferien in seinem oberbayrischen Heimatdorf verbracht, um mit der Natur allein zu sein und Wintersport zu treiben. Nun erzählen die beiden Fred über ihre Eindrücke.

„Ich fand den Kontrast zwischen dem Alten und dem Neuen besonders interessant", sagt Helga. „Das neue Hamburg ist sehr modern. Nach dem Krieg war die Stadt fast vollkommen zerstört; jetzt ist die riesige Hafenstadt schon lange wiederaufgebaut. Die Atmosphäre ist ziemlich international und der Trubel ist wahrscheinlich ebenso groß wie in allen anderen Weltstädten. Von Gemütlichkeit kann man nicht gerade sprechen.

Das industrielle Ruhrgebiet war natürlich auch sehr interessant, aber nach den vielen Fabriken kam mir der Kölner Dom wie eine feierlich ruhige und friedliche Insel vor. Ich fühlte mich inmitten jahrhundertealter Tradition. In besonders schönem Kontrast zum modernen Neuen standen aber die alten Burgen und Burgruinen des Rheins. Während ich im luxuriösen Speisewagen des modernen Zuges vorbeifuhr, standen sie da, wie ernste Symbole der Geschichte und des Alten, Wahrzeichen einer langen und abenteuerlichen (*adventurous*) Vergangenheit.‟

„Und Sie, Hans, haben Sie auch viel Interessantes erlebt?‟

„Ja, mir ging es auch so ähnlich wie Helga. Als ich das letzte Mal in meinem Heimatdorf gewesen war, war es ein einfaches, kleines, oberbayrisches Dörfchen. Jetzt ist ein vornehmer Kurort daraus geworden, mit einem sehr modernen Hotel, Pensionen für die vielen Touristen und sogar einem neuen Skilift. Es gibt bei uns keine Industrie, also profitieren die Einwohner des Dorfes oder ‚Kurorts‘ vom Fremdenverkehr (Tourismus). Alle scheinen viel Geld zu haben und glücklich zu sein, da es ihnen gut geht. Leider kann man jetzt aber nicht mehr mit der Natur allein sein, um sie zu genießen, denn die Touristen sind überall.‟

„Ja‟, sagt Fred philosophisch, „die Schwäche für Geld ist eben ein Teil der menschlichen Natur. Jeder will so reich wie möglich sein und so gut wie möglich leben. So scheint es überall zu sein. Aber schließlich ist das Leben ja sehr kurz, und man lebt nur einmal.‟

FRAGEN

1. Wo war Helga während der Weihnachtsferien gewesen? **2.** Wo hatte Hans die Weihnachtsferien verbracht? **3.** Wen hatte Helga in Hamburg besucht? **4.** Was hatte Hans in Oberbayern tun wollen? **5.** Wem erzählen Hans und Helga über ihre Eindrücke? **6.** Was fand Helga besonders interessant? **7.** Wie ist das moderne Hamburg? **8.** Was findet man im Ruhrgebiet? **9.** Wie kam Helga der Kölner Dom vor? **10.** Woran erinnerten Helga die Rheinburgen? **11.** Was war aus dem Heimatdörfchen von Hans geworden? **12.** Wie profitierten die Einwohner des Dörfchens und wie fühlten sie sich?

BERCHTESGADEN

238

✍ Conditional Tense, Conclusion

68 ● The conditional tense

NOTE: In Grammar Unit 11 the conditional tense was introduced in independent clauses, e.g. **Eine Verabredung würde ich nie vergessen!** or in conjunction with factual *but*-clause completions, e.g. **Ich würde kommen, aber ich habe keine Zeit.**

Actually, the normal use of the conditional parallels English use very closely. In most cases, the conditional tense, contained in a main clause, is completed by a subordinate *if*-clause. The *if*-clause is really another conditional tense; however, it is customary to contract the conditional of the *if*-clause. In English, the result is the past tense, in German, the past subjunctive. A careful study of the following three possible ways of combining the main clause and *if*-clause in German should make the use of the conditional clear and easy and will serve as valuable preparation for the use of the subjunctive.

A. Conditional tense in both the main and the *if*-clause

Ich **würde** eine Weltreise **machen,** wenn ich viel Geld **haben würde.**	I *would take* a trip around the world, if I *would have* a lot of money.
Er **würde** ein Ferienhäuschen **kaufen,** wenn er reich **sein würde.**	He *would buy* a vacation cottage, if he *would be* rich.

1. When the main clause is in the conditional, the *if*-clause always implies a conditional as well. Both in English and German the full conditional may be expressed in the *if*-clause, as above.

2. Usually, however, the full conditional is not used in the *if*-clause, primarily for stylistic reasons, i.e. to avoid a redundant construction. Note that exchanging the sequence of clauses in German would result in the adjoining of both **würde** auxiliaries: **Wenn er reich sein würde, würde er ein Ferienhäuschen kaufen.**

3. On the other hand, the use of the full conditional in the *if*-clause is often used for certain effects: *I would go, if you would go.* It is also used in German when the contracted form of the conditional in the *if*-clause,

239

i.e. the past subjunctive, is unpopular because of the nature of the verb, either because the subjunctive of certain verbs seems awkward, as in the case of irregular verbs (see Paragraph 69) or because it is not distinct from the indicative: **Ich würde es ihm sagen, wenn ich ihn kennen würde** (instead of **kennte**). **Er würde mich hören, wenn ich lauter sprechen würde** (instead of **spräche**).

B. Conditional tense in the main clause, past subjunctive in the *if*-clause

Ich **würde** eine Weltreise **machen,** wenn ich viel Geld **hätte.**	I *would take* a trip around the world, if I *had* a lot of money.
Er **würde** ein Ferienhäuschen **kaufen,** wenn er reich **wäre.**	He *would buy* a vacation cottage, if he *were* rich.
Wir **würden** zur Schule **gehen,** wenn wir **lernen müßten.**	We *would go* to school, if we *had to learn.*

1. The use of the past subjunctive in the *if*-clause is the most prevalent method employed both in German and English.

2. In English, the past subjunctive can no longer be discerned from the past indicative, except in the case of *were* instead of *was*. In German, the past subjunctive of weak verbs is identical with the past indicative. Neither in German nor in English does this interfere with using contractions in the *if*-clauses, since the conjunction *if,* **wenn** provides the hypothetical feeling implied: Compare: *if I had money* (hypothetical, contrary to fact), *I had money* (factual).

C. Past subjunctive in both clauses

Er **ginge** zur Schule, wenn er **müßte.**	He *would go* to school, if he *had to.*
Ich **täte** das, wenn ich Zeit **hätte.**	I *would do* that, if I *had* time.
Wir **wären** glücklich, wenn sie **kämen.**	We *would be* happy, if they *came.*

1. The use of the past subjunctive (= contracted conditional) in the main clause has no equivalent in English because of the lack of subjunctive forms in English.

2. In German, the past subjunctive may replace the conditional in the main clause, provided that the verb form does have a subjunctive form which differs from the indicative: **ginge** for **ging, täte** for **tat, wären** for **waren.**

3. The use of the past subjunctive in main clauses to replace the conditional is especially popular with **haben** and **sein** (**hätte, wäre**) and with the four modals which have an *Umlaut* in the infinitive. (See Paragraph 69.)

4. A word of caution: Since this construction is a German peculiarity, care must be taken in translations: when you see a past subjunctive in a main clause, introduce *would* and combine it with the infinitive of the subjunctive verb: **Ich ginge,** *I would go*; **Er täte,** *he would do.*

69 ● Formation of the past subjunctive

. . . wenn wir, sie, Sie	machten	könnten	fänden
. . . wenn ich, er, sie es, man	machte	könnte	fände
(. . . wenn du	machtest	könntest	fändest)
(. . . wenn ihr	machtet	könntet	fändet)

1. The endings of the past subjunctive are like the endings of the past indicative of weak verbs after the **-t-.**

2. The past indicative and the past subjunctive of weak verbs are completely identical. Therefore, the past subjunctive of weak verbs **cannot** replace the conditional in main clauses.

3. Modals return to complete normalcy in the past subjunctive, i.e. the Umlaut is restored to the four that had it as infinitives: **wenn ich könnte, müßte, dürfte, möchte (wüßte);** but: **wollte, sollte.** The last two forms are identical with the indicative and cannot be used in main clauses to replace the conditional. The umlauted forms are frequently used for that purpose, however: **Ja, ich könnte kommen.** *Yes, I could (would be able to) come.*

4. Of the irregular verbs, **nennen, kennen, rennen, brennen, senden, wenden** also return to complete normalcy (as weak verbs): **wenn ich nennte, kennte, rennte, brennte, sendete, wendete.** However, these forms are very unpopular and are rarely used. Even in *if*-clauses, the full conditional is used in preference to the subjunctive of these verbs.
Bringen and **denken** umlaut to form a distinct subjunctive: **wenn ich brächte, dächte.**

5. The auxiliaries **haben, sein** and **werden** have the following forms in the past subjunctive: **hätte . . . , wäre . . . , würde. . . .**

6. The remaining strong verbs form the past subjunctive by attaching subjunctive endings, as shown above, and by umlauting the stem vowels, if possible, i.e. **a = ä, o = ö, u = ü.** If the resulting subjunctive forms are distinct in spelling and, preferably, also in sound from the past and present indicative, they may be used in place of the conditional in main clauses: **Ich fände,** *I would find*; **er zöge,** *he would pull* (*move*); **sie ginge,** *she would go*; but **wir gingen** cannot replace the conditional, since the past indicative is also **wir gingen.**

241

70 ● Word order

A. Transposed word order

NORMAL WORD ORDER:	TRANSPOSED WORD ORDER:
Ich müßte das Buch sehen . . .	. . . wenn ich das Buch sehen müßte.
Er würde nach Hause gehen . . .	. . . wenn er nach Hause gehen würde.
Wir täten das nicht . . .	. . . wenn wir das nicht täten.
Sie würde es lesen wollen . . .	. . . wenn sie es würde lesen wollen.

1. In *normal* word order, the finite verb stands in second place. (In questions and commands the verb stands in first place: *Inverted* word order)

2. In *transposed* word order the finite verb goes to the end of the clause; however, it precedes a double infinitive construction with modal. Transposed word order is used in all subordinate clauses, indirect questions, and relative clauses.

B. Order of clauses and its effect on word order

Ich würde das Haus kaufen,	wenn ich viel Geld hätte.
Wenn ich viel Geld hätte,	würde ich das Haus kaufen.
Hätte ich viel Geld,	so würde ich das Haus kaufen.

1. As in English, it does not matter whether the main clause or the subordinate clause stands first.

2. The word order of a subordinate clause in German is invariable, regardless of whether the subordinate clause comes first or last.

3. The word order of the main clause is subject to change, since the main verb must stand in second place in the whole sentence. Therefore, if the sentence begins with one (or several) subordinate clauses, the first place is taken up and the subordinate clause must be followed immediately by the main verb and then the subject of the main clause: [1]**Wenn ich viel Geld hätte,** [2]**würde** [3]**ich das Haus kaufen.**

4. As in English, the conjunction *if* may be omitted when the *if*-clause stands first. When the conjunction *if* is omitted, the finite verb moves in its (first) place, thus maintaining the hypothetical mood through word order: **Hätte ich viel Geld,** *had I a lot of money.* With the omission of **wenn** it is customary, although not mandatory, to insert the word **so** as a link between the two clauses: **Hätte ich viel Geld, so würde ich das Haus kaufen,** *had I a lot of money, (then) I would buy the house.* In translation, the **so** is best ignored.

5. Subordinate clauses must always be set off by commas in German.

ÜBUNGEN

I. *Ersetzen Sie das Konditional des Nebensatzes durch den Konjunktiv*
(Replace the conditional of the subordinate clause with the subjunctive):

> BEISPIEL: Ich würde kommen, wenn ich Zeit haben würde.
> **Ich würde kommen, wenn ich Zeit hätte.**

A. 1. Er würde klug werden, wenn er lernen würde. **2.** Er wäre froh, wenn sie ihn lieben würde. **3.** Sie würden die Großstadt vermissen, wenn Sie auf dem Lande wohnen würden. **4.** Wir würden uns freuen, wenn es schneien würde. **5.** Ich würde zahlen, wenn er nicht zahlen würde.

B. 1. Er würde Englisch sprechen, wenn er es können würde. **2.** Ich würde lernen, wenn ich müssen würde. **3.** Wir würden es ihm sagen, wenn wir es wissen würden. **4.** Sie würde es kaufen, wenn wir es bringen würden. **5.** Er würde nicht so viel sprechen, wenn er mehr denken würde.

C. 1. Er würde sich sehr amüsieren, wenn er zur Party kommen würde. **2.** Sie würde in München leben wollen, wenn sie in Deutschland sein würde. **3.** Wir würden lachen, wenn er in den falschen Zug einsteigen würde. **4.** Was würde man machen, wenn die Brücke zusammenbrechen würde? **5.** Was könnten wir machen, wenn sie sterben würde?

II. *Ersetzen Sie das Konditional beider Sätze durch den Konjunktiv:*

> BEISPIEL: Ich würde kommen, wenn ich Zeit haben würde.
> **Ich käme, wenn ich Zeit hätte.**

1. Er würde mehr essen, wenn er weniger trinken würde. **2.** Sie würde mehr wissen, wenn sie mehr studieren würde. **3.** Wir würden gern mitkommen, wenn wir nicht so viel zu tun haben würden. **4.** Wir würden nach München fahren, wenn wir einen Sportwagen kaufen würden. **5.** Ich würde gehen dürfen, wenn Sie gehen würden.

243

III. *Vertauschen Sie Haupt-und Nebensatz. Lassen Sie danach* **wenn** *aus und setzen Sie* **so** *ein:*

> BEISPIEL: Ich käme, wenn ich Zeit hätte.
> **Wenn ich Zeit hätte, käme ich.**
> **Hätte ich Zeit, so käme ich.**

1. Er würde mehr essen, wenn er weniger tränke. **2.** Sie wüßte mehr, wenn sie mehr studierte. **3.** Wir kämen gern mit, wenn wir nicht so viel zu tun hätten. **4.** Wir würden nach München fahren, wenn wir einen Sportwagen hätten. **5.** Er würde nichts sagen, wenn er das verspräche.

IV. A. *Wiederholen Sie den Hauptsatz im Konditional, den Nebensatz im Konjunktiv:*

> BEISPIEL: Ich werde kommen, wenn ich kann.
> **Ich würde kommen, wenn ich könnte.**

1. Es wird schneien, wenn es nicht so warm bleibt. **2.** Der Zug wird gleich ankommen, wenn er nicht Verspätung hat. **3.** Ich werde zum Konzert gehen, wenn ich Zeit habe. **4.** Sie wird den Mantel kaufen, wenn sie Geld bekommt. **5.** Was wird man sagen, wenn man es weiß?

B. *Wiederholen Sie den Hauptsatz im Imperfekt, den Nebensatz im Konditional:*

> BEISPIEL: Er sagt, daß er kommen wird.
> **Er sagte, daß er kommen würde.**

1. Ich denke, daß sie schreiben wird. **2.** Wir wissen, daß es regnen wird. **3.** Er glaubt, daß er keinen Hunger haben wird. **4.** Sie schreibt, daß sie Medizin studieren wird. **5.** Man glaubt, daß es schön sein wird.

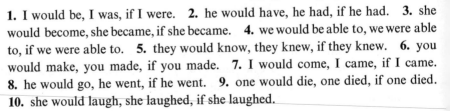

V. *Sagen Sie auf deutsch:*

1. I would be, I was, if I were. **2.** he would have, he had, if he had. **3.** she would become, she became, if she became. **4.** we would be able to, we were able to, if we were able to. **5.** they would know, they knew, if they knew. **6.** you would make, you made, if you made. **7.** I would come, I came, if I came. **8.** he would go, he went, if he went. **9.** one would die, one died, if one died. **10.** she would laugh, she laughed, if she laughed.

244

VI. *Wiederholung aus Konversationen 20 und 21*

1. Was tut Fred an der Autobushaltestelle? **2.** Wie lange wartet er schon? **3.** Wie viele Autobusse sind schon vorbeigekommen? **4.** Warum ist er nicht mitgefahren? **5.** Ist der andere Autobus auch überfüllt? **6.** Warum wird das gleich besser werden? **7.** Wo will Hans aussteigen? **8.** Wo muß Hans hin? **9.** Geht Fred mit? **10.** Was für Schulen besuchte Hans vor der Universität? **11.** Wie alt war er, als er mit der Oberschule anfing? **12.** Warum wurde die Oberschule nach den ersten zwei Jahren schwer? **13.** Welche Fächer mußte Hans nehmen? **14.** Hatte er eine Abschlußprüfung? **15.** Hat sich das schwere Studium für Hans gelohnt?

VII. *Aufsatz*

On Christmas Eve Fred and Hans went to Midnight Mass. On Christmas Day they were invited at the Browns'. Together with the Brown family they consumed a large goose. With it (*dazu*) they drank dark beer. The two friends didn't come home until late. Fred could only sleep for five hours. In the morning he didn't feel well at all. He said to Hans: "I don't feel well and I have a headache." But Hans didn't feel sorry for him (*Aber er tat Hans nicht leid*). Hans said: "You won't die of a little headache right away. Besides, you had a good time (you amused yourself), didn't you?"

∽ Schloß Neuschwanstein

(Neuschwanstein Castle)

HANS: ¹Nun, Fred, wie gefällt Ihnen Schloß Neuschwanstein?

FRED: ²Ich hätte nie gedacht, daß es so schön wäre. ³Es sieht aus wie ein Märchenschloß.

HANS: ⁴Wissen Sie, wer es hat bauen lassen?*

FRED: ⁵Leider nicht. Wer hat es denn bauen lassen?

HANS: ⁶Das sollten Sie doch selber erraten können. ⁷Haben Sie die Wandgemälde schon bemerkt?

FRED: ⁸Ja, und sie erinnern mich an etwas. ⁹Jetzt weiß ich auch, woran sie mich erinnern. ¹⁰Sie sehen aus wie Szenen aus Wagners Opern, nicht wahr?

HANS: ¹¹Ganz richtig. Vielleicht könnten Sie mir auch noch sagen, wer Wagner sehr verehrte?

FRED: ¹²Ach ja, das kann nur Ludwig II. gewesen sein. ¹³War er denn nicht geisteskrank?

HANS: ¹*Well, Fred, how do you like Neuschwanstein Castle?*

FRED: ²*I would never have thought that it would be so beautiful.* ³*It looks like a fairytale castle.*

HANS: ⁴*Do you know who had it built?*

FRED: ⁵*Sorry, I don't. Who did have it built?*

HANS: ⁶*You should be able to guess that yourself.* ⁷*Have you noticed the murals yet?*

FRED: ⁸*Yes, and they remind me of something.* ⁹*And now I know what they remind me of.* ¹⁰*They look like scenes from Wagner's operas, don't they?*

HANS: ¹¹*You are quite right. Perhaps you could also tell me who worshipped Wagner?*

FRED: ¹²*Oh yes, that can only have been Ludwig II.* ¹³*Wasn't he mentally ill?*

---

* REMINDER: Besides modals, the verbs **lassen, hören** and **sehen** may be used in double infinitive constructions.

HANS: ¹⁴Ja, und dabei sehr exzentrisch. ¹⁵Er wollte sein Leben wie ein romantisches Märchen leben.

FRED: ¹⁶Deshalb inspirierte ihn wohl Wagner so sehr.

HANS: ¹⁷Dafür half er Wagner auch so sehr. ¹⁸Hätte er Wagner nicht geholfen, so hätte Wagner viele seiner Pläne und Träume nicht verwirklichen können.

FRED: ¹⁹Hatte der König noch andere Schlösser?

HANS: ²⁰Natürlich. Schloß Hohenschwangau kann man sogar von hier sehen. ²¹Nicht weit von hier befindet sich ein drittes Schloß, Linderhof, und Schloß Nymphenburg, die Münchner Residenz der ehemaligen bayrischen Könige, kennen Sie ja.

FRED: ²²Wenn wir mehr Zeit hätten, könnten wir Hohenschwangau besuchen. ²³Jedenfalls schien Ludwig II. keine Wohnungsnot zu kennen.

HANS: ¹⁴Yes, and very eccentric at the same time. ¹⁵He wanted to live his life like a romantic fairytale.

FRED: ¹⁶That's probably the reason why Wagner inspired him so much.

HANS: ¹⁷In return he helped Wagner a great deal. ¹⁸Had he not helped Wagner, Wagner could not have realized many of his plans and dreams.

FRED: ¹⁹Did the king have some other castles?

HANS: ²⁰Of course. We can even see Hohenschwangau Castle from here. ²¹Not far from here is a third castle, Linderhof, and you already know Nymphenburg Castle, the Munich residence of the former Bavarian kings.

FRED: ²²If we had more time, we could visit Hohenschwangau. ²³In any case, Ludwig II didn't seem to have (know) any shortage of living space.

ÜBUNGEN

I. *Wortstudien*

A.

1.	denken	er denkt	der Denker
2.	bewohnen	er bewohnt	der Bewohner
3.	besuchen	er besucht	der Besucher
4.	entdecken	er entdeckt	der Entdecker
5.	essen	er ißt	der Esser
6.	geben	er gibt	der Geber
7.	angeben	er gibt an	der Angeber
8.	lesen	er liest	der Leser
9.	zuhören	er hört zu	der Zuhörer
10.	vorarbeiten	er arbeitet vor	der Vorarbeiter

B.

1. schlafen	er schläft	der Schläfer
2. laufen	er läuft	der Läufer
3. tragen	er trägt	der Träger
4. kaufen	er kauft	der Käufer
5. verkaufen	er verkauft	der Verkäufer

C.

1. die Musik	der Musiker
2. die Politik	der Politiker
3. die Physik	der Physiker
4. die Mathematik	der Mathematiker

D.

1. der Detektiv	die Detektive
2. der Revolutionär	die Revolutionäre
3. der Pionier	die Pioniere
4. der Ingenieur	die Ingenieure

II. Substitution

1. Ich hätte nie gedacht, daß es so *schön* wäre.
  alt / neu / teuer / weit / nahe / kalt / heiß

2. Wer hat es denn *bauen* lassen?
  machen / planen / verkaufen / ersetzen

3. Haben Sie die *Wandgemälde* schon bemerkt?
  Gebäude / Touristen / alten Straßen / hohen Berge

4. Vielleicht können Sie mir auch noch sagen, wer *Wagner* sehr verehrte.
  Mozart / Beethoven / Bach / Brahms

5. Das kann nur *Ludwig II.* gewesen sein.
  Karl der Große / Friedrich II. / Hans / Fred / Helga / er

6. Hätte er *Wagner* nicht geholfen, so hätte *Wagner* viele Pläne nicht verwirklichen können.
  mir . . . ich / ihm . . . er / ihr . . . sie / Fred . . . Fred

7. Nicht weit von hier befindet sich *ein Schloß.*
  ein Restaurant / ein Hotel / das Postamt / das Rathaus / der Bahnhof / eine Haltestelle

III. *Beantworten Sie die folgenden Fragen:*

1. In welchem Schloß befinden sich Hans und Fred? **2.** Wie gefällt Fred Schloß Neuschwanstein? **3.** Was hätte er nie darüber gedacht? **4.** Wie sieht das Schloß aus, Fred nach? **5.** Wer hat das Schloß bauen lassen? **6.** Was befindet sich an den Wänden des Schlosses? **7.** Woran erinnern Fred die Wandgemälde? **8.** Wie sehen die Wandgemälde aus? **9.** Wer verehrte Wagner sehr? **10.** Wer war geisteskrank? **11.** Wer war sehr exzentrisch?

12. Wie wollte Ludwig II. sein Leben leben? **13.** Weshalb inspirierte Wagner Ludwig II. (Ludwig den Zweiten)? **14.** Warum half Ludwig II. Wagner? **15.** Was hätte Wagner nicht verwirklichen können, wenn Ludwig II. ihm nicht geholfen hätte? **16.** Hatte der König nur das eine Schloß? **17.** Welches Schloß kann man von Neuschwanstein aus sehen? **18.** Welches Schloß befindet sich nicht weit von den Schlössern Neuschwanstein und Hohenschwangau? **19.** Wie heißt die Münchner Residenz der ehemaligen Könige von Bayern? **20.** Welches Schloß kennt Fred schon? **21.** Was könnten die beiden Freunde machen, wenn sie mehr Zeit hätten? **22.** Was schien Ludwig II. jedenfalls nicht zu kennen?

IV. *Fragen Sie jemanden:*

1. wie ihm Schloß Neuschwanstein gefällt. **2.** wie das Schloß aussieht. **3.** ob er weiß, wer es hat bauen lassen. **4.** ob er die Wandgemälde schon bemerkt hat. **5.** woran ihn die Wandgemälde erinnern. **6.** wie die Wandgemälde aussehen. **7.** ob er Ihnen sagen kann, wer Wagner verehrte. **8.** ob der König geisteskrank war. **9.** ob der König exzentrisch war. **10.** was für ein Leben der König führen (*lead*) wollte. **11.** wer ihn inspirierte. **12.** was geschehen (passiert) wäre, wenn der König Wagner nicht geholfen hätte. **13.** ob der König noch andere Schlösser hatte. **14.** was Sie tun könnten, wenn Sie mehr Zeit hätten.

V. *Wiederholung. Reflexive Verben. Beantworten Sie die Fragen:*

BEISPIEL: Haben Sie sich gestern verheiratet?
Ja, ich habe mich gestern verheiratet.

1. Können Sie sich jetzt endlich daran erinnern? **2.** Freuen Sie sich schon auf Weihnachten? **3.** Wollen Sie sich setzen? **4.** Müssen Sie sich sehr beeilen? **5.** Werden Sie sich nach ihm erkundigen? **6.** Haben Sie sich bei der Firma schon vorgestellt? **7.** Haben Sie sich das gewünscht? (dat.: *mir*) **8.** Können Sie sich darauf verlassen? **9.** Könnten Sie sich jetzt schon entscheiden? **10.** Befinden Sie sich noch immer in München?

VI. *Diktat aus Konversation 25*

VII. *Eine Unterhaltung*

Plaudern Sie über einen Schloß- oder Museumsbesuch!

∾ Was ist denn los?

(What's the matter?)

HANS: [1]Was ist denn los, Helga? [2]Fehlt dir etwas?*

HELGA: [3]Ich versichere dir, mir fehlt nichts. [4]Sorg dich nicht.

HANS: [5]Etwas muß doch los sein. [6]Du siehst so traurig aus. [7]Woran denkst du denn?

HELGA: [8]Ich denke an Monika. [9]Kennst du sie?

HANS: [10]Ich glaube nicht. [11]Ist das eine deiner Kusinen?

HELGA: [12]Ja, es ist die, die in Bremen wohnt.

HANS: [13]Ach ja, von der hast du mir schon erzählt. [14]Was ist denn mit ihr los?

HELGA: [15]Ich habe gestern einen Brief von meiner Tante erhalten. [16]Sie schreibt, daß Monika sich nächsten Donnerstag verheiratet.

HANS: [17]Warum sollte dich das traurig machen? [18]Bist du eifersüchtig?

HELGA: [19]Sprich nicht so dumm! [20]Ich bin weder traurig noch eifersüchtig.

HANS: [21]Was stört dich dann also?

HELGA: [22]Ich wäre gern zu ihrer Hochzeit gefahren, aber es geht leider nicht.

HANS: [23]Ach, wie schade. Schick ihr eben ein Geschenk.

HANS: [1]*What's the matter, Helga?* [2]*Is something wrong with you?*

HELGA: [3]*I assure you, there is nothing wrong with me.* [4]*Don't worry.*

HANS: [5]*Something must be the matter.* [6]*You look so sad.* [7]*What are you thinking about?*

HELGA: [8]*I'm thinking about Monika.* [9]*Do you know her?*

HANS: [10]*I don't think so.* [11]*Is that one of your cousins?*

HELGA: [12]*Yes, she's the one who lives in Bremen.*

HANS: [13]*Oh yes, you told me about that one.* [14]*What's the matter with her?*

HELGA: [15]*I received a letter from my aunt yesterday.* [16]*She writes that Monika is going to get married next Thursday.*

HANS: [17]*Why should that make you sad?* [18]*Are you jealous?*

HELGA: [19]*Don't talk so silly!* [20]*I am neither sad nor jealous.*

HANS: [21]*What's bothering you, then?*

HELGA: [22]*I would have liked to go to her wedding, but unfortunately it is impossible.*

HANS: [23]*Oh, that's too bad. You'll just have to send her a gift.*

---

* This lesson explains the familiar *you*, **du** forms.

ÜBUNGEN

I. *Wortstudien*

A.
1. der Doktor	des Doktors	die Doktoren
2. der Direktor	des Direktors	die Direktoren
3. der Senator	des Senators	die Senatoren
4. der Diktator	des Diktators	die Diktatoren
5. der Traktor	des Traktors	die Traktoren

B.
1. studieren	der Student	des/die Studenten
2. präsidieren	der Präsident	des/die Präsidenten
3. dirigieren	der Dirigent	des/die Dirigenten
4. abonnieren	der Abonnent	des/die Abonnenten

C.
1. die Philosophie	der Philosoph	des/die Philosophen
2. die Geographie	der Geograph	des/die Geographen
3. die Biologie	der Biolog	des/die Biologen
4. die Astronomie	der Astronom	des/die Astronomen

D.
1. der Optimismus	der Optimist	des/die Optimisten
2. der Sozialismus	der Sozialist	des/die Sozialisten
3. der Nihilismus	der Nihilist	des/die Nihilisten
4. der Kommunismus	der Kommunist	des/die Kommunisten

E.
1. der Pilot	des/die Piloten
2. der Diplomat	des/die Diplomaten
3. der Protestant	des/die Protestanten
4. der Katholik	des/die Katholiken

II. Substitution

1. Fehlt *dir* etwas?
   ihr / ihm / ihnen / Ihnen / Helga

2. *Sorg* dich nicht.
   beeil / freu / entscheide / setz

3. *Sprich* nicht so *dumm*.
   iß . . . schnell / gib . . . an / nimm . . . viel / lies . . . langsam

4. Du siehst so *traurig* aus.
   fröhlich / eifersüchtig / hübsch / krank

5. Was ist denn mit *ihr* los?
   ihm / uns / ihnen / Ihnen / mir

6. Ich habe gestern *einen Brief* erhalten.
   einen Scheck / eine Einladung / Post / ein Geschenk

III. *Antworten Sie zuerst positiv und dann negativ:*

> BEISPIEL: Haben Sie etwas gekauft?
> **Ja, ich habe etwas gekauft.**
> **Nein, ich habe nichts gekauft.**

1. Fehlt Ihnen etwas? **2.** Ist mit Ihnen etwas los? **3.** Sorgt Sie etwas? **4.** Sagten Sie etwas? **5.** Ist Ihnen etwas passiert? **6.** Haben Sie gestern etwas erhalten? **7.** Haben Sie ihr etwas geschickt?

IV. *Beantworten Sie die folgenden Fragen:*

1. Was ist mit Helga los? **2.** Fehlt ihr etwas? **3.** Woran oder an wen denkt sie? **4.** Kennt Hans Monika? **5.** Ist Monika eine von Helgas Kusinen? **6.** Wo wohnt Monika? **7.** Was ist mit Monika los? **8.** Wann hat Helga einen Brief erhalten? **9.** Von wem war er? **10.** Was schreibt Helgas Tante? **11.** Wann wird sich Monika verheiraten? **12.** Ist Helga eifersüchtig? **13.** Was antwortet Helga, als Hans fragt, ob sie eifersüchtig ist? **14.** Was stört Helga, da sie weder traurig noch eifersüchtig ist? **15.** Kann Helga zur Hochzeit fahren? **16.** Was rät ihr Hans?

V. *Duzen Sie und fragen Sie jemanden* (Use the *du*-form . . .):

1. ob ihm etwas fehlt. **2.** warum er so traurig aussieht. **3.** woran er denkt. **4.** ob er Monika kennt. **5.** ob das eine seiner Kusinen ist. **6.** warum ihn der Brief traurig machen sollte. **7.** ob er eifersüchtig ist. **8.** was ihn stört.

VI. *Wiederholen Sie jeden der folgenden Sätze mit einer passenden Frage:*

> BEISPIEL: Du siehst so traurig aus.
> Du siehst so traurig aus. **Fehlt dir etwas?**

1. Er sieht so traurig aus. **2.** Sie sieht so traurig aus. **3.** Fred sieht so traurig aus. **4.** Sie sehen so traurig aus. **5.** Er sieht so krank aus. **6.** Sie sieht so krank aus. **7.** Helga sieht so krank aus. **8.** Sie sehen so krank aus.

VII. *Diktat aus Konversation 26*

VIII. *Eine Unterhaltung*

Sie haben eine Einladung zu einer Hochzeit erhalten.

ᙍ Second Person Commands; Infinitive Clauses; Particles; Cognate Verbs and Adjectives; Inseparable Prefixes

71 ● Second person (familiar) commands

A. Second person plural (**ihr**-form)

Kommt und **spielt** ein Spiel, Kinder!	*Come* and *play* a game, children!
Geht schon, **lauft,** es ist spät!	*Go, run,* it is late!
Eßt nicht so viel, ihr beide!	*Don't eat* so much, you two!
Gebt mir das sofort!	*Give* that to me at once!

1. The ending for the second person plural command form is identical with the conjugational ending for the **ihr** form.

2. In familiar commands the pronoun is omitted.

B. Second person singular (**du**-form)

Komm(e) und **spiel(e)** ein Spiel, Kind!	*Come* and *play* a game, child!
Geh(e) schon, **lauf(e),** es ist spät!	*Go, run,* it is late!
Iß nicht so viel!	*Don't eat* so much!
Gib mir das sofort!	*Give* that to me at once!

1. The second person singular **(du)** command form is the only command form whose endings do not coincide with those of the conjugational pattern.

254

2. The ending **-st** is not used. It is dropped entirely and the stem of the verb is used as command form. An optional **-e** may be added. The tendency is to use the stem only for conversation, the optional **-e** in writing.

3. Verbs which change **e** to **i** in the second and third person of the present tense conjugation have only one command form, without the **-e,** and with the changed stem: **sprich! nimm! gib! sieh!**

72 ● Use of the infinitive

A. With other verbs

Er schrieb mir **zu kommen.**	He wrote me *to come.*
Raten Sie mir **zu warten?**	Do you advise me *to wait?*
Darf ich heute **kommen?**	May I *come* today?
Er mußte lange **warten.**	He had to *wait* for a long time.
Wir sehen ihn schon **kommen.**	We already see him *come* (*coming*).

1. With most verbs an accompanying infinitive requires **zu.**

2. With modals and (primarily) the verbs **hören, sehen, lassen,** no **zu** is used.

B. With **lassen** and **sein**

Study the following constructions and the English equivalents:

Lassen Sie das Buch **liegen.**	*Leave* the book. (*Let* it *lie.*)
Lassen Sie sich doch die Haare **schneiden.**	Do *have* your hair *cut.*
Das **läßt sich** leicht **machen.**	That *can be done* easily.
Das **läßt sich** wohl **sagen.**	You *can say* that again.
Das **ist** schwer **zu verstehen.**	That's hard *to understand.*
Das **ist** kaum **zu glauben.**	I *can* hardly *believe* that.
Das **ist** leicht **zu machen.**	That *can be done* easily.

C. In three types of clauses: **um . . . zu, ohne . . . zu, (an)statt . . . zu**

Wir lesen das Buch,	We read the book
um die Sprache **zu lernen,**	*in order to learn* the language,
ohne die Sprache **zu verstehen,**	*without understanding* the language,
(an)statt die Übung **zu schreiben.**	*instead of writing* the exercise.

1. Carefully study the English equivalents of clauses with **ohne . . . zu** and **anstatt . . . zu.**

2. Note the word order in all three types: **zu** + infinitive stands last.

3. These three clauses are the only clauses of unusual nature. All other clauses employ normal, inverted, or transposed word order.

73 ● Particles

Some words are used as colloquial particles in German. As such they depart completely from their usual meaning, are difficult or impossible to translate, and very difficult to teach concretely. At the same time they cannot be ignored, as they achieve a certain colloquial ease as well as certain effects and are widely employed by all native speakers of German. These particles have been presented throughout this text. Their use should be studied carefully and gradually imitated. The following examples are by no means exhaustive, but they may offer some insight.

Standard meanings of the words used as colloquial particles:

denn *for, because* (coordinating conjunction, normal word order)
doch *oh yes* (used to contradict a negative question)
ja *yes*
mal *time(s)* (e.g.: **einmal,** *once*)
schon *already*

Examples of colloquial use of these words as particles follow. The English equivalents purposely approach slang to try to convey the feeling evoked:

Kommen Sie!	Come!
Kommen Sie **mal!**	Drop in sometime!
Kommen Sie **doch!**	Do come!
Kommen Sie **schon!**	Come on, let's go!
Kommen Sie **doch mal!**	Do drop in sometime, won't you!
Kommen Sie **doch schon!**	Come on, stop stalling, move, step on it!

Ich komme.	I am coming.
Ich komme **ja.**	All right, I am coming.
Ich komm'* **ja schon.**	All right, all right, I'm on my way.
Ich komm' **doch schon.**	Don't you see that I am on my way?
Ich komm' **schon mal.**	I'll drop in some day.
Kommt er **denn** auch?	Gee, is he coming too?

74 ● Cognate verbs and adjectives of non-German origin

A. Verbs of non-German origin

Based on the ending of a verb in English, the following five groups predominate and lend themselves to valuable short-cuts. In all cases, the German infinitive ends in **-ieren,** with the stress on the **-ie-.**

---

* Germans frequently drop the ending **-e** when using the first person verb form, especially in rapid conversation (not in writing).

1. English verb ends in a consonant: simply add **-ieren** to the full verb.

add	**addieren**	*exist*	**existieren**
export	**exportieren**	*alarm*	**alarmieren**

2. English verb ends in a vowel: drop the vowel and add **-ieren.**

probe	**probieren**	*inspire*	**inspirieren**
reduce	**reduzieren**	*reserve*	**reservieren**

3. English verb ends in *-ate*: drop *-ate* and add **-ieren.**

dominate	**dominieren**	*amputate*	**amputieren**
illustrate	**illustrieren**	*ventilate*	**ventilieren**

4. English verb ends in *-ize*: Change *-ize* to **-isieren.**

centralize	**zentralisieren**	*organize*	**organisieren**
modernize	**modernisieren**	*colonize*	**kolonisieren**

5. English verb ends in *-fy*: Change *-fy* to **-fizieren.**

identify	**identifizieren**	*classify*	**klassifizieren**
glorify	**glorifizieren**	*crucify*	**kruzifizieren**

NOTES:

1. Note that the only other change usually necessary is to modify the letter -*c*- of an English word to **-k-,** if it has the *k*-sound, or to **-z-,** if it has the *s*-sound. This is true of all conversions.

2. Occasional deviations from the above five groups exist but are not extensive enough to be treated fully, e.g. *amuse,* **amüsieren.**

3. Conversions are especially reliable with verbs that are of relatively recent origin, i.e. from politics, diplomacy, military science, natural science, etc.

4. REMINDER: All verbs in **-ieren** are essentially weak, regular verbs, except that their past participles do not admit the prefix **ge-.**

B. Adjectives of foreign origin

ENGLISH ENDING	GERMAN ENDING	EXAMPLES (Note stress)
-ic or *-ical*	**-isch**	po_li_tisch, tr_a_gisch, dram_a_tisch
-al	**-al**	neutr_a_l, koloni_a_l, monument_a_l
-ous	**-ös**	volumin_ö_s, monstr_ö_s, por_ö_s
-ary	**-är**	revolution_ä_r, ordin_ä_r, bin_ä_r
-ive	**-iv**	posit_i_v, negat_i_v, explos_i_v

NOTES:

1. The first example represents the most prolific group. Care must be taken not to confuse adjectives in -*ic(al)* with nouns in -*ic(s)* which convert to German feminine nouns in **-ik**: *music:* **die Musik.**

2. There are exceptions to the above examples: *radical,* **radikal.** A number of adjectives which end in -*al* in English change to **-ell** in German, especially when the -*al* is preceded by -*i*-: *industrial:* **industriell.**

3. The letter *c* must be converted to **k** or **z** again.

4. One should keep in mind that most words of non-Germanic origin have German counterparts. While conversions will definitely increase the students ability to communicate, his ability to understand will not necessarily increase at the same rate.

75 ● Inseparable prefixes

A. Inseparable prefixes of rare occurrence

Empfinden Sie etwas?	Do you *feel* (*sense*) something?
Der Hut **gefällt** mir.	I like the hat. (Lit. The hat *pleases* me.)
Er **mißfällt** mir.	I don't like it. (It *displeases* me.)
Müssen Sie immer **widersprechen**?	Must you always *talk back* (*contradict*)?
Er **hintergeht** seine Freunde.	He *betrays* his friends.
	(Lit. *goes behind* their back.)
Haben Sie die Aufgabe **vollendet**?	Have you *completed* the task?

1. The prefixes **emp-, ge-, miß, wider-, hinter-, voll-** are inseparable, therefore unstressed prefixes of rare occurrence. **Miß-** and **voll-** are used separably in one or two exceptional cases.

2. Words with the prefixes **emp-** and **ge-** should be learned as to their meanings. **Miß-** corresponds to English *mis-* or *dis-* and sometimes forms the opposite of words beginning with **ge-**. **Wider-** denotes opposition, **hinter-** stealth or betrayal, **voll-** completion.

3. The primary function of all prefixes is to modify the meanings of verbs. Nouns with prefixes are derived from verbs: **empfinden: die Empfindung,** *sensation, feeling*; **widersprechen: der Widerspruch,** *contradiction.*

EXCEPTION: The prefix **un-** is not used with verbs and is always stressed, since it changes the meaning from positive to negative: **Sinn, Unsinn,** *sense, nonsense.*

B. Inseparable prefixes of very frequent occurrence ·

Er **bewohnt** dieses Zimmer.	He *inhabits* this room.
Das Glas **zerbricht.**	The glass *breaks into pieces* (*shatters*).
Er **vertrinkt** sein Geld.	He *drinks away* his money.
Er ist im See **ertrunken.**	He *drowned* in the lake.
Er ist ihm **entkommen.**	He *escaped* from him.

1. **Be-** almost always denotes that an action is directed at something or someone. Compare *bemoan, belabor.* Verbs with **be-** are almost always transitive, i.e. they take a direct object, the recipient of the action.

2. **Zer-** always denotes destruction. Depending on the verb, its English equivalent may be *to pieces, apart, into two,* or the whole verb may convey the idea of melting or exploding: **zergehen, zerfließen,** *to melt;* **zerbersten,** *to burst, blow up, explode.*

3. **Ver-** denotes wastage, i.e. *away, spoil by doing;* also *to the end, finish doing:* **Er verteilt alles,** *he distributes everything completely.* **Das Schiff versinkt,** *the ship sinks* (*goes down completely*). When used reflexively, the prefix indicates a mistake: **Ich habe mich versungen,** *I sang the wrong way.*

4. **Er-** usually denotes *to the end* or *to death;* **schießen,** *shoot,* **erschießen,** *shoot to death;* **stechen,** *stab,* **erstechen,** *stab to death;* **reichen,** *reach,* **erreichen,** *attain.* In some instances it indicates the beginning of something: **erstehen,** *arise;* **erklingen,** *resound, start sounding.* When used with a dative reflexive pronoun and a direct object, it denotes the attainment of something through something: **Ich ersinge mir mein Brot,** *I earn* (*get, obtain*) *my bread by singing.*

5. **Ent-** denotes removal or separation, *from, away, away from:* **entspringen,** *spring from.* With practically all verbs of motion it means *to escape:* **Er ist der Polizei entlaufen (entkommen, entgangen),** *he escaped from the police, he eluded the police.* It may also denote the beginning of something: **entstehen,** *to come into being.*
   Verbs with **ent-** are almost always followed by the dative case, denoting the person or thing from which the subject escapes or moves away: **Ist er Ihnen entschlüpft?** *Did he slip away from you?*

NOTE: The above description of the functions of prefixes is a key to standard use only. Many exceptions will be found which must be learned almost as idioms, e.g. **erfinden,** *to invent;* **sich verschwören,** *to conspire.*

ÜBUNGEN

I. A. *Bilden Sie die Befehlsform* (*Imperativ*) *in der Einzahl* (*Singular*):

BEISPIEL: Nehmt mich mit!
Nimm mich mit!

1. Kauft das nicht! **2.** Macht schnell die Aufgabe! **3.** Arbeitet nicht zu viel! **4.** Probiert die Suppe! **5.** Bringt es dem Lehrer! **6.** Lauft schneller! **7.** Fangt doch endlich an! **8.** Schlaft gut! **9.** Eßt! **10.** Unterbrecht mich nicht! **11.** Vergeßt nicht unsere Verabredung! **12.** Sprecht nicht so schnell!

B. *Ersetzen Sie den zweiten Satz durch Konstruktionen mit* **um . . . zu, ohne . . . zu, anstatt . . . zu:**

BEISPIEL: Wir lesen das Buch. Wir lernen Deutsch.
Wir lesen das Buch, **um Deutsch zu lernen.**
ohne Deutsch zu lernen.
anstatt Deutsch zu lernen.

1. Ich fahre nach München. Ich besuche meinen Freund.

2. Er besichtigt die Wohnung nur. Er mietet sie.

3. Wir gehen. Wir entschuldigen uns.

4. Sie gehen zu der Party. Sie lernen die Deutschen kennen.

5. Studieren Sie die Grammatik? Beantworten Sie die Frage?

C. *Imitieren Sie die Effekte der folgenden Sätze auf englisch:*

1. Hat er denn keine Zeit? **2.** Sie haben doch meinen Brief bekommen, nicht wahr? **3.** Schreiben Sie uns mal! **4.** Lesen Sie doch schon! **5.** Ich lese ja schon. **6.** Er wird schon mal lernen. **7.** Er lernt ja schon. **8.** Kaufen Sie es doch! **9.** Ich hab' doch aber kein Geld. **10.** Warum denn nicht?

D. *Bilden Sie die Infinitive der folgenden Verben auf deutsch:*

1. to experiment, assist, bombard, command, ruin.

2. to condense, degrade, discipline, explode.

3. to articulate, calculate, circulate, emigrate, conjugate.

4. to Americanize, civilize, demoralize, dramatize, mobilize.

5. to electrify, pacify, qualify, specify.

E. *Bilden Sie die deutschen Formen der folgenden Adjektive:*

1. comical, theoretical, dynamic, pessimistic, phantastic.
2. normal, colossal, feudal, vertical, horizontal.
3. pompous, religious, stationary, productive, effective.

F. *Übersetzen Sie die folgenden Sätze auf englisch:*

1. Was haben Sie empfunden? **2.** Ich glaube, Sie haben mich mißverstanden.
3. Wem gehört das? **4.** Der Widerstand der Opposition war gebrochen.
5. Das alte Gebäude sieht ganz zerfallen aus. **6.** Sie haben die halbe Nacht
vertanzt. **7.** Man hat den Banditen endlich erhängt. **8.** Ich habe mir alles
schwer erarbeiten müssen. **9.** Was haben Sie seinen Worten entnommen?

II. *Wiederholung aus Konversationen 22 und 23*

1. Was war übers Wochenende mit Helga los? **2.** Wer hatte gehofft, sie zu
sehen? **3.** Warum ist Helga zu Hause geblieben? **4.** Wie fühlte sie sich?
5. Was hat denn der Arzt gesagt? **6.** Was hat Helga alles gegen die kleine
Erkältung gemacht? **7.** Wen freut es, daß es Helga wieder gut geht? **8.** Wie
hatte sich Helga erkältet? **9.** Wonach sucht Fred noch? **10.** Was kann er
nicht finden? **11.** Welche Krawatte hat er verlegt? **12.** Wann trug Fred
die Krawatte zuletzt? **13.** Warum will Fred keine Krawatte von Hans
ausborgen? **14.** In wessen Schublade findet er endlich seine Krawatte?

III. *Aufsatz*

Ludwig II of Bavaria was a contemporary (*Zeitgenosse*) of Richard Wagner.
The king was eccentric and mentally ill, but the Bavarians loved him. He wanted
to live like a fairytale prince and had fairytale castles built for himself (*sich*).
Wagner's works inspired the romantic king so much (*sehr*), that he had
Neuschwanstein Castle decorated with murals from (*aus*) Wagner's operas. His
coach (*Kutsche*) was made out of (*aus*) gold. The extravagance of the king
finally almost ruined Bavaria. Instead of dying in one of his beautiful castles,
Ludwig II drowned in a lake.

ᔐ Ein Unfall

(*An accident*)

DER WACHTMEISTER: ¹Sind Sie der Herr Ingenieur Fred Owens, wohnhaft in der Theresienstraße?

THE POLICE OFFICER: ¹*Are you the engineer Fred Owens who lives on Theresien Street?*

FRED: ²Ja, der bin ich.

FRED: ²*Yes, I am he (the one).*

WACHTMEISTER: ³Gestern nachmittag waren Sie Augenzeuge eines leichten Verkehrsunfalls, nicht wahr?

OFFICER: ³*Yesterday afternoon you were eyewitness to a minor traffic accident, weren't you?*

FRED: ⁴Ja, das stimmt.

FRED: ⁴*Yes, that's right.*

WACHTMEISTER: ⁵Sie werden wohl schon in der Zeitung gelesen haben, daß der Fahrer des Personenwagens dabei einige leichte Verletzungen erlitt.

OFFICER: ⁵*You probably have read (will have read) in the newspaper that the driver of the passenger car suffered some minor injuries (in it).*

FRED: ⁶Ja, ich habe darüber gelesen. ⁷Ist er noch immer im Krankenhaus?

FRED: ⁶*Yes, I read about it.* ⁷*Is he still in the hospital?*

WACHTMEISTER: ⁸Nein, er wird wohl heute wieder nach Hause gegangen sein. ⁹Ich möchte aber im Zusammenhang mit dem Unfall einige Fragen an Sie stellen.

OFFICER: ⁸*No, he probably went (will have gone) home again today.* ⁹*However, I would like to ask you a few questions in connection with the accident.*

FRED: ¹⁰Bitte, fragen Sie nur!

FRED: ¹⁰*Please, go right ahead and ask!*

WACHTMEISTER: ¹¹Wo befanden Sie sich genau zur Zeit des Unfalls?

OFFICER: ¹¹*Where were you exactly at the time of the accident?*

FRED: ¹²Ich saß in einem Café in der Leopoldstraße und beobachtete den Verkehr.

FRED: ¹²*I was sitting in a café on Leopold Street and watching the traffic.*

WACHTMEISTER: ¹³Konnten Sie die Kreuzung gut übersehen, wo sich der Unfall ereignete?

OFFICER: ¹³*Did you have a good view of the intersection where the accident took place?*

FRED: ¹⁴Ja, der Personenwagen wollte gerade in die Leopoldstraße einbiegen, als der Lastwagen mit ihm zusammenstieß.

WACHTMEISTER: ¹⁵Wie schnell fuhr der Lastwagen ungefähr?

FRED: ¹⁶Ich würde sagen, 30 bis 35 Kilometer die Stunde.

WACHTMEISTER: ¹⁷Versuchte der Lastwagenfahrer zu bremsen?

FRED: ¹⁸Ja, aber die Straße war naß, und er konnte nicht anhalten.

WACHTMEISTER: ¹⁹War das Pflaster Ihrer Meinung nach schlüpfrig?

FRED: ²⁰Da es gerade geregnet hatte, war es sehr schlüpfrig. ²¹Ich glaube, der Unfall wäre nicht passiert, wenn es nicht geregnet hätte.

WACHTMEISTER: ²²Ihre Aussagen stimmen mit allen anderen überein. Ich danke Ihnen.

FRED: ¹⁴*Yes, the passenger car just wanted to turn into Leopold Street when the truck collided with it.*

OFFICER: ¹⁵*Approximately how fast was the truck going?*

FRED: ¹⁶*I would say, 30 to 35 kilometers per hour.*

OFFICER: ¹⁷*Did the truck driver attempt to brake?*

FRED: ¹⁸*Yes, but the street was wet and he could not stop.*

OFFICER: ¹⁹*Was the pavement slippery in your opinion?*

FRED: ²⁰*Since it had just rained, it was very slippery.* ²¹*I believe the accident would not have happened if it had not rained.*

OFFICER: ²²*Your statements agree with all others. I thank you.*

ÜBUNGEN

I. *Wortstudien: Unbetonte, untrennbare Vorsilben*

INFINITIV:	PARTIZIP PERFEKT:	SUBSTANTIV:
empfehlen	empfohlen	die Empfehlung
empfangen	empfangen	der Empfang
gelingen	gelungen	das Gelingen
gefallen	gefallen	der Gefallen (*favor*)
mißlingen	mißlungen	das Mißlingen
mißfallen	mißfallen	das Mißfallen
widerstehen	widerstanden	der Widerstand *
widersprechen	widersprochen	der Widerspruch *
hinterlegen	hinterlegt	die Hinterlegung
vollbringen	vollbracht	das Vollbringen
vollstrecken	vollstreckt	die Vollstreckung
besuchen	besucht	der Besuch
behandeln	behandelt	die Behandlung
zerstören	zerstört	die Zerstörung
zerfallen	zerfallen	der Zerfall
vergnügen	vergnügt	das Vergnügen
verabreden	verabredet	die Verabredung
ermorden	ermordet	die Ermordung
erklären	erklärt	die Erklärung
entdecken	entdeckt	die Entdeckung
entschuldigen	entschuldigt	die Entschuldigung

* Prefix stressed

II. Substitution

1. Sie werden es wohl schon *gelesen* haben.
   gehört / getan / gekauft / gesehen

2. Er wird wohl heute wieder *nach Hause gegangen* sein.
   zu Hause geblieben / bei der Arbeit gewesen / nach München gefahren / am Konsulat vorbeigefahren

3. *Der Fahrer* erlitt dabei einige leichte Verletzungen.
   der Arbeiter / die Studentin / das Mädchen / Fred

4. Ich möchte aber im Zusammenhang mit *dem Unfall* einige Fragen stellen.
   dem Plan / der Übung / seinem Aussehen / all diesen Problemen

264

5. Wo befanden Sie sich zur Zeit *des Unfalls*?
des Oktoberfests / des Examens / der Prüfung / der Ferien

6. *Ihrer* Meinung nach war das Pflaster schlüpfrig.
meiner / seiner / unserer / ihrer

7. Der Unfall *wäre nicht passiert,* wenn es nicht geregnet hätte.
wäre nicht geschehen / wäre nicht vorgekommen / hätte sich nicht ereignet / hätte nicht stattgefunden

III. *Beantworten Sie die folgenden Fragen auf deutsch:*

1. Wovon war Fred gestern nachmittag Augenzeuge? **2.** War der Verkehrsunfall leicht oder schwer? **3.** Wer erlitt dabei Verletzungen? **4.** Erlitt der Lastwagenfahrer Verletzungen? **5.** Waren die Verletzungen des Fahrers des Personenwagens leicht oder schwer? **6.** Was wird Fred wohl schon in der Zeitung gelesen haben? **7.** Hat Fred von den Verletzungen des Fahrers gelesen? **8.** Ist der Fahrer heute noch immer im Krankenhaus? **9.** In welchem Zusammenhang möchte der Wachtmeister einige Fragen an Fred stellen? **10.** Was sagt Fred dazu? **11.** Wo befand sich Fred zur Zeit des Unfalls? **12.** Konnte er die Kreuzung gut übersehen, an der sich der Unfall ereignete? **13.** Was wollte der Personenwagen gerade tun, als der Lastwagen mit ihm zusammenstieß? **14.** Wie schnell fuhr der Lastwagen ungefähr? **15.** Versuchte der Lastwagenfahrer zu bremsen? **16.** Warum konnte er nicht anhalten? **17.** War das Pflaster Freds Meinung nach schlüpfrig? **18.** Wäre der Unfall passiert, wenn es nicht geregnet hätte? **19.** Stimmen Freds Aussagen mit allen anderen Aussagen überein? **20.** Dankt der Wachtmeister Fred?

IV. *Fragen Sie jemanden:*

1. ob Fred Augenzeuge eines Verkehrsunfalls war. **2.** ob der Unfall leicht oder schwer war. **3.** welcher Fahrer dabei Verletzungen erlitt. **4.** ob Fred wohl schon darüber in der Zeitung gelesen haben wird. **5.** ob der Fahrer des Personenwagens noch immer im Krankenhaus ist. **6.** ob er schon wieder nach Hause gegangen sein wird. **7.** ob der Wachtmeister im Zusammenhang mit dem Unfall Fragen stellen will. **8.** wo sich Fred zur Zeit des Unfalls befand. **9.** ob Fred die Kreuzung, an der der Unfall passierte, gut übersehen konnte. **10.** wie schnell der Lastwagen ungefähr fuhr. **11.** ob der Lastwagenfahrer versuchte zu bremsen. **12.** ob das Pflaster seiner Meinung nach schlüpfrig war. **13.** ob der Unfall passiert wäre, wenn es nicht geregnet hätte. **14.** ob Freds Aussagen mit allen anderen Aussagen übereinstimmen.

265

V. *Wiederholung*

A. *Ersetzen Sie* **können** *durch eine reflexive Konstruktion mit* **lassen:**

BEISPIEL: Das kann man kaum machen.
Das läßt sich kaum machen.

1. Das kann man wohl sagen. **2.** Das kann man nur schwer beschreiben.
3. Das kann man kaum definieren. **4.** Das kann man nicht mehr reparieren.
5. Das kann man sehr leicht korrigieren.

B. *Ersetzen Sie* **können** *durch* **sein** *und die Präposition* **zu:**

BEISPIEL: Das kann man nicht machen.
Das ist nicht zu machen.

1. Das kann man nur schwer beschreiben. **2.** Das kann man kaum definieren.
3. Das kann man nicht mehr reparieren. **4.** Das kann man sehr leicht
korrigieren. **5.** Das kann man natürlich sehr wünschen.

C. *Ersetzen Sie die modale Konstruktion durch eine imperative Konstruktion mit* **lassen:**

BEISPIEL: Sie müssen sich doch endlich die Haare schneiden lassen.
Lassen Sie sich doch endlich die Haare schneiden.

1. Sie können sich das Buch vorlesen lassen. **2.** Sie sollten doch die Suppe
bringen lassen. **3.** Sie müssen ihn doch nach München fahren lassen. **4.** Sie
dürfen ihn nicht so lange sprechen lassen. **5.** Sie können sich so etwas doch
nicht einfach gefallen lassen.

VI. *Diktat aus Konversation 27*

VII. *Eine Unterhaltung*

Plaudern Sie über einen Unfall, dessen Augenzeuge Sie waren.

∞ Future Perfect and Conditional Perfect; Variable Prefixes

76 ● Future perfect tense

Ich werde den Brief **beendet haben,** bevor das Postamt schließt.	*I shall have finished* the letter before the post office closes (will close).
Er wird schon **gegessen haben,** wenn wir ankommen werden.	*He will have eaten* already when we'll arrive.
Sie werden wohl darüber schon **gelesen haben.**	*You* probably *have read* (*will have read*) about it already.
Er wird wahrscheinlich nach Hause **gegangen sein.**	*He* probably *has gone* (*will have gone*) home.
Sicher **wird sie** es schon **haben machen können.**	*She* surely *has been able* (*will have been able*) *to do* it by now.

1. The future perfect tense is made up of (1) the present tense of **werden,** functioning as the future auxiliary, and (2) a past participle and, at the end of the clause, the infinitive **haben** or **sein.**

2. The presence of a modal results in the double infinitive construction, with the infinitive of the modal serving as past participle and occupying the last place in the clause. The perfect auxiliary **haben** or **sein** precedes the double infinitive.

3. The future perfect tense is used as in English, to express a future action which will precede another future action. The latter may be expressed by either the future tense or the present tense in German, since, as will be remembered, the present tense is frequently used for future events. In addition, the future perfect tense in German is sometimes referred to as the *tense of probability,* since it is frequently used to express that something probably has taken place by a certain time. In such a connection the word *probably* is usually contained in the sentence in the form of **wohl, wahrscheinlich** or **sicher.** Note that the best English equivalent is the present perfect tense.

77 ● The conditional perfect tense

Basically, the conditional perfect tense is formed like the future perfect tense, but with the past subjunctive of **werden: würde,** etc. Its use and meaning parallels English. The same three forms shown developed in connection with the conditional tense in Grammar Unit 15, Paragraph 68 can be developed.

A. Conditional perfect tense in both the main and the *if*-clause

Der Unfall würde nicht **passiert sein,**	*The accident would* not *have happened*
wenn **es** nicht **geregnet haben würde.**	if *it would* not *have rained.*
Ich würde nie etwas **gesagt haben,**	*I would have* never *said* anything
wenn **ich** das **gewußt haben würde.**	if *I would have known* that.
Wenn er Wagner nicht **geholfen haben**	If *he would* not *have helped* Wagner,
würde, würde Wagner viele seiner	*Wagner would* not *have been able to*
Pläne nicht **haben verwirklichen können.**	*realize* many of his plans.

1. The use of the perfect conditional in both clauses perhaps best expresses the intended meaning; however, stylistic reasons restrict this possible form to rare occasions in both German and English.

2. Rules about word order, the order of clauses, the double infinitive construction, the omission of *if,* etc. apply as before.

B. Conditional perfect tense in the main clause, past perfect subjunctive in the *if*-clause

Der Unfall würde nicht **passiert sein,**	*The accident would* not *have happened*
wenn **es** nicht **geregnet hätte.**	if *it had* not *rained.*
Ich würde nie etwas **gesagt haben,**	*I would have* never *said* anything
wenn **ich** das **gewußt hätte.**	if *I had known* that.
Wenn er Wagner nicht **geholfen hätte,**	If *he had* not *helped* Wagner,
würde Wagner viele seiner Pläne	*Wagner would* not *have been able*
nicht **haben verwirklichen können.**	*to realize* many of his plans.

1. The use of the conditional perfect in the main clause and the past perfect subjunctive in the *if*-clause is the standard form in English and a relatively common form in German.

2. Note that the past perfect subjunctive does not differ from the past perfect indicative in English. In German the difference must be observed and is provided by the subjunctive form of the perfect auxiliary **hätte** or **wäre** (in place of **hatte** and **war**).

269

C. Past perfect subjunctive in both clauses

Der Unfall wäre nicht **passiert,** wenn **es** nicht **geregnet hätte.**	*The accident would* not *have happened* if *it had* not *rained.*
Ich hätte nie etwas **gesagt,** wenn **ich** das **gewußt hätte.**	*I would have* never *said* anything if *I had known* that.
Wenn **er** Wagner nicht **geholfen hätte, hätte Wagner** viele seiner Pläne nicht **verwirklichen können.**	If *he had* not *helped* Wagner, *Wagner would* not *have been able to* (*could* not *have*) *realized* many of his plans.
Hätte er Wagner nicht **geholfen,** so hätte Wagner . . .	*Had he* not *helped* Wagner, Wagner . . .

1. The use of the past perfect subjunctive in the main clause is not possible in English due to the lack of special subjunctive verb forms. A few modals are an exception to this: *he could have realized* instead of *he would have been able to realize.*

2. The use of the past perfect subjunctive in both clauses is the most popular construction in German, especially since the subjunctive verb forms are always distinct, being a form of **hätte** or **wäre,** so that none of the restrictions apply to the contraction of the conditional perfect that applied to the contraction of the conditional in a main clause.

3. Since the use of the past perfect subjunctive in place of the conditional perfect is an idiomatic German form, care must be taken always to translate **hätte** or **wäre** as *would have* in this connection: **Ich hätte nie gedacht . . .** *I would never have thought. . . .*

78 ● Variable prefixes: <u>durch, um, über, unter</u>

The four variable prefixes occur with great frequency both as inseparable and as separable prefixes. They tend to be confusing and should be studied carefully.

A. Used inseparably

Fred hat alle Schubladen **durchsucht.**	Fred has *looked through* (*searched*) all drawers.
Mußten Sie die Stadt **umfahren?**	Did you have to *detour* the city?
Übersetzen Sie diesen Text!	*Translate* this text!
Er **unterbricht** ihn immer.	He always *interrupts* him.

B. Used separably

Ist der Zug schon **durchgefahren?**	Did the train *go through* already?
In Salzburg **steigen** wir **um.**	In Salzburg we'll *change trains.*
Das Bierglas ist **übergelaufen.**	The beer glass has *run over.*
Wo sind Sie endlich **untergekommen?**	Where did you finally *find shelter?*

C. Comparison

USED INSEPARABLY:

USED SEPARABLY:

1. Verbs are almost without exception transitive, requiring direct object.

Verbs may be transitive or intransitive, often in accordance with original verb.

2. Perfect auxiliary is always **haben.**

Perfect auxiliary could be **sein.**

3. Prefixes are not stressed.

Prefixes are stressed.

4. No **ge-** is employed in the past participle.

The **ge-** of the past participle is inserted between prefix and stem.

5. The verb very frequently has an idiomatic meaning: **übersetzen,** *to translate.*

The meaning of the verb usually is a combination of the meaning of stem and prefix: **über-setzen,** *to set across.*

6. Standard uses of the prefix: (Center column refers to both sides)

	durch	
through, across, to the other end		through
	apart, into two	
	thoroughly, all over	
	um	
all around		around
	down (topple, collapse)	
	again, over, re-	
	from one into another	
	out of one's way, detour	
	über	
over- (prefix, e.g. overeat, overlap)		over (following verb)
all over		across; cross (e.g. legs)
	unter	
under- (prefix)		under (following verb)
		under (for shelter, cover)

271

D. Further (mixed) examples of standard meanings

Er **durchfährt** den Wald.	He *drives from one end* of the forest *to the other.*
Er **fährt** durch* den Wald **durch.**	He *drives through* the forest.
Ich **durchschneide** die Schnur.	I *cut* the string *apart* (*into two*).
Ich **schneide** die Schnur **durch.**	I *cut* the string *apart* (*into two*).
Er ist vom Regen **durchnäßt.**	He is *thoroughly wet* from the rain.
Das Fleisch ist gut **durchgebraten.**	The meat is *thoroughly done.*
Wir **umschwimmen** die Insel.	We *swim all around* the island.
Wir **sehen** uns **um.**	We *look around.*
Er hat den Mast **umgefahren.**	He *ran down* the pole.
Der Mast ist **umgefallen.**	The pole *fell down* (*collapsed*).
Schreiben Sie den Brief **um.**	*Rewrite* the letter.
Er hat sich **überarbeitet.**	He *overworked.*
Er **ging** zum Feind **über.**	He *went over* to the enemy.
Sie **übergoß** ihn mit Wasser.	She *poured* water *all over* him.
Die Linien **überschneiden** sich.	The lines *overlap.*
Was **unternehmen** wir heute?	What shall we *undertake* today?
Der Schwimmer **geht unter.**	The swimmer *sinks* (*goes under*).

ÜBUNGEN

I. A. *Bilden Sie das Perfekt der folgenden Futursätze:*

BEISPIEL: Er wird ihn sehen.
Er wird ihn gesehen haben.

1. Er wird das Buch kaufen. **2.** Es wird schneien. **3.** Wir werden Deutsch lernen. **4.** Werden Sie eine Stunde lang auf ihn warten? **5.** Wird sie ihre Freunde einladen? **6.** Er wird ihn nach Heidelberg mitnehmen. **7.** Er wird nach Hause gehen. **8.** Der Zug wird nicht ankommen. **9.** Helga wird noch nicht ausgehen. **10.** Sie werden gleich abfahren. **11.** Er wird nicht kommen können. **12.** Ich werde gehen müssen.

---

* Note that the prefix does not replace a required preposition.

B. *Bilden Sie zuerst das Perfekt der folgenden Sätze und danach den Konjunktiv des Plusquamperfekts des Hauptsatzes:*

BEISPIEL: Der Unfall würde nicht passieren, wenn es nicht regnete.
Der Unfall würde nicht passiert sein, wenn es nicht geregnet hätte.
Der Unfall wäre nicht passiert, wenn es nicht geregnet hätte.

1. Er würde nicht kommen, wenn er das wüßte.
2. Ich würde meine Pläne nicht verwirklichen, wenn ich krank wäre.
3. Ich würde meine Pläne nicht verwirklichen können, wenn ich kein Geld hätte.
4. Wir würden ihm schreiben, wenn er uns seine Adresse gäbe.
5. Sie würde die Verabredung nicht vergessen, wenn sie es verspräche.
6. Wenn sie Zeit hätten, würden sie sicher kommen.
7. Wenn sie könnten (*sole modal!*), würden sie gerne Deutsch lernen.
8. Wenn er umsteigen müßte, würde er mit einem anderen Zug fahren.
9. Hätte er Freunde in München, so würde er sie öfters besuchen.
10. Wäre er intelligent, so würde er die Aufgabe machen können.

C. *Beantworten Sie die folgenden Fragen auf deutsch:*

1. Wären Sie gestern ins Theater gegangen, wenn Sie Zeit gehabt hätten?
2. Wäre das Pflaster schlüpfrig gewesen, wenn es nicht geregnet hätte?
3. Hätte der Fahrer anhalten können, wenn er gebremst hätte?
4. Wäre der Verletzte nach Hause gegangen, wenn es ihm nicht besser gegangen wäre?
5. Hätten Sie in Deutschland studieren wollen, wenn Sie kein Deutsch gekonnt hätten?
6. Hätten Sie einen modernen Hut gekauft, wenn er Ihnen gefallen hätte?
7. Hätten Sie Neuschwanstein besuchen wollen, wenn Sie in Bayern gewesen wären?
8. Hätten Sie das Examen beendet, wenn Sie mehr Zeit gehabt hätten?
9. Hätte Ludwig II. Szenen aus Wagners Opern an die Wände seines Schlosses malen lassen, wenn ihn Wagners Werke nicht inspiriert hätten?
10. Hätte Fred über den Unfall Aussagen machen können, wenn er ihn nicht selber gesehen hätte?

D. *Bilden Sie das Perfekt der folgenden Sätze:*

Bᴇɪsᴘɪᴇʟ: Er stieg in Salzburg um.
Er ist in Salzburg umgestiegen.

1. Fred durchsuchte die Schubladen. **2.** Der Zug fuhr durch, ohne anzuhalten.
3. Er fuhr durch die ganze Stadt durch. **4.** Der Student durchdachte das
schwierige Problem. **5.** Der Regen durchnäßte ihn vollkommen. **6.** Der
alte Baum fiel um. **7.** Er umging alle Fragen. **8.** Er mußte das Geld
umrechnen. **9.** Wir sahen uns in seiner Wohnung genau um. **10.** Ich tat
mir den Mantel um (*put on, put around me*). **11.** Ich übersetzte den Satz gut.
12. Der Sohn übernahm die Firma seines Vaters. **13.** Er setzte sie über.
14. Mußten Sie in Salzburg übernachten? **15.** Wer unterschrieb diesen Brief?
16. Wo kamen Sie nachts unter? **17.** Er unterhielt sich bei der Party gut.
18. Wer unterbrach den Lehrer?

II. *Wiederholung. Beantworten Sie die folgenden Fragen auf deutsch:*

1. Würden Sie Deutschland besuchen, wenn Sie könnten? **2.** Würden Sie in
die Oper gehen, wenn Sie in Wien wären? **3.** Würden Sie sich die Krawatte
Ihres Freundes ausborgen, wenn Sie Ihre eigene verlegten? **4.** Welche
Schlösser würden Sie besuchen, wenn Sie in Bayern herumreisten? **5.** Wo
würden Sie Brot kaufen, wenn Sie in München wären? **6.** Was würden die
Bayern nicht tun können, wenn sie ihr Oktoberfest nicht hätten?

III. *Erzählen Sie das Folgende im Imperfekt:*

Eines Tages ist Fred in einem Café auf der Leopoldstraße gesessen. Plötzlich
hat er einen Personenwagen gesehen, der gerade um die Kurve gefahren ist.
Ein großer Lastwagen ist im selben Moment erschienen. Er hat den Personen-
wagen zu spät bemerkt und hat nicht mehr anhalten können, obwohl (*although*)
er gebremst hat, denn das Pflaster ist vom Regen naß und schlüpfrig gewesen.
Ein Unfall hat stattgefunden, denn der Lastwagen ist mit dem Personenwagen
zusammengestoßen, und der Fahrer des Personenwagens hat einige Verlet-
zungen erlitten. Ein Krankenwagen (eine Ambulanz) hat ihn zum Krankenhaus
gebracht. Am folgenden Tag hat Fred bei der Polizei erscheinen und einige
Fragen beantworten müssen. Seine Aussagen haben mit allen Aussagen der
anderen Augenzeugen übereingestimmt.

IV. *Wiederholung aus Konversationen 24 und 25*

1. Wie hat Helga die Weihnachtsferien verbracht? **2.** Wen hat sie gesehen? **3.** In welcher Stadt leben ihre Angehörigen? **4.** Warum fand Helga Hamburg so ermüdend? **5.** Warum ist Hamburg heute so modern? **6.** Wo findet man in Deutschland die meisten Fabriken? **7.** Wodurch ist Köln besonders berühmt? **8.** Wo gibt es sehr viele Burgen? **9.** Was würde Hans tun, wenn er viel Geld hätte? **10.** Würde er die Großstadt vermissen, wenn er in einem Dorf wohnen würde? **11.** Würde Hans Bürgermeister seines Heimatdorfs sein wollen? **12.** Warum?

V. *Aufsatz*

Recently (*neulich*) Fred was the eyewitness of a minor traffic accident. At the time of the accident he was just sitting in a café on Leopold Street and watching the traffic. He had a good view of the intersection where the accident took place. A truck collided with a passenger car because the truck driver could not stop. It had rained and the pavement was very slippery. The truck was not going very fast, approximately only 30 to 35 kilometers per hour, and the driver tried to brake, but it was too late. If it had not rained the accident would not have happened. The driver of the passenger car suffered minor injuries. Fred had to answer a few questions at (*bei*) the police station (*Polizei*). His statements agreed with all others.

✎ Beim Juwelier

(At the jeweler's)

DER JUWELIER: [1]Womit kann ich dienen, mein Herr?

FRED: [2]Ich möchte diese Uhr gerne reparieren lassen. [3]Ich habe sie gestern fallen lassen, [4]und jetzt geht sie nicht mehr.

JUWELIER: [5]Wo haben Sie diese Uhr gekauft?

FRED: [6]Die habe ich in Amerika gekauft.

JUWELIER: [7]Das dachte ich mir doch! [8]Ich habe nämlich noch nie so eine Uhr gesehen wie die da.

FRED: [9]Werden Sie sie trotzdem reparieren können?

JUWELIER: [10]Ich glaube schon.

FRED: [11]Handelt es sich um eine große Reparatur?

JUWELIER: [12]Es handelt sich wirklich um eine ganz einfache Reparatur. [13]Ich werde mir aber eine neue Feder schicken lassen müssen.

FRED: [14]Können Sie mir ungefähr sagen, wann die Uhr fertig sein wird?

JUWELIER: [15]Mal sehen; die Feder, die ich brauche, bestelle ich noch heute. [16]Zweifellos bekomme ich sie so gegen Mitte nächster Woche.

FRED: [17]Wissen Sie, ich möchte die Uhr gerne so bald wie möglich haben.

JUWELIER: [18]Kommen Sie doch in vierzehn Tagen wieder vorbei.

FRED: [19]Also gut. Ich warte eben bis dahin.

THE JEWELER: [1](How) Can I help (serve) you, sir?

FRED: [2]I would like to have this watch repaired. [3]I dropped it yesterday, [4]and now it doesn't run any more.

JEWELER: [5]Where did you buy this watch?

FRED: [6]I bought it (that one) in America.

JEWELER: [7]That's what I thought! [8]You see, I have never seen a watch such as this one here.

FRED: [9]Will you be able to repair it anyway?

JEWELER: [10]I think so.

FRED: [11]Is it a question of a major repair?

JEWELER: [12]It's a question of quite a simple repair. [13]However, I shall have to have a new spring sent to me.

FRED: [14]Could you tell me approximately when the watch will be ready?

JEWELER: [15]Let's see; I'll order the spring which I need today. [16]No doubt I'll get it towards the middle of next week.

FRED: [17]You know, I'd like to have the watch as soon as possible.

JEWELER: [18]Why don't you drop in again in two weeks?

FRED: [19]Well, all right. I'll just wait until then.

ÜBUNGEN

I. *Wortstudien*

A. *Unbetonte Vorsilben: Betonen Sie den Stamm!*

durchsuchen	durchsucht	die Durchsuchung
durchleuchten	durchleuchtet	die Durchleuchtung
umgeben	umgeben	die Umgebung
umkreisen	umkreist	die Umkreisung
übersetzen	übersetzt	die Übersetzung
überlegen	überlegt	die Überlegung
unternehmen	unternommen	das Unternehmen
unterdrücken	unterdrückt	die Unterdrückung

B. *Betonte Vorsilben: Betonen Sie die Vorsilbe!*

durchgehen	durchgegangen	der Durchgang
durchbrechen	durchgebrochen	der Durchbruch
umgehen	umgegangen	der Umgang
umhängen	umgehängt	der Umhang
überziehen	übergezogen	der Überzug
übergehen	übergegangen	der Übergang
untergehen	untergegangen	der Untergang
unterkommen	untergekommen	die Unterkunft

II. Substitution

1. Ich möchte *diese Uhr* gerne reparieren lassen.

diese Jacke / diese Tasche / diesen Personenwagen / diesen Lastwagen / dieses Lastauto

2. Ich habe sie gestern *fallen* lassen.

reparieren / liegen / ölen / richten (= reparieren)

3. Jetzt geht die Uhr *nicht mehr*.

sehr gut / vor / nach / ganz genau

4. Ich habe noch nie so *eine Uhr* gesehen wie *die* da.

eine Krawatte . . . die / viele Leute . . . die / einen Sportwagen . . . den /
ein Hemd . . . das

5. Handelt es sich um *eine große Reparatur*?

eine kleine Wohnung / alle Studenten / einen Touristen / ein altes Haus

6. Ich werde mir eine neue Feder *schicken* lassen müssen.

senden / machen / bringen / kaufen

7. *Die Feder, die* ich brauche, bestelle ich noch heute.

die Uhr, die / die Taschentücher, die / den Wagen, den / das Auto, das

8. Zweifellos bekomme ich sie so gegen *Mitte nächster Woche.*

Mitte nächsten Monats / Mitte nächsten Jahres / Sommer / Donnerstag

9. Kommen Sie doch *in vierzehn Tagen* wieder vorbei.

in fünf Minuten / am Donnerstag / nächste Woche / Mitte nächster Woche /
nächsten Monat / Mitte nächsten Monats / nächstes Jahr / Mitte nächsten Jahres /
morgen / heute abend / am Nachmittag / am Abend

III. *Beantworten Sie die folgenden Fragen auf deutsch:*

1. Warum geht Fred zum Juwelier?   **2.** Ist ein Juwelier auch ein Uhrmacher?
3. Was hat Fred mit seiner Uhr gemacht?   **4.** Geht sie noch immer?   **5.** Wo
hat Fred die Uhr gekauft?   **6.** Warum dachte sich der Juwelier, daß Freds
Uhr keine deutsche Uhr wäre?   **7.** Wird er sie reparieren können?   **8.** Worum
handelt es sich?   **9.** Was wird sich der Juwelier schicken lassen müssen?
10. Wann wird der Juwelier die neue Feder, die er braucht, bestellen?
11. Wann wird er sie bekommen?   **12.** Wann möchte Fred die Uhr gerne
haben?   **13.** Wann soll Fred wieder vorbeikommen?

IV. *Fragen Sie jemanden:*

1. ob er jemals seine Uhr hat fallen lassen.   **2.** ob seine Uhr noch geht.   **3.** ob
eine Uhr ohne Feder gehen kann.   **4.** was passiert, wenn die Feder einer Uhr
bricht.   **5.** ob der Juwelier Freds Uhr reparieren kann.   **6.** worum es sich
handelt.   **7.** ob es sich um eine große Reparatur handelt.   **8.** was sich der
Juwelier wird schicken lassen müssen.   **9.** wann er die Feder, die er braucht,
bestellen wird.   **10.** wann er die Feder, die er braucht, bekommt.

V. *Antworten Sie auf deutsch:*

1. Haben Sie Ihre Uhr reparieren lassen?   **2.** Haben Sie Ihren Wagen re-
parieren lassen?   **3.** Hat Helga den Arzt rufen lassen?   **4.** Hat sich der
Juwelier eine neue Feder schicken lassen?   **5.** Hat Ludwig II. viele Schlösser
bauen lassen?   **6.** Werden Sie sich ein großes Haus bauen lassen?   **7.** Wo
wird Fred seine Uhr reparieren lassen?

VI. *Benützen Sie die folgenden Zeiten, laut Symbolen* (Use the following tenses according to the symbols):

* *Imperfekt* (past tense)   † *Imperfekt Konjunktiv* (past subjunctive)
** *Perfekt* (present perfect)   †† *Konditional* (conditional)
*** *Plusquamperfekt* (past perfect)

Eines Tages läßt** Fred seine Uhr fallen. Er ist* sehr nervös, denn es ist* eine schöne Armbanduhr, die ihm seine Mutter zum Geburtstag gegeben hat***. Als er die Uhr ansieht*, geht** sie nicht mehr. Sofort bringt* er sie zum Juwelier und erklärt* ihm, was geschehen ist***. Der Juwelier öffnet** glcih die Uhr, untersucht** sie und findet**, daß die Feder kaputt ist*. Er fragt* Fred, ob es eine deutsche Uhr ist†. Fred sagt*, es ist† eine amerikanische Uhr, und fragt*, ob er sie trotzdem reparieren kann†. Der Juwelier sagt*, daß er noch heute eine neue Feder bestellen wird††, und daß er die neue Feder, die er braucht†/*, so gegen Mitte der nächsten Woche bekommen wird††. Er fragt*, ob Fred in vierzehn Tagen wieder vorbeikommen kann†, weil die Uhr dann fertig sein wird††.

VII. *Diktat aus Konversation 28*

VIII. *Eine Unterhaltung*

You have broken your glasses (*die Brille*). You need new lenses (*die Linse*). You would like to have your glasses as soon as possible, because you cannot see well without glasses. The optician (*der Optiker*) says that he is very busy (*beschäftigt*) and that he has many customers (*der Kunde, die Kunden*), but that you can drop in Friday afternoon at 3:00.

❧ Relative and Demonstrative Pronouns; Separable Prefixes an, ab, auf, zu

79 ● Relative pronouns

A. Forms of the relative pronoun

	MASCULINE	NEUTER	FEMININE	PLURAL
NOMINATIVE	der welcher	das welches	die welche	
ACCUSATIVE	den welchen			
DATIVE	dem welchem		der welcher	**denen** **welchen**
GENITIVE	**dessen**		**deren**	

1. Relative pronouns have two freely interchangeable forms in all cases but the genitive. The nature of the antecedent, i.e. whether it is an inanimate object or an animate being, has no influence upon the choice of form.

2. The **der-**forms are identical with definite articles, except in the dative plural and the two genitive forms, which all add **-en** to the definite article. The **-s** of **des** is doubled with the addition of **-en.**

3. The **welch-**forms take primary endings as well. No **welch-**forms exist in the genitive. Note that the dative plural **welch-**form does not add the extra **-en.**

B. Use of relative pronouns

Der Student, **der (welcher)** hier ist, ist mein Freund.	The student, *who* is here, is my friend.
Das Buch, **das (welches)** er liest, gefällt ihm gut.	He likes the book (*which*) he is reading.
Der Juwelier bestellt die Feder, **die (welche)** er braucht.	The jeweler orders the spring (*which*) he needs.
Haben Sie die Schlösser gesehen, **die (welche)** er hat bauen lassen?	Did you see the castles (*which*) he had built?
Wo ist der Brief, **den (welchen)** Sie bekommen haben?	Where is the letter (*which*) you received?
Der Lehrer, **dem (welchem)** ich die Aufgabe gegeben habe, ist nicht hier.	The teacher, *to whom* I gave the assignment, isn't here.
Wo ist die Wirtin, **der (welcher)** Sie die Miete gezahlt haben?	Where is the landlady *to whom* you paid the rent?
Die Leute, **denen (welchen)** ich glaubte, waren Schwindler.	The people, *whom* I believed, were swindlers.
Ist das der Amerikaner, **dessen** Bruder in München studiert?	Is that the American *whose* brother is studying in Munich?
Wer ist die junge Dame, **deren** Verlobter Hans heißt?	Who is the young lady *whose* fiancé's name is Hans?

1. The antecedent determines number and gender of the relative pronoun.

2. The case of the relative pronoun is determined by its use in the clause.

3. In German, the relative pronoun must be expressed at all times, even if it can be omitted in the objective case in English.

4. A relative clause should immediately follow the antecedent. However, one or two words sometimes intervene if they do not detract from the meaning: **Haben Sie die Schlösser gesehen, die . . .**

5. Relative clauses must be set off by commas.

6. Relative clauses are subordinate clauses and require transposed word order. The finite verb stands last in the clause; with a double infinitive construction it precedes the double infinitive.

283

C. Relative pronouns preceded by prepositions; **wo-**compounds

Der Herr, **für den (für welchen)** ich arbeite, ist mein Freund.	The gentleman *for whom* I work is my friend.
Die Dame, **mit der (mit welcher)** er bekannt ist, arbeitet bei derselben Firma wir er.	The lady *with whom* he is acquainted works for the same firm that he does.
Die Reparatur, **für die (für welche)** wir das Geld brauchen, ist sehr teuer. *Or*	The repair *for which* we need the money is very expensive.
Die Reparatur, **wofür** wir das Geld brauchen, ist sehr teuer.	
Das Haus, **in dem (in welchem)** er wohnt, kennen wir sehr gut. *Or*	We know the house *in which* he lives very well.
Das Haus, **worin** er wohnt, kennen wir sehr gut.	
Ist die Feder noch gut, **mit der (mit welcher)** er schreibt? *Or*	Is the pen *with which* he writes still good?
Ist die Feder noch gut, **womit** er schreibt?	

1. Relative pronouns may be preceded by prepositions. The prepositions govern the case as usual.

2. If the antecedent is an inanimate object and a preposition governing the dative or accusative case precedes the relative pronoun, the relative pronoun may be replaced by **wo(r)-,** prefixed to the preposition. Note that the use of a **wo-**compound no longer requires the determination of case. Although **wo-**compounds are commonly used in place of relative pronouns, especially in spoken German, the use of preposition and pronoun is preferred by discriminating native speakers.

D. The generalizing or indefinite relative pronouns **wer** and **was**

Wer zuletzt lacht, lacht am besten.	*He who* laughs last, laughs best.
Wer nicht hören will, muß fühlen.	*He who* doesn't want to listen, must feel (suffer).
Ich weiß nicht, **was** er will.	I don't know *what* he wants.
Wir glauben nichts, **was** er sagt.	We don't believe anything (*which*) he says.
Er hat alles vergessen, **was** er gelernt hat.	He has forgotten all *that which* he learned.

284

1. **Wer** and **was** are used as generalizing or indefinite relative pronouns when there is no antecedent at all, or no antecedent in the form of a specific noun.

2. **Wer,** *he who, whoever* serves as the subject for the main and the relative clause.

3. **Was,** *that which, whatever, what,* frequently refers to an entire preceding statement or even passage.

80 ● Demonstrative pronouns

Der hat **das** verdient.	*That one* deserved *that.*
Dem hat der Hut gefallen.	*That one* (really) liked the hat.
Denen geben wir nichts mehr.	We won't give *those people* anything any more.
Dessen Bruder war auch da.	The brother *of that one* was also there.

1. Demonstrative pronouns and the **der**-forms of relative pronouns are identical. Just as many personal pronouns are an imitation of the definite article **(der-er),** demonstrative pronouns are a "return to the definite article" **(er-der).**

2. Demonstrative pronouns, *that, this, the one, that one, these, those, etc.* are more common in German than in English. However, in German as in English they have a strongly colloquial, even slangy effect. Note that a correct English rendition often requires the addition of words (*really, people, one, person*) to convey the same degree of emphasis as achieved in German.

3. The most common demonstrative pronoun in both languages is **das,** *that,* used in place of the ineffectual **es,** *it.*

81 ● The separable prefixes <u>an, ab, auf, zu</u>

A. an

Wer hat das Licht **angelassen**?	Who left the light *on*?
Starren Sie mich nicht **an**!	Don't stare *at* me.
Er hat den Wein nur **angetrunken**.	He only *took a sip* of the wine.

1. The separable, stressed prefix **an** has the following standard meanings: *on, at* or *to,* to do *a little* of something, to do something *partially.*

2. The prefix **an** also creates a number of idiomatic meanings: **kommen,** *to come,* **ankommen,** *to arrive.*

3. Verbs with the prefix **an-** most often admit a direct object.

285

B. ab

Ich muß das Paket **ab**schicken.	I must send the package *off*.
Wieviel haben Sie ihm **ab**gewonnen?	How much did you win *from* him?
Er hat sich die Hände **ab**gewaschen.	He washed his hands *thoroughly*.

1. The separable, stressed prefix **ab** has the following standard meanings: *off* (*away*), *from* (usually with dative and accusative representing *something from somebody*: **Er hat ihm eine Mark abgewonnen**), *thoroughly* or *down*: **der abgetragene Anzug,** *the worn* (*out*) *suit.*

2. The prefix **ab** also creates a number of idiomatic meanings: **schreiben,** *to write,* **abschreiben,** *to copy.*

C. auf

Legen Sie doch eine klassische Schallplatte **auf**!	Put *on* a classical record.
Warum ist er **auf**gesprungen?	Why did he jump *up*?
Wer hat die Tür **auf**gelassen?	Who left the door *open*?

1. The separable, stressed prefix **auf** has the following standard meanings: *on, up, open.*

2. The prefix **auf** also creates a number of idiomatic meanings: **geben,** *to give,* **aufgeben,** *to set a task, to assign;* *to surrender.*

D. zu

Er hat ihm **zu**getrunken.	He drank *to* him.
Wir gingen auf das Haus **zu.**	We walked *towards* the house.
Lassen Sie die Bücher **zu**!	Leave the books *closed.*

1. The separable, stressed prefix **zu** has the following standard meanings: *to* (mostly with dative), *towards* (with dative or **auf** + accusative), *shut, closed* (with accusative).

2. The prefix **zu** also creates a few idiomatic meanings: **schreiben,** *to write,* **zuschreiben,** *to ascribe* (*to*).

ÜBUNGEN

I. A. *Bilden Sie einen Relativsatz aus dem zweiten Satz, mit dem Relativpronomen im Nominativ; benützen Sie beide Formen des Relativpronomens:*

> BEISPIEL: Ich kenne diesen Herrn. Er wohnt in München.
> Ich kenne diesen Herrn, **der (welcher) in München wohnt.**

1. Kaufen Sie sich doch den Sportwagen. Er hat Ihnen so gut gefallen. **2.** Meine Wirtin ist jene Dame. Sie lächelt so freundlich. **3.** Haben Sie den Fahrer des Lastautos gesehen? Es ist in einen Personenwagen hineingefahren. **4.** Kennen Sie seine Eltern? Sie wohnen in Amerika. **5.** Ich war in der Stadt. Sie war nach dem Krieg ganz zerstört.

B. *Bilden Sie einen Relativsatz mit dem Relativpronomen im Akkusativ:*

> BEISPIEL: Ich sehe einen Herrn. Ich kenne ihn.
> Ich sehe einen Herrn, **den (welchen) ich kenne.**

1. Ich habe eine Krawatte. Ich habe sie in Wien gekauft. **2.** Das ist der Tourist. Ich habe ihn schon in Salzburg kennengelernt. **3.** Sind das die Schlösser? Wir haben sie schon immer besuchen wollen. **4.** Ich glaube, das ist das Kind. Ich sehe es jeden Tag Fußball spielen. **5.** Das ist der Juwelier. Er hat ihn gebeten, seine Uhr zu reparieren.

C. *Bilden Sie einen Relativsatz mit dem Relativpronomen im Dativ:*

> BEISPIEL: Er ist mein Freund. Ich glaube ihm.
> Er ist mein Freund, **dem (welchem) ich glaube.**

1. Das ist sein Lieblingslehrer. Er antwortet ihm immer gut. **2.** Sind das die Leute? Man darf ihnen nicht glauben. **3.** Welcher von ihnen ist der junge Mann? Sie gefällt ihm so gut. **4.** Ich kenne die nette Dame. Sie dankt ihr **5.** Das ist das Kind. Wir müssen ihm die schwierige Aufgabe erklären.

D. *Bilden Sie einen Relativsatz mit dem Relativpronomen im Genitiv:*

> BEISPIEL: Das ist der Deutsche. Ich kenne seinen Bruder.
> Das ist der Deutsche, **dessen Bruder ich kenne.**

1. Wer ist der Mann? Seine Frau ist so hübsch. **2.** Kennen Sie die Herren? Ihre Schwester studiert an der Universität. **3.** Was machen Sie mit der Uhr? Ihre Feder ist kaputt. **4.** Meinen Sie das alte Schloß? Sein Baumeister war sehr berühmt.

287

E. *Bilden Sie einen Relativsatz, der mit einer Präposition beginnt. Benützen Sie alle möglichen Formen des Relativpronomens, einschließlich (including) wo-Verbindungen:*

BEISPIEL: Ich kenne das Haus. Er wohnt in dem Haus.
Ich kenne das Haus, **in dem (in welchem, worin) er wohnt.**

1. Das ist die Ordnung. Er rebelliert gegen sie. **2.** Wir kennen das Buch. Er lernt aus dem Buch. **3.** Ist das die Rückfahrkarte? Sie haben fünfzehn Mark für sie bezahlt. **4.** Ist das das Auto? Der Unfall ist in diesem Auto passiert. **5.** Er hat sich eine neue Feder gekauft. Er kann gut mit ihr schreiben. **6.** Es war ein guter Film. Ein berühmter Filmstar hat in ihm gespielt.

II. *Übersetzen Sie die folgenden Sätze auf englisch:*

1. Wer nicht arbeiten will, braucht auch nicht zu essen. **2.** Wer München besucht, probiert das gute Bier. **3.** Wer sich beeilt, darf mitkommen. **4.** Wer Geld hat, muß zahlen. **5.** Er sagt vieles, was ich nicht verstehen kann. **6.** Alles, was wir haben, brauchen wir selber. **7.** Ich habe nichts, was Sie wollen.

III. *Setzen Sie alle möglichen Formen des Relativpronomens ein:*

BEISPIEL: Kennen Sie das Haus, in ____ er wohnt?
Kennen Sie das Haus, **in dem (in welchem, worin) er wohnt?**

1. Die Krawatte, ____ ich suche, ist nicht hier. **2.** Jeder Tourist, ____ München besucht, sollte auch das Oktoberfest besuchen. **3.** Das schnelle Auto, ____ mir gefällt, ist mir zu teuer. **4.** Die alten Burgen, ____ Helga am Rhein gesehen hat, waren sehr malerisch. **5.** Der Ausländer, ____ wir kennen, heißt Herr Jones. **6.** Das ist die Oper, für ____ er kein Interesse hat. **7.** Der Regenmantel, in ____ er zur Arbeit geht, ist schon sehr alt. **8.** Ich habe einen Bekannten, ____ Sohn auch bei derselben Firma arbeitet. **9.** Er hat sich einen Tisch gekauft, auf ____ man sehr gut arbeiten kann. **10.** ____ zuletzt lacht, lacht am besten. **11.** Ich verstehe gar nicht, ____ er sagen will. **12.** Manche Leute kaufen alles, ____ sie nicht brauchen. **13.** Sie hat eine Freundin, ____ Mutter Lehrerin ist. **14.** Er hat liebe Eltern, ____ er alles gibt, was sie wollen. **15.** Das Kind hat eine strenge (*strict*) Tante, ____ es immer folgt.

IV. *Ersetzen Sie die Substantive durch Demonstrativpronomen und beginnen Sie damit:*

> BEISPIELE: Ich kenne den Mann. Ich helfe den Leuten.
> **Den kenne ich.** **Denen helfe ich.**

1. Ich habe das Buch gelesen. **2.** Er hat den Studenten geglaubt. **3.** Seinen Bruder haben wir auch gekannt. (Dessen Bruder. . . .) **4.** Ihre Mutter ist ja auch Lehrerin. (Deren Mutter. . . .) **5.** Sie werden den Kranken helfen. **6.** Sie werden dem strengen Lehrer antworten müssen. **7.** Er wird die neue Feder gleich bestellen. **8.** Der Ausländer scheint gut Deutsch zu sprechen.

V. *Bilden Sie das Perfekt der folgenden Sätze:*

1. Er bricht das Brot immer an. **2.** Machen Sie das Licht an? **3.** Er kam gestern an. **4.** Sie brach den Bleistift ab. **5.** Können Sie absteigen? **6.** Der Zug fuhr schon vor einer Stunde ab. **7.** Die Sonne geht auf. **8.** Er fährt auf. **9.** Ich kann die Tür nicht aufbekommen. **10.** Wer sprang auf ihn zu? **11.** Sie machen den Brief zu. **12.** Wir reden ihr gut zu.

VI. *Aufsatz*

Yesterday Hans asked Fred if (*ob*) he wanted to go to the movies (*ins Kino*) with him. He had noticed an interesting film (*der Film*) in the newspaper. It was an American film, in which a famous movie star played a well-known general. Fred had already seen the film in the United States (*den Vereinigten Staaten*), but he accepted the invitation of his friend anyway. He had thought that the film would be in English and he was very surprised (*überrascht*) that the American actors (*Filmschauspieler*) suddenly spoke German perfectly (*perfekt*).

⤸ Im Kaufhaus

(*At the department store*)

HELGA: ¹Ich möchte bitte eine Bluse.

DIE VERKÄUFERIN: ²Wir haben eine sehr gute Auswahl an Blusen. ³Sie werden leicht finden können, was Sie brauchen.

HELGA: ⁴Wissen Sie, meine Freundin hat eine, die sie hier gekauft hat, und die mir gut gefällt.

VERKÄUFERIN: ⁵Was für eine wäre das, bitte?

HELGA: ⁶Eine weiße Seidenbluse.

VERKÄUFERIN: ⁷Was halten Sie denn von der da?

HELGA: ⁸Was kostet die denn?

VERKÄUFERIN: ⁹Die kostet dreißig Mark.

HELGA: ¹⁰Und die da drüben?

VERKÄUFERIN: ¹¹Fünfunddreißig Mark.

HELGA: ¹²Die sind mir beide ein wenig zu teuer. ¹³Hätten Sie etwas Billigeres?

VERKÄUFERIN: ¹⁴Ja, die mit den kurzen Ärmeln kostet zum Beispiel nur fünfundzwanzig Mark.

HELGA: ¹*I'd like a blouse, please.*

SALESGIRL: ²*We have a very good selection of blouses.* ³*You'll be able to find what you want easily.*

HELGA: ⁴*You know, my girlfriend has one which she bought here and which I like well.*

SALESGIRL: ⁵*What kind [of blouse] would that be, please?*

HELGA: ⁶*A white silk blouse.*

SALESGIRL: ⁷*What do you think of this one?*

HELGA: ⁸*How much is it?*

SALESGIRL: ⁹*It's thirty marks.*

HELGA: ¹⁰*And the one over there?*

SALESGIRL: ¹¹*Thirty-five marks.*

HELGA: ¹²*They are both a little too expensive for me.* ¹³*Would you have something cheaper?*

SALESGIRL: ¹⁴*Yes, the one with the short sleeves, for example, only comes to twenty-five marks.*

HELGA: ¹⁵Mir hat die andere doch besser gefallen.

VERKÄUFERIN: ¹⁶Welche, die erste?

HELGA: ¹⁷Ja, die erste, die nehme ich. ¹⁸Was kostet dieser gelbe Rock?

VERKÄUFERIN: ¹⁹Der kostet dreiundzwanzig Mark. ²⁰Darf ich ihn auch einpacken?

HELGA: ²¹Nein, danke, den kann ich erst nächsten Monat kaufen.

VERKÄUFERIN: ²²Sonst noch etwas, bitte?

HELGA: ²³Nein, danke, das wäre alles für heute.

VERKÄUFERIN: ²⁴Ich danke Ihnen. Zahlen Sie an der Kasse, bitte.

HELGA: ¹⁵*I liked the other one better after all.*

SALESGIRL: ¹⁶*Which one, the first one?*

HELGA: ¹⁷*Yes, the first one, I'll take it.* ¹⁸*How much is this yellow skirt?*

SALESGIRL: ¹⁹*That one is twenty-three marks.* ²⁰*May I also wrap it up?*

HELGA: ²¹*No, thank you, I won't be able to get that until next month.*

SALESGIRL: ²²*Anything else, please?*

HELGA: ²³*No, thank you, that would be all for today.*

SALESGIRL: ²⁴*I thank you. Pay at the cashier's, please.*

ÜBUNGEN

I. *Wortstudien. Betonen Sie die Vorsilben:*

ankommen	die Ankunft	abfahren	die Abfahrt
anbrechen	der Anbruch	abbrechen	der Abbruch
anmelden	die Anmeldung	abmelden	die Abmeldung
anziehen	der Anzug	abziehen	der Abzug
aufgeben	die Aufgabe	zugeben	die Zugabe
aufgehen	der Aufgang	zugehen	der Zugang
auflaufen	der Auflauf	zulaufen	der Zulauf
aufweisen	der Aufweis	zuweisen	der Zuweis

II. Substitution

1. Meine Freundin hat eine, die sie hier *gekauft* hat.
   gesehen / gefunden / ausgesucht / entdeckt

2. Was halten Sie denn von *der* da?
   dem / denen / diesen / solchen

3. Hätten Sie etwas *Billigeres*?
   Besseres / Netteres / Schöneres / Bunteres

4. Den kann ich erst *nächsten Monat* kaufen.
   nächsten Dienstag / nächste Woche / nächsten Dezember / nächstes Jahr

III. *Beantworten Sie die folgenden Fragen auf deutsch:*

1. Wo befindet sich Helga? 2. Mit wem spricht sie? 3. Was möchte sie? 4. Hat das Kaufhaus eine gute Auswahl an Blusen? 5. Wer hat im Kaufhaus eine Bluse gekauft, die Helga gut gefällt? 6. Was für eine Bluse hat Helgas Freundin im Kaufhaus gekauft? 7. Was kosten die beiden ersten Blusen, die die Verkäuferin Helga zeigt? 8. Wie findet Helga den Preis der ersten beiden Blusen? 9. Was kostet die dritte Bluse? 10. Was für Ärmel hat die dritte Bluse? 11. Welche der drei Blusen gefällt Helga schließlich doch am besten? 12. Was sieht Helga sonst noch, was ihr gefällt? 13. Was kostet der gelbe Rock? 14. Wann wird sie den gelben Rock erst kaufen können? 15. Wo muß Helga zahlen?

IV. *Beantworten Sie die folgenden Fragen positiv und dann negativ mit* **kein-:**

BEISPIEL: Haben Sie ein Taschentuch gekauft?
Ja, ich habe ein Taschentuch gekauft.
Nein, ich habe kein Taschentuch gekauft.

1. Hat Helga eine Bluse gekauft? 2. Hat sie einen Rock gekauft? 3. Hat sie

ein nettes Kleid gefunden? **4.** Hat sie ein Paar schöne Schuhe entdeckt? **5.** Hat sie Hans eine Krawatte gekauft?

V. *Wiederholung. Sagen Sie auf deutsch:*

A. sich handeln um

> **1.** It's a matter of a simple repair. **2.** It's a question of a white silk blouse. **3.** What is it a question of? (*Worum . . .*). **4.** It's a question of a yellow skirt.

B. lassen

> **1.** He had his hair cut. **2.** He had a large house built for himself. **3.** She had to have her watch fixed. **4.** We had our car repaired. **5.** I had a book sent to me.

VI. *Diktat aus Konversation 29*

VII. *Wiederholung aus Konversationen 26 und 27*

> **1.** Wie sieht Schloß Neuschwanstein aus? **2.** Wissen Sie, wer es hat bauen lassen? **3.** Woran erinnern die Wandgemälde des Schlosses? **4.** Wer verehrte Wagner sehr? **5.** Wer soll geisteskrank gewesen sein? **6.** Wie wollte Ludwig II. sein Leben leben? **7.** Hätte Wagner alle seine Pläne verwirklichen können, wenn ihm der König nicht geholfen hätte? **8.** Hatte der König noch andere Schlösser? **9.** Was ist Schloß Nymphenburg? **10.** Was könnten Fred und Hans tun, wenn sie mehr Zeit hätten? **11.** Warum sieht Helga so traurig aus? **12.** Woran denkt sie denn? **13.** Wer ist Monika? **14.** Wo wohnt sie? **15.** Was schreibt Helgas Tante über Monika? **16.** Ist Helga auf Monika eifersüchtig? **17.** Wäre Helga gerne zu Monikas Hochzeit gefahren? **18.** Geht es? **19.** Was wird Helga statt dessen tun? **20.** Wer hat ihr das geraten?

VIII. *Eine Unterhaltung*

(1)

Sie unterhalten sich mit einer Verkäuferin über eine Bluse, die Sie kaufen möchten.

(2)

Sie unterhalten sich mit einem Verkäufer über ein Paar Schuhe, die Sie gerne kaufen möchten.

293

SCHLOSS LINDERHOF

∽ Bayrische Königsschlösser

An einem schönen Wochenende im Mai beschlossen Fred
und Hans, eine kleine Autofahrt zu machen, um eins oder
zwei der bayrischen Königsschlösser südwestlich Münchens
zu besuchen. Es schien aber, daß viele reiselustige Deutsche
dieselbe Idee gehabt hatten, denn sowohl auf der Autobahn
als auch auf den Landstraßen herrschte starker Verkehr, so
daß es nur langsam vorwärts ging. Endlich sagte Hans: „Es
tut mir sehr leid, Fred, aber mir scheint es, daß wir gerade
genug Zeit haben werden, eins der Schlösser zu besichtigen.
Welches soll es nun sein, Linderhof, Neuschwanstein oder
Hohenschwangau?" Fred hatte schon oft Bilder von
Schloß Neuschwanstein gesehen und entschied sich deshalb
sehr schnell dafür, denn auf allen Fotografien hatte er das
märchenhafte Aussehen des Schlosses bemerkt.

Fred war nicht enttäuscht. Schon von weitem sah das Schloß
aus, als ob ein Märchenprinz darin wohnte. Innen erwartete
ihn noch eine Überraschung: Die Wände des Schlosses
waren mit Szenen aus Wagners Opern bemalt, auf Grund
der Verehrung, die Ludwig II. für den Meister empfunden
hatte, der seine romantischen Gefühle zu inspirieren wußte.
Vom Turmfenster des Schlosses aus entdeckte er, daß man
Schloß Hohenschwangau, in grüne Hügel gebettet, in der
Ferne liegen sehen konnte. Also bekam er doch zwei
Schlösser anstatt eines zu sehen. Leider ließ er beim Schloß-
besuch seine Uhr fallen, die stehenblieb.

Am folgenden Montag wollte Fred einen Uhrmacher oder Juwelier suchen gehen, der die Uhr reparieren könnte. Unterwegs hielt er in einem Café auf der Leopoldstraße an und bestellte eine Tasse Kaffee. Während er wartete und dabei den Verkehr beobachtete, ereignete sich plötzlich ein Unfall. Ein Lastwagen fuhr in einen Personenwagen hinein. Als Augenzeuge meldete sich Fred bei der Polizei und mußte alle Einzelheiten des Verkehrsunfalls berichten, denn der Fahrer des Personenwagens hatte bei dem Unfall einige Verletzungen erlitten. Nach all diesen Aufregungen fand Fred endlich einen Juwelier, der auch Uhrmacher war und die kaputte Uhr reparieren konnte. Aber selbst da ging nicht alles ganz glatt. Der Juwelier hatte noch nie so eine ausländische Uhr repariert und sagte, daß er dafür erst eine neue Feder würde bestellen müssen. Obwohl es sich um eine ganz einfache Reparatur handelte, mußte Fred ungefähr zwei Wochen lang warten, bis er die Uhr wieder abholen konnte. Endlich bekam er sie wieder und war ganz glücklich darüber, denn er hatte die Uhr als Geburtstagsgeschenk von seiner Mutter bekommen, und er wäre sehr unglücklich gewesen, wenn man sie nicht mehr hätte reparieren können. Aber, so sagte er sich philosophisch, ,,Ende gut, alles gut!''

FRAGEN

1. Wann beschlossen Fred und Hans, die Schlösser zu besuchen? **2.** Wo liegen die Schlösser? **3.** Wie war der Verkehr an jenem Wochenende? **4.** Wie viele Schlösser bekamen sie zu sehen? **5.** Hatte Fred schon Bilder von den Schlössern gesehen? **6.** Wie sah Schloß Neuschwanstein aus? **7.** Wie war es innen dekoriert? **8.** Wie bekam Fred noch ein zweites Schloß zu sehen? **9.** Welcher Unfall passierte Fred während des Schloßbesuchs? **10.** Wovon wurde Fred am Montag Augenzeuge? **11.** Konnte der Juwelier die Uhr reparieren? **12.** Wie lange mußte Fred auf die Uhr warten?

SCHLOSS NEUSCHWANSTEIN

❧ Summary of Transposed Word Order; Subordinating Conjunctions; **derselbe and derjenige;** Indefinite Pronouns; Separable Prefixes **vor, nach, ein, aus**

82 ● Summary of transposed word order

Ich will wissen, **warum** er nie dort ist.	I want to know *why* he is never there.
Können Sie mir sagen, **wann** er es uns hat bringen sollen?	Can you tell me *when* he was supposed to bring it to us?
Der Mann, **den** Sie beschrieben haben, kenne ich nicht.	I do not know the man *whom* you described.
Die Uhr, **welche** er hat reparieren lassen, geht schon wieder nicht.	The watch, *which* he had repaired, is again out of order.
Er sagt, **daß** er kaum wird kommen können.	He says *that* he'll hardly be able to come.
Sie fährt gut ski, **obwohl** sie schon sehr alt ist.	She skis well, *although* she is already very old.

Transposed word order is required in indirect questions, relative clauses, and subordinate clauses. The finite verb stands last in the clause, but it always precedes a double infinitive of a double infinitive construction.

298

83 ● Subordinating conjunctions

A. The most common subordinating conjunctions

bis   *until* (same meaning as preposition)
ehe, bevor   *before* (as preposition, simply **vor**)
während   *while* (as preposition, **während** means *during*)
indem   *by* (doing something), *while* (for two simultaneous acts by one agent)
nachdem   *after* (as preposition, simply **nach**)
seit, seitdem   *since* (temporal), *from the time* (as preposition, simply **seit**)
da, weil   *since* (causal), *because*
daß   *that*
so daß   *so that*
im Falle daß, falls   *in case that*
damit   *in order that*
wenn   *if, when, whenever*
selbst wenn, auch wenn, wenn auch   *even if*
als wenn, als ob   *as if*
ob   *whether*
als   *when, as*
wann   *when* (in indirect questions)
wie   *how, as* (manner)
obwohl, obgleich, obschon, obzwar   *although*
sowie, sobald   *as soon as*
sooft   *as often as*
solange   *as long as*

B. Correct use of *when* and *if*

Wann kommt er heute?	*When* is he coming today?
Ich frage, **wann** er heute kommt.	I ask, *when* he is coming today.
Als er gestern kam, war es zu spät.	*When* he came yesterday, it was too late.
Immer, **wenn** er nach Hause kam, arbeitete er.	Always *when* he came home, he worked.
Wenn er kommt, gehen wir.	*When* (or *if*) he comes, we'll go.
Ich weiß nicht, **ob** er kommt.	I don't know *if* (*whether!*) he is coming.

KEY:

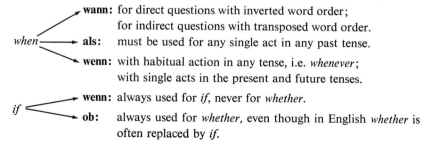

wann: for direct questions with inverted word order; for indirect questions with transposed word order.

when — **als:** must be used for any single act in any past tense.

wenn: with habitual action in any tense, i.e. *whenever*; with single acts in the present and future tenses.

if — **wenn:** always used for *if*, never for *whether*.

ob: always used for *whether*, even though in English *whether* is often replaced by *if*.

299

C. Omission of subordinating conjunctions

Ich weiß, **daß** er heute kommt.	I know *that* he is coming today.
Ich weiß, er kommt heute.	I know he is coming today.
Wenn ich nur reich wäre!	*If* only I were rich!
Wäre ich nur reich!	Were I only rich!
Sie tat, **als ob** sie krank wäre.	She acted *as if* she were ill.
Sie tat, als wäre sie krank.	She acted *as if* she were ill.

1. When **daß** is omitted, normal word order is restored to the clause.

2. When **wenn,** *if* is omitted, the finite verb moves in its place.

3. When the **wenn** or **ob** of **als ob** or **als wenn** is omitted, the finite verb moves in the place of the omission; **als** remains the first word in the clause.

84 ● Derselbe, *the same* and derjenige, *the one*

Derselbe Mann ist hier, der schon gestern hier war.	*The same* man is here who was here already yesterday.
Ich habe **denselben** Stadtplan wie Sie.	I have *the same* city map that you have.
Ich habe **dieselben**!	I have *the same ones*!
Er gibt es immer **demjenigen,** der es will.	He always gives it *to the one* who wants it.
Er hat **derjenigen** Frau geantwortet.	He answered *that particular* lady.

1. The addition of **-selbe** and **-jenige** to the definite articles intensifies their meaning.

2. **Derselbe** and **derjenige** are declined as if they were definite article and weak adjective but written as one word.

85 ● The indefinite pronouns man, jemand, niemand

Man (einer) muß vorsichtig sein.	*One* (*a person*) has to be careful.
Hat Sie **jemand** gesehen?	Did *someone* see you?
Hat Sie **irgend jemand** gesehen?	Did *anyone* see you?
Geben Sie mir **irgendein** Buch.	Give me *any kind of* book.
Hier geht es **einem** gut.	*A person* is well off here.
Niemand (keiner) glaubt es.	*Nobody* believes it.
Haben Sie mit **jemand(em)** gesprochen?	Did you speak with *someone*?
Nein, ich habe **niemand(en)** gesehen.	No, I didn't see anybody. (I saw *no one*.)

1. **man,** *one, they, people, you,* **jemand,** *someone, somebody* and **niemand,** *no one, nobody* are declined as follows:

NOMINATIVE	man	jemand	niemand
ACCUSATIVE	einen	jemand(en)	niemand(en)
DATIVE	einem	jemand(em)	niemand(em)
GENITIVE	(eines)	jemand(e)s	niemand(e)s

2. The accusative and dative endings **-en** and **-em** of **jemand** and **niemand** are frequently omitted in modern German.

3. **Man** is sometimes replaced by **einer**. Note that **einer** takes a primary ending when used as a pronoun: **ein Mann, einer; ein Kind, eins. Niemand** may be replaced by **keiner: Niemand (keiner) war da.**

4. The word **irgend** may be used with **jemand** as a separate word for emphasis: **jemand,** *someone,* **irgend jemand,** *anyone (at all).* When used with a form of **ein** or other words, **irgend** is prefixed: **Irgendeine Idee wird ihm schon kommen** *he'll get some sort of idea.* (Also: **wie,** *how,* **irgendwie,** *somehow, anyhow;* **wo,** *where,* **irgendwo,** *somewhere, anywhere;* the negative of **irgend** is **nirgend(s): irgendwo,** *somewhere,* **nirgend(s)wo,** *nowhere.*)

86 ● **The separable prefixes vor, nach, ein, aus**

A. **vor:**

Er ist nach München **vor**gefahren.	He went *ahead* to Munich.
Ein Taxi fährt gerade **vor.**	A taxi is just driving *up in front.*
Er liest gern seine Gedichte **vor.**	He likes to read his poems (*before* people, *in front of* an audience)
Das Metall ist **vor**geformt.	The metal is *pre*-shaped (shaped *in advance*)
Ich habe ihm die Worte **vor**gesprochen.	I *showed* him *how* to say the words.

1. The separable, stressed prefix **an** has the following standard meanings: *ahead* (with motion), *before, in front of, in advance, pre-;* to show someone how to do something (with dative and accusative).

2. The prefix **vor** creates a (relatively small) number of idiomatic meanings: **stellen,** *to put, place,* **vorstellen,** *to introduce.*

B. **nach**

Er kam ihm nach München **nach.**	He *followed* (came *after, behind*) him to Munich.
Sagen Sie ihm doch nicht alles **nach!**	Don't *imitate* everything he says!
Das Metall ist **nach**geformt.	The metal is shaped *subsequently.*
Darf ich Ihnen (Kaffee) **nach**gießen?	May I fill up your cup again (pour *again, re-*plenish)?

301

1. The separable, stressed prefix **nach** has the following standard meanings: *behind* (with motion), *after, to imitate* (with dative and accusative), *afterwards, subsequently, again, a second time, re-.*

2. The prefix **nach** creates a (relatively small) number of idiomatic meanings: **tragen,** *to carry, wear,* **nachtragen,** *to bear a grudge.*

C. ein

Wo hat er **ein**geschnitten?	Where did he cut *in*?
Ich muß mich erst *ein*singen.	I have to *warm up* to singing first.

1. The separable, stressed prefix **ein** has the following standard meanings: *in; to warm up, break in* (e.g. an engine).

2. The prefix **ein** creates a (relatively small) number of idiomatic meanings: **finden,** *to find,* **sich einfinden,** *to arrive.*

D. aus

Haben Sie den alten Kaffee **aus**gegossen?	Did you pour *out* the old coffee?
Nein, ich habe ihn **aus**getrunken.	No, I *finished* drinking it.

1. The separable, stressed prefix **aus** has the following standard meanings: *out, to the end, finish-.*

2. The prefix **aus** creates a (relatively small) number of idiomatic meanings: **stehen,** *to stand,* **ausstehen,** *to endure.*

ÜBUNGEN

I. A. *Bilden Sie aus den folgenden direkten Fragen indirekte Fragen, indem Sie mit* **Können Sie mir sagen,** . . . *beginnen:*

BEISPIEL: Wieviel Uhr ist es?
        Können Sie mir sagen, wieviel Uhr es ist?

1. Wann kommt der Zug an? **2.** Wer hat die Schlösser bauen lassen? **3.** Warum ist es heute so heiß? **4.** Wie hoch ist die Miete? **5.** Wessen Fahrkarte liegt hier? **6.** Wem würde er antworten? **7.** Was für ein Haus wollen Sie kaufen? **8.** Was kostet der Stadtplan? **9.** Welchen Weg soll ich nehmen? **10.** Wo befindet sich das Museum?

B. *Bilden Sie Relativsätze:*

BEISPIEL: Der Mann / ich spreche mit ihm / ist kein Amerikaner.
Der Mann, mit dem (mit welchem) ich spreche, ist kein Amerikaner.

1. Der amerikanische Student / ich kenne seinen Bruder / spricht sehr gut Deutsch. **2.** Die Firma / Fred arbeitet für sie / ist sehr modern. **3.** Der Zug / wir wollen mit ihm nach München fahren / hat Verspätung. **4.** Der Unfall / Fred hat ihn am Wochenende gesehen / war nicht sehr ernst. **5.** Das Haus / die Browns wohnen in ihm / steht am Stadtrand.

C. *Bilden Sie mit der Konjunktion einen Nebensatz:*

BEISPIEL: Er kommt. (obwohl) Er hat keine Zeit.
Er kommt, obwohl er keine Zeit hat.
(obgleich) Es regnet sehr stark. Er geht spazieren.
Obgleich es sehr stark regnet, geht er spazieren.

1. Wir müssen Deutsch lernen. (ehe) Wir fahren nach Deutschland. **2.** Ich warte hier so lange. (bis) Er kommt an. **3.** (während) Ich warte auf ihn. Ich kann ja eine Zeitschrift lesen. **4.** Bilden Sie einen Nebensatz. (indem) Setzen Sie die Konjunktion ein. **5.** (nachdem) Die beiden Freunde haben die bayrischen Königsschlösser besichtigt. Sie wollen auch die alten Rheinburgen sehen. **6.** (seit) Sie ist in Deutschland. Sie hat schon sehr viel Deutsch gelernt. **7.** Das Kind will die Suppe nicht essen. (weil) Es hat keinen Hunger. **8.** (da) Der Tourist hat kein Bargeld (*cash*) mehr. Er löst einen Reisescheck ein. **9.** Ich will mir eine starke Brille kaufen. (damit) Ich kann besser sehen. **10.** Der Lastwagen hätte nicht mehr anhalten können. (selbst wenn) Der Fahrer hätte gebremst. **11.** Ich will wissen, was er tut. (sobald) Er wird reich. **12.** (sooft) Man sieht ihn auf der Straße. Er trägt einen schwarzen Regenmantel. **13.** Oft muß man arbeiten. (solange) Man lebt.

D. *Setzen Sie die richtige der folgenden Konjunktionen ein:* **wann, als, wenn, ob** (*manchmal bestehen zwei richtige Möglichkeiten*):

1. Ich weiß nicht, ＿＿ er heute kommt. **2.** ＿＿ können Sie kommen? **3.** ＿＿ ich ihn gestern abend sah, trug er einen neuen Hut. **4.** Ich würde mir einen neuen Anzug kaufen, ＿＿ ich Geld hätte. **5.** ＿＿ er kann, wird er sicher kommen. **6.** Jeden Abend, ＿＿ er nach Hause kam, küßte er die Kinder. **7.** Er weiß nie, ＿＿ er Zeit haben wird. **8.** Er kannte Herrn Brown noch, ＿＿ er in Amerika wohnte. **9.** Ich möchte gerne wissen, ＿＿ er Herrn Brown in Amerika schon gekannt hatte. **10.** Was sagte sie zu Ihnen, ＿＿ sie vorher telefonierte?

303

E. *Lassen Sie* **daß, wenn, ob** *aus und wiederholen Sie mit richtiger Wortstellung:* (Omit **daß, wenn, ob** and repeat with corrected word order):

1. Er sagt, daß er morgen kommen kann. **2.** Sie tut, als wenn sie krank wäre. **3.** Er spricht, als ob er alles darüber wüßte. **4.** Wenn sie gekonnt hätte, so hätte sie schon längst angerufen. **5.** Ich weiß, daß er es ihr gesagt hat, bevor er abreiste. **6.** Wenn er nur nicht so faul wäre! **7.** Sie leben, als ob sie Millionäre wären. **8.** Er arbeitet, als wenn sein Leben davon abhinge.

II. Derselbe, derjenige

A. *Setzen Sie* **-selb-** *mit der richtigen Endung ein:*

> BEISPIEL: Ich möchte die- Bluse kaufen, die meine Freundin hier gekauft hat.
> **Ich möchte dieselbe Bluse kaufen, die meine Freundin hier gekauft hat.**

1. Die- Bluse haben wir leider nicht mehr. **2.** Wollen Sie mit dem- Zug fahren wie ich? **3.** Ich habe mit den- Problemen kämpfen müssen, die Sie gehabt hatten. **4.** Das ist die Tochter des- Mannes, dessen Sohn Sie schon kennengelernt haben. **5.** Kaufen Sie sich doch das- Buch. **6.** Ich glaube, wir haben beide die- Freunde. **7.** Das ist doch alles das-.

B. *Setzen Sie* **-jenig-** *mit der richtigen Endung ein:*

1. Die-, die nicht mitkommen wollen, bleiben. **2.** Ich gebe dem- nichts, der nicht arbeitet. **3.** Ich kenne den Fahrer des- Lastwagens, der mit dem Personenwagen zusammenstieß. **4.** Haben Sie den- Fahrer gesehen, der ins Krankenhaus mußte? **5.** Von dem- habe ich ja gerade gesprochen. **6.** Das- Buch gibt es nicht mehr. **7.** Haben Sie der- Frau telefoniert, die Sie sprechen wollte?

III. *Setzen Sie die Pronomen* **man, (irgend) jemand, niemand** *ein:*

> BEISPIEL: Er spricht mit _____ .
> **Er spricht mit einem / (irgend) jemand(em) / niemand(em).**

1. _____ weiß das. **2.** Ich zahle für _____ . **3.** Ich wohne bei _____ . **4.** _____ kommt. **5.** Er hat _____ gedient. **6.** Wir haben _____ gesehen. **7.** Sind Sie _____ gefolgt? **8.** Antworten Sie _____ . **9.** Ich habe das Auto _____ (Gen.) gesehen. **10.** Er ist gegen _____ .

IV. *Wiederholen Sie die folgenden Sätze im Perfekt:*

1. Er macht ihm immer alles vor. **2.** Singt sie immer ein Lied vor? **3.** Er stellt sich bei der Firma vor. **4.** Meine Uhr geht vor. **5.** Wir gehen ihnen nach. **6.** Warum singen Sie mir nicht alles nach? **7.** Er stellt die Uhr nach. **8.** Die Uhr geht immer nach. **9.** Findet sie sich wieder spät ein, wie gewöhnlich? **10.** Er muß sich immer erst einarbeiten. **11.** Mit wem gehen Sie denn heute aus? **12.** Ich kann das nicht mehr ausstehen.

V. *Wiederholung aus Konversationen 28 und 29*

1. Warum muß Fred bei der Polizei Aussagen machen? **2.** Wovon war er ein Augenzeuge? **3.** Hatte er einen leichten oder einen schweren Unfall gesehen? **4.** Was wird Fred wohl schon in der Zeitung gelesen haben? **5.** Welcher Fahrer erlitt bei dem Unfall einige Verletzungen? **6.** Wo befand sich Fred zur Zeit des Unfalls? **7.** Konnte er die Kreuzung gut übersehen, auf der sich der Unfall ereignete? **8.** Wer fuhr in wen hinein? **9.** Wäre der Unfall passiert, wenn es nicht geregnet hätte? **10.** Was will Fred beim Juwelier? **11.** Wo hat er die Uhr gekauft? **12.** Wird der Juwelier die Uhr reparieren können? **13.** Was wird der Juwelier bestellen müssen, um die Uhr reparieren zu können? **14.** Handelt es sich um eine große Reparatur? **15.** Wann wird er die neue Feder bekommen? **16.** Wann soll Fred wieder vorbeikommen?

VI. *Aufsatz*

On a weekend Fred and Hans decided to drive to a picnic in the woods. Instead of driving to (*nach*) the south, they drove north. After they had driven through several small villages they came through pretty forests. Soon they noticed, however, that many residents of Munich had had the same idea. Cars were parked everywhere (*überall*) and the big-city-dwellers (*Großstädter*), who were trying to escape from the hot city, were sitting in the grass or walking among (*unter*) the trees. Many had brought along folding chairs or beach chairs (*Klapp- oder Liegestühle*). They were taking a nap (*machten ein Schläfchen*) and bathing in the sun at the same time (*dabei*). "It certainly isn't too private here," said Fred. Hans, however, said: "What can you (*man*) do, the Germans simply (*eben*) love (the) nature."

∽ Ein Besuch in Mittenwald

(*A visit to Mittenwald*)

HANS: [1]Es ist schon über eine Stunde her, seit wir Garmisch-Partenkirchen verlassen haben.

FRED: [2]Mir beginnen schon die Beine weh zu tun. [3]Ich bin ans Fahrrad-fahren überhaupt nicht gewöhnt.

HANS: [4]Mir geht es auch so. [5]Wir hätten den Wagen nehmen sollen, aber ich dachte, es würde Ihnen Spaß machen, einen beliebten deutschen Sport zu versuchen.

FRED: [6]Mir hätte es mehr Spaß gemacht, wenn wir uns an die Hauptstraße hätten halten können. [7]Das wäre aber bei dem starken Verkehr lebensge-fährlich gewesen.

HANS: [8]Ich stimme Ihnen bei. [9]Ich verstehe nur nicht, warum wir noch nicht in Mittenwald sind. [10]Außerdem werden wir von meiner Kusine erwartet.

HANS: [1]*It has been over an hour since we left Garmisch-Partenkirchen.*

FRED: [2]*My legs are beginning to hurt.* [3]*I am not at all accustomed to riding a bicycle.*

HANS: [4]*I feel the same way.* [5]*We should have taken the car, but I thought you would enjoy trying a well-liked German sport.*

FRED: [6]*I would have enjoyed it more if we could have stayed on the main road.* [7]*In view of the heavy traffic, however, it would have meant endangering one's life.*

HANS: [8]*I agree with you.* [9]*I just don't understand why we aren't in Mitten-wald yet.* [10]*Besides, we are (being) expected by my cousin.*

FRED: ¹¹Wenn es nur nicht so heiß wäre! ¹²Es scheint fast, als ob wir uns verfahren hätten. ¹³Fragen wir doch diesen Mann, der da kommt.

HANS: ¹⁴Entschuldigen Sie, bitte, kommen wir auf diesem Weg nach Mittenwald?

DER MANN: ¹⁵Ja freilich. Noch ein paar Kilometer, und Sie sind da.

HANS: ¹⁶Recht schönen Dank, da bin ich aber sehr erleichtert.

FRED: ¹⁷Jetzt freue ich mich wieder auf Mittenwald. ¹⁸Werden da noch immer Geigen gebaut?

HANS: ¹⁹Nicht nur Geigen werden in Mittenwald gebaut, sondern alle möglichen Saiteninstrumente.

FRED: ²⁰Eine Kirche kommt in Sicht.

HANS: ²¹Dann müssen wir angekommen sein.

FRED: *¹¹If it only weren't so hot! ¹²It almost seems as if we have ridden in the wrong direction. ¹³Let's ask this man, the one coming this way.*

HANS: *¹⁴Excuse me, please, will this road take us to Mittenwald?*

THE MAN: *¹⁵Why, of course. Just a few more kilometers and you'll be there.*

HANS: *¹⁶Thank you very much, I feel very relieved.*

FRED: *¹⁷Now I am looking forward to Mittenwald again. ¹⁸Are violins still built there?*

HANS: *¹⁹Not only violins are built in Mittenwald, but all kinds of string instruments.*

FRED: *²⁰A church is coming into sight.*

HANS: *²¹Then we must have arrived.*

307

ÜBUNGEN

I. Wortstudien. *Betonen Sie die Vorsilben!*

vorsehen	die Vorsicht	nachsehen	die Nachsicht
vorstellen	die Vorstellung	nachstellen	die Nachstellung
vorziehen	der Vorzug	nachziehen	der Nachzug
vorreden	die Vorrede	nachreden	die Nachrede
eingehen	der Eingang	ausgehen	der Ausgang
einführen	die Einfuhr	ausführen	die Ausfuhr
einschneiden	der Einschnitt	ausschneiden	der Ausschnitt
einbrechen	der Einbruch	ausbrechen	der Ausbruch

II. Substitution

1. Es ist schon über *eine Stunde* her, seit wir *die Stadt* verlassen haben.

zwei Stunden . . . das Dorf / eine Woche . . . München / ein Jahr . . . Amerika / einen Monat . . . die Universität

2. Mir beginnen *die Beine* weh zu tun.

die Füße / die Arme / die Hände / die Augen / die Ohren / die Finger

3. *Mir* geht es auch so.

ihm / ihr / ihnen / Ihnen / uns

4. Ich stimme *Ihnen* bei.

ihm / ihr / ihnen / Fred

5. Wenn es nur nicht so *heiß* wäre!

kalt / naß / regnerisch / neblig / dunkel / weit

6. Jetzt freue ich mich wieder auf *Mittenwald.*

Weihnachten / die Großstadt / meinen Geburtstag / die Schule

7. Außerdem werden wir von *meiner Kusine* erwartet.

meinem Onkel / meiner Tante / meinen Eltern / niemandem

8. Werden da noch immer *Geigen* gebaut?

Gitarren / Violinen / Autos / Häuser

III. *Beantworten Sie die folgenden Fragen auf deutsch:*

1. Wohin fahren Fred und Hans? **2.** Wie fahren sie? **3.** Wie lange ist es schon her, seit sie Garmisch-Partenkirchen verlassen haben? **4.** Was beginnt Fred weh zu tun? **5.** Woran ist Fred überhaupt nicht gewöhnt? **6.** Wie geht es Hans? **7.** Was hätten die Freunde tun sollen, statt radzufahren? **8.** Warum hatte Hans nicht den Wagen genommen? **9.** Wie hätte die Fahrt Fred mehr Spaß gemacht? **10.** Warum hatten sie sich nicht an die Hauptstraße halten können? **11.** Von wem werden sie in Mittenwald erwartet? **12.** Wie scheint es Fred fast? **13.** Wen fragen sie nach dem richtigen Weg? **14.** Was wird Ihnen geantwortet? **15.** Wie weit sind sie noch von Mittenwald? **16.** Wie fühlt sich Hans? **17.** Worauf freut sich Fred? **18.** Was wird in Mittenwald gebaut? **19.** Was kommt in Sicht?

IV. *Fragen Sie jemanden:*

1. ob es schon lange her ist, seit Fred und Hans Garmisch-Partenkirchen verlassen haben. **2.** warum Fred die Beine weh zu tun beginnen. **3.** warum sich die Freunde nicht an die Hauptstraße gehalten haben. **4.** von wem sie in Mittenwald erwartet werden. **5.** wen sie nach dem richtigen Weg fragen. **6.** ob Hans erleichtert ist. **7.** ob sich Fred wieder auf Mittenwald freut. **8.** ob in Mittenwald noch immer Geigen gebaut werden. **9.** was in Mittenwald sonst noch gebaut wird. **10.** ob eine Kirche in Sicht kommt.

V. *Bilden Sie den Passiv mit* **werden:**

> BEISPIEL: Meine Kusine erwartet uns.
> **Wir werden von meiner Kusine erwartet.**

1. Die Einwohner von Mittenwald bauen Geigen. **2.** Fred versucht einen beliebten deutschen Sport. **3.** Hans fährt den Wagen nicht. **4.** Sie fragen einen Mann. **5.** Fred sieht eine Kirche.

VI. *Benützen Sie* **sich freuen auf** *in den folgenden Sätzen:*

1. I am looking forward to Munich. **2.** He is looking forward to Christmas. **3.** She is looking forward to her birthday. **4.** They are looking forward to a trip to Vienna. **5.** What are you looking forward to? (*Worauf . . .*).

VII. *Erzählen Sie den folgenden Abschnitt in der Vergangenheit. Benützen Sie in jedem Satz die passendste der folgenden drei Zeiten:* **Imperfekt, Perfekt** *oder* **Plusquamperfekt:**

Eines Tages beschließen Fred und Hans, eine Kusine von Hans zu besuchen, die in Mittenwald lebt. Nachdem sie ihr telefonieren, kaufen sie zwei Fahrkarten bis Garmisch-Partenkirchen und sitzen bald darauf im Zug. In Garmisch-Partenkirchen borgt Hans von Bekannten zwei Fahrräder aus, auf denen sie weiterfahren. Da aber der Verkehr für Radfahrer lebensgefährlich ist, verlassen sie bald die Hauptstraße. Auf den Landsträßchen verfahren sie sich fast, bis ein Mann daherkommt, der ihnen sagt, daß sie sich auf dem richtigen Weg befinden (befänden). Hans ist sehr erleichtert. Fred freut sich auf Mittenwald, denn er weiß, daß viele berühmte Geigen aus Mittenwald kommen.

VIII. *Diktat aus Konversation 30*

IX. *Eine Unterhaltung*

Sie machen mit einem Freund eine Fahrradtour und sprechen darüber, ob Sie sich verfahren haben.

309

Passive Voice; Prepositional Idioms; Separable Prefixes **fort, los, zusammen**

87 ● The passive voice

A. Remarks about the passive

In a transitive, active sentence, we are mainly interested in what the subject, as agent, does to an object by means of the verb:

Er schreibt einen Brief.   He writes a letter.

In a passive sentence we are primarily concerned with the action and the recipient of the action, rather than the agent. The object of the active sentence becomes the subject of the passive sentence, with the action expressed by a past participle. The agent may be expressed or omitted:

Ein Brief **wird** (von ihm) geschrieben   A letter *is* (*being*) written (by him).

1. The English auxiliary verb for the formation of the passive is *to be.* To distinguish a passive construction from a predicate adjective, the particle *being* may be added to the English sentence, especially if the agent is not expressed. *The letter is written*: predicate adjective, in the absence of passive characteristics. *The letter is being written*: passive.

2. In German this distinction is not necessary, since the passive auxiliary is **werden. Der Brief ist geschrieben,** *the letter is written;*
   Der Brief wird geschrieben, *the letter is being written.*

3. The passive is employed much less frequently in German than in English. Active constructions with **man** are often used in German where the passive is used in English: **Man baut viele neue Häuser,** *many new houses are being built.*

B. A comparison of active and passive tenses

ACTIVE:

Present/Past:	Er schreibt / schrieb einen Brief.
Present/Past Perfect:	Er hat / hatte einen Brief geschrieben.
Future/Conditional:	Er wird / würde einen Brief schreiben.
Future/Conditional Perfect:	Er wird / würde einen Brief geschrieben haben.

PASSIVE, SAME TENSES:

Der Brief **wird** / **wurde** von ihm geschrieben.
Der Brief **ist** / **war** von ihm geschrieben **worden**.
Der Brief **wird** / **würde** von ihm geschrieben **werden**.
Der Brief **wird** / **würde** von ihm geschrieben **worden sein**.

ENGLISH EQUIVALENT:

The letter *is* / *was (being)* written by him.
The letter *has* / *had been* written by him.
The letter *will* / *would be* written by him.
The letter *will* / *would have been* written by him.

1. The passive formation is relatively simple if one realizes that it is merely the conjugation of the verb **werden** in all possible tenses, with the agent and the past participle of the former action verb added as invariable elements.

2. Since **werden** is conjugated with the perfect auxiliary **sein,** all perfect tenses in the passive employ **sein.**

3. Since the past participle of **werden,** usually **geworden,** is preceded by the past participle of the former active verb, the **ge-** prefix is dropped, to avoid a redundant **ge- ge-** construction. In passive constructions (only!), the past participle of **werden** is **worden.**

4. In English the agent is expressed by the preposition *by.* In German the agent is expressed by **von** + dative, provided it is animate or capable of acting as a person, e.g. *government, firm,* etc. If the agent is a thing, the preposition **durch** + accusative must be used: **Er wurde durch eine Explosion geweckt,** *he was awakened by an explosion.*

C. Passive with verbs governing the dative

ACTIVE	PASSIVE
Er dankt **dem Mann.**	**Dem Mann** wird von ihm gedankt.
Sie hilft **uns** sehr.	**Uns** wird von ihr sehr geholfen.
Wir antworten **dem Lehrer.**	**Dem Lehrer** wird von uns geantwortet.

311

1. When changing a sentence from active to passive, direct objects in the accusative of the active sentence become subjects in the nominative of the passive sentence.

2. When the active sentence contains a verb which governs the dative case, the verb continues to require a dative object in the passive sentence. From a viewpoint of physical arrangement, the dative object moves into first place, as if it were the subject of the passive sentence.

3. Actually, the subject of such a passive sentence is **es.** The **es** is generally omitted, however, although it may be expressed: **Es wird dem Mann von ihm gedankt.** The implied subject **es** explains why the third person singular of **werden** is used in all the above examples.

88 ● Prepositional idioms

A. Many verbs must be used with certain prepositions which often differ from the prepositions used in English. While prepositional idioms are best acquired through context, the student will find it most helpful to know how to deal with such an idiom obtained from a dictionary or vocabulary listing. Many of such idioms are reflexive. The following listing is typical:

sich **interessieren für,** *to be interested in*

To use this, the verb must be pulled out and placed second, the reflexive pronoun third, the preposition must be followed by an object: **Ich interessiere mich für den Film.** *I am interested in the film.* Special care must be taken not to confuse idiomatic prepositions with prefixes. Prefixes precede a verb, prepositions follow it in a basic listing:

anhalten (or **an-halten**), *to stop:*	Der Bus **hält** hier **an.** The bus *stops* here.
sich **anhalten,** to *hold on:*	**Halten** Sie sich **an.** *Hold on.*
sich **halten an,** *to stick to:*	**Halten** Sie sich **an** meine Frage, bitte.
	Stick to my question, please.

REMINDER: Separable prefixes precede the verb in a dictionary but go to the end of the clause when used in a sentence. Idiomatic prepositions follow the verb in a dictionary and must be followed by an object in the sentence.

NOTE: In some expressions words are used in the nature of separable prefixes which are never written as one word with the verb: **recht haben,** *to be right:* **er hat natürlich wieder recht; nach Hause gehen,** *to go home:* **er geht nie mit den anderen nach Hause.**

B. The use of case after idiomatic prepositions

Er erkundigt sich **nach dem Wetter.**	He inquires *about the weather.*
Ich interessiere mich **für den Brief.**	I am interested *in the letter.*
Wir freuen uns **auf den Sommer.**	We are looking forward *to summer.*

1. Prepositions which always govern the accusative and prepositions which always govern the dative continue to do so in prepositional verbal idioms.

2. Prepositions which may govern the dative or the accusative usually govern the accusative in prepositional idioms. Exceptions are very rare and should be memorized carefully: **Er fährt an dem Konsulat vorbei,** *he drives past the consulate.*

C. Prepositional idioms introduced so far

1. With prepositions governing the dative case

   suchen nach, *to look for*
   fragen nach, *to inquire about*
   sich erkundigen nach, *to inquire about*
   sich verheiraten mit, *to get married to*
   übereinstimmen mit, *to match, to agree with*
   sich vorstellen bei, *to introduce oneself at*
   halten von, *to think of* (in the sense of evaluation)

2. With prepositions governing the accusative case

   sich entscheiden für, *to decide on*
   sich interessieren für, *to be interested in*
   sich handeln um, *to be a question of, to be a matter of*

3. With prepositions governing dative or accusative, all governing accusative in this connection

   sich erinnern an, *to remember*
   sich halten an, *to stick to, to hold* (*on*) *to*
   glauben an, *to believe in*
   denken an, *to think of, to be thinking of* (**nachdenken über,** *to ponder*)
   Fragen stellen an, *to pose questions to*
   gewöhnt sein an, *to be accustomed to*
   sich freuen auf, *to look forward to*
   sich verlassen auf, *to rely on, to depend on*
   fragen über, *to ask about*
   lesen über, *to read about*

313

89 ● Separable prefixes fort, los, zusammen

Er hat ihn **fort**geschickt.	He sent him *away*.
Er hat **fort**gearbeitet.	He worked *on*.
Der Zug ist plötzlich **los**gefahren.	The train suddenly *started to* move.
Schneiden Sie ihn **los**.	Cut him *loose*.
Wann kommen wir **zusammen**?	When will we get *together*?
Das alte Haus wird bald **zusammenfallen**.	The old house will soon *collapse*.

1. The two meanings of **fort** are *away* or *off* and *on*, in the sense of continuation.

2. The two meanings of **los** are *to start to* and *loose*.

3. The two meanings of **zusammen** are *together*, in the sense of convening (in the plain sense of *together* it is used as an adverb: **Wir gehen zusammen zur Schule**), and *destruction*, e.g. *to collapse, mangle*, etc.

4. Idiomatic meanings are almost non-existent: **zusammenfahren,** *to be startled.*

ÜBUNGEN

I. A. *Verwandeln Sie die folgenden Sätze mit Prädikatadjektiv in passive Sätze mit* **werden** *und dem angegebenen Täter* (*Agenten*):

BEISPIEL: Das Auto ist geparkt. (von ihm)
Das Auto wird von ihm geparkt.

1. Der Brief ist geschrieben. (von ihr) **2.** Die Uhr ist repariert. (vom Juwelier)
3. Die neuen Häuser sind gebaut. (von der Firma) **4.** Die Aufgabe ist gut gemacht. (von allen Studenten) **5.** Diese Zeitschriften sind durchgelesen. (von den Eltern) **6.** Die Waggone des Zuges sind gut zusammengehängt. (durch eine Kupplung) **7.** Der Lebensstandard ist sehr verbessert. (durch das Wirtschaftswunder)

B. *Machen Sie aus den folgenden aktiven Sätzen passive Sätze, ohne die Zeiten zu ändern* (. . . *without changing the tenses*):

BEISPIEL: Er hatte den Brief geschrieben.
Der Brief war von ihm geschrieben worden.

1. Die beiden Freunde besichtigen das Schloß. **2.** Der Tourist kauft mehrere Landkarten (*maps*). **3.** Fred löste einen Reisescheck ein. **4.** Die Münchener exportierten verschiedene Biere. **5.** Hans hat endlich Mittenwald gefunden.

6. Die Mittenwäldler haben schon viele Geigen gebaut. **7.** Sie hatte ein Fahrrad mitgebracht. **8.** Wir hatten die Saiteninstrumente bewundert. **9.** Hans wird morgen einen Brief an seine Eltern schreiben. **10.** Sie werden die vielen Fehler (*mistakes*) bemerken. **11.** Der Ausländer würde die deutsche Sprache studieren (wenn er Zeit hätte). **12.** Helga würde gerne eine Bluse und einen Rock kaufen. **13.** Fred wird den Verkehrsunfall wohl gesehen haben. **14.** Er wird wohl bei der Polizei genaue Aussagen darüber gemacht haben. **15.** Sie würde den Hut getragen haben (wenn er nicht zu klein gewesen wäre). **16.** Er würde seine Freunde gesehen haben (wenn er früher gekommen wäre).

C. *Machen Sie aus den folgenden aktiven Sätzen mit Dativobjekten passive Sätze, ohne das Subjekt* **es** *auszudrücken:*

> BEISPIEL: Er dankt dem Mann.
> **Dem Mann wird von ihm gedankt.**

1. Das Kind antwortet uns nicht. **2.** Er diente dem König viele Jahre lang. **3.** Das Kind hat der Mutter gefolgt. **4.** Er hatte dem Lehrer nichts geantwortet. **5.** Werden Sie uns helfen? **6.** Er würde der Wirtin danken.

D. *Machen Sie aus den folgenden passiven Sätzen ohne Täter aktive Sätze mit dem Subjekt* **man:**

> BEISPIEL: Das ist ihm schon gesagt worden.
> **Man hat ihm das schon gesagt.**

1. Hier wird Deutsch gesprochen. **2.** Neue Häuser wurden auf unserer Straße gebaut. **3.** Er ist gesehen worden. **4.** Die Uhr war schon repariert worden. **5.** Eine Rückfahrkarte wird gekauft werden müssen. **6.** Die Großstadt würde vermißt werden. **7.** Der Unfall wird wohl gesehen worden sein. **8.** Es würde nicht bemerkt worden sein. (= Es wäre nicht bemerkt worden).

II. A. *Setzen Sie das Objekt in den richtigen Fall:*

> BEISPIEL: Wir freuen uns schon auf (der Sauerbraten).
> **Wir freuen uns schon auf den Sauerbraten.**

1. Ich stimme mit (Sie) vollkommen überein. **2.** Wir verlassen uns auf (unsere Freunde). **3.** Für (welcher Rock) haben Sie sich entschieden? **4.** Um (welcher Brief) handelt es sich? **5.** Wir hätten uns an (die Hauptstraße) halten sollen. **6.** Fred ist an (das Radfahren) überhaupt nicht gewöhnt. **7.** Wer hat sich nach (meine Verwandten) erkundigt?

B. *Sagen Sie auf deutsch:*

1. What do you think of your teacher? **2.** To whom did she get married? **3.** Has he already introduced himself at the firm? **4.** Fred had read much about the German castles. **5.** Perhaps they'll decide on it. **6.** It wouldn't be a matter of a simple repair. **7.** She would have believed in him if he would have told her the truth (*die Wahrheit*). **8.** He probably has thought (will have thought) of it already.

III. *Wiederholen Sie die folgenden Sätze im Perfekt:*

1. Er schickt ihn fort. **2.** Tragen Sie das Buch fort? **3.** Sie schreiben fort. **4.** Der Zug fährt plötzlich los. **5.** Was bricht er denn da los? **6.** Man darf nicht loslassen. **7.** Ich muß erst alles zusammensuchen. **8.** Das alte Gebäude fällt zusammen. **9.** Auf einmal bricht er zusammen. (USE *ist*)

IV. *Wiederholung aus Konversation 30*

1. Was möchte Helga im Kaufhaus? **2.** Wer hat eine Bluse im Kaufhaus gekauft, die ihr gefällt? **3.** Was für eine Bluse wäre das? **4.** Was kosten die beiden Blusen, die die Verkäuferin Helga zeigt? **5.** Was hält Helga von den Preisen der Blusen? **6.** Welche Bluse kauft sie endlich? **7.** Welche Farbe hat der Rock, der ihr so gut gefällt? **8.** Warum kauft sie ihn nicht? **9.** Wann wird sie ihn erst kaufen können? **10.** Braucht Helga sonst noch etwas? **11.** Wo muß Helga für ihren Einkauf zahlen?

V. *Aufsatz*

In America the children are usually the ones who ride bicycles. As soon as they become older they buy (themselves) cars. In Europe, however, there are still many people who like to ride bicycles. In Germany bicycling is still a well-liked sport, even if one has a car, for the Germans love (the) nature and one is much closer to it on a bicycle than in a car. Unfortunately, one has to be more and more careful (*immer vorsichtiger*) on account of the heavy traffic. But, after all (*ja*), one doesn't have to stick to the main roads. One can drive along (*entlang*, sep. prefix) quiet country roads and admire (*bewundern*) the beauty of the country.

Ankunft bei Feldmanns

(*Arrival at the Feldmann house*)

HANS: ¹Grüß dich, Kusine, wie geht's?

FRAU FELDMANN: ²Grüß dich, Hans. ³Es geht gut. ⁴Wie nett, daß ihr gekommen seid.

HANS: ⁵Bitte, darf ich meinen Freund, Fred Owens, vorstellen?

FRAU FELDMANN: ⁶Es freut mich sehr, Sie kennenzulernen, Herr Owens. ⁷Hans hat mir erzählt, daß Sie aus Amerika wären. ⁸Wie gefällt es Ihnen in Deutschland?

FRED: ⁹Danke, sehr gut. Und von Mittenwald bin ich geradezu begeistert. ¹⁰Die alten, malerischen Sträßchen, die kleinen, bemalten Häuschen und im Hintergrund die mächtigen Alpen . . .

HANS: ¹¹Fred wird poetisch, Erika; bring uns lieber schnell etwas zu trinken, damit er sich abkühlt.

FRAU FELDMANN: ¹²Recht gern. Ihr müßt ja ganz ermattet sein. ¹³Nehmt doch inzwischen Platz.

HANS: ¹*Hello, cousin, how are you?*

MRS. FELDMANN: ²*Hello, Hans.* ³*Everything is fine.* ⁴*How nice of you to have come.*

HANS: ⁵*Please, may I introduce my friend Fred Owens?*

MRS. FELDMANN: ⁶*I am very happy to meet you, Mr. Owens.* ⁷*Hans told me that you are from America.* ⁸*How do you like it in Germany?*

FRED: ⁹*Thank you, I like it very much. And I am just overwhelmed (with enthusiasm) by Mittenwald.* ¹⁰*The old, picturesque little streets, the small painted houses, and in the background the mighty Alps . . .*

HANS: ¹¹*Fred is getting poetic, Erika; perhaps you'd better get us something to drink quickly, so that he cools off.*

MRS. FELDMANN: ¹²*Gladly. You must be quite exhausted.* ¹³*Why don't you sit down in the meantime?*

HANS: [14]Hättest du ein kaltes Bier für mich, Erika?

FRAU FELDMANN: [15]Kommt schon. Und was darf ich Ihnen bringen, Herr Owens?

FRED: [16]Ein Glas kaltes Wasser, bitte.

FRAU FELDMANN: [17]Nur Wasser? Und nichts zu essen? [18]Aber das geht doch nicht!

HANS: [19]Bring's ihm nur, Erika. [20]Fred ist doch Amerikaner, und die Amerikaner trinken immer Wasser.

FRAU FELDMANN: [21]Nun gut. Aber bei uns werden Sie sich sicher umgewöhnen. [22]Sie bleiben doch ein paar Tage, nicht wahr?

FRED: [23]Wir möchten Ihnen keineswegs zur Last fallen, Frau Feldmann.

HANS: [24]Natürlich bleiben wir.

FRAU FELDMANN: [25]Gut, das wäre also abgemacht.

HANS: [14]*Would you have a cold beer for me, Erika?*

MRS. FELDMANN: [15]*It's on its way. And what may I bring you, Mr. Owens?*

FRED: [16]*A glass of cold water, please.*

MRS. FELDMANN: [17]*Just water? And nothing to eat? [18]But that isn't possible!*

HANS: [19]*Go ahead and get it for him, Erika. [20]Fred is an American, as you know, and Americans always drink water.*

MRS. FELDMANN: [21]*Well, all right. But at our house you'll change your habit for sure. [22]You are staying for a few days, aren't you?*

FRED: [23]*We don't want to inconvenience you in any way, Mrs. Feldmann.*

HANS: [24]*Of course we'll stay.*

MRS. FELDMANN: [25]*Fine, that's settled.*

EIBSEE IN BAYERN

ÜBUNGEN

I. *Wortstudien. Betonen Sie die Vorsilben:*

fortsetzen	fortgesetzt	die Fortsetzung
fortführen	fortgeführt	die Fortführung
fortgehen	fortgegangen	der Fortgang
losgehen	losgegangen	das Losgehen
loskommen	losgekommen	das Loskommen
losbrechen	losgebrochen	das Losbrechen
zusammenstoßen	zusammengestoßen	der Zusammenstoß
zusammenbrechen	zusammengebrochen	der Zusammenbruch
zusammenkommen	zusammengekommen	die Zusammenkunft

II. Substitution

1. Darf ich *meinen Freund* vorstellen?
meine Freundin / meinen Bekannten / meine Bekannte / meinen Kollegen

2. Es freut mich, Sie kennenzulernen, *Herr Owens.*
Herr Ingenieur / Frau Feldmann / Fräulein Krämer / Herr und Frau Brown

3. Er hat mir erzählt, daß Sie *aus Amerika* wären.
aus Deutschland / aus der Schweiz / aus den Vereinigten Staaten / aus München

4. Wie gefällt es Ihnen *in Deutschland?*
in Amerika / in den Vereinigten Staaten / in der Schweiz / in München

5. *Nehmt* doch inzwischen Platz.
nimm / nehmen Sie / nehmen wir

6. *Bei uns* werden Sie sich sicher umgewöhnen.
auf dem Dorf / auf dem Land / in der Stadt / in Mittenwald

7. Wir wollen *Ihnen* keineswegs zur Last fallen.
ihm / ihr / ihnen / Frau Feldmann

320

III. *Beantworten Sie die folgenden Fragen auf deutsch:*

1. Bei wem kommen Fred und Hans an? **2.** Woher sind sie gekommen?
3. Wer ist Frau Feldmann? **4.** Mit welchen Worten stellt Hans seinen
Freund vor? **5.** Was sagt Frau Feldmann darauf? **6.** Was hat Hans seiner
Kusine Erika über Fred erzählt? **7.** Wie gefällt es Fred in Deutschland?
8. Wie gefällt ihm Mittenwald? **9.** Warum gefällt es ihm in Mittenwald?
10. Was soll Frau Feldmann tun, als Fred zu poetisch wird? **11.** Was sollen
die Freunde tun, während Frau Feldmann Hans ein Bier holt? **12.** Was
möchte Fred trinken? **13.** Was sagt Hans über die Amerikaner?
14. Wie lange werden die beiden Freunde bei Feldmanns bleiben?

IV. *Führen Sie die folgenden Anweisungen auf deutsch aus* (Carry out the
following instructions in German):

1. Grüßen Sie einen Freund oder Verwandten. **2.** Stellen Sie einen Studenten
oder eine Studentin einem anderen Studenten oder einer anderen Studentin vor.
3. Sagen Sie, daß Ihnen jemand erzählt hätte, daß der eine Student aus Amerika
wäre. **4.** Fragen Sie jemanden, wie es ihm oder ihr in Deutschland gefällt.
5. Beschreiben Sie Mittenwald. **6.** Sagen Sie einem Verwandten, er soll
Ihnen schnell etwas zu trinken bringen. **7.** Sagen Sie zwei Mitschülern, sie
sollen inzwischen Platz nehmen. **8.** Sagen Sie dem Lehrer, er soll Platz
nehmen. **9.** Fragen Sie jemanden, ob er ein kaltes Bier für Sie hätte. **10.** Sagen
Sie jemandem, daß er sich in Deutschland sicher umgewöhnen wird.

V. *Erzählen Sie den folgenden Abschnitt im Imperfekt. Benützen Sie den
Konjunktiv des Imperfekts in allen Nebensätzen und indirekten Fragen:*

Gegen vier Uhr nachmittags kommen Fred und Hans bei Feldmanns an. Hans
stellt seiner Kusine seinen Freund vor. Er erzählt ihr, daß Fred aus Amerika ist.
Frau Feldmann sagt, daß sie sich sehr freut, Fred kennenzulernen. Sie fragt, wie
es Fred in Deutschland gefällt. Dann bringt sie Hans ein kaltes Bier und will
wissen, ob Fred auch ein Bier will. Fred sagt, daß er nur ein Glas Wasser mag.
Hans bemerkt, daß alle Amerikaner Wasser trinken. Dann wird beschlossen,
daß die Freunde ein paar Tage bei Feldmanns verbringen sollen.

VI. *Diktat aus Konversation 31*

VII. *Eine Unterhaltung*

Sie machen eine Fahrradtour und halten bei einem Haus an, um um ein Glas
Wasser zu bitten. (**bitten um,** *to request.*)

321

ZUGSPITZE

✎ Wie wär's mit einer Klettertour?

(How about climbing a mountain?)

HANS: ¹Wie wär's mit einer Klettertour?

FRED: ²Wollen Sie mich umbringen?

HANS: ³Im Gegenteil. Ich will, daß Sie diese Gelegenheit ausnützen.

FRED: ⁴Meine Erfahrungen sind auf Wolkenkratzer beschränkt.

HANS: ⁵Ich hätte ja auch nicht gleich die Zugspitze, den höchsten Berg Deutschlands, vorschlagen wollen.

FRED: ⁶Die Zugspitze ginge noch. ⁷Ich habe gehört, man könnte mit der Zahnradbahn hinauffahren.

HANS: ⁸Schämen Sie sich! ⁹Ich hätte einen anderen Vorschlag.

FRED: ¹⁰Und der wäre?

HANS: ¹*How about climbing a mountain?*

FRED: ²*Do you want to kill me?*

HANS: ³*On the contrary. I want you to take advantage of this opportunity.*

FRED: ⁴*My experiences are limited to skyscrapers.*

HANS: ⁵*I wouldn't have wanted to suggest the Zugspitze, the highest mountain of Germany, right away.*

FRED: ⁶*The Zugspitze wouldn't be so bad.* ⁷*I heard you can go up by cogwheel railway.*

HANS: ⁸*Shame on you!* ⁹*I'd have a different suggestion.*

FRED: ¹⁰*And what might that be?*

322

HANS: [11]Wir erklimmen die Alpspitze.

FRED: [12]Wie hoch ist die?

HANS: [13]Nur 2.629 Meter, also 334 Meter niedriger als die Zugspitze.

FRED: [14]Wie käme ich da jemals hinauf?

HANS: [15]Zuerst würden wir mit der Seilschwebebahn zum Kreuzeck fahren. [16]Der Höhenunterschied zwischen Kreuzeck und Alpspitze betrüge dann nur noch 910 Meter.

FRED: [17]Daß ich nicht lache!

HANS: [18]Am Kreuzeck würden wir im Restaurant essen und danach über die Almen wandern.

FRED: [19]Das klingt nicht so schlimm.

HANS: [20]Denken Sie an die Fotos, die Sie machen könnten, mit den Bergen, den Almen, den Kühen . . . .

FRED: [21]Meine Beine würden mich nie so weit tragen.

HANS: [22]Oh doch. Außerdem käme vor dem Aufstieg noch eine echte Berghütte, wo wir rasten würden. Nun?

FRED: [23]Sie haben mich überredet. [24]So etwas Typisches werde ich mir nicht entgehen lassen. [25]Ich komme mit, aber nur unter einer Bedingung.

HANS: [26]Und die wäre?

FRED: [27]Wenn ich zusammenbreche, tragen Sie mich.

HANS: [28]Einverstanden.

HANS: [11]We'll climb to the top of the Alpspitze.

FRED: [12]How high is that one?

HANS: [13]Only 2,629 meters, that is (to say) 334 meters lower than the Zugspitze.

FRED: [14]How on earth would I ever get up there?

HANS: [15]First we would take the cable car to Kreuzeck. [16]The difference in elevation between Kreuzeck and Alpspitze would then amount to only 910 meters.

FRED: [17]Don't make me laugh!

HANS: [18]On Kreuzeck we'd eat at the restaurant and then we'd hike across mountain pastures.

FRED: [19]That doesn't sound so bad.

HANS: [20]Think of the snapshots you could take, with the mountains, the pastures, the cows . . . .

FRED: [21]My legs would never carry me that far.

HANS: [22]Yes, they would. Besides, before the ascent there would be a genuine mountain lodge where we would rest. Well?

FRED: [23]You talked me into it. [24]I won't let something that typical slip by. [25]I'll come along, but only on one condition.

HANS: [26]What might that be?

FRED: [27]If I collapse, you'll carry me.

HANS: [28]It's a deal.

ÜBUNGEN

I. Wortstudien. Betonen Sie die Vorsilbe:

weggehen	wegzugehen	ist weggegangen
weglegen	wegzulegen	weggelegt
mitnehmen	mitzunehmen	mitgenommen
mitspielen	mitzuspielen	mitgespielt
heimfahren	heimzufahren	ist heimgefahren
heimspazieren	heimzuspazieren	ist heimspaziert
niederfallen	niederzufallen	ist niedergefallen
niederlegen	niederzulegen	niedergelegt
weitersingen	weiterzusingen	weitergesungen
weitermachen	weiterzumachen	weitergemacht
wiederkommen	wiederzukommen	ist wiedergekommen
wiedersehen	wiederzusehen	wiedergesehen

II. Substitution

1. Wie wär's mit *einer Klettertour*?
einer Italienreise / einer Party / einem Kinobesuch / einem Sportwagen

2. Ich will, daß Sie *diese Gelegenheit* ausnützen.
das schöne Wetter / die Ferien / Ihre Freizeit / das Wochenende

3. Meine Erfahrungen sind auf *Wolkenkratzer* beschränkt.
Schulbücher / Theorien / den Wintersport / das Studium

4. *Die Zugspitze* ginge noch.
diese Krawatte / dieser Anzug / dieses Kleid / diese Bluse

5. Wie käme ich da jemals *hinauf*?
hinunter / herunter / hinüber / hindurch

6. Das klingt nicht so *schlimm*.
schlecht / gut / ernst / wichtig / lustig / praktisch

7. So etwas *Typisches* werde ich mir nicht entgehen lassen.
Wichtiges / Interessantes / Populäres / Volkstümliches

III. Beantworten Sie die folgenden Fragen auf deutsch:

1. Was sagt Fred, als Hans eine Klettertour vorschlägt? **2.** Warum schlägt Hans eine Klettertour vor? **3.** Worauf sind Freds Erfahrungen beschränkt? **4.** Wie heißt der höchste Berg Deutschlands? **5.** Wie kann man auf die Zugspitze hinaufkommen? **6.** Wie hoch ist die Alpspitze? **7.** Um wie viele Meter ist die Alpspitze niedriger als die Zugspitze? **8.** Wie viele Meter beträgt der Höhenunterschied zwischen dem Kreuzeck und der Alpspitze?

9. Wie kann man auf das Kreuzeck hinaufkommen? **10.** Was liegt zwischen dem Kreuzeck und den Felsen (*rocks*) der Alpspitze? **11.** Woran soll Fred denken, damit er mitgeht? **12.** Wovor hat Fred Angst? **13.** Wo könnten sie vor dem Aufstieg noch rasten? **14.** Hat Hans Fred endlich überredet? **15.** Warum entschließt sich Fred endlich mitzugehen? **16.** Unter welcher Bedingung wird Fred mitgehen?

IV. *Fragen Sie jemanden:*

1. wie es mit einer Klettertour wäre. **2.** ob er schon jemals eine Klettertour gemacht hat. **3.** worauf seine Erfahrungen beschränkt sind. **4.** ob er weiß, wie der höchste Berg Deutschlands heißt. **5.** wie man am besten auf die Zugspitze hinaufkommen könnte. **6.** ob er weiß, wie hoch die Zugspitze ist. **7.** wie man am besten zum Kreuzeck hinaufkommen könnte. **8.** ob er die Almen beschreiben kann. **9.** ob Fred sich so etwas Typisches wird entgehen lassen. **10.** unter welcher Bedingung Fred mitkommen wird.

V. *Wiederholung. Machen Sie aus den folgenden aktiven Sätzen passive Sätze:*

1. Fred und Hans erklimmen die Alpspitze. **2.** Sie besprechen eine Klettertour. **3.** Freds Beine würden ihn nie so weit tragen. **4.** Hans wird Fred tragen müssen. **5.** Er hat ihn überredet.

VI. *Erzählen Sie den folgenden Abschnitt im Imperfekt. Benützen Sie den Konjunktiv des Imperfekts in allen Nebensätzen und indirekten Fragen:*

Hans fragt, wie es mit einer Klettertour ist. Fred fragt, ob er ihn umbringen will. Hans sagt, daß er will, daß Fred diese Gelegenheit ausnützt. Fred meint, daß seine Erfahrungen auf Wolkenkratzer beschränkt sind. Hans entgegnet, daß er ja auch nicht gleich die Zugspitze vorschlagen will. Darüber ist Fred sehr erleichtert. Endlich läßt er sich von Hans dazu überreden, mitzukommen. Er will sich die Gelegenheit nicht entgehen lassen, von so viel Typischem Fotos zu machen.

VII. *Diktat aus Konversation 32*

VIII. *Eine Unterhaltung*

Sie lassen sich von einem Freund überreden, eine Klettertour mit ihm zu machen.

∾ Conclusion of the Past and Past Perfect Subjunctive and of Separable Prefixes

90 ● Past and past perfect subjunctive

A. The subjunctive as conditional and in expressing wishes

Perhaps the most important use of the past and the past perfect subjunctive is their function as contracted conditional and conditional perfect, respectively. It has been amply demonstrated in the preceding Grammar Units and conversations that the subjunctive may and mostly does replace the conditional tense of an *if*-clause, and that in German the subjunctive may even replace the conditional tense of the main clause. The use of the subjunctive in expressing wishes presents no problem at all, since such wishes are merely the *if*-clause of a conditional tense, with the main clause left to the imagination:

Wenn er doch nur **käme!**	*I wish* he *would come.* (If he only came!)
Or	
Käme er doch nur!	If he only came (*would come*).

IMPLICATION: If he only would come, something else would happen.

Wenn er doch nur **gekommen wäre!**	If he only had (*would have*) come!
Or	
Wäre er doch nur **gekommen!**	

IMPLICATION: If he only would have come, something else would have happened. In such wishes, the past subjunctive, representing the present conditional, conveys a wish of the present time. The past perfect subjunctive, representing the perfect or past conditional, conveys a wish not realized in the past. These variations of the conditional should be clear. Otherwise, the student must understand and master the use of the subjunctive in the two connections which follow.

326

B. The subjunctive after **als ob** or **als wenn**

Er spricht, **als ob** er alles **wüßte.**	He talks *as if* he *knows* everything.
Er sprach, **als wüßte** er alles.	He talked *as if* he *knew* everything.
Sie tut, **als wenn** sie krank **wäre.**	She acts *as if* she *is* ill.
Sie tut, **als wenn** sie krank **gewesen wäre.**	She acts *as if* she *had been* ill.

1. The subjunctive is required in clauses introduced by **als ob** or **als wenn.**

2. Whether to use past subjunctive or past perfect subjunctive depends on the desired meaning, as shown in the examples. Note, however, that the past subjunctive may be translated into English as an indicative (present tense), even though the German clause contains a subjunctive.

3. The possible use of the present subjunctive will be discussed in Grammar Unit 22.

C. The subjunctive in indirect discourse

Ich fragte, ob sie Zeit **hätte.**	I asked if she *had* time.
Sie schrieb, daß er nach Hause kommen **sollte.**	She wrote that he *should* come home.
Er fragte, ob wir die Oper **gesehen hätten.**	He asked if we *had seen* the opera.
Sie glaubte, ihr Mann **wäre gestorben.**	She believed her husband *had died.*
Sie sagte, daß er **käme.**	She said that he *was coming.*
Er wollte wissen, ob ich zu Hause **wäre.**	He wanted to know whether I *was* at home.
Er hat gesagt, er **würde** schreiben.	He said he *would* write.

1. In indirect discourse, including indirect questions, the subjunctive must be used in the subordinate clause if the main verb is in the past time.

2. The past subjunctive or past perfect subjunctive should be selected in accordance with the meaning desired, as shown in the examples above.

91 ● Separable prefixes, conclusion

All of the separable prefixes covered previously had a variety of standard meanings as well as the ability to combine with a verb to form a completely new and idiomatic meaning. The remaining separable prefixes, listed below, are quite easy by comparison, for each has but one meaning. They can be viewed as adverbs that happen to be joined to certain verb forms and written as one word. The verb and prefix, however, retain their own meanings. Rarely, if ever, does an exception to this occur.

A. Prefixes consisting of one word

Er ist nicht **mit**gekommen, sondern **heim**gegangen.	He didn't come *along* but went *home* instead.
Schreiben Sie alles **nieder.**	Write *down* everything.
Ist sie nie **wieder**gekommen?	Didn't she ever come *again* (come back, return)?
Er hat den Brief **weg**gesteckt und ist **weiter**gegangen.	He put the letter *away* and went *on* (*continued*) on his way.

The following prefixes are separable, stressed (on the first syllable) and have one meaning:

weg *away*	**mit** *along* (*with*)	**heim** *home*
nieder *down*	**weiter** *on, to continue*	**wieder*** *again*

B. Compound prefixes

Er hat das Geschenk **zurück**geschickt.	He sent *back* the gift.
Sie ist uns **voran**geeilt.	She sped *ahead* of us.
Laufen Sie ihm doch **entgegen.**	Run *towards* (to meet) him.

The following prefixes are separable, stressed on the second syllable (except **auseinander**) and have one meaning:

vorüber *past*	**davon** *away*	**auseinander** *apart*
vorbei *past*	**dazwischen** *between*	**entzwei** *apart, into two*
voran *ahead*	**empor** *up*	**entgegen** *towards* (with dative)
voraus *ahead*	**zurück** *back*	**entlang** *along* (*side*)

C. Compounds with **hin** and **her**

Wo sind Sie **hin**gegangen?	Where did you go *to*?
Wo sind Sie **her**gekommen?	Where did you come *from*?
Gehen Sie um das Haus **herum!**	Go *around* (*about*) the house.
Ich bin die Treppe **hinauf**gegangen.	I went *up* the stairs.
Wann wird er **herunter**kommen?	When is he going to come *down*?
Sie sind **hinaus**gegangen.	They went *out*(*side*).
Er hat den Tisch **hinüber**geschoben.	He pushed the table *over* (*there*).

1. REMINDER: **hin** denotes motion away from the speaker or vantage point. **her** denotes motion towards the speaker or vantage point: **wo,** *where,* **wohin,** *whereto,* **woher,** *from where.*

---

* Note the exceptional use of **wieder** as inseparable, unstressed prefix in **wiederholen,** *to repeat:* **Wiederholen Sie bitte!** *repeat, please!*

2. **Hin** and **her** are compounded with many other prefixes to convey the idea of specific physical motion. Prefixes which may have several possible meanings when used alone acquire one definite meaning when used with **hin** or **her**: **ausgehen**, *to go out* (generally, e.g. to date), **hinausgehen**, *to go outside*; **untergehen**, *to sink*, **hinuntergehen**, *to go down* (*stairs*).

3. Note that a prefix does not replace a preposition; in fact, in German the separable prefix and the preposition are often identical, except that the prefix may be compounded with **hin** or **her**. Such constructions, which would seem to be redundant in English, occur especially with **um** and **durch: Er sieht durch das Glas hindurch. Er geht um das Haus herum.**

4. The following are the most common prefixes compounded with **hin** and/ or **her**. They are stressed, as are all separable prefixes, have one meaning, and accent the second component, as all compound prefixes do:

hindurch *through*
herum *around*
hinüber, herüber *across, over*
hinunter, herunter *down the* (*stairs, hill, etc.*)
heran *near, up to*
hinab, herab *down*
hinauf, herauf *up*
hinzu *to* (*e.g. a group of people, etc.*)
hervor *out* (*of*)
hinein, herein *in* (*into, inside*)
hinaus, heraus *out* (*outside*)

5. Note that the preposition **in** changes to **ein** as prefix (including compounds).

6. With a few compound prefixes, **hin** or **her** is the second element: **dahin, daher, einher,** *along*: **Er kam dahergefahren (einhergefahren),** *he came driving along*; **vorher,** *pre-, in advance*: **Ich habe es vorhergesehen,** *I foresaw it* (*saw it in advance*).

ÜBUNGEN

I. **A.** *Drücken Sie die folgenden Sätze im Präsens als Wünsche im Konjunktiv des Imperfekts aus, die Sätze im Imperfekt als Wünsche im Konjunktiv des Plusquamperfekts:*

BEISPIEL: Es regnet nicht.   Es regnete nicht.
        Wenn es doch nur regnete!   **Wenn es doch nur geregnet hätte!**

1. Er ißt nicht. **2.** Das Wetter ist nicht schön. **3.** Er kommt nicht. **4.** Sie kann nicht. **5.** Wir haben keine Zeit. **6.** Er nahm es nicht an. **7.** Sie brachte es nicht. **8.** Er fuhr nicht davon. **9.** Sie kam nicht mit. **10.** Er sah den Unfall nicht.

B. *Beginnen Sie mit:* **Er spricht, als ob . . .** *und beenden Sie jeden Satz mit dem Konjunktiv des Imperfekts und des Plusquamperfekts:*

BEISPIEL: Er weiß alles.
Er spricht, als ob er alles wüßte;
als ob er alles gewußt hätte.

1. Sie ist krank. **2.** Wir tun nichts. **3.** Er macht die Aufgabe. **4.** Sie glauben alles. **5.** Ich trinke nur Bier. **6.** Er muß kommen. **7.** Er will den Regenmantel mitnehmen. **8.** Der Unfall passiert nicht. **9.** Sie entdeckt etwas Neues. **10.** Es findet heute statt.

C. *Machen Sie aus der folgenden Erzählung eine indirekte Erzählung in der Vergangenheit:*

BEISPIEL: Fred sagt, daß er nach München gekommen ist, weil er arbeiten mag.
Fred sagte, daß er nach München gekommen wäre, weil er arbeiten
möchte.

Fred sagt, daß er nach München gekommen ist, weil er in Deutschland arbeiten mag und weil er sein Deutsch verbessern will. Er erzählt, daß ihm seine Arbeit bis jetzt gut gefällt, und daß er noch nicht weiß, ob er bald nach Amerika zurückfahren wird, oder ob er noch ein weiteres Jahr in Deutschland verbringen kann. Hans schlägt (schlug) vor, Fred soll seiner Mutter in Amerika schreiben und sie fragen, was sie davon hält, wenn er noch ein weiteres Jahr in München bleibt. Fred sagt, daß das ein guter Vorschlag ist, und daß er selber schon an so etwas gedacht hat, und daß er gleich schreiben wird. Hans denkt, daß sie einverstanden sein wird, besonders da Fred in Deutschland gute Freunde hat.

II. *Wiederholen Sie die folgenden Sätze im Perfekt:*

1. Er nimmt sie nicht mit. **2.** Er will sie nicht mitnehmen. **3.** Wann geht er weg? **4.** Wir legen uns eine Weile nieder. **5.** Ich schreibe weiter. **6.** Sie müssen heimgehen. **7.** Kommen Sie wieder? **8.** Er geht am Konsulat vorbei. **9.** Fred fährt auf dem Fahrrad voraus. **10.** Wer geht davon?

11. Kommt etwas dazwischen? **12.** Wir müssen emporsteigen. **13.** Wann fahren wir nach München zurück? **14.** Es fällt auseinander. **15.** Wir gehen ihnen entgegen. **16.** Die Uhr geht entzwei. **17.** Sie spaziert immer den Fluß entlang. **18.** So etwas spricht sich herum. **19.** Er geht die Treppe hinauf. **20.** Kommt er heran? **21.** Sie gehen in das Haus hinein. **22.** Wir schwimmen über den Fluß hinüber (geschwommen). **23.** Ich schaue aus dem Fenster des Cafés hinaus. **24.** Ich lege das hinzu. **25.** Wir fahren dahin.

III. *Wiederholung. Machen Sie aus den aktiven passive Sätze:*

1. Sie kaufen eine Fahrkarte. **2.** Er hat den Zug gesehen. **3.** Sie hatte ihr Fahrrad mitgenommen. **4.** Wir lernten die Aufgabe. **4.** Ich werde das Buch kaufen. **6.** Ich würde so etwas nicht sagen. **7.** Er wird Mittenwald schon gesehen haben. **8.** Er würde diesen Brief nicht geschrieben haben. **9.** Wir helfen ihnen immer. **10.** Ich danke meinen Freunden.

IV. *Wiederholung aus Konversationen 31 und 32*

1. Wohin fahren Hans und Fred? **2.** Wie lange ist es schon her, seit sie Garmisch-Partenkirchen verlassen haben? **3.** Wem beginnen die Beine weh zu tun? **4.** Wer ist nicht ans Fahrradfahren gewöhnt? **5.** Warum hatte Hans nicht den Wagen genommen? **6.** Was hätte Fred mehr Spaß gemacht? **7.** Werden die beiden Freunde erwartet? **8.** Von wem werden sie erwartet? **9.** Wen fragen die Freunde nach dem richtigen Weg? **10.** Wie weit sind sie noch von Mittenwald? **11.** Was wird in Mittenwald gebaut? **12.** Was kommt in Sicht? **13.** Wer ist Frau Feldmann? **14.** Mit welchen Worten stellt Hans seinen Freund vor? **15.** Was antwortet Frau Feldmann? **16.** Was hat ihr Hans erzählt? **17.** Warum ist Fred von Mittenwald begeistert? **18.** Was trinken Hans und Fred? **19.** Was sagt Hans, als Fred nur Wasser will? **20.** Wie lange werden sie bei Feldmanns bleiben?

V. *Aufsatz*

Since Mittenwald is surrounded by (*umgeben von*) mountains, Hans wanted to take advantage of the opportunity to climb a mountain. "How about climbing a mountain?" he asked Fred. Fred said that his experiences were limited to skyscrapers and asked whether Hans wanted to kill him. Finally, however, he was persuaded by Hans because Hans told him that they could take the cable car, that they would hike across mountain pastures, where one could see cows and genuine mountain lodges, and because Hans even promised that he would carry Fred, if Fred collapsed.

∞ Beim Geigenbauer

(*At the violin maker's*)

HANS: [1]Wozu hätten Sic Lust, Fred?

FRED: [2]Ich weiß nicht genau. [3]Das Geigenmuseum haben wir schon besucht und die Kirche auch.

HANS: [4]Außerdem wird wohl jedes bemalte Haus, das es hier gibt, von Ihnen schon fotografiert worden sein, nicht wahr?

FRED: [5]Ich interessiere mich eben für alles Historische und Volkstümliche. [6]Könnten wir etwas unternehmen, was mir in Amerika nicht möglich wäre?

HANS: [7]Wie wär's mit noch einer Klettertour, diesmal auf die Zugspitze?

FRED: [8]Nein, danke. Ich bin von der Alpspitze noch halb tot. [9]Ich hätte mich von Ihnen nie überreden lassen sollen.

HANS: [10]Möchten Sie vielleicht die Werkstatt eines Geigenbauers besuchen?

FRED: [11]Das ist eine prima Idee! [12]Gehen wir doch in dieses interessante Geschäft.

HANS: [13]Gesagt, getan!

HANS: [1]*What do (would) you feel like doing, Fred?*

FRED: [2]*I am not sure.* [3]*We have already been to the violin museum and to the church.*

HANS: [4]*Besides, any house around here painted [with external murals] probably has been photographed by you; am I right?*

FRED: [5]*I just happen to be interested in everything that has to do with history and folklore.* [6]*Could we do (undertake) something that wouldn't be possible for me in America?*

HANS: [7]*How about climbing another mountain, this time the Zugspitze?*

FRED: [8]*No, thanks. I am still half dead from the Alpspitze.* [9]*I should never have let you persuade me.*

HANS: [10]*Perhaps you would like to visit the workshop of a violin maker?*

FRED: [11]*That's a splendid idea!* [12]*Let's go into this interesting shop.*

HANS: [13]*No sooner said than done.*

DER MEISTER: [14]Grüß Gott*! Womit kann ich dienen, meine Herren? [15]Suchen Sie nach einer Geige?

HANS: [16]Nein, leider sind wir keine Künstler. [17]Wenn Sie gestatten, würde sich aber mein amerikanischer Freund gerne Ihre Werkstatt ansehen.

MEISTER: [18]Recht gern. Viele Touristen kommen mit derselben Bitte. [19]Folgen Sie mir nach hinten.

FRED: [20]Die vielen schönen Instrumente! [21]In denen müssen ja Tausende von Arbeitsstunden stecken.

MEISTER: [22]Ja, wir sind stolz auf unsere Arbeit.

HANS: [23]Die Gitarren haben Sie auch gemacht? [24]Sind diese Muster handgeschnitzt?

MEISTER: [25]Alles, was Sie sehen, ist handgemacht. [26]Die Gitarren mache ich, weil sie oft von jungen Touristen gekauft werden.

FRED: [27]Wir danken Ihnen. Auf Wiedersehen.

THE MASTER: [14]*Hello. What can I do for you, gentlemen?* [15]*Are you looking for a violin?*

HANS: [16]*No, unfortunately we are not artists.* [17]*If you permit, however, my American friend would like to see your workshop.*

MASTER: [18]*Gladly. Many tourists come with the same request.* [19]*Follow me to the back.*

FRED: [20]*Look at all the beautiful instruments!* [21]*You must have put thousands of hours of work into them.*

MASTER: [22]*Yes, we take pride in our work.*

HANS: [23]*Did you also make the guitars?* [24]*Are these patterns carved by hand?*

MASTER: [25]*Everything you see is made by hand.* [26]*I make the guitars because they are often bought by young tourists.*

FRED: [27]*We thank you. Good-bye.*

---

* **Grüß Gott** is widely used in southern Germany in place of **Guten Tag**.

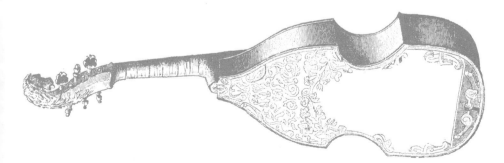

ÜBUNGEN

I. *Wortstudien. Betonen Sie den zweiten Präfix oder die zweite Silbe:*

vorübergehen	vorüberzugehen	ist vorübergegangen
vorbeikommen	vorbeizukommen	ist vorbeigekommen
voraneilen	voranzueilen	ist vorangeeilt
voraussehen	vorauszusehen	vorausgesehen
davonfliegen	davonzufliegen	ist davongeflogen
dazwischenkommen	dazwischenzukommen	ist dazwischengekommen
emporschwingen	emporzuschwingen	emporgeschwungen
zurückrennen	zurückzurennen	ist zurückgerannt
auseinanderfallen	auseinanderzufallen	ist auseinandergefallen
entzweispringen	entzweizuspringen	ist entzweigesprungen
entgegennehmen	entgegenzunehmen	entgegengenommen
entlangfahren	entlangzufahren	ist entlanggefahren

II. Substitution

1. Außerdem wird wohl *jedes bemalte Haus, das* es hier gibt, von Ihnen schon fotografiert worden sein, nicht wahr?
    jede Kirche, die / jeder Berg, den / jedes interessante Sträßchen, das

2. Ich interessiere mich eben für alles *Historische.*
    Deutsche / Ausländische / Neue / Alte

3. Könnten wir etwas unternehmen, was mir *in Amerika* nicht möglich wäre?
    in München / in den Vereinigten Staaten / zu Hause / in der Stadt

4. Ich hätte mich von Ihnen nie *überreden* lassen sollen.
    einladen / mitbringen / fotografieren / dominieren

5. Suchen Sie nach *einer Geige?*
    einem Hotel / der Kirche / dem Museum / dem Kino

6. Leider sind wir keine *Künstler.*
    Violinisten / Musiker / Millionäre / Autoren

7. Wir sind stolz auf *unsere Arbeit.*
    unsere Stadt / unsere Geigen / unseren Freund / unser Kind

8. Die Gitarren mache ich, weil sie oft von *jungen Touristen* gekauft werden.
    jungen Menschen / jungen Künstlern / jungen Musikern / Amerikanern

335

III. *Beantworten Sie die folgenden Fragen auf deutsch:*

1. Wozu hätte Fred Lust? **2.** Was haben die Freunde schon besucht? **3.** Was wird von Fred wohl schon fotografiert worden sein? **4.** Wofür interessiert sich Fred eben? **5.** Was möchte Fred gerne unternehmen? **6.** Was schlägt Hans vor? **7.** Wovon ist Fred noch halb tot? **8.** Was hätte Fred nie geschehen lassen sollen? **9.** Was ist der zweite Vorschlag, den Hans macht? **10.** Was hält Fred von der Idee, die Werkstatt eines Geigenbauers zu besuchen? **11.** In welches Geschäft gehen sie? **12.** Wie sagt man „no sooner said than done" auf deutsch? **13.** Mit welchen Worten begrüßt der Meister die Besucher? **14.** Suchen sie nach einer Geige? **15.** Was sind sie leider nicht? **16.** Wollen viele Touristen die Werkstatt des Meisters sehen? **17.** Ist der Meister stolz auf seine Arbeit? **18.** Was macht er außer Geigen? **19.** Wie sind die Muster gemacht? **20.** Warum baut der Meister Gitarren?

IV. *Sagen Sie auf deutsch:*

1. What do you feel like doing? **2.** I am not sure. **3.** That's a splendid idea. **4.** No sooner said than done. **5.** What can I do for you? **6.** Unfortunately I am no artist. **7.** Gladly. **8.** Follow me to the back. **9.** Follow me upstairs. **10.** I take pride in my work.

V. *Benützen Sie die folgenden Ausdrücke in deutschen Sätzen:*

A. Lust haben zu

1. I feel like climbing a mountain. **2.** He feels like taking a bicycle trip. **3.** They feel like (doing) nothing. **4.** She feels like taking a trip to Vienna. **5.** Do you feel like (doing) it? (*dazu*)

B. stolz sein auf

1. We are proud of (take pride in) our work. **2.** He is proud of his new sportscar. **3.** She is proud of her university. **4.** The children are proud of their parents. **5.** I am proud of it (*darauf*).

C. sich interessieren für

1. I am interested in cars. **2.** He is interested in that old violin. **3.** She is interested in him. **4.** We are interested in a larger house. **5.** What are you interested in? (*Wofür* . . .)

VI. *Wiederholung. Benützen Sie alle Formen des Imperativs:*

BEISPIEL: sich an den Tisch setzen.
> **Setzen wir uns an den Tisch.**
> **Setzen Sie sich an den Tisch.**
> **Setz(e) dich an den Tisch.**

1. sich überreden lassen. **2.** nach Hause gehen. **3.** eine Frage stellen. **4.** eine Antwort geben. **5.** sich über etwas unterhalten (darüber). **6.** sprechen. **7.** eine Pille nehmen. **8.** sich ein Auto kaufen. **9.** sich für etwa entscheiden (dafür). **10.** sich amüsieren.

VII. *Diktat aus Konversation 33*

VIII. *Eine Unterhaltung*

Sie besuchen ein Musikgeschäft und sprechen mit dem Inhaber (*proprietor*).

❧ Die Männer sind zu verwöhnt

(*Men are too spoiled*)

HANS: ¹Ist dein Mann noch nicht zu Hause, Erika?

FRAU FELDMANN: ²Nein. Er sagte mir heute morgen, er werde sich heute abend etwas verspäten.

HANS: ³Paß lieber auf ihn auf!

FRAU FELDMANN: ⁴Sprich doch kein dummes Zeug! ⁵Er muß eine große, gestern nicht beendete Arbeit beenden.

HANS: ⁶Ich mache ja nur Spaß. ⁷Kann ich dir etwas helfen?

FRAU FELDMANN: ⁸Nein, danke. Ich will nur schnell ein paar Blumen aus dem Garten holen.

HANS: ⁹Ja, ich habe deinen Mann gehört, als er sagte, daß er es gern habe, einen Blumenstrauß auf dem Tisch zu finden, wenn er heimkomme.

FRAU FELDMANN: ¹⁰Ja, ihr Männer seid eben zu verwöhnt. ¹¹Als ob ein gutes Essen nicht genug wäre.

HANS: ¹*Isn't your husband home yet, Erika?*

MRS. FELDMANN: ²*No, he told me this morning he would be a little late tonight.*

HANS: ³*You'd better keep an eye on him!*

MRS. FELDMANN: ⁴*Don't talk nonsense.* ⁵*He has to finish a big job [which was] not finished yesterday.*

HANS: ⁶*I am only joking.* ⁷*Can I help you [do] something?*

MRS. FELDMANN: ⁸*No, thank you, I just want to get (fetch) some flowers from the garden.*

HANS: ⁹*Yes, I heard your husband when he said that he likes to find a bunch of flowers on the table when he comes home.*

MRS. FELDMANN: ¹⁰*Yes, you men are simply too spoiled.* ¹¹*As if a good meal weren't enough.*

Im Garten	In the Garden
FRED: [12]Sie haben einen sehr schönen Garten, Frau Feldmann.	FRED: [12]*You have a very nice garden, Mrs. Feldmann.*
FRAU FELDMANN: [13]Danke. Wissen Sie, ich sehe gerne, wie die von mir selbst gepflanzten Blumen gedeihen und sich zur Schönheit entfalten.	MRS. FELDMANN: [13]*Thank you. You know, I like to see how the flowers, planted by me, thrive and develop into beauty.*
FRED: [14]Ich habe gehört, daß der Sommer hier ziemlich kurz und kühl sei.	FRED: [14]*I heard that the summer is rather short and cool here.*
FRAU FELDMANN: [15]Das stimmt leider. [16]Deshalb beschränke ich mich auf Blumen.	MRS. FELDMANN: [15]*Unfortunately that's true.* [16]*That's why I stick to (limit myself to) flowers.*
FRED: [17]Wie würde sich der Boden für die Landwirtschaft eignen?	FRED: [17]*How would the soil be suited for agriculture?*
FRAU FELDMANN: [18]Auch nicht zu gut. [19]Tomaten, Gurken, Salat, Kraut, Kartoffeln und anderes Gemüse wollen nicht richtig gedeihen, also versuche ich es mit Rosen, Tulpen und Nelken.	MRS. FELDMANN: [18]*Not too good either.* [19]*Tomatoes, cucumbers, lettuce, cabbage, potatoes and other vegetables don't want to thrive properly, so I try my luck with roses, tulips and carnations.*
FRED: [20]Bedeuten jene sich über den Bergen zusammenziehenden Wolken Regen?	FRED: [20]*Do those clouds which are gathering above the mountains mean rain?*
FRAU FELDMANN: [21]Ja. Gehen wir lieber ins Haus zurück.	MRS. FELDMANN: [21]*Yes. We'd better go back in the house.*

339

ÜBUNGEN

I. *Wortstudien. Betonen Sie die zweite Vorsilbe:*

hindurchlaufen	hindurchzulaufen	ist hindurchgelaufen
herumfahren	herumzufahren	ist herumgefahren
hinüberschwimmen	hinüberzuschwimmen	ist hinübergeschwommen
herunterkommen	herunterzukommen	ist heruntergekommen
heraneilen	heranzueilen	ist herangeeilt
hinabsinken	hinabzusinken	ist hinabgesunken
hinaufrufen	hinaufzurufen	hinaufgerufen
hinzukommen	hinzuzukommen	ist hinzugekommen
hervorheben	hervorzuheben	hervorgehoben
hineinwerfen	hineinzuwerfen	hineingeworfen
hinausschauen	hinauszuschauen	hinausgeschaut

II. Substitution

1. Er sagte *heute morgen,* er werde sich *heute abend* verspäten.
  heute früh . . . heute nachmittag / gestern morgen . . . gestern nachmittag /
  gestern früh . . . gestern abend

2. Paß lieber *auf ihn* auf.
  auf sie / auf mich / auf uns / darauf

3. Kann ich dir etwas *helfen*?
  mitbringen / geben / zeigen / sagen

4. Ich will nur schnell ein paar *Blumen* aus dem Garten holen.
  Tomaten / Gurken / Kartoffeln / Radieschen

5. Ihr *Männer* seid eben zu verwöhnt.
  Frauen / Kinder / junge Leute / Amerikaner

6. Ich habe gehört, daß der Sommer *kurz und kühl* sei.
  lang und heiß / kalt und regnerisch / sonnig und warm / kurz aber heiß

7. Deshalb beschränke ich mich auf *Blumen*.
  Kartoffeln / Tomaten / das Gemüse / das Obst / die Landwirtschaft

III. *Beantworten Sie die folgenden Fragen auf deutsch:*

1. Ist Erikas Mann schon zu Hause? **2.** Wann sagte er ihr, daß er sich heute abend etwas verspäten werde? **3.** Was antwortet Erika, als Hans sagt, sie soll lieber auf ihren Mann aufpassen? **4.** Was muß Erikas Mann beenden?

5. Was will Erika aus dem Garten holen? 6. Was hat Hans Erikas Mann sagen hören? 7. Was denkt Erika über die Männer? 8. Was sollte Erika nach genug sein? 9. Was sagt Fred über Frau Feldmanns Garten? 10. Was sieht Frau Feldmann gern? 11. Was hat Fred über den Sommer in Mittenwald gehört? 12. Worauf beschränkt sich Frau Feldmann? 13. Wie würde sich der Boden für die Landwirtschaft eignen? 14. Was will nicht richtig gedeihen? 15. Womit versucht es Frau Feldmann? 16. Was bedeuten die sich über den Bergen zusammenziehenden Wolken?

IV. *Sagen Sie auf deutsch:*

1. You'd better keep an eye on him. 2. Don't talk nonsense. 3. I am only joking. 4. You men are simply too spoiled. 5. Unfortunately, that's true. 6. We'd better go back in the house.

V. *Benützen Sie die folgenden Ausdrücke in deutschen Sätzen:*

A. **aufpassen auf**

1. Keep an eye on the coffee, please. 2. Keep an eye on it. 3. She never kept an eye on the children. 4. One has to keep an eye on the political situation. 5. Must you always keep an eye on her?

B. **sich beschränken auf**

1. I am sticking to vegetables. 2. I'll limit myself to one room. 3. He stuck to agriculture. 4. He settled for five marks. 5. The summer vacation is limited (limit themselves) to August.

C. **sich eignen für**

1. What is he suited for? 2. The weather is not good for agriculture. 3. I am not suited for hard work. 4. What's this house best suited for? 5. That isn't good for it.

VI. *Diktat aus Konversation 34*

VII. *Eine Unterhaltung*

Sie unterhalten sich mit einem Freund über Ihren Garten.

NEUE SCHWEBEBAHN ZUR ZUGSPITZE

⤳ Von Bergen und Geigen

Eines Tages beschlossen Hans und Fred, die Feldmanns in Mittenwald zu besuchen. Hans wollte seine Kusine Erika Feldmann wiedersehen, und Fred wollte die Gelegenheit ausnützen, sich die Alpen näher zu betrachten. Nachdem die beiden jungen Ingenieure mit dem Zug nach Garmisch-Partenkirchen gefahren waren, borgte sich Hans bei Freunden zwei Fahrräder aus, damit Fred sich an dem in Deutschland noch immer sehr beliebten Fahrradsport auch ein wenig beteiligen könne. Nach einer anstrengenden Fahrt über stille, von der Sommersonne erhitzte Landsträßchen kamen sie endlich bei Feldmanns an, wo sie von Erika Feldmann herzlich empfangen wurden. Bald wurde abgemacht, daß sie mehrere Tage bei Feldmanns verbringen würden.

Da sich Fred für alles Volkstümliche interessierte, war er von Mittenwald begeistert. Die traditionell bemalten Häuser gefielen ihm besonders gut, da sie sich zu malerischen Fotografien ausgezeichnet eigneten. Schon am folgenden Tag aber tat ihm die ganze Reise leid. Er war nämlich von Fred dazu überredet worden, eine Klettertour auf die Alpspitze zu machen. Die Fahrt in der Schwebebahn und die Wanderung über die Almen waren ein netter Anfang gewesen, aber dann hing er plötzlich an einer Felswand und dachte, daß ihn sein Freund auf diese Art und Weise umbringen wolle. Trotz seiner auf Wolkenkratzer beschränkten Erfahrungen überlebte er aber das Abenteuer und fand es im Rückblick sogar faszinierend.

Als sie am nächsten Tag neue Pläne schmiedeten, schlug Hans zum Spaß noch eine Klettertour vor, diesmal auf die Zugspitze. Fred hatte aber für eine Weile genug von den

Bergen und wollte lieber noch etwas von den Geigen sehen. Deshalb besuchte er mit Hans das Geigenmuseum, und danach besichtigten sie zusammen die alte Kirche, die gleich daneben stand. Obwohl sie keine Künstler waren und nicht nach einer Geige suchten, gingen sie in ein Geigengeschäft und baten den Meister, ihnen seine Werkstatt zu zeigen, wo sie die vielen, mit handgeschnitzten Mustern verzierten Instrumente bewunderten. Der Meister baute auch Gitarren, da sich unter den Touristen oft junge Musiker befanden, die am Kauf einer Gitarre interessiert waren.

Übrigens erfuhr Fred, daß Erika Feldmann der Meinung war, daß die Männer zu verwöhnt wären. Zum Beispiel ihr Mann: als ob ein gutes Essen nicht genug wäre, wollte er, daß seine Frau auch noch ein Sträußchen Blumen auf den Tisch stelle. Sie tat es aber gern, denn in ihrem Garten wuchsen und gediehen schöne Blumen. Mit dem Gemüse hatte sie leider weniger Glück gehabt, denn das Klima und der Boden eigneten sich nicht zu gut für die Landwirtschaft.

Nach so vielen schönen Erlebnissen tat es Fred fast leid, wieder in die lärmende Großstadt zurückkehren zu müssen.

FRAGEN

1. Wen beschlossen Hans und Fred zu besuchen? **2.** Wen wollte Fred wiedersehen? **3.** Wozu wollte Fred die Gelegenheit ausnützen? **4.** Wie kamen sie nach Mittenwald? **5.** Warum borgte Hans Fahrräder, anstatt den Wagen zu nehmen? **6.** Wie wurden sie von Erika Feldmann empfangen? **7.** Warum war Fred von Mittenwald begeistert? **8.** Wofür eigneten sich die bemalten Häuser ausgezeichnet? **9.** Wozu war Fred von Hans überredet worden? **10.** Wie fand er die Klettertour im Rückblick? **11.** Was taten die Freunde sonst noch in Mittenwald? **12.** Warum war Erika Feldmann der Meinung, daß die Männer zu verwöhnt seien?

∽ Present and Present Perfect Subjunctive; Extended Participial Constructions; Germanic Adjective Suffixes

92 ● Present and present perfect subjunctive

A. Forms of the present subjunctive

	WIR SIE, SIE	ICH ER, SIE, ES	DU	IHR
THE VERB **sein**:	seien	sei	seiest	seiet
ALL OTHER VERBS: spiel- wart- könn- wiss- hab- werd- halt-	-en	-e	-est	-et

346

1. The first and third person singular of the verb **sein** is irregular, inasmuch as the stem of the infinitive is used without an ending.
2. All other verbs form the present subjunctive by adding to the stem of the infinitive the same endings that are used for the past subjunctive.
3. Note that the endings for first and third person singular and plural are respectively identical.
4. The present perfect subjunctive is formed by combining the present subjunctive of the auxiliary **haben** or **sein** with the past participle: **Er sagte, daß er keine Zeit gehabt habe, und daß er zu müde gewesen sei.**

B. Use of the present subjunctive in stereotyped phrases

Lang **lebe** der König!	Long *live* the king!
Dein Wille **geschehe.**	Thy will *be done.*
Möge dir alles **gelingen.**	*May* you *succeed* in everything.
Man nehme eine Prise Salz.	*Take* a pinch of salt.

1. In formal phrases and in prayers the present subjunctive expresses a wish whose realization is thought of as possible.
2. The present subjunctive of **mögen** may be combined with a dependent infinitive for wishes which correspond to English *may . . .*
3. **Man nehme . . .** is the standard polite introduction to recipes or instructions for experiments.
4. NOTE: The above uses of the present subjunctive are highly idiomatic. They should be part of a student's passive knowledge, for the student has little occasion to originate prayers, etc.

C. Use of the present and present perfect subjunctive in indirect discourse

Ich fragte, ob sie Zeit **habe** (*or* **hätte**).	I asked if she *had* time.
Sie schrieb, daß er nach Hause kommen **solle** (*or* **sollte**).	She wrote that he *should* come home.
Sie glaubte, ihr Mann **sei** (*or* **wäre**) **gestorben.**	She believed her husband *had died.*
Er hat gesagt, er **werde** (*or* **würde**) schreiben.	He said he *would* write.
Ich wollte wissen, ob er ihn **gesehen habe** (*or* **hätte**).	I wanted to know whether he *had seen* him.
BUT:	
Er fragte, ob wir die Oper **gesehen hätten** (*not* **haben**).	He asked if we *had seen* the opera.

347

1. In indirect discourse, when the main verb is in past time, the past or past perfect subjunctive of the subordinate clause or indirect question may be replaced by the present or present perfect subjunctive, provided that the present or present perfect subjunctive is distinct from the indicative. If it is identical with the indicative, past or past perfect subjunctive must be used. Where substitution is possible, the meaning of the present and past subjunctive is identical, and the meaning of the present perfect and past perfect subjunctive is also identical.

2. In indirect discourse, when the main verb is in the present tense, the subjunctive may be used in the subordinate clause to indicate that the speaker does not assume any responsibility for what he is passing on: **Er sagt, daß er reich sei,** *he says that he is rich* (but I don't know).
   Conversely (but used rarely), the indicative may be used in a subordinate clause in indirect discourse, even if the main verb is in past time, if the speaker wishes to endorse the statement or knows it to be true: **Er sagte Ihnen ja auch, daß es geregnet hat, als wir in New York waren,** *after all, he also told you that it did rain when we were in New York* (and you'd better believe it).

3. Note that **werde** may replace **würde** in the sense of *would* in indirect discourse, but never in a genuine conditional sentence. In the latter, the conditional may be contracted to a past subjunctive only, the conditional perfect into a past perfect subjunctive only.

4. REMARK: In view of the restrictions placed upon the present and present perfect subjunctive in indirect discourse, the student is advised to use the past and past perfect subjunctives, which are always right. In so doing no stylistic flaws will result, since the present and present perfect subjunctive are mostly used in literary forms. In addition, there is a tendency to minimize their use in modern German. The only form encountered with great frequency is the present subjunctive of **sein,** since all of its forms differ from the indicative. Note, on the other hand, that the present subjunctive of verbs requiring a *connecting -e-* differs from the indicative in the third person singular only: **er wartet, daß er warte.** It should be obvious how difficult it would be for a student of the language to try to pick out the few possible forms which the native speaker uses intuitively. As a matter of fact, it is not at all uncommon to

hear or read a sentence containing a mixture of present and past, or present perfect and past perfect subjunctives (since the meaning is the same): **Er sagte, daß er zu Hause geblieben sei und ein Buch gelesen hätte.** (Some books therefore do not refer to subjunctives as present or past, lest a difference in meaning be suspected by the student, and refer to them as Subjunctive I and Subjunctive II.) A final word of advice: Use the past subjunctive or the past perfect subjunctive according to meaning. If you encounter present or present perfect subjunctive forms, look at them as past or past perfect subjunctives respectively, and interpret them accordingly, and most difficulties will disappear: **Sie fragte ihn, ob er komme = sie fragte ihn, ob er käme:** *she asked him if he was coming.*

93 ● Extended participial constructions

Der Brief.	The letter.
Der geschriebene Brief.	The written letter.
Der von ihm geschriebene Brief.	The letter written by him.
Der von ihm mit großer Sorgfalt geschriebene Brief.	The letter written by him with great care.
Jene Wolken.	Those clouds.
Jene sich zusammenziehenden Wolken.	Those gathering clouds.
Jene sich über den Bergen zusammenziehenden Wolken.	Those clouds gathering above the mountains.

1. In an extended participial construction the article (or **der-** or **ein-***word*) may be separated from the noun by a number of intervening elements, the last of which is a present or past participle acting as attributive adjective and having the appropriate adjective ending: *Der geschriebene Brief.*

2. The participle is itself preceded by modifiers which determine their own case: **von ihm / mit großer Sorgfalt / über den Bergen.**

3. These constructions are no longer recommended stylistically; however, they are still very common in editorials, in scientific writings, in official and business communications and occasionally even in spoken German. Although it is essential to understand such constructions, they should not be used. Instead, a relative clause ought to be used: **Der Brief, den er mit großer Sorgfalt geschrieben hatte; die Wolken, die sich über den Bergen zusammenziehen.**

349

94 ● Germanic adjective suffixes

So far, simple adjectives (**gut, groß,** etc.) have been presented, as well as present and past participles used as adjectives, indeclinable adjectives in **-er** (**Münchner, Schweizer**) and adjectives of non-German origin ending in **-isch, -al, -ös, -är, -iv.** The latter were presented because of the possibility of converting English adjectives into German adjectives. The following summary of Germanic adjective suffixes does not offer a similar opportunity; the suffixes themselves do not always correspond to certain English suffixes. The following summary is merely designed to offer an insight into the formation of Germanic adjectives. The suffix **-isch** appears again because of its widespread use both with foreign and Germanic adjectives. The suffixes are arranged on the basis of approximate frequency.

SUFFIX:	RELATED ENGLISH SUFFIX:	WORDS USED AS STEMS: NOUNS:	VERBS:	OTHERS:	EXAMPLE OF ADJECTIVE:
-isch	*-ish*	Tier			**tierisch** *animalistic*
		Stadt			**städtisch** *urban*
		Dichter			**dichterisch** *poetic*
		Kind			**kindisch** *childish*
-lich	*-like*; *-ly*	Kind			**kindlich** *childlike*
		Kunst			**künstlich** *artificial*
			sterben		**sterblich** *mortal*
			schaden		**schädlich** *damaging*
				braun	**bräunlich** *brownish*
-ig	*-y*	Macht			**mächtig** *mighty*
		Wasser			**wässerig** *watery*
			nachgeben		**nachgiebig** *yielding*
				jetzt	**jetzig** *present*
				voll	**völlig** *complete(ly), fully*
-bar	*-able*	Frucht			**fruchtbar** *fruitful*
		Sicht			**sichtbar** *visible*
			essen		**eßbar** *edible*
			teilen		**teilbar** *divisible*
				offen	**offenbar** *obvious(ly)*
-haft	(having the quality of)	Meister			**meisterhaft** *with mastery*
		Stand			**standhaft** *steadfast*
			wohnen		**wohnhaft** *residing at*

SUFFIX:	RELATED ENGLISH SUFFIX:	WORDS USED AS STEMS:			EXAMPLE OF ADJECTIVE:
		NOUNS:	VERBS:	OTHERS:	
-sam	*-some*	Furcht			**furchtsam** *fearful*
		Gewalt			**gewaltsam** *forcibly*
			folgen		**folgsam** *obedient*
				lang	**langsam** *slow*
-los	*-less*	Herz			**herzlos** *heartless*
		Ende			**endlos** *endless*
-voll	*-ful*	Leid			**leidvoll** *sorrowful*
		Gedanken			**gedankenvoll** *thoughtful*
-reich	(rich in)	Geist			**geistreich** *witty, brilliant*
		Hilfe			**hilfreich** *helpful*
-fach	*-fold*			viel	**vielfach** *manifold*
				zehn	**zehnfach** *tenfold*
-e(r)n	*-en*	Holz			**hölzern** *wooden*
		Silber			**silbern** *silver*

● **Note**

This concludes the presentation of new grammatical material. Since all aspects of this grammar unit were devoted to passive but necessary knowledge, the exercises are designed to promote understanding, rather than to develop skill in using the constructions presented.

The remaining Grammar Units, 23, 24 and 25 will be devoted to a review of cases, tenses and verbs.

ÜBUNGEN

I. A. *Ersetzen Sie alle Verben und Hilfsverben im Konjunktiv der Gegenwart durch den Konjunktiv der Vergangenheit* (Replace all verbs and auxiliary verbs in the present subjunctive by the past subjunctive):

Fred sagte, daß er nach München gekommen sei, weil er in Deutschland arbeiten wolle, und weil er so sein Deutsch verbessern könne. Er erzählte, daß ihm seine Arbeit bis jetzt gefalle, und daß er noch nicht wisse, ob er bald nach Amerika zurückfahren werde, oder ob er noch ein weiteres Jahr in Deutschland verbringen könne. Hans schlug vor, Fred solle seiner Mutter in Amerika schreiben und sie fragen, was sie davon halte, wenn er noch ein weiteres Jahr in München bleibe. Fred sagte, daß das ein guter Vorschlag sei, und daß er selber schon an so etwas gedacht habe, und daß er gleich schreiben werde. Hans dachte, daß sie einverstanden sein würde, besonders da Fred in Deutschland gute Freunde habe.

B. *Ersetzen Sie die attributive Partizipialkonstruktion durch einen Relativsatz:*

> Beispiel: Die von Frau Feldmann selbst gepflanzten Blumen gedeihen.
> **Die Blumen, die Frau Feldmann selbst gepflanzt hat(te), gedeihen.**

1. Er muß eine große, gestern nicht beendete Arbeit beenden. **2.** Ich sehe gerne, wie die von mir selbst gepflanzten Blumen gedeihen. **3.** Bedeuten jene sich über den Bergen zusammenziehenden Wolken Regen? **4.** Hans borgte Fahrräder, damit Fred sich an dem in Deutschland noch immer sehr beliebten Fahrradsport auch ein wenig beteiligen könnte. **5.** Die Fahrt ging über stille, von der Sommersonne erhitzte Landsträßchen. **6.** Trotz seiner auf Wolkenkratzer beschränkten Erfahrungen überlebte er das Abenteuer. **7.** Sie bewunderten die vielen, mit handgeschnitzten Mustern verzierten Instrumente.

C. *Nennen Sie auf englisch die Adjektive, die den folgenden deutschen Adjektiven entsprechen könnten:*

1. himmlisch, violinistisch, kriegerisch, russisch.

2. nördlich, männlich, schließlich, grünlich.

3. sonnig, fremdsprachig, eilig, heutig.

4. wunderbar, furchtbar, trinkbar, denkbar.

5. lebhaft, mannhaft, sündhaft, krankhaft.

6. arbeitsam, gewaltsam, geruhsam, gemeinsam.

7. freudlos, freundlos, geldlos, haltlos.

8. wundervoll, liebevoll, gefühlvoll, verständnisvoll.

9. einfach, dreifach, mannigfach, tausendfach.

10. golden, wollen, kupfern, stählern.

II. *Wiederholung aus Konversation 33*

1. Was schlägt Hans Fred vor? **2.** Will er ihn umbringen? **3.** Worauf sind Freds Erfahrungen beschränkt? **4.** Schlug Hans den höchsten Berg Deutschlands vor? **5.** Was hat Fred über die Zugspitze gehört? **6.** Wie hoch ist die Alpspitze? **7.** Wohin kann man mit der Schwebebahn fahren? **8.** Wovon könnte Fred bei einer Klettertour Fotos machen? **9.** Wird Fred von Hans endlich überredet? **10.** Unter welcher Bedingung verspricht Fred mitzukommen?

III. *Aufsatz*

Fred, Hans and Mrs. Feldmann were waiting for Mrs. Feldmann's husband. He had told her that he would be a little late, since he had to finish a big job. Hans had nothing to do and asked his cousin Erika if he could help her with something. She said that she just wanted to get some flowers from the garden, since her husband liked to find a bunch of flowers on the table—as if a good meal weren't enough. "You men are simply too spoiled," she said. Fred went along into the garden. He saw that Mrs. Feldmann had planted flowers, which were thriving (well). She explained that she stuck to flowers because the climate and the soil were not suited too well for vegetables. Then Fred noticed some clouds which were gathering over the mountains and asked if that meant rain. Mrs. Feldmann said yes, and that it would be better if they went back in the house.

TYPISCHE ZWIEBELTÜRME IM SÜDEN

353

∽ Am Bahnhof

(*At the railroad station*)

HELGA: [1]Guten Tag, Fred. Grüß dich, Hans. Es freut mich, euch wiederzusehen.

FRED: [2]Wir freuen uns auch sehr, Sie wiederzusehen. [3]Sie haben uns sehr gefehlt.

HELGA: [4]Sieh mal einer an! [5]Ich wußte gar nicht, daß Sie so ein Schmeichler seien.

HANS: [6]Es war wirklich nett von dir, uns am Bahnhof abholen zu kommen.

HELGA: [7]Ihr seid euch gar nicht bewußt, was für ein großes Opfer ich euch gebracht habe.

HANS: [8]Wieso denn ein Opfer?

HELGA: [9]Nun, eigentlich hätte ich ja heute morgen Tennis spielen wollen, aber als ich erfuhr, daß ihr um diese Zeit ankämet, beschloß ich, euch am Bahnhof zu empfangen.

HANS: [10]Wann hast du mein Telegramm erhalten?

HELGA: [11]Vor ungefähr einer Stunde. [12]Aber du hättest mir eure genaue Ankunftszeit mitteilen sollen.

HANS: [13]Tut mir leid, aber die wußten wir selber nicht genau. [14]Wir waren nämlich nicht sicher, daß wir den frühen Zug noch erwischen würden.

HELGA: [1]*Hello, Fred. Hello Hans. I'm glad to see you again.*

FRED: [2]*We are also very happy to see you again.* [3]*We missed you very much.*

HELGA: [4]*Will you look at that!* [5]*I didn't know at all that you were such a flatterer.*

HANS: [6]*It was really nice of you to come and pick us up at the station.*

HELGA: [7]*You aren't even aware of the great sacrifice which I made for you.*

HANS: [8]*How is that, a sacrifice?*

HELGA: [9]*Well, actually I would have liked to play tennis this morning, but when I found out that you were arriving around this time I decided to meet (receive) you at the station.*

HANS: [10]*When did you receive my wire?*

HELGA: [11]*Approximately one hour ago.* [12]*But you should have informed me of your exact time of arrival.*

HANS: [13]*Sorry, but we didn't know it exactly ourselves.* [14]*You see, we weren't sure that we would still catch the early train.*

HELGA: [15]Fred, Ihre Wirtin hat mich angerufen und gesagt, daß ein Telegramm für Sie angekommen sei.

FRED: [16]Ach ja, ich weiß schon, worum es sich handelt. [17]Sicher ist es von Mary Jones, die mir darin wahrscheinlich mitteilt, wann sie ankommen wird.

HELGA: [18]Sieh mal einer an! Darf man vielleicht fragen, wer diese Mary Jones ist?

FRED: [19]Mary ist eine junge amerikanische Bekannte, die sich im Augenblick in England befindet. [20]Da sie aber vorhat, München zu besuchen, hat sie mich gebeten, den Fremdenführer für sie zu spielen.

HELGA: [15]*Fred, your landlady called me on the phone and told me that a telegram had arrived for you.*

FRED: [16]*Oh yes, I already know what it's all about.* [17]*It's from Mary Jones for sure, who is probably informing me in it when she is going to arrive.*

HELGA: [18]*Aha, will you look at that! Is one permitted to ask who this Mary Jones is?*

FRED: [19]*Mary is a young American acquaintance who is in England at the moment.* [20]*However, since she intends to visit Munich, she has asked me to play tourist guide for her.*

ÜBUNGEN

I. *Wortstudien*

1. der Freund	freundlich	die Freundlichkeit
das Gemüt	gemütlich	die Gemütlichkeit
2. gelten	gültig	die Gültigkeit
nachgeben	nachgiebig	die Nachgiebigkeit
3. die Frucht	fruchtbar	die Fruchtbarkeit
kosten	kostbar	die Kostbarkeit
4. der Stand	standhaft	die Standhaftigkeit
leben	lebhaft	die Lebhaftigkeit
5. folgen	folgsam	die Folgsamkeit
lang	langsam	die Langsamkeit
6. der Gedanke	gedankenlos	die Gedankenlosigkeit
das Herz	herzlos	die Herzlosigkeit

II. Substitution

1. *Sie haben* uns sehr gefehlt.

Fred hat / unsere Eltern haben / sie hat / die Kinder haben

2. Es war wirklich nett von *dir*, uns *am Bahnhof* abholen zu kommen.

ihm . . . am Zug / ihnen . . . am Flugplatz / ihr . . . zu Hause / Ihnen . . . in der Schule

3. *Ihr seid euch* gar nicht bewußt, was für ein großes Opfer ich *euch* gebracht habe.

er ist sich . . . ihm / sie ist sich . . . ihr / sie sind sich . . . ihnen / Sie sind sich . . . Ihnen

4. Eigentlich hätte ich heute morgen *Tennis spielen* wollen.

zu Hause bleiben / nach Hause fahren / Einkäufe machen / Freunde besuchen

5. Du hättest mir eure genaue Ankunftszeit *mitteilen* sollen.

schreiben / telegraphieren / telefonieren / sagen

6. Ihre Wirtin hat mich angerufen und gesagt, daß *ein Telegramm* angekommen sei.

ein Brief / eine Postkarte / eine Ansichtskarte (*picture post card*) / ein Paket

III. *Beantworten Sie die folgenden Fragen auf deutsch:*

1. Wer begrüßt die beiden Freunde bei ihrer Ankunft in München? **2.** Wie begrüßt Helga Hans; wie begrüßt sie Fred? **3.** Freut sie sich, sie wiederzusehen? **4.** Freuen sie sich, sie wiederzusehen? **5.** Wer hat wem gefehlt? **6.** Was wußte Helga nicht? **7.** War es nett von Helga, die beiden abholen zu kommen? **8.** Warum hat sie ihnen dadurch ein Opfer gebracht? **9.** Wann beschloß sie, sie am Bahnhof zu empfangen? **10.** Hat sie das Telegramm von Hans erhalten? **11.** Wann hat sie es erhalten? **12.** Was hätte Hans ihr mitteilen sollen? **13.** Warum hat Hans ihr die genaue Ankunftszeit nicht mitgeteilt? **14.** Wer hat Helga angerufen? **15.** Was hat Freds Wirtin zu Helga gesagt? **16.** Weiß Fred, worum es sich handelt? **17.** Von wem ist das Telegramm wahrscheinlich, das Fred erhalten hat? **18.** Wer ist Mary Jones? **19.** Wo befindet sie sich im Augenblick? **20.** Was hat sie vor?

IV. *Ersetzen Sie die negative Form des Perfekts durch den Konjunktiv des Plusquamperfekts mit dem angegebenen Modalverb:*

BEISPIEL: Ich habe heute morgen nicht Tennis gespielt. (wollen)
Ich hätte heute morgen Tennis spielen wollen.

1. Ich habe eure genaue Ankunftszeit nicht erfahren. (sollen) **2.** Sie hat sie nicht am Bahnhof empfangen. (müssen) **3.** Er hat kein Telegramm geschickt. (können) **4.** Wir sind nicht mitgegangen. (dürfen) **5.** Sie haben die Suppe nicht gegessen. (mögen) **6.** Sie hat die Freunde nicht abgeholt. (wollen) **7.** Du hast mir die genaue Ankunftszeit nicht mitgeteilt. (sollen)

V. *Benützen Sie in den folgenden Sätzen* sich (dative) **bewußt sein:**

1. Do you realize (are you aware of) what (*was für*) an old church that is? **2.** He doesn't even realize what a great sacrifice I made for him. **3.** He was aware (of the fact) that the Zugspitze is the highest mountain of Germany. **4.** I realize that it is already very late. **5.** I realized that I didn't speak German too well.

VI. *Diktat aus Konversation 35*

VII. *Eine Erzählung* (narration)

Erzählen Sie, wie Sie einmal eine Fahrradtour machten und was Sie dabei alles erlebten.

∽ Im Café

(*At the café*)

FRED: ¹Sollen wir uns in diesem Café ein wenig ausruhen, Mary?

MARY: ²Gern, denn ich bin schon ganz ermattet.

FRED: ³Möchten Sie hineingehen, oder sollen wir uns hier auf dem Gehsteig unter einem der bunten Sonnenschirme niederlassen?

MARY: ⁴Bleiben wir doch hier draußen. ⁵Dort drüben wird gerade ein Tisch frei, und ich finde das Ganze reizend.

FRED: ⁶Ja, auf der Leopoldstraße kommt es einem fast vor, als ob man in Paris wäre.

FRED: ¹*Shall we rest a little in this café, Mary?*

MARY: ²*Gladly, because I am quite exhausted already.*

FRED: ³*Would you like to go inside, or shall we sit down out here on the sidewalk, under one of the colorful umbrellas?*

MARY: ⁴*Let's stay out here.*
⁵*A table is just being vacated over there, and I find the whole [idea] charming.*

FRED: ⁶*Yes, on Leopold Street one could almost get the feeling of being in Paris.*

MARY: [7]Außerdem kann man die vielen Studenten besser beobachten. [8]Aber warum machen sie alle so ernste Gesichter?

FRED: [9]Es werden ihnen wohl Prüfungen bevorstehen.

MARY: [10]Ich nehme an, daß wir uns in der Nähe der Universität befinden. [11]Wie viele Studenten studieren eigentlich in München?

FRED: [12]Ich glaube, insgesamt studieren ungefähr 20.000 Studenten auf der Universität, auf der Technischen Hochschule und auf den Hochschulen für Musik, Bildende Künste und Politische Wissenschaften.

MARY: [13]Ist die Universität sehr alt?

FRED: [14]Die Universität München ist noch nicht 150 Jahre alt, aber die ursprüngliche Universität wurde schon vor fast 500 Jahren in der Nähe von München gegründet.

MARY: [15]Also gerade um die Zeit, als Amerika von Kolumbus entdeckt wurde.

FRED: [16]Ja, sogar 20 Jahre vorher.

MARY: [17]Wissen Sie vielleicht auch, wie viele Einwohner München hat?

FRED: [18]Ich glaube, ungefähr eine Million.

MARY: [19]Einen besseren Fremdenführer hätte ich wohl kaum finden können.

FRED: [20]So? Dann empfehlen Sie mich allen Ihren Freundinnen, bitte, besonders wenn sie so reizend sind wie Sie.

MARY: [7]Besides, one can observe all the students better. [8]But why do they all make such serious faces?

FRED: [9]They are probably faced with exams.

MARY: [10]I assume that we are in the vicinity of the University. [11]How many students are actually studying in Munich?

FRED: [12]I believe altogether approximately 20,000 students are studying at the University, at the School of Technology, and at the Institutes of Music, Fine Arts, and Political Sciences.

MARY: [13]Is the University very old?

FRED: [14]Munich University isn't 150 years old yet, but the original university was already founded almost 500 years ago in the vicinity of Munich.

MARY: [15]That is just around the time when America was discovered by Columbus.

FRED: [16]Yes, even 20 years before.

MARY: [17]Do you perhaps also know how many inhabitants Munich has?

FRED: [18]I believe about one million.

MARY: [19]I could hardly have found a better tourist guide.

FRED: [20]Is that so? Then recommend me to all your girlfriends please, especially if they are as charming as you.

ÜBUNGEN

I. *Ausspracheübungen. Wiederholung*

A.

Wenn ich ein Vöglein wär'
und auch zwei Flüglein hätt',
flög' ich zu dir;
weil's aber nicht kann sein,
weil's aber nicht kann sein,
bleib' ich allhier.

—(*Volkslied*)

B.

Du bist wie eine Blume
So hold und schön und rein;
Ich schau' dich an, und Wehmut
Schleicht mir ins Herz hinein.

Mir ist, als ob ich die Hände
Aufs Haupt dir legen sollt',
Betend, daß Gott dich erhalte
So rein und schön und hold.

—*Heinrich Heine* (1791–1856)

C.

1. Lügen haben kurze Beine.   *Lies have short legs.*
2. Kein Meister ist vom Himmel gefallen.   *No master fell from the sky.*
3. Übung macht den Meister.   *Practice makes perfect (the master).*

II. Substitution

1. Sollen wir uns *in diesem Café* ein wenig ausruhen?
   an diesem Tisch / in diesem Restaurant / in diesem Garten / auf dieser Bank (*bench*)
2. Bleiben wir doch hier *draußen.*
   drinnen / unten / oben
3. Sogar zwanzig Jahre *vorher.*
   nachher / davor / danach

III. *Beantworten Sie die folgenden Fragen auf deutsch:*

1. Was wollen Fred und Mary in dem Café tun? **2.** Warum will sich Mary ausruhen? **3.** Möchte sie hineingehen? **4.** Finden sie einen freien Tisch? **5.** Wie findet Mary das Ganze? **6.** Wie kommt es einem auf der Leopoldstraße fast vor? **7.** Warum machen die Studenten ernste Gesichter? **8.** Was nimmt Mary an? **9.** Weiß Fred, wie viele Studenten in München studieren? **10.** Wie heißen die verschiedenen Hochschulen, auf denen die Studenten studieren? **11.** Wie alt ist die Universität München? **12.** Wann ist die ursprüngliche Universität gegründet worden? **13.** Wann wurde Amerika entdeckt? **14.** Von wem wurde es entdeckt? **15.** Weiß Fred, wie viele Einwohner München hat? **16.** Hätte Mary einen besseren Fremdenführer als Fred finden können? **17.** Wem soll Mary Fred empfehlen?

IV. *Fragen Sie jemanden:*

1. ob er weiß, warum die Studenten ernste Gesichter machen. **2.** ob er Ihnen sagen kann, wie viele Studenten eigentlich in München studieren. **3.** wie die verschiedenen Hochschulen Münchens heißen. **4.** wann Amerika von Kolumbus entdeckt wurde. **5.** wann die ursprüngliche Universität gegründet wurde.

V. **A.** *Benützen Sie in den folgenden Sätzen* **sich niederlassen** (to sit down, to settle):

1. Shall we sit down at this table? **2.** Where did the settlers (*Siedler*) settle? **3.** I wish he would settle down somewhere (*irgendwo*). **4.** He wants to get married and to settle down. **5.** Sit down under those trees.

B. *Ersetzen Sie die* **wie** *Konstruktion durch eine* **als ob** *Konstruktion:*

BEISPIEL: Es kommt einem fast vor wie in Paris.
Es kommt einem fast vor, als ob man in Paris wäre.

1. Es kommt einem fast vor wie in Deutschland. **2.** Es kommt mir fast vor wie in der Schweiz. **3.** Es kommt ihm fast vor wie auf der Straße. **4.** Es kommt ihr fast vor wie in einem Hotel **5.** Es kommt ihnen fast vor wie in der Schule.

C. *Ersetzen Sie das Präsens mit* **wahrscheinlich** *durch das Futur mit* **wohl:**

BEISPIEL: Es stehen ihnen wahrscheinlich Prüfungen bevor.
Es werden Ihnen wohl Prüfungen bevorstehen.

1. Es steht ihr wahrscheinlich eine lange Reise bevor. **2.** Es steht ihm wahrscheinlich eine große Debatte bevor. **3.** Es stehen uns wahrscheinlich viele Probleme bevor. **4.** Es stehen Ihnen wahrscheinlich keine Schwierigkeiten bevor. **5.** Es steht ihnen wahrscheinlich eine wunderbare Zukunft bevor.

D. *Beginnen Sie mit:* **Es war um die Zeit, als . . .**

1. America was discovered by Columbus. **2.** the original university was founded. **3.** many dialects were still spoken. **4.** the subway was begun. **5.** Neuschwanstein Castle was built by Ludwig II.

VI. *Wiederholen Sie die folgenden Sätze im Konjunktiv des Plusquamperfekts:*

BEISPIEL: Sie gehen gern ins Kino.
Sie wären gern ins Kino gegangen.

1. Ich kaufe das Buch gern. **2.** Wir sitzen gern im Café. (wären . . . gesessen.) **3.** Sie haben uns gern besucht. **4.** Lassen sie sich gern nieder? **5.** Geht er gern ins Theater? **6.** Trinkt Mary gern Bier?

VII. *Diktat aus Konversation 36*

✌ Review of Cases

95 ● Pronouns

A. Personal pronouns

	THIRD PERSON				FIRST AND SECOND PERSON			
	SINGULAR			PLURAL	SING.	PL.	SING.	PL.
NOM.	er	es	sie	sie*	ich	wir	du	ihr
ACC.	ihn				mich	uns	dich	euch
DAT.	ihm		ihr	ihnen	mir		dir	
GEN.	(seiner)		(ihrer)		(meiner)	(unser)	(deiner)	(euer)

REMINDER: All third person reflexive pronouns are **sich.**

B. Relative pronouns

	MASCULINE	NEUTER	FEMININE	PLURAL
NOM.	der/welcher	das/welches	die/welche	die/welche
ACC.	den/welchen			
DAT.	dem/welchem		der/welcher	denen/welchen
GEN.	dessen		deren	

* Capitalize **sie** and all its forms to obtain *you* (formal).

364

C. Demonstrative pronouns

Same as **der**-forms of relative pronouns.

D. Interrogative pronouns

NOM. wer/was
ACC. wen/was
DAT. wem
GEN. wessen

96 ● The declension of the adjective

A. Unpreceded adjectives: STRONG DECLENSION

NOM.	guter Mann	gutes Kind	gute Frau	gute Leute
ACC.	guten Mann			
DAT.	gutem Mann(e)	gutem Kind(e)	guter Frau	guten Leuten
GEN.	guten Mannes	guten Kindes		guter Leute

B. Adjectives preceded by **der**-words: WEAK DECLENSION

NOM.	der gute Mann	das gute Kind	die gute Frau	die guten Leute
ACC.	den guten Mann			
DAT.	dem guten Mann(e)	dem guten Kind(e)	der guten Frau	den guten Leuten
GEN.	des guten Mannes	des guten Kindes		der guten Leute

365

C. Adjectives preceded by **ein**-words: MIXED DECLENSION

NOM.	ein guter Mann	ein gutes Kind	eine gute Frau	keine guten Leute
ACC.	einen guten Mann			
DAT.	einem guten Mann(e)	einem guten Kind(e)	einer guten Frau	keinen guten Leuten
GEN.	eines guten Mannes	eines guten Kindes		keiner guten Leute

The **ein**-words are: **ein (so ein, welch ein), kein,** and the possessive adjectives **mein, dein, sein, unser, euer, ihr, Ihr.** NOTE: When an ending is added to **unser** and **euer,** the **e** of the second syllable is dropped.

D. Adjectives preceded by limiting adjectives in the plural

NOM. mehrere gute Leute
ACC. mehrere gute Leute
DAT. mehreren guten Leuten
GEN. mehrerer guten Leute

97 ● Cases governed by prepositions and verbs

A. Prepositions governing the accusative case

um	**gegen**
durch	**(wider)**
für	**ohne**

B. Prepositions governing the dative case

aus	**bei**	**nach***	**von**
außer	**mit**	**seit**	**zu**

---

* In the sense of *according to,* **nach** may be used as postposition.

C. Prepositions governing the dative or accusative case

The following prepositions govern the dative case when location is expressed, the accusative case when motion with transfer is expressed.

in	über	vor	neben
an	unter	hinter	zwischen
auf			

D. Prepositions governing the genitive case

während	oberhalb	diesseits
wegen*	unterhalb	jenseits
trotz	innerhalb	
(an)statt	außerhalb	

E. Verbs governing the dative case

The following common verbs govern the dative case, contrary to English.

antworten	gefallen†
begegnen	gelingen†
danken	glauben
dienen	helfen†
folgen	

ÜBUNGEN

I. A. *Ersetzen Sie alle Substantive durch Pronomen:*

BEISPIEL: Der Mann spielt mit dem Kind.
Er spielt mit ihm.

1. Der Tourist hat den Zug bestiegen. **2.** Die Studenten lesen das Buch. **3.** Die Verkäuferin hat dem Mädchen und den Damen die neuen Blusen verkauft. **4.** Das Töchterchen bringt der Mutter täglich eine Blume. **5.** Mein Freund hat seinen Eltern alles geschrieben.

---

* **wegen** may be used as a postposition.
† strong verbs.

B. *Setzen Sie ein passendes Relativpronomen ein:*

1. Der Mann, ____ ich sehe, ist mein Freund. **2.** Die Dame, ____ er begegnet ist, ist auch aus Amerika. **3.** Die Leute, ____ wir helfen, sind sehr arm. **4.** Die Firma, bei ____ ich arbeite, ist sehr progressiv. **5.** Der Herr, ____ Sohn sie kennt, ist sehr nett. **6.** Die Studentin, ____ Bruder in Hamburg wohnt, fährt ihn zu Weihnachten besuchen. **7.** Der Herr, ____ die Verkäuferin die Taschentücher verkauft hat, war sehr nervös. **8.** Der Rock, ____ sie kaufen wollen, muß gelb sein. **9.** Das Haus, in ____ sie wohnen, wurde 1888 gebaut. **10.** Alle Deutschen, mit ____ wir gesprochen haben, sagen das auch.

II. A. *Ersetzen Sie die* **der-***Wörter durch die angegebenen* **ein-***Wörter:*

BEISPIEL: Dieser nette Herr spricht Englisch. (ein)
Ein netter Herr spricht Englisch.

1. Jener neue Lehrer ist sehr streng. (sein) **2.** Wir lesen jedes neue Buch. (unser) **3.** Möchten Sie das warme Bier? (ein) **4.** Er hat die alten Geigen gesehen. (kein) **5.** Haben Sie die lieben Eltern gekannt? (mein) **6.** Helfen Sie doch dem guten Mann. (ihr) **7.** Ich interessiere mich für das alte Schloß. (kein) **8.** Das gute Kind. (so ein) **9.** Welches kleine Geschäft. (welch ein) **10.** Schreiben Sie der netten Bekannten. (unser)

B. *Setzen Sie die richtige Adjektivendung ein:*

1. Kennen Sie jenen hoh ____ Berg? **2.** Wie heißt der höchst ____ Berg Deutschlands? **3.** Welches historisch ____ Gebäude haben wir noch nicht gesehen? **4.** In den letzt ____ Jahren geht es den meist ____ Deutschen ziemlich gut. **5.** Der jung ____ amerikanisch ____ Ingenieur lebte in einer klein ____ Wohnung. **6.** Die bayrisch ____ Schlösser sind sehr malerisch. **7.** Zu einem warm ____ Mittagessen trinkt er immer gerne ein kalt ____ Bier. **8.** Welche der deutsch ____ Länder haben Sie schon besucht? **9.** Sind Sie mit Ihrem neu ____ Wagen gefahren? **10.** Er wollte sich immer ein klein ____ Häuschen kaufen.

III. *Finden Sie den richtigen Fall für die Wörter in Klammern:*

BEISPIEL: Er arbeitet bei (eine große Firma).
Er arbeitet bei einer großen Firma.

1. Schreiben Sie doch (Ihr neuer Freund). **2.** Während (der zweite Weltkrieg) wurde Hamburg zerstört. **3.** Setzen wir uns an (dieser freie Tisch). **4.** Das Bild hängt an (jene große Wand). **5.** Sind Sie mit (dieses kleine Buch) fertig?

6. Wann sind Sie durch (unsere schöne Stadt) durchgekommen? 7. Danken Sie (Ihre guten Freunde). 8. Was sehen Sie zwischen (die beiden Häuser)? 9. Ich muß zu (ein guter Arzt) gehen. 10. Haben Sie gesehen, was auf (diese kleine Bank) gelegen hat? 11. Trotz (der starke Regen) wird er heute zu (er) kommen. 12. Außer (ich) versteht ihn niemand. 13. Was denken Sie von (er) oder über (er)? 14. Warum stehen Sie immer neben (ich) und nicht hinter (ich)? 15. Für (ich) ist das leicht, aber nicht für (er).

IV. *Wiederholung aus Konversationen 34, 35, 36*

1. Was haben Fred und Hans schon besucht? 2. Was wird von Fred wohl schon fotografiert worden sein? 3. Wofür interessiert sich Fred? 4. Was will er unternehmen? 5. Wozu hätte er sich nie von Hans überreden lassen sollen? 6. Wessen Werkstatt besuchen die Freunde? 7. Mit welcher Bitte kommen viele Touristen zum Geigenbauer? 8. Warum baut der Meister Gitarren? 9. Warum ist Frau Feldmanns Mann noch nicht zu Hause? 10. Was muß er beenden? 11. Was will Frau Feldmann aus dem Garten holen? 12. Was hat ihr Mann gern? 13. Was hält Frau Feldmann von Männern? 14. Was für einen Garten hat sie? 15. Was gedeiht darin alles? 16. Wie ist der Sommer in Mittenwald? 17. Worauf beschränkt sich Frau Feldmann beim Gartenbau? 18. Was bedeuten die sich über den Bergen zusammenziehenden Wolken? 19. Von wem werden Fred und Hans bei der Rückkehr in München begrüßt? 20. Welches Opfer hat Helga gebracht, um sie am Zug zu empfangen? 21. Wann hat sie das Telegramm von Hans empfangen? 22. Warum hatte Freds Wirtin mit Helga gesprochen? 23. Weiß Fred, von wem er ein Telegramm bekommen hat? 24. Wer ist Mary Jones? 25. Was soll Fred in München für sie tun?

V. *Aufsatz*

"I am glad to see you, Mary. Since I had heard nothing from you for so long, I didn't know whether you still wanted to come. Therefore (*darum*) I was pleasantly surprised when Helga informed me that a telegram was here for me. You see, my landlady had phoned her and told (it to) her. Naturally I thought right away (to myself) that it could only be from you. Now you are here at last. I hope that you will like Munich."

∽ In der Frauenkirche

(In the Church of Our Lady)

MARY: ¹Das ist also die berühmte Frauenkirche!

FRED: ²Sind Sie beeindruckt?

MARY: ³Sehr, nur bin ich mir über den Baustil nicht im Klaren. ⁴Einerseits sieht die Kirche gotisch aus, andererseits verwirren mich die oben abgerundeten Türme.

FRED: ⁵Sie scheinen sich in der Architektur gut auszukennen. ⁶Die Frauenkirche ist nämlich ein spätgotischer Bau aus dem 15. Jahrhundert.

MARY: ⁷Und wie erklären Sie die Türme?

FRED: ⁸Das läßt sich mit der Lage erklären, denn solche Zwiebeltürme gibt es oft im Süden Deutschlands.

MARY: ⁹Ach ja, jetzt erinnere ich mich wieder. ¹⁰München ist ja die südlichste der deutschen Großstädte. ¹¹Aber wie ist München zu einer Kunststadt geworden?

FRED: ¹²Auch das hängt mit der geographischen Lage zusammen. ¹³Die Stadt ist nicht nur ein Verkehrsknotenpunkt, sondern verschiedene Kulturen kommen hier ebenfalls zusammen.

MARY: ¹*So that is the famous Frauenkirche!*

FRED: ²*Are you impressed?*

MARY: ³*Very much, except that I am not clear on the style of architecture.* ⁴*On one hand the church looks Gothic, on the other hand the towers, rounded on top, confuse me.*

FRED: ⁵*You seem to be well-versed in architecture.* ⁶*You see, the Frauenkirche is a late Gothic structure of the 15th century.*

MARY: ⁷*And how do you explain the towers?*

FRED: ⁸*That can be explained by the location, since such onion [shaped] towers often exist in the south of Germany.*

MARY: ⁹*Oh yes, now I remember again.* ¹⁰*Munich is the southernmost of the large German cities.* ¹¹*But how did Munich turn into a city of art?*

FRED: ¹²*That, too, is related to the geographical location.* ¹³*The city is not only a junction for traffic, but different cultures converge here as well.*

370

MARY: ¹⁴Das hat Sinn. ¹⁵Ich habe mir gleich gedacht, daß es nicht nur das gute Bier sein könnte.

FRED: ¹⁶Nun, wer weiß. ¹⁷Vielleicht spielt das Bier dabei auch eine Rolle. ¹⁸Dazu kommt noch die Gemütlichkeit der Bayern, die sich zu allem Zeit lassen.

MARY: ¹⁹Das ist mir auch schon aufgefallen. ²⁰Sogar der Dialekt klingt langsam und ausgedehnt. ²¹Trotzdem verstehe ich ihn nicht.

FRED: ²²Das kommt noch mit der Zeit.

MARY: ²³Was tue ich aber inzwischen?

FRED: ²⁴Sprechen Sie ruhig Englisch. ²⁵Die meisten Deutschen nützen gern die Gelegenheit aus, ein wenig Englisch zu üben.

MARY: ¹⁴*That makes sense.* ¹⁵*I thought right away that it couldn't only be the good beer.*

FRED: ¹⁶*Well, who knows.* ¹⁷*Perhaps the beer also plays a part in this.* ¹⁸*In addition there is the easy-going way of life of the Bavarians, who take their time for everything.*

MARY: ¹⁹*I have noticed that too (already).* ²⁰*Even the dialect sounds slow and drawn out.* ²¹*Nevertheless, I don't understand it.*

FRED: ²²*You will in time.*

MARY: ²³*What am I going to do in the meantime, however?*

FRED: ²⁴*Go ahead and speak English.* ²⁵*Most Germans like to take advantage of the opportunity to practice a little English.*

ÜBUNGEN

I. *Ausspracheübungen. Wiederholung*

A.

Es war ein alter König,
Sein Herz war schwer, sein Haupt war grau;
Der arme alte König,
Er nahm eine junge Frau.

Es war ein schöner Page,
Blond war sein Haupt, leicht war sein Sinn;
Er trug die seidne Schleppe*
Der jungen Königin.

Kennst du das alte Liedchen?
Es klingt so süß, es klingt so trüb!†
Sie mußten beide sterben.
Sie hatten sich viel zu lieb.

—Heinrich Heine (1797-1856)

B.

Über allen Gipfeln
Ist Ruh,
In allen Wipfeln
Spürest du
Kaum einen Hauch;
Die Vögelein schweigen im Walde
Warte nur, balde
Ruhest du auch.

—Johann Wolfgang von Goethe (1749–1832)

---

* silken train

† sad

372

II. Substitution

1. Das ist also *die berühmte Frauenkirche*!
Ihr Freund / der bekannte Autor / das neue Buch / Deutschland

2. Ich bin mir über *den Baustil* nicht im Klaren.
den Preis / das Problem / die Miete / die Übungen

3. Sie scheinen sich in *der Architektur* gut auszukennen.
der deutschen Literatur / diesem alten Schloß / München / den Alpen

4. Das läßt sich *mit der Lage* erklären.
mit Bleistift und Papier / mit dieser Formel / sehr leicht / überhaupt nicht

5. Verschiedene *Kulturen* kommen hier zusammen.
Menschen / Straßen / Eisenbahnlinien / Autobahnen

6. Das ist *mir* auch schon aufgefallen.
ihm / ihr / uns / ihnen

III. *Beantworten Sie die folgenden Fragen auf deutsch:*

1. Ist Mary von der Frauenkirche beeindruckt? **2.** Worüber ist sie sich nicht im Klaren? **3.** Was verwirrt sie? **4.** Worin scheint sich Mary gut auszukennen? **5.** In welchem Stil ist die Frauenkirche gebaut? **6.** Aus welchem Jahrhundert stammt sie? **7.** Wie erklärt Fred die oben abgerundeten Türme? **8.** Wo gibt es Zwiebeltürme in Deutschland? **9.** Welche deutsche Großstadt ist die südlichste? **10.** Wie ist München zu einer Kunststadt geworden? **11.** Was kommt alles in München zusammen? **12.** Was hat Sinn für Mary? **13.** Vielleicht spielt das Bier eine Rolle, aber was kommt noch dazu? **14.** Was ist Mary schon aufgefallen? **15.** Wie klingt der bayrische Dialekt? **16.** Versteht Mary ihn? **17.** Was soll Mary tun, bis sie Bayrisch versteht?

IV. *Fragen Sie jemanden:*

1. ob er von der Frauenkirche beeindruckt ist. **2.** wie er die Türme erklärt. **3.** wie München zu einer Kunststadt geworden ist. **4.** ob das mit der geographischen Lage zusammenhängt. **5.** wie der bayrische Dialekt klingt.

V. *Benützen Sie in den folgenden Sätzen die Ausdrücke:*

A. sich auskennen in

1. You seem to be well-versed in architecture. **2.** You are well-versed in architecture. **3.** Are you well-versed in literature? **4.** Do you know your way around Munich? **5.** He doesn't seem to know his way around at all.

B. zusammenhängen mit

1. That is related to the geographical location.   **2.** That has to do with the political situation.   **3.** What is it related to?   **4.** That has to do with his work.   **5.** That has to do with America.

C. eine Rolle spielen (bei)

1. Perhaps the beer plays a part.   **2.** That isn't important (plays no part).   **3.** Why should that be important?   **4.** Did he play an important part in it?   **5.** At work that doesn't matter.

D. jemandem auffallen

1. I noticed that too.   **2.** Did you notice something?   **3.** He didn't notice it at all.   **4.** When will they notice it at last?   **5.** She will notice them right away.

VI. *Wiederholung. Sagen Sie auf deutsch:*

1. It has been over an hour.   **2.** I agree with you.   **3.** Excuse me, please.   **4.** Why, of course.   **5.** A church is coming in sight.   **6.** I am very happy to meet you.   **7.** Gladly.   **8.** It's on its way.   **9.** Fine, that's settled.   **10.** Do you want to kill me?   **11.** Don't make me laugh.   **12.** That doesn't sound so bad.   **13.** Only on one condition.   **14.** It's a deal.   **15.** What do you feel like doing?   **16.** That's a splendid idea.   **17.** No sooner said than done.   **18.** Follow me to the back.

VII. *Diktat aus Konversation 37*

VIII. *Eine Unterhaltung*

Sie unterhalten sich über München und Wien, über die Frauenkirche und den Stephansdom.

,,DASS ICH NICHT LACHE!''

ᴥ Vor dem Rathaus

(In front of City Hall)

MARY: ¹Was tun wir eigentlich hier?

FRED: ²Wir warten auf elf Uhr.

MARY: ³Was passiert um elf Uhr?

FRED: ⁴Sehen Sie die Figuren in der Galerie des Rathausturms?

MARY: ⁵Ach ja, in der dritten.

FRED: ⁶Jeden Vormittag, Schlag elf, beginnen sie sich zu bewegen und zu drehen, und ein Glockenspiel ertönt.

MARY: ⁷Ach, wie nett. Deshalb stehen hier so viele Leute.

FRED: ⁸Ja. Das Rathaus ist eine der Touristenattraktionen.

MARY: ⁹Was machen wir später? ¹⁰Haben Sie sonst noch welche interessanten Ideen?

FRED: ¹¹Ich schlage vor, daß wir gemütlich zum Hofbräuhaus schlendern und dort einen Imbiß genießen.

MARY: ¹²Das hört sich wunderbar an. ¹³Ich habe nämlich ziemlich großen Hunger und Durst, und man kann ja schließlich nicht nur vom Anblick historischer Gebäude leben.

MARY ¹*What are we doing here, actually?*

FRED: ²*We are waiting for 11 o'clock.*

MARY: ³*What's going to happen at 11 o'clock?*

FRED: ⁴*Do you see the figures in the gallery of the tower of city hall?*

MARY: ⁵*Oh yes, in the third one.*

FRED: ⁶*Every morning, at the stroke of eleven, they begin to move and turn and a carillon begins to chime (sound).*

MARY: ⁷*Oh, how nice. That's why so many people are standing here.*

FRED: ⁸*Yes. City Hall is one of the tourist attractions.*

MARY: ⁹*What are we going to do later?* ¹⁰*Do you have any other interesting ideas?*

FRED: ¹¹*I suggest that we stroll leisurely to the Hofbräuhaus and enjoy a snack there.*

MARY: ¹²*That sounds wonderful.* ¹³*You know, I am very hungry and thirsty and, after all, one cannot live only on the sight of historical buildings.*

FRED: ¹⁴Sie haben vollkommen recht. ¹⁵Darf ich Sie heute abend zu einem Kabarett einladen?

MARY: ¹⁶Jetzt kann ich wohl kaum „nein" sagen. ¹⁷Ich nehme Ihre Einladung gern an. ¹⁸Ist ein Kabarett ein Nachtlokal?

FRED: ¹⁹Ja, so ähnlich. Man wird aber hauptsächlich vom beißenden Witz und Humor der Kabarettisten unterhalten, die sich über alle und alles lustig machen.

MARY: ²⁰Wo befindet sich das Kabarett?

FRED: ²¹Die meisten davon befinden sich in Schwabing, dem Künstlerviertel Münchens. ²²Wir werden uns ein gutes davon aussuchen. Abgemacht?

MARY: ²³Abgemacht.

FRED: ¹⁴*You are quite right.* ¹⁵*May I invite you to a cabaret tonight?*

MARY: ¹⁶*Now I can hardly say "no."* ¹⁷*I gladly accept your invitation.* ¹⁸*Is a cabaret a night club?*

FRED: ¹⁹*Yes, something like it. However, one is mainly entertained by the sharp wit and humor of the performers, who make fun of everyone and everything.*

MARY: ²⁰*Where is the cabaret located?*

FRED: ²¹*Most of them are located in Schwabing, the artists' quarter of Munich.* ²²*We are going to pick out a good one from among them. Okay?*

MARY: ²³*Okay.*

RATHAUSTURM

ÜBUNGEN

I. *Ausspracheübungen. Wiederholung*

A.

1. Wer nicht hören will, muß fühlen.	*He who doesn't want to listen, must [be made to] feel.*
2. In der Kürze liegt die Würze.	*The spice lies in brevity.*
3. Sie haben Geld in Hülle und Fülle.	*They have money galore.*
4. Wer lügt, der stiehlt.	*He who lies, steals (Show me a liar and I will show you a thief).*
5. Aller Anfang ist schwer.	*Every beginning is hard.*

B.

Frühling läßt sein blaues Band
Wieder flattern durch die Lüfte;
Süße, wohlbekannte Düfte
Streifen ahnungsvoll das Land.
Veilchen träumen schon,
Wollen balde kommen.
—Horch, von fern ein leiser Harfenton!
Frühling, ja du bist's!
Dich hab' ich vernommen!

—*Eduard Mörike* (1804–1875)

C.

Und es wallet und siedet und brauset und zischt,
Wie wenn Wasser mit Feuer sich mengt,
Bis zum Himmel spritzet der dampfende Gischt,
Und Flut auf Flut sich ohn' Ende drängt,
Und will sich nimmer erschöpfen und leeren,
Als wollte das Meer noch ein Meer gebären.

—*Friedrich von Schiller* (1759–1805)
(*Aus „Der Taucher"*)

II. Substitution

1. Haben Sie sonst noch welche interessanten *Ideen?*
   Pläne / Gedanken / Vorschläge / Kommentare

2. Ich schlage vor, daß wir *zum Hofbräuhaus schlendern.*
   nach Hause gehen / zu Hause bleiben / ins Kino gehen / nach Frankfurt fahren

3. Das hört sich *wunderbar* an.
   sehr interessant / nicht schlecht / sehr nett / reizend

4. Sie haben *vollkommen* recht.
   ganz / natürlich / gar nicht / keineswegs / nie / immer

5. Darf ich Sie heute abend *zu einem Kabarett* einladen?
   zu einem Konzert / zum Abendessen / ins Kino / ins Theater

III. *Beantworten Sie die folgenden Fragen auf deutsch:*

1. Wo befinden sich Fred und Mary?   2. Worauf warten sie?   3. Was wird um elf Uhr passieren?   4. Was hört man, während sich die Figuren im Turm drehen und bewegen?   5. Weshalb stehen so viele Leute vor dem Rathaus?   6. Ist das Rathaus bei den Touristen beliebt?   7. Was sind Freds und Marys weitere Pläne?   8. Was werden sie im Hofbräuhaus tun?   9. Ist Mary hungrig oder durstig?   10. Wovon kann man ja schließlich nicht leben?   11. Wohin lädt Fred Mary ein?   12. Kann sie „nein" sagen?   13. Nimmt sie seine Einladung an?   14. Ist ein Kabarett ein Nachtlokal?   15. Worüber machen sich die Kabarettisten lustig?   16. Wo befindet sich das Kabarett?   17. Wie heißt das Künstlerviertel Münchens?

IV. *Fragen Sie jemanden:*

1. was um elf Uhr passiert.   2. ob das Münchner Rathaus eine Attraktion ist.   3. ob er sonst noch welche interessanten Ideen hat.   4. ob Sie ihn (oder sie) heute abend zu einem Nachtlokal einladen dürfen.   5. wovon man im Kabarett hauptsächlich unterhalten wird.

379

V. *Benützen Sie die folgenden Ausdrücke in deutschen Sätzen:*

A. warten auf

1. I am waiting for him. **2.** He is waiting for her. **3.** She waited for him for one hour. **4.** They didn't wait for us. **5.** What are you waiting for?

B. sich lustig machen über

1. Will they make fun of him? **2.** Who made fun of them? **3.** You are always making fun of everything. **4.** What are you making fun of now? **5.** I used to make fun of everything.

VI. *Ersetzen Sie das Verb durch* **sich befinden.** *Ändern Sie nicht die Zeiten:*

BEISPIEL: Sie waren damals in Amerika gewesen.
Sie hatten sich damals in Amerika befunden.

1. Er ist jetzt in München. **2.** Das Rathaus steht am Marienplatz. **3.** Das Hofbräuhaus ist am Platzl. **4.** In der dritten Turmgalerie des Rathausturms ist ein berühmtes Glockenspiel mit Figuren. **5.** Die ursprüngliche Universität war in Ingolstadt. **6.** München liegt an der Isar. **7.** Sie ist letzte Woche im Krankenhaus gelegen. **8.** Wie geht es Ihnen heute? (Wie befinden Sie sich heute?) **9.** Werden Sie morgen zu Hause sein? **10.** Wo steht die Statue der Bavaria?

VII. *Wiederholung. Sagen Sie auf deutsch:*

1. We are proud of our work. **2.** You'd better keep an eye on him. **3.** I am only joking. **4.** You men are simply too spoiled. **5.** Unfortunately that's true. **6.** We'd better go back into the house. **7.** Approximately one hour ago. **8.** (I'm) sorry. **9.** Let's stay out here. **10.** Recommend me to all your girl friends. **11.** Would you have something cheaper? **12.** I do think so. **13.** That's what I thought. **14.** In your opinion. **15.** That's right. **16.** Oh, that's too bad. **17.** I am neither sad nor jealous. **18.** Don't worry.

VIII. *Diktat aus Konversation 38*

IX. *Eine Unterhaltung*

Sie planen mit einem Freund oder einer Freundin einen Nachtlokalbesuch.

380

MÜNCHNER NACHTLOKAL

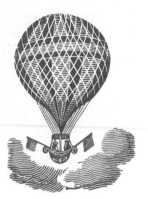

✎ Review of Tenses

98 ● Summary of tenses

REMARK: A complete presentation of all the possible tenses in German consists of the following six tenses of the indicative, with **haben** used as example:

PRESENT & PAST:	Er **hat/hatte** es.	He *has/had* it.
PRES. & PAST PERFECT:	Er **hat/hatte** es **gehabt.**	He *has/had had* it.
FUTURE:	Er **wird** es haben.	He *will have* it.
FUTURE PERFECT:	Er **wird** es **gehabt haben.**	He *will have had* it.

The subjunctive, including conditional, consists of eight tenses:

PRESENT & PAST SUBJ.:	Er **habe /hätte** es.	NOTE: For
PRES. & PAST PERF. SUBJ.:	Er **habe /hätte** es **gehabt.**	meanings con-
FUT. SUBJ. & CONDIT.:	Er **werde/würde** es **haben.**	sult Grammar
FUT. PERF. SUBJ. & COND. PERF.:	Er **werde/würde** es **gehabt haben.**	Units 11, 15, 17, 21, 22.

382

Since the student is not advised to employ subjunctive forms built on the present tense at this point, only the past and past perfect subjunctive and the conditional and conditional perfect are shown in the following summary, combined with the six tenses of the indicative as follows:

PRESENT INDICATIVE / PAST INDICATIVE / PAST SUBJUNCTIVE
PRESENT PERFECT INDICATIVE / PAST PERFECT INDICATIVE / PAST PERFECT SUBJUNCTIVE
FUTURE / / CONDITIONAL
FUTURE PERFECT / / CONDITIONAL PERFECT

Each verb is shown with one subject only. Subjects are varied for a broad view. One other element is added to each verb to better illustrate German word order.

A. The auxiliary verbs **haben, sein, werden**

Er **hat** / **hatte** / **hätte** es.   Er **ist** / **war** / **wäre** gut.
Er **hat** / **hatte** / **hätte** es gehabt.   Er **ist** / **war** / **wäre** gut **gewesen.**
Er **wird** / / **würde** es **haben.**   Er **wird** / / **würde** gut **sein.**
Er **wird** / / **würde** es gehabt **haben.**   Er **wird** / / **würde** gut gewesen **sein.**

Er **wird** / **wurde** / **würde** Lehrer.
Er **ist** / **war** / **wäre** Lehrer **geworden.**
Er **wird** / / **würde** Lehrer **werden.**
Er **wird** / / **würde** Lehrer **geworden sein.**

B. Weak verbs

1. Completely normal: **sagen**

Sie **sagen** / **sagten** / **sagten** es.
Sie **haben** / **hatten** / **hätten** es gesagt.
Sie **werden** / / **würden** es **sagen.**
Sie **werden** / / **würden** es **gesagt haben.**

2. With *connecting* -e-: **warten**

Er **wartet** / **wartete** / **wartete** da.
Er **hat** / **hatte** / **hätte** da **gewartet.**
Er **wird** / / **würde** da **warten.**
Er **wird** / / **würde** da **gewartet haben.**

383

3. With sibilant stem ending: **reisen**

Du **reist** / **reistest** / **reistest** nie.
Du **bist** / **warst** / **wärest** nie **gereist.**
Du **wirst** / / **würdest** nie **reisen.**
Du **wirst** / / **würdest** nie **gereist sein.**

4. Foreign verb in **-ieren: addieren**

Ihr **addiert** / **addiertet** / **addiertet** es.
Ihr **habt** / **hattet** / **hättet** es **addiert.**
Ihr **werdet** / / **würdet** es **addieren.**
Ihr **werdet** / / **würdet** es **addiert haben.**

5. Verbs ending in **-eln: wechseln**

Ich **wechsle** / **wechselte** / **wechselte** es.
Ich **habe** / **hatte** / **hätte** es **gewechselt.**
Ich **werde** / / **würde** es **wechseln.**
Ich **werde** / / **würde** es **gewechselt haben.**

6. Verbs ending in **-ern: plaudern**

Ich **plaudere** / **plauderte** / **plauderte** gern.
Ich **habe** / **hatte** / **hätte** gern **geplaudert.**
Ich **werde** / / **würde** gern **plaudern.**
Ich **werde** / / **würde** gern **geplaudert haben.**

384

C. Irregular verbs and modals

1. The irregular verb **kennen**

Ich **kenne** / **kannte** / **kennte** ihn.
Ich **habe** / **hatte** / **hätte** ihn **gekannt**.
Ich **werde** / / **würde** ihn **kennen**.
Ich **werde** / / **würde** ihn **gekannt haben**.

2. The irregular verb **bringen**

Sie **bringt** / **brachte** / **brächte** es.
Sie **hat** / **hatte** / **hätte** es **gebracht**.
Sie **wird** / / **würde** es **bringen**.
Sie **wird** / / **würde** es **gebracht haben**.

3. The modal **dürfen** as the sole verb: Treated as ordinary weak verb

Ich **darf** / **durfte** / **dürfte** nach Amerika.
Ich **habe** / **hatte** / **hätte** nach Amerika **gedurft**.
Ich **werde** / / **würde** nach Amerika **dürfen**.
Ich **werde** / / **würde** nach Amerika **gedurft haben**.

4. The modal **dürfen** with dependent infinitive **fliegen**: *double infinitive construction*

Er **darf** / **durfte** / **dürfte** nach Amerika **fliegen**.
Er **hat** / **hatte** / **hätte** nach Amerika **fliegen dürfen**.
Er **wird** / / **würde** nach Amerika **fliegen dürfen**.
Er **wird** / / **würde** nach Amerika **haben fliegen dürfen**.

D. Strong verbs

1. Strong verbs with normal present tense: **kommen**

Ich **komme** / **kam** / **käme** schnell.
Ich **bin** / **war** / **wäre** schnell **gekommen**.
Ich **werde** / / **würde** schnell **kommen**.
Ich **werde** / / **würde** schnell **gekommen sein**.

385

2. Strong verb with present tense vowel change **a** to **ä**: **halten**

Er **hält*** / **hielt** / **hielte** es gern.
Er **hat** / **hatte** / **hätte** es gern **gehalten.**
Er **wird** / / **würde** es gern **halten.**
Er **wird** / / **würde** es gern **gehalten haben.**

3. Strong verb with present tense vowel change **e** to **i**: **geben**

Es **gibt** / **gab** / **gäbe** keine.
Es **hat** / **hatte** / **hätte** keine **gegeben.**
Es **wird** / / **würde** keine **geben.**
Es **wird** / / **würde** keine **gegeben haben.**

E. Prefixes

1. Verbs with inseparable prefixes: **besichtigen**

Ich **besichtige** / **besichtigte** / **besichtigte** das Schloß.
Ich **habe** / **hatte** / **hätte** das Schloß **besichtigt.**
Ich **werde** / / **würde** das Schloß **besichtigen.**
Ich **werde** / / **würde** das Schloß **besichtigt haben.**

2. Verbs with separable prefixes: **abfahren**

Wir **fahren** / **fuhren** / **führen** mit diesem Zug **ab.**
Wir **sind** / **waren** / **wären** mit diesem Zug **abgefahren.**
Wir **werden** / / **würden** mit diesem Zug **abfahren.**
Wir **werden** / / **würden** mit diesem Zug **abgefahren sein.**

F. Passive voice: **gelesen werden,** *to be read*

Es **wird** / **wurde** / **(würde)**† von ihm **gelesen.**
Es **ist** / **war** / **wäre** von ihm **gelesen worden.**
Es **wird** / / **würde** von ihm **gelesen werden.**
Es **wird** / / **würde** von ihm **gelesen worden sein.**

---

* Reminder: Verbs with vowel changes in the present tense do not employ *connecting -e-.*
† As contracted conditional not clear.

ÜBUNGEN

I. A. *Ersetzen Sie Präsens durch Perfekt:*

1. Ich habe viel Zeit. **2.** Was machst du? **3.** Er denkt immer nach. **4.** Sie kann Deutsch. **5.** Das Kind kann gut lesen. **6.** Wir bleiben in München. **7.** Ihr haltet euch nicht gut. **8.** Sie nehmen uns mit. **9.** Dieses Buch wird viel gekauft. **10.** Ihm wird von uns geholfen.

B. *Ersetzen Sie Imperfekt durch Plusquamperfekt:*

1. Ich war schon oft dort. **2.** Worauf wartetest du? **3.** Er nannte ihn Hans. **4.** Sie mußte nach Hause. **5.** Das Kind wollte noch spielen. **6.** Wir sprachen damals nicht viel. **7.** Ihr ließt es immer auf dem Tisch. **8.** Sie gaben uns ein Geschenk. **9.** Die Stadt wurde zerstört. **10.** Es wurde ihr gesagt.

C. *Ersetzen Sie Futur durch perfektes Futur:*

1. Er wird das wohl machen. **2.** Sie wird schon in Hamburg ankommen. **3.** Das Kind wird wahrscheinlich damit spielen wollen. **4.** Sie werden ihn leicht erkennen. **5.** Man wird das wohl sagen können.

D. *Ersetzen Sie Konditional durch perfektes Konditional und den Konjunktiv des Imperfekts durch den Kunjunktiv des Plusquamperfekts:*

1. Ich würde kommen, wenn ich Zeit hätte. **2.** Du würdest die Suppe essen, wenn du sie probiertest. **3.** Er würde reich sein, wenn er mehr arbeitete. **4.** Wenn sie könnte, würde sie nach Wien fahren. **5.** Regnete es nicht, so würde kein Unfall passieren. **6.** Ließen wir ihn zurück, so würde es uns später leid tun. **7.** Wenn ihr unsere Freunde wäret, würdet ihr so etwas nicht sagen. **8.** Wenn Sie nur wollten, würden Sie gut lesen können. **9.** Wenn das Haus bestellt wäre, würde es bald gebaut werden.

II. A. *Ersetzen Sie Perfekt durch Präsens:*

1. Ich bin ernst geworden. **2.** Du hast lange geschlafen. **2.** Er ist heute nach Stuttgart gefahren. **4.** Sie hat das nicht gekonnt. **5.** Das Kind hat nicht essen mögen. **6.** Wir haben ihn nicht mitgenommen. **7.** Ihr habt uns nie eingeladen. **8.** Sie haben lange mit ihnen geplaudert. **9.** Der Brief ist nie geschrieben worden. **10.** Ihnen ist noch nicht gedankt worden.

B. *Ersetzen Sie Plusquamperfekt durch Imperfekt:*

1. Ich hatte laut gelacht. **2.** Du warst zu Hause geblieben. **3.** Er hatte Tennis spielen wollen. **4.** Sie hatte Einkäufe gemacht. **5.** Wir hatten das Schloß besichtigt. **6.** Ihr wart in den Wald gelaufen. **7.** Sie hatten ihn mitgebracht. **8.** Die Bluse war von ihr gekauft worden.

C. *Ersetzen Sie perfektes Futur durch Futur:*

1. Er wird wohl den Unfall gesehen haben. **2.** Man wird ihm das wahrscheinlich schon gesagt haben. **3.** Sie wird jetzt spazierengegangen sein. **4.** Werden Sie die Arbeit bis morgen beendet haben? **5.** Sie werden das Lied wohl schon oft gehört haben.

D. *Ersetzen Sie perfektes Konditional durch Konditional und den Konjunktiv des Plusquamperfekts durch den Konjunktiv des Imperfekts:*

1. Wir würden ihm geglaubt haben, wenn er nicht so oft gelogen hätte.

2. Ich hätte das Buch gekauft, wenn es billiger gewesen wäre.

3. Würden Sie ihn mitgenommen haben, wenn Sie das gewußt hätten?

4. Hätten Sie ihn mitnehmen wollen, wenn Sie das gewußt haben würden?

5. Er würde wahrscheinlich nicht mitgekommen sein, wenn wir unser neues Auto nicht mitgebracht hätten.

III. *Wiederholung aus Konversationen 37, 38, 39*

1. Wo ruhen sich Fred und Mary ein wenig aus? **2.** Gehen sie hinein oder bleiben sie draußen? **3.** Wie findet Mary das Ganze? **4.** Wie kommt es einem auf der Leopoldstraße fast vor? **5.** Warum machen die Studenten so ernste Gesichter? **6.** Wie viele Studenten studieren in München? **7.** Wie viele Einwohner hat die Stadt ungefähr? **8.** Wann wurde Amerika von Kolumbus entdeckt? **9.** Ist Mary von der Frauenkirche beeindruckt? **10.** Was ist der Baustil der Frauenkirche? **11.** Wie sehen die Türme aus? **12.** Wie ist München zu einer Kunststadt geworden? **13.** Wie klingt der bayrische Dialekt? **14.** Welche Gelegenheit nützen die meisten Deutschen gerne aus? **15.** Warum kommen täglich um elf Uhr viele Leute zum Rathaus? **16.** Was ist das Hofbräuhaus? **17.** Wovon kann man nicht leben? **18.** Wohin lädt Fred Mary ein? **19.** Wo befinden sich die meisten Kabaretts? **20.** Worüber machen sich die Kabarettisten lustig?

IV. *Aufsatz*

I had always wanted to visit Paris, for I had heard that there are many sidewalk cafés there. You see, I believe that one can see everything much better outside. That's why (*deshalb*) I was so enthused when I discovered that there are such cafés on the Leopold Street in Munich as well. They are located in the vicinity of the university and are much frequented (visited) by the students. Whenever they make serious faces, one knows that they are facing exams.

✎ An der Isar

(*Along the Isar River*)

MARY: ¹Sind wir noch immer im Englischen Garten?

FRED: ²Nein, das sind einfach die grünen Ufer der Isar. ³Man nennt sie die „Isarauen".

MARY: ⁴Ich finde es sehr angenehm, wenn man in einer Großstadt solche Naturinseln findet.

FRED: ⁵Ich auch. Natürlich sind die Münchener heutzutage nicht mehr so abhängig von ihnen, da ja so viele einen eigenen Wagen besitzen.

MARY: ⁶Trotzdem scheint es hier von Menschen zu wimmeln.

MARY: ¹*Are we still in the English Garden?*

FRED: ²*No, those are simply the green banks of the Isar.* ³*They are called "meadows of the Isar".*

MARY: ⁴*I find it very pleasant to find such islands of nature in a big city.*

FRED: ⁵*So do I. Of course, nowadays the residents of Munich are no longer so dependent on them, since so many have a car of their own.*

MARY: ⁶*Nevertheless, it seems to be teeming with people here.*

390

FRED: ⁷Am Wochenende ist das meistens so. ⁸Wenn Sie aber an den Stadtrand fahren würden, würden Sie genau so vielen Menschen begegnen.

MARY: ⁹Wenigstens hat man verschiedene Möglichkeiten.

FRED: ¹⁰Genau. In München gibt es die Isarauen, den Englischen Garten, Schloß Nymphenburg mit seinem Park und den Tierpark, nur um einige zu nennen.

MARY: ¹¹Und wenn es einem in der Stadt nicht gefällt?

FRED: ¹²Dann kann man ja immer ein Picknick in der Umgebung der Stadt genießen.

MARY: ¹³Wie steht es mit Wochenendfahrten?

FRED: ¹⁴Auch diese Möglichkeit besteht. ¹⁵Die Alpen sind ja ganz in der Nähe; Österreich und die Schweiz sind in wenigen Stunden erreichbar, und selbst Italien liegt nicht zu weit entfernt.

MARY: ¹⁶Jetzt verstehe ich, warum München bei den Touristen so beliebt ist.

FRED: ¹⁷Sicher werden Ihnen andere Teile Deutschlands ebenso gut gefallen. ¹⁸Sie sollten so viel wie möglich von Deutschland sehen, um selber urteilen zu können.

MARY: ¹⁹Das habe ich auch vor.

FRED: ⁷*It's mostly this way on a weekend.* ⁸*But if you would drive to the edge of town, you would encounter just as many people.*

MARY: ⁹*At least one has various possibilities.*

FRED: ¹⁰*Exactly. In Munich there are the Isar meadows, the English Garden, Nymphenburg Castle with its park, and the Zoo, to name but a few.*

MARY: ¹¹*And if a person doesn't like it in the city?*

FRED: ¹²*Then one can always enjoy a picnic in the environs of the city.*

MARY: ¹³*How about weekend trips?*

FRED: ¹⁴*That possibility also exists.* ¹⁵*The Alps are very close by; Austria and Switzerland can be reached in a few hours, and even Italy is not situated too far away.*

MARY: ¹⁶*Now I understand why Munich is so popular with tourists.*

FRED: ¹⁷*Surely you are going to like other parts of Germany just as much.* ¹⁸*You should see as much as possible of Germany in order to be able to judge for yourself.*

MARY: ¹⁹*I intend to.*

391

EIN BAUERNHOF

ÜBUNGEN

I. *Ausspracheübungen. Wiederholung*

A.

Freudvoll
Und leidvoll,
Gedankenvoll sein;
Langen
Und bangen
In schwebender Pein;
Himmelhoch jauchzend,
Zum Tode betrübt;
Glücklich allein
Ist die Seele, die liebt!
—*Goethe*

B. Mehr von Goethe:

1. Wer fremde Sprachen nicht kennt, weiß nichts von seiner eigenen.
2. Um zu begreifen[1], daß der Himmel überall blau ist,
   braucht man nicht um die Welt zu reisen.
3. Eigentlich weiß man nur, wenn man wenig weiß;
   mit dem Wissen wächst der Zweifel.[2]
4. Es ist nichts fürchterlicher als Einbildungskraft[3] ohne Geschmack.

II. Substitution

1. Und wenn es *einem* in der Stadt nicht gefällt?
   mir / ihm / ihr / uns / ihnen / Ihnen
2. Wie steht es mit *Wochenendfahrten*?
   Wanderungen / Klettertouren / Picknicks / Reisen nach Österreich
3. Österreich und die Schweiz sind *in wenigen Stunden* erreichbar.
   mit dem Wagen / im Sommer leicht / mit dem Zug / mit dem Flugzeug schnell
4. Das *habe ich* auch vor.
   hat er / hat sie / haben wir / haben sie / haben Sie

---

[1] **begreifen,** *to grasp, understand*
[2] **Zweifel,** *doubt*
[3] **die Einbildungskraft,** *power of imagination*

III. *Beantworten Sie die folgenden Fragen auf deutsch:*

1. Wo befinden sich Fred und Mary? **2.** Wie nennt man die grünen Ufer der Isar? **3.** Was findet Mary sehr angenehm? **4.** Wovon sind die Münchener heutzutage nicht mehr so abhängig? **5.** Was besitzen viele Münchener heute? **6.** Wie viele Menschen sehen Fred und Mary an der Isar? **7.** Wie viele Menschen würden sie am Stadtrand finden? **8.** Was für Möglichkeiten hat man in München? **9.** Nennen Sie einige davon. **10.** Was kann man machen, wenn es einem in der Stadt nicht gefällt? **11.** Wie steht es mit Wochenendfahrten? **12.** Wie weit sind die Alpen? **13.** Wie weit sind Österreich und die Schweiz? **14.** Liegt Italien weit entfernt? **15.** Was versteht Mary jetzt? **16.** Glaubt Fred, daß ihr andere Teile Deutschlands ebenso gut gefallen werden? **17.** Was sollte Mary Fred nach tun? **18.** Was hat Mary vor?

IV. *Fragen Sie jemanden:*

1. was man tun kann, wenn es einem in der Stadt nicht gefällt. **2.** wo man ein Picknick genießen kann. **3.** wie es mit Wochenendfahrten steht. **4.** ob er versteht, warum München beliebt ist. **5.** ob er so viel wie möglich von Deutschland sehen wird.

V. *Benützen Sie die folgenden Ausdrücke anstatt der Verben der Sätze:*

A. abhängig sein von

> BEISPIEL: Sie hängen sehr von ihnen ab.
> **Sie sind sehr von ihnen abhängig.**

1. Das hängt vollkommen von Ihnen ab. **2.** Hat das von ihm abgehangen? **3.** Es wird hauptsächlich von seinen Freunden abhängen. **4.** Er hat schon immer von seiner Mutter abgehangen. **5.** Von wem würden Sie sonst abhängen?

B. besitzen

> BEISPIEL: Er hat einen Wagen.
> **Er besitzt einen Wagen.**

1. Er hat einmal einen Sportwagen gehabt. **2.** Werden Sie ein eigenes Haus haben? **3.** Hat ihm die Geige je gehört? **4.** Wem gehört dieses Land? **5.** Er hatte es einmal gehabt.

C. beliebt sein bei

BEISPIEL: Die Touristen haben das Rathaus gern.
Das Rathaus ist bei den Touristen beliebt.

1. Die Studenten haben den Amerikaner gern. **2.** Die Münchener haben das Oktoberfest gern. **3.** Sie haben diesen Lehrer gern. **4.** Viele Künstler haben die Nachtlokale gern. **5.** Seine Freunde haben ihn gern.

VI. *Wiederholung. Sagen Sie auf deutsch:*

1. That goes without saying. **2.** What was the matter? **3.** Did you lose something? **4.** On the way (during the trip). **5.** Now I've heard everything! **6.** Not in the least. **7.** It's purely a matter of taste. **8.** Very well then. **9.** I had no idea. **10.** "Economic miracle." **11.** If I had money. **12.** In all directions. **13.** How did that happen? **14.** You should be able to guess that all by yourself. **15.** (You are) quite right. **16.** Is something wrong with you? **17.** I assure you.

VII. *Diktat aus Konversation 39*

VIII. *Eine Unterhaltung*

Sie gehen mit einem Freund oder einer Freundin spazieren und sprechen über alles, was Sie in Ihrer Stadt oder in der Umgebung machen könnten.

THEATINERKIRCHE

✎ Münchener Stadtbilder

Als Fred und Hans von Mittenwald nach München zurück-
kamen, wurden sie gleich am Zug von Helga begrüßt.
Helga sagte, sie hätte ein Opfer gebracht und wäre nicht
Tennis spielen gegangen, als sie erfahren hatte, daß die
beiden Freunde am selben Vormittag ankommen würden.
Hans hatte ihr nämlich in einem Telegramm mitgeteilt, wann
sie ungefähr anzukommen hofften. Aber nicht nur Helga
hatte ein Telegramm erhalten, für Fred war auch eins
angekommen. Er hatte es schon erwartet und wußte deshalb
gleich, daß es von Mary Jones sein mußte. Mary Jones war
eine seiner amerikanischen Bekannten, die ihre Verwandten
in England besucht hatte und jetzt auch noch Deutschland
sehen wollte. In München sollte Fred den Fremdenführer
für sie spielen, eine Rolle, in der er sich ganz gut gefiel, da er
sich nicht mehr wie ein Neuling fühlte.

Mary interessierte sich lebhaft für alles. Von den Cafés der
Leopoldstraße war sie ganz begeistert. Sie gaben ihr das
Gefühl, in Paris zu sein anstatt in München, nur paßten
die ernsten Gesichter vieler der Universitätsstudenten nicht
ganz dazu. Als Mary Fred fragte, warum die Studenten so
ernste Gesichter machten, antwortete er: „Es werden ihnen
wohl Prüfungen bevorstehen." Da Fred sich in allem so gut
auszukennen schien, wollte Mary ihm ein Kompliment
machen und sagte: „Einen besseren Fremdenführer als Sie
hätte ich wohl kaum finden können." Fred lachte und
entgegnete ihr: „So? Dann empfehlen Sie mich bitte allen
Ihren Freundinnen, besonders wenn sie so reizend sind wie
Sie."

Unter den vielen Sehenswürdigkeiten Münchens, die sich alle Besucher ansehen, und die auch Mary mit Fred besichtigte, befinden sich die Frauenkirche, ein durch die oben abgerundeten Türme wohlbekanntes Wahrzeichen der Stadt, das im neugotischen Stil erbaute Rathaus mit dem Glockenspiel, das täglich um elf Uhr vormittags ertönt und die sich drehenden Figuren der Galerie bei ihren Bewegungen begleitet, und auch das Hofbräuhaus, das im Jahre 1589 als Hofbrauerei gegründet wurde. 1897 wurde dann das jetzige Gebäude gebaut, in dem sich eine große Bierhalle, ein Speisesaal und ein Festsaal befinden. Mary genoß den Besuch im Hofbräuhaus besonders, denn, wie sie sagte: „Man kann ja schließlich nicht nur vom Anblick historischer Gebäude leben." Fred nützte diese Worte sofort aus und lud Mary ein, ihn bei einem Kabarettbesuch in Schwabing, dem Künstlerviertel Münchens, zu begleiten. Natürlich konnte Mary kaum „nein" sagen und nahm seine Einladung gern an. Außerdem wollte sie sehen, ob sie den Witz und Humor der Kabarettisten schon verstehen würde.

Die Kunststadt München bietet dem Besucher noch viele andere Möglichkeiten, sich zu unterhalten: Theater, Konzerte, Museen, Kunstausstellungen, um nur einige davon zu nennen. Aber Fred wollte Mary nicht übermüden, sondern ihr zeigen, daß es in der modernen Großstadt auch viele Naturinseln gibt. Bevor er also weitere Pläne zur Besichtigung historischer Gebäude und Kunstgalerien machte, ging er mit Mary an der Isar spazieren. Mit ihren grünen Ufern, den Isarauen, schlängelt sich die Isar wie ein blaugrünes Band malerisch durch die Stadt. Beide genossen den Spaziergang, und Mary sagte: „Jetzt verstehe ich, warum München unter den Touristen so beliebt ist." Fred aber warnte: „Sie sollten so viel wie möglich von Deutschland sehen, um über das ganze Land urteilen zu können, denn sicher werden Ihnen andere Teile ebenso gut gefallen." Mary sagte, daß sie das auch vorhabe.

FRAGEN

1. Von wem hatten Helga und Fred Telegramme erhalten? **2.** In welchem Land befand sich Mary, bevor sie nach Deutschland kam? **3.** Welche Rolle sollte Fred in München für sie spielen? **4.** Wo hatte Mary das Gefühl, in Paris zu sein? **5.** Warum machten die Studenten ernste Gesichter? **6.** Was ist der Baustil der Frauenkirche und des Rathauses? **7.** Warum ist das Rathaus eine besondere Touristenattraktion? **8.** Was ist das Hofbräuhaus? **9.** Warum nahm Mary Freds Einladung an, mit ihm ein Kabarett zu besuchen? **10.** Was für Möglichkeiten bietet die Kunststadt München dem Besucher? **11.** Welche der grünen Naturinseln der Großstadt besuchten Mary und Fred? **12.** Was sollte Mary Fred nach tun?

✆ Nouns and Verbs; Summary, Review and Reference

99 ● Nouns

The following summary contains simple nouns used in this text. Compounds are presented only when their last component is not used alone, e.g. **Gehsteig, Bahnsteig,** etc. (but no **Steig**). The nouns are grouped in accordance with common clues to gender, if any, and the method of forming the plural.

I. *Masculine nouns:* **der**

A. Nouns ending in **-er** (mostly agents), **-el** and **-en** (but not infinitives)

Plural forms remain unchanged, except for an occasional (indicated) *Umlaut*. Genitive singular adds **-s** (or **-es**).

1. -er

Amerikaner	Hunger (*no pl.*)	Ober
Ausländer	Italiener	Schalter
Charakter	Kaiser	Schmeichler
Engländer	Klassiker	Schneider
Einwohner	Kratzer	Sportler
Fahrer	Kritiker	Vater, ∺
Führer	Künstler	Walzer
Geigenbauer	Meister	

2. -el

Apfel,⸚	Hügel	Spiegel
Artikel	Mantel,⸚	Strudel
Enkel	Trubel	Wirbel
Himmel	Schnitzel	

3. -en

Bissen	Garten,⸚	Osten	
Boden,⸚	Kuchen	Westen	*no plural*
Bogen,⸚	Morgen	Norden	
Braten	Wagen	Süden	

B. Seasons, months, days of the week

1. Frühling, -e	2. Januar	3. Tag, -e
Sommer	Februar	Montag
Herbst, -e	März	Dienstag
Winter	April	Mittwoch
	Mai	Donnerstag
	Juni	Freitag
	Juli	Samstag *or* Sonnabend
	August	Sonntag
	September	
	Oktober	
	November	
	Dezember	

C. Nouns in **-ig, -ing, -ling, -eur, -ier** add **-e** to form the plural.

Pfennig	Pudding	Friseur
König	Neuling	Ingenieur
	Schilling	Juwelier

D. Short nouns, ending on a consonant, may be masculine or neuter.

The following nouns can be identified as masculine because they are derived from the stem of one of the principal parts of a verb, at times with *Ablaut,* i.e. change of vowel. In addition, such nouns, derived from verbs, reliably form the plural by adding *Umlaut* (if possible) and **-e.**

401

1. Masculine nouns derived from verb stems. Plural ⸚e (unless marked otherwise)

Aufstieg	Gang	Schirm
Biß	Gehsteig	Schlag
Blick	Hang	Schluß
Druck (*no pl.*)	Preis	Sinn
Fall	Ruf, -e	Unterschied
Fang	Satz	Zug
Fluß		

2. Other short masculine nouns. Plural ⸚ (unless marked otherwise)

Arzt	Mann, ⸚er	Schuh, -e
Berg	Mund, ⸚er	Stil
Brief	Ort, -e/⸚er	Stock
Dom, -e	Park, -e	Strauß
Freund	Pilz	Strom
Fuß	Platz	Teil
Gast	Punkt, -e	Tisch
Grund	Rand, ⸚er	Tod, -e (*rare*)
Hof	Rock	Traum
Hut	Saal (Säle)	Turm
Kampf	Senf (*no pl.*)	Wein
Krieg	Scheck, -s	Wind

E. Masculine nouns which end in **-en** in all cases but the nominative singular

Junge	Kabarettist	Grieche
Knabe	Komponist	Ire
Kollege	Polizist	Schwede
Zeuge	Tourist	Türke
Mensch	Passant	
Prinz		

F. Masculine nouns formed from adjectives

These have declensional adjective endings and can also be feminine, neuter or plural: **der Deutsche, ein Deutscher (die Deutsche, die Deutschen).**

der Angehörige	ein Angehöriger
der Angestellte	ein Angestellter
der Bekannte	ein Bekannter
der Deutsche	ein Deutscher

der Einzige	ein Einziger
der Verlobte	ein Verlobter
der Verwandte	ein Verwandter

NOTE: Nouns, too few in number to constitute a group, have been omitted from the above summaries, but are contained in the vocabulary.

II. *Neuter nouns:* **das**

A. Short neuter nouns, ending in a consonant

These cannot be distinguished from masculine nouns of the same appearance, except by memorization. As usual, the genitive singular adds **-s (-es)**; the plural is formed in one of the following two ways.

1. Most such nouns: ``̈er``   **2.** Many such nouns: **-e** (never *Umlaut!*)

Amt	Kleid	Bein	Gleis
Band	Land	Bier	Jahr
Dorf	Licht	Brot	Paar
Fach	Rad	Ding	Schiff
Geld	Schloß	Fest	Stück
Glas	Tuch	Fleisch	Wort (-e *or* ``̈er``)

B. Nouns ending in **-er** may be neuter. No change in the plural.

Abenteuer	Opfer	Wasser
Fenster	Pflaster	Wetter
Fieber	Theater	Zeitalter
Muster	Ufer	Zimmer

C. Nouns with **Ge-** prefix, *Umlaut,* and often **-e**, are usually neuter. Those that do not end in **-e** usually add **-e** to form the plural.

Gebäude	Gemälde	Gericht, -e	Geschenk, -e
Gefühl, -e	Gemüse	Geschäft, -e	Gesicht, **-er**

D. Many non-German nouns (usually cognates), denoting inanimate objects, are neuter. If they are still sensed as foreign, plural adds **-s.** If they have been well assimilated by the language, plural adds **-e.**

1. Plural in **-s**   **2.** Plural in **-e**

Auto	Kabarett	Instrument	Problem
Büro	Picknick	Kompliment	Programm
Café	Radio	Konsulat	Telegramm
Foto	Restaurant	Konzert	Symbol
Hotel	Taxi	Papier	

403

E. Neuter nouns in **-um** form the plural by changing **-um** to **-en.**

das Museum	das Präsidium	das Studium	das Zentrum
die Museen	die Präsidien	die Studien	die Zentren

REMINDER: Names of cities, countries, and languages are neuter.
Infinitives used as nouns are neuter.
Diminutives in **-chen** and **-lein** are neuter.

NOTE: A few unusual nouns are not shown here, but they do appear in the vocabulary.

III. *Feminine nouns:* **die**

Feminine nouns are the easiest to identify. Almost all form the plural in **-en.**

A. The most typical feminine noun mostly consists of two syllables and ends in **-e.** The plural is formed by the addition of **-n.**

Adresse	Geschichte	Miete	Sprache
Annahme	Gitarre	Minute	Statue
Atmosphäre	Grenze	Nähe	Stelle
Banane	Gurke	Nelke	Straße
Birne	Halle	Reise	Stube
Bitte	Haxe	Rolle	Stunde
Blondine	Hälfte	Rose	Suche
Blume	Hütte	Ruine	Suppe
Bluse	Idee	Tante	Szene
Brücke	Karte	Tomate	Traube
Brünette	Kirche	Tulpe	Weile
Dame	Klasse	Sache	Weite
Dusche	Kusine	Sage	Wiese
Farbe	Küche	Schublade	Woche
Ferne	Lage	Schule	Wolke
Geige	Messe	Sonne	

B. Nouns ending in **-ie** are feminine and also add **-n** to form the plural.

Biologie	Drogerie	Galerie	Industrie
Chemie	Familie	Geographie	

C. The following nouns are feminine (note endings) and add **-en** to form the plural.

1. -ung

Ahnung	Genehmigung	Quittung	Verabredung
Bedingung	Inszenierung	Rechnung	Verletzung
Besorgung	Kreuzung	Regung	Verspätung
Erfahrung	Ladung	Richtung	Wohnung
Erinnerung	Meinung	Stellung	Zeitung
Erkältung	Ordnung	Umgebung	Ziehung
Führung	Prüfung	Überraschung	

2. -ei

Bäckerei	Metzgerei	Schlägerei	Träumerei

3. -in

Disziplin	Medizin	Französin, (-nen)	Verkäuferin, (-nen)

4. -heit

Gelegenheit	Kindheit	Verlegenheit

5. -keit

Aufmerksamkeit	Gemütlichkeit	Möglichkeit	Sehenswürdigkeit

6. -schaft

Freundschaft	Landschaft	Wirtschaft	Wissenschaft

7. -ur

Architektur	Figur	Literatur	Reparatur

8. -ik

Fabrik	Musik	Republik
Mathematik	Physik	Technik

9. -ion

Attraktion	Konversation	Religion
Information	Pension	Tradition

10. -ität

Nationalität	Popularität	Quantität	Universität
Personalität	Qualität	Spezialität	

D. A few feminine nouns end in **-el** and **-er.** They add **-n** to form the plural.

Brezel	Insel	Kartoffel	Nudel
Feder	Oper		

E. Short nouns ending in -t arc often feminine and (mostly) form the plural by adding *Umlaut* and **-e** or by adding **-en.**

1. -st

Kunst, ⸚e	Lust, (⸚e)	Wurst, ⸚e	Post (*collective*)

2. -cht

Macht, ⸚e	Nacht, ⸚e	Sicht, (-en)	Schlacht, -en

3. -ft

Ankunft, ⸚e	Auskunft, ⸚e	Luft, ⸚e	Schrift, -en

4. -t (Plural mostly in **-en**)

Arbeit, -en	Fahrt, -en	Heirat, -en	Zeit, -en
Haut, ⸚e	Stadt, ⸚e	Not, ⸚e	

F. Other short feminine, non-typical nouns usually add **-en** to form the plural, occasionally ⸚e:

1. Plural in **-en**

Alm	Burg	Frau	Uhr
Bahn	Firma (Firmen)	Tour	Wahl

2. Plural in ⸚e

Gans	Kuh	Wand	Hand

100 ● Verbs

I. *Weak verbs used in this text*

A. Completely normal and regular weak verbs

bauen	dehnen	folgen
sich beeilen	dienen	fragen
beeindrucken	drehen	sich freuen (auf)
bemerken	ehren	fühlen
berechtigen (zu)	entdecken	führen
sich beschränken (auf)	entschuldigen	genügen
besichtigen	enttäuschen	sich gewöhnen (an)
besuchen	erklären	glauben
sich beteiligen (an)	sich erkundigen (nach)	herrschen
sich bewegen	ertönen	hoffen
borgen	erwischen	holen
brauchen	erzählen	hören
danken	fehlen	kaufen

kühlen	ruhen	verkehren
lachen	rühren	verwirklichen
leben	schauen	verwöhnen
legen	sich schämen	verzehren
lernen	schicken	warnen
lieben	schmecken	wehen
lohnen	schneien	wirken
machen	sich sorgen	wohnen
meinen	spielen	wünschen
packen	stimmen	zahlen
planen	stören	zählen
raufen	suchen	zeigen
reizen	teilen	

B. Weak verbs requiring a *connecting* -e-

arbeiten	sich eignen (für)	melden
bedeuten	sich entfalten (zu)	öffnen
beenden	entgegnen	rasten
begegnen	sich ereignen	rechnen
begleiten	sich erkälten	reden
beobachten	ermatten	regnen
bereiten	ermüden	richten
berichten	erwarten	übermüden
betrachten	gründen	übernachten
betten	heiraten	vernichten
bilden	kosten	sich verspäten
		warten

C. Weak verbs with stems ending in -z, -tz, -s, -ss, -ß (e.g. **du reist, er reist**)

ausnützen	lösen	setzen
bremsen	passen	tanzen
erhitzen	pflanzen	vermissen
grüßen	schnitzen	

D. Weak verbs ending in -eln (e.g. **ich handle**) and -ern

1. behandeln	prügeln	wechseln
sich handeln (um)	sich schlängeln (durch)	wimmeln (von)
2. bewundern	sich erinnern (an)	schlendern
bezaubern	plaudern	versichern

E. Non-German verbs ending in -ieren (no ge- in past participle)

sich amüsieren	sich interessieren (für)	profitieren
existieren	modernisieren	registrieren
exportieren	passieren	reparieren
inspirieren	probieren	studieren

II. *Principal parts of irregular verbs and modal auxiliary verbs*

A. Irregular verbs

INFINITIVE	PRES. INDIC. (er)	PAST (ich/er)	PAST PARTICIPLE
1. brennen	brennt	brannte	gebrannt
kennen	kennt	kannte	gekannt
nennen	nennt	nannte	genannt
rennen	rennt	rannte	ist gerannt
2. senden	sendet	sandte	gesandt
		sendete	gesendet
wenden	wendet	wandte	gewandt
		wendete	gewendet
3. bringen	bringt	brachte	gebracht
denken	denkt	dachte	gedacht
4. wissen	weiß	wußte	gewußt

B. Modals (ich/er)

1. müssen	muß	mußte	gemußt/müssen*
2. mögen	mag	mochte	gemocht/mögen*
3. dürfen	darf	durfte	gedurft/dürfen*
4. können	kann	konnte	gekonnt/können*
5. sollen	soll	sollte	gesollt/sollen*
6. wollen	will	wollte	gewollt/wollen*

III. *The auxiliaries* **sein, werden,** *and* **haben**

A. Principal parts:

1. sein	**2.** werden	**3.** haben
war	wurde	hatte
ist gewesen	ist geworden	hat gehabt

---

* With dependent infinitive the past participle of modals is replaced by their infinitive in perfect tenses: *double infinitive construction.*

B. Conjugation: PRESENT INDICATIVE AND SUBJUNCTIVE

ich:	bin / sei	werde / werde	habe / habe
du:	bist / seiest	wirst / werdest	hast / habest
er, sie, es:	ist / sei	wird / werde	hat / habe
wir:	sind / seien	werden / werden	haben / haben
ihr:	seid / seiet	werdet / werdet	habt / habet
sie, Sie:	sind / seien	werden / werden	haben / haben

C. Conjugation: PAST INDICATIVE AND SUBJUNCTIVE

ich:	war / wäre	wurde / würde	hatte / hätte
du:	warst / wärest	wurdest / würdest	hattest / hättest
er, sie, es:	war / wäre	wurde / würde	hatte / hätte
wir:	waren / wären	wurden / würden	hatten / hätten
ihr:	wart / wäret	wurdet / würdet	hattet / hättet
sie, Sie:	waren / wären	wurden / würden	hatten / hätten

IV. *Principal parts of strong verbs*

The following verbs are presented in *Ablaut* groups with all possible similarities brought together for easy review, or learning in rhyming patterns, e.g. **ringen, dringen, springen.** Compound verbs are generally omitted. Some verbs are included that are not used in the text. Some archaic and very infrequently used verbs are omitted. Groups A-E have no vowel change in the present tense and are shown in three principal parts. Groups F-I are shown with a fourth principal part (**er,** present indicative) to illustrate the vowel change. The verbs are numbered successively to enable their being used as reference for the alphabetical listing in V.

A. Unusual verbs

1. kommen	kam	ist gekommen	to come
2. gehen	ging	ist gegangen	to go, walk
3. stehen	stand	(ist) gestanden	to stand
4. tun	tat	getan	to do

B. Mostly **i-a-u**

5. singen	sang	gesungen	to sing
6. klingen	klang	geklungen	to sound
7. gelingen	gelang	ist gelungen	to turn out well (succeed)
8. ringen	rang	gerungen	to struggle, wrestle
9. dringen	drang	ist gedrungen	to penetrate
10. springen	sprang	ist gesprungen	to jump
11. schwingen	schwang	geschwungen	to swing
12. zwingen	zwang	gezwungen	to force, coerce

409

13. sinken	sank	ist gesunken	to sink
14. stinken	stank	gestunken	to smell, stink
15. trinken	trank	getrunken	to drink
16. binden	band	gebunden	to bind, tie
17. finden	fand	gefunden	to find
18. winden	wand	gewunden	to wind
19. verschwinden	verschwand	ist verschwunden	to disappear
20. spinnen	spann	gesponnen	to spin
21. rinnen	rann	ist geronnen	to run, flow
22. sinnen	sann	gesonnen	to meditate
23. beginnen	begann	begonnen	to begin
24. gewinnen	gewann	gewonnen	to win
25. schwimmen	schwamm	ist geschwommen	to swim

C. Mostly ie - o - o

26. glimmen	glomm	geglommen	to glimmer, glow
27. klimmen	klomm	ist geklommen	to climb, scale
28. gießen	goß	gegossen	to pour
29. schießen	schoß	geschossen	to shoot
30. sprießen	sproß	ist gesprossen	to sprout
31. fließen	floß	ist geflossen	to flow
32. schließen	schloß	geschlossen	to close
33. genießen	genoß	genossen	to enjoy
34. verdrießen	verdroß	verdrossen	to vex, grieve
35. schieben	schob	geschoben	to push, shove
36. heben	hob	gehoben	to lift
37. weben	wob	gewoben	to weave
38. gären	gor	gegoren	to ferment
39. schwören	schwor/schwur	geschworen	to swear
40. frieren	fror	gefroren	to freeze, be cold
41. verlieren	verlor	verloren	to lose
42. riechen	roch	gerochen	to smell
43. kriechen	kroch	ist gekrochen	to creep, crawl
44. fliehen	floh	ist geflohen	to flee
45. ziehen	zog	ist gezogen	to move (to)
ziehen	zog	hat gezogen	to pull
46. fliegen	flog	ist geflogen	to fly
47. lügen	log	gelogen	to lie (tell a lie)
48. betrügen	betrog	betrogen	to betray, cheat
49. wiegen	wog	gewogen	to weigh
50. biegen	bog	gebogen	to bend
51. bieten	bot	geboten	to offer

D. ei - i - i

52.	greifen	griff		gegriffen	to grasp, take hold of
53.	kneifen	kniff		gekniffen	to pinch
54.	pfeifen	pfiff		gepfiffen	to whistle
55.	schleifen	schliff		geschliffen	to grind, whet
56.	gleiten	glitt	ist	geglitten	to glide
57.	reiten	ritt	ist	geritten	to ride (astride)
58.	schreiten	schritt	ist	geschritten	to step, pace
59.	streiten	stritt		gestritten	to quarrel
60.	leiden	litt		gelitten	to suffer
61.	schneiden	schnitt		geschnitten	to cut
62.	beißen	biß		gebissen	to bite
63.	reißen	riß		gerissen	to tear
64.	schmeißen	schmiß		geschmissen	to throw
65.	vergleichen	verglich		verglichen	to compare
66.	schleichen	schlich	ist	geschlichen	to sneak, creep
67.	weichen	wich	ist	gewichen	to yield
68.	streichen	strich		gestrichen	to stroke

E. ei - ie - ie

69.	bleiben	blieb	ist	geblieben	to remain
70.	reiben	rieb		gerieben	to rub
71.	treiben	trieb		getrieben	to drive, propel
72.	schreiben	schrieb		geschrieben	to write
73.	leihen	lieh		geliehen	to lend
74.	gedeihen	gedieh	ist	gediehen	to thrive, prosper
75.	verzeihen	verzieh		verziehen	to forgive
76.	speien	spie		gespieen	to spit
77.	schreien	schrie		geschrieen	to shout, yell
78.	steigen	stieg	ist	gestiegen	to climb, rise
79.	schweigen	schwieg		geschwiegen	to remain, silent
80.	weisen	wies		gewiesen	to point, indicate
81.	preisen	pries		gepriesen	to praise
82.	scheinen	schien		geschienen	to seem, appear, shine
83.	vermeiden	vermied		vermieden	to avoid
84.	scheiden	schied		geschieden	to separate, divorce
			ist	geschieden	to part

411

F. a (ä) - ie - a

85. schlafen	schläft	schlief	geschlafen	to sleep
86. halten	hält	hielt	gehalten	to hold
87. braten	brät	briet	gebraten	to fry, roast
88. raten	rät	riet	geraten	to guess, advise
89. laufen	läuft	lief	ist gelaufen	to run
90. stoßen	stößt	stieß	gestoßen	to push, shove, knock
91. heißen	(heißt)	hieß	geheißen	to be named
92. lassen	läßt	ließ	gelassen	to let, leave
93. blasen	bläst	blies	geblasen	to blow
94. fallen	fällt	fiel	ist gefallen	to fall
95. fangen	fängt	fing	gefangen	to catch
96. hängen	(hängt)	hing	gehangen	to hang (intr.)
97. rufen	(ruft)	rief	gerufen	to call

G. a (ä) - u - a

98. fahren	fährt	fuhr	ist gefahren	to drive, ride
99. graben	gräbt	grub	gegraben	to dig
100. tragen	trägt	trug	getragen	to carry, wear
101. schlagen	schlägt	schlug	geschlagen	to beat, hit
102. waschen	wäscht	wusch	gewaschen	to wash
103. wachsen	wächst	wuchs	ist gewachsen	to grow
104. einladen	lädt ein	lud ein	eingeladen	to invite
105. erschaffen	(erschafft)	erschuf	erschaffen	to create

H. Mostly e (i) - a - e

106. sehen	sieht	sah	gesehen	to see
107. geschehen	geschieht	geschah	ist geschehen	to happen
108. lesen	liest	las	gelesen	to read
109. genesen	geniest	genas	ist genesen	to convalesce
110. essen	ißt	aß	gegessen	to eat
111. fressen	frißt	fraß	gefressen	to eat (of animals)
112. messen	mißt	maß	gemessen	to measure
113. vergessen	vergißt	vergaß	vergessen	to forget
114. geben	gibt	gab	gegeben	to give
115. treten	tritt	trat	(ist) getreten	to step, kick
116. bitten	(bittet)	bat	gebeten	to ask, request, beg
117. sitzen	(sitzt)	saß	(ist) gesessen	to sit (intr.)
118. liegen	(liegt)	lag	(ist) gelegen	to lie, be situated

I. Mostly e (i) - a - o

119.	brechen	bricht	brach	(ist) gebrochen	to break
120.	stechen	sticht	stach	gestochen	to sting, stab
121.	sprechen	spricht	sprach	gesprochen	to speak
122.	sterben	stirbt	starb	ist gestorben	to die
123.	verderben	verdirbt	verdarb	(ist) verdorben	to spoil
124.	helfen	hilft	half	geholfen	to help
125.	werfen	wirft	warf	geworfen	to throw
126.	treffen	trifft	traf	getroffen	to meet, hit
127.	erschrecken	erschrickt	erschrak	ist erschrocken	to be startled
128.	nehmen	nimmt	nahm	genommen	to take
129.	verbergen	verbirgt	verbarg	verborgen	to hide
130.	bersten	birst	barst	ist geborsten	to burst
131.	gelten	gilt	galt	gegolten	to be worth, valid
132.	schelten	schilt	schalt	gescholten	to scold
133.	stehlen	stiehlt	stahl	gestohlen	to steal
134.	empfehlen	empfiehlt	empfahl	empfohlen	to recommend
135.	gebären	sie gebiert	gebar	geboren	to give birth to

V. *Alphabetical list of strong verbs used in this text* (*including compounds*)

The number after each verb refers to the preceding list of principal parts.

ab-fahren 98	betragen 100	erleiden 70
ab-halten 86	bevorstehen 3	erraten 88
an-fangen 95	bieten 51	ertrinken 15
an-halten 86	binden 16	essen 110
an-kommen 1	bitten 116	fahren 98
an-nehmen 128	bleiben 69	fallen 94
an-rufen 97	brechen 119	finden 17
an-sehen 106	da-stehen 3	fließen 31
auf-fallen 94	ein-biegen 50	gebären 135
aus-lassen 92	ein-laden 104	geben 114
aus-sehen 106	ein-steigen 78	gedeihen 74
aus-steigen 78	ein-ziehen 45	gefallen 94
sich befinden 17	empfangen 95	gehen 2
beginnen 23	empfehlen 134	genießen 33
behalten 86	entgehen 2	geschehen 107
beißen 62	entlang-gehen 2	gewinnen 24
bekommen 1	sich entscheiden 84	halten 86
beschließen 32	erfahren 98	heißen 91
besitzen 117	erhalten 86	helfen 124
bestehen 3	erklimmen 26	hinauf-kommen 1

hinein-gehen 2
klingen 6
kommen 1
lassen 92
laufen 89
lesen 108
liegen 118
mit-nehmen 128
nehmen 128
sich nieder-lassen 92
rufen 97
scheinen 82
sehen 106
singen 5
sitzen 117
ski-fahren 98
spazieren-gehen 2
sprechen 121
statt-finden 17
stehen 3

stehen-bleiben 69
steigen 78
sterben 122
tragen 100
treiben 71
trinken 15
tun 4
um-steigen 78
unterbrechen 119
sich unterhalten 86
verbinden 16
sich verfahren 98
vergehen 2
vergessen 113
verlassen 92
verloren-gehen 2
versprechen 121
verstehen 3
vorbei-fahren 98
vorbei-kommen 1

sich vor-kommen 1
vor-schlagen 101
wieder-sehen 106
zurück-gehen 2
zusammen-brechen 119
zusammen-hängen 96
zusammen-kommen 1
zusammen-stoßen 90
sich zusammen-ziehen 45

❧ Appendix

✎ German Spelling and Pronunciation

I. *Punctuation*

A. Comma

1. A comma is used before **und** or **oder,** connecting coordinate clauses, if the two clauses have different subjects:
Ich gehe nach Hause, und **er** geht zur Schule.

2. Commas are used to set off subordinate clauses, relative clauses, and infinitive phrases with **zu, um . . . zu, anstatt . . . zu, ohne . . . zu** (unless the latter contain no modifiers or objects):
Der Mann, **der neben mir steht,** ist mir nicht bekannt.

3. A comma separates expressions of the same order, precedes (and follows) an apposition and separates items of an enumeration, except for the last two items:
Frau Feldmann hat einen **kleinen, schönen** Garten.
Ludwig II., **der exzentrische König,** ertrank im See.
Helga kaufte sich **eine Bluse, einen Rock, einen Hut und einen Regenmantel.**

4. A comma (or exclamation point with special emphasis) follows expletives, such as **ja, nein, nun, oh, ach, also, doch:**
Ach, da sind Sie ja.

5. Direct and indirect quotations at the beginning of a sentence are followed by a comma:
„**Ich weiß",** sagte er.   **Er wisse es,** sagte er.

6. In letters, a comma follows the day of the week and the salutation:
Mittwoch, den 1. Mai 1968   **Liebe Eltern,**

7. A comma is used in place of a decimal point:
8,1   99,9%   1,01   (Read: **acht Komma eins,** etc.)

B. Exclamation point

1. An exclamation point follows very emphatic commands and expressions:
Kommen Sie doch schon!   **Wenn ich nur reich wäre!**

2. It may also replace the comma after salutations in a letter:
Sehr geehrter Herr Brown!

C. Colon

1. A colon precedes a direct quotation and enumerations:
Ich sagte: „Ich will das nicht".
Die Woche hat sieben Tage: **Montag, Dienstag** . . .

2. A colon may follow a sentence which leads up to something:
Die Reaktion der Leute war typisch: sie lachten.

D. Quotation marks

1. Quotation marks (on the bottom) precede and follow (on top) direct speech:
„Ich weiß nicht", sagte sie.

2. Quotation marks enclose titles of works and special names:
Schillers „Taucher"   der „Orient-Expreß"

II. *Capitalization*

A. The following must be capitalized:

1. All nouns.

2. The formal address **Sie** and all its declensional forms, as well as the possessive adjective **Ihr-** *your.*

3. All pronouns and possessive adjectives which refer to the recipient, in letters: **Du, Dein,** . . .

4. The names of languages.

5. Adjectives derived from names of cities: **das Münchener Bier.**

B. The following must not be capitalized:

1. The pronoun **ich** (except as first word in a sentence).

2. The reflexive pronoun **sich**, even when it refers to **Sie.**

3. Adjectives of nationality: **der amerikanische Tourist.**

III. *Syllabication*

A. Single consonants or sounds

1. A single consonant between two vowels goes to the vowel (syllable) that follows: **e-li-mi-nie-ren.**

2. If two or three consonants, such as **ph, th, ch, sch, ß** represent only one sound, they also go to the vowel that follows: **la-chen, Fi-sche, Stra-ße.**

B. Double consonants and consonant clusters

1. Except as in A.2. above, double consonants and consonant clusters give up the last consonant of such a cluster to the following syllable: **bit-te, dan-ke, Ach-tung, Städ-te.**

2. When dividing **ck**, **c** changes to **k**: Bäcker: **Bäk-ker.**

C. Compounds

1. Compounds are split into their components: **un-an-ge-nehm, Vor-aus-set-zung, Atmo-sphäre.**

2. In dividing compounds, consonants that were dropped in compounding are restored: **Schiffahrt: Schiff-fahrt.**

IV. *Stress*

A. Word stress

1. Usually the first syllable is stressed: **le′ben, ant′worten, Eng′land.**

2. Inseparable prefixes are not stressed: **erle′ben, beant′worten.**

3. The second of two compounded prefixes is stressed: **herein′kommen, Voraus′setzung, Überan′strengung.**

4. Words of foreign origin are usually stressed on a later syllable than in English, often on the last syllable: **Pilot′, Symphonie′, Fami′lie, Ventila′tor, produzie′ren**

B. Sentence stress

1. Usually, the words stressed in an English sentence will also be stressed in the equivalent German sentence.

   Viele **amerikanische** und **französische Touristen** besuchen München.
   Many *American* and *French tourists* visit Munich.

2. The rise and fall of intonation also follows similar patterns, aside from differences in word stress:
   Ist er alt?   **Is he old?**

3. In general, the articulation of most Germans is more vigorous than that of English-speaking people.

C. The glottal stop

The glottal stop is a breathing stop used in German before initial stressed vowels: **Er/antwortet/ihr/immer/ungenau. Sie kommen/eben/an.**

418

V. *Pronunciation*

A. Vowels

SOUND (IPA)	POSSIBLE SPELLING	GERMAN EXAMPLES	APPROXIMATE ENGLISH EQUIVALENTS AND NOTES
/a/	a	Mann Hammer das	*artist, nun*
/a:/	a	war Gas	*father*
	aa	Paar Staat	
	ah	Bahn Fahne	
/o/	o	Form Sonne	*forty*
/o:/	o	oben Ofen	*load* (without the off-glide)
	oo	Boot Moos	
	oh	Sohn Bohnen	
/u/	u	dumm Wurm	*put*
/u:/	uh	Schuh Ruhe	*shoe*
/i/	i	in Firma	*in*
/i:/	i	mir Berlin′	*lee*
	ih	ihn ihr	
	ie	Liebe Sie	
	ieh	sieht fliehen	
/e/	e	endlich warten	*bet*
	ä	Härte Männer	

419

/e:/	e	den	*day* (*as in Scots*)
		wen	
	ee	Seele	
		Meer	
	eh	mehr	
		sehr	
	ä	Bär	
	äh	ähnlich	
/ö/	ö	Köln	(*no equivalent*)
		öffnen	
/ö:/	ö	schön	
		böse	
	öh	Böhmen	
		Föhn	
	oe	Goethe	
/y/	ü	hübsch	(*like French "rue"*)
		fünf	
	y	Ypsilon	
/y:/	ü	über	
		Brüder	
	üh	kühl	
		Bühne	
	y	Asyl′	
/au/	au	Haus	*house*
		rauchen	
/oi/	eu	heute	*toy*
		scheu	
	äu	Häute	
		läuten	
/ai/	ei	mein	*I* (*pronoun*)
		Eiweiß	
	ai	Mai	
		Kaiser	
	ay	Bayern	
	ey	Meyer	

B. Consonants

1. The pronunciation of the following consonants corresponds to English:

/f/	f	fein	*fine*
	ph	Prophet	*prophet*
/h/	h (*initially*)	Hut	*hat*
		halb	*half*

/k/	k	Klasse	*class*
		Park	*park*
/m/	m	Mutter	*mother*
/n/	n	nun	*now*
/p/	p	Papier	*paper*
		Apfel	*apple*
/l/	l	leicht	*light (always like initial English l)*
		kalt	*cold*
/t/	t	warten	*wait*
/ks/	x	Axt	*ax*

2. The pronunciation of the following three consonants corresponds to English, except when they occur in final position:

/b/	b	brechen	*break*
		rauben	*rob*
/p/	b (*final*)	Klub	*p*
		Staub	*p*
/d/	d	Donau	*Danube*
		Hände	*hands*
/t/	d (*final*)	Bad	*t*
		bald	*t*
/g/	g	gut	*good*
		grün	*green*
/iç/	ig (*ending*)	wenig	*(no equivalent)*
		König	

3. The sounds of the following consonants exist in English, but are represented by different letters:

/j/	j	Ja	*yes*
		jung	*young*
/f/	v	Vater	*father*
		von	*from*
/v/	w	was	*v*
		warum	*v*
	v (in a few foreign words)	Verb	*verb*
		relativ	*relative*
/kv/	qu	Quelle	*kv*
		quer	

4. The remaining consonants, **c, z, s, r** must be studied carefully:

/x/	ch (*after* **a, o,** **u, au**)	Bach auch kochen	(*velar fricative, no equivalent, as in Scots "Loch"*)
/ç/	ch (*after other sounds*)	Licht brechen Durchsicht	(*palatal fricative, no equivalent*)
/ks/	chs	sechs Wachs	*six* *wax*
/k/	ck (= kk) c (*before* **a, o, u**)	Bäcker Café Courage	*baker* *café* *courage*
/ts/	c (*before* **e, i, ä, ö**) z tz	Cäcilie zu zwei reizend Katze Witz plötzlich	*ts*
/s/	s (*medially and final* = *English*) ss ß	Haus Hast rösten Wasser Straße	*house* *haste* *roast* *s*
/z/	s (*initially*)	Rose so besinnen	*rose*
/ʃ/	sch sp (*initially*) st (*initially*)	waschen Schuh Spion Sport besprechen Stück Start besteigen	*wash* *shoe* *sh*
/r/	r	Reiter Ruhr harren Herr berühren Wirrwarr	(*no equivalent*)

NOTE: Two variants of the **r** predominate in German. The *uvular r,* which is often rolled to resemble a slight gargle, is probably the most common one used at the present time, mainly in the West and Southwest. The *trilled r,* as in Scots, Spanish, or Russian is mainly used in the East and South. It might be a little easier to acquire than the *uvular r.*

VI. *Fraktur type*

Since World War II most German publications have been using Roman type. However, in order to use older publications (i.e. many if not most library books) effectively, the student must develop a familiarity with German or *Fraktur* type. Learn to distinguish between capital **B** and **V,** small **k** and **t, f** and "*long* **s,**" and small **r** and **x.** Note that there is no difference between capital **I** and **J.**

Das Alphabet

A a	J i	S ſ s
B b	K k	T t
C c	L l	U u
D d	M m	V v
E e	N n	W w
F f	O o	X x
G g	P p	Y y
H h	Q q	Z z
I i	R r	

423

❧ Common Units of Measurement

GERMAN	ABBREVIATION	ENGLISH	
der Zentimeter	1 cm	.3937	of an inch (less than half an inch)
(10 Millimeter	10 mm)		
der Meter	1 m	39.37	inches (about 1 yard and 3 inches)
der Kilometer	1 km	.6213	of a mile (about ⅝ of a mile)
(1000 Meter)			
das Gramm	1 g	.03527	of an ounce
	100 g	3.52	ounces (a little less than ¼ of a pound)
das Pfund	1 ℔ *or* Pfd.	17.63	ounces (about 1.1 pounds)
(500 Gramm)			
das Kilo(gramm)	1 kg	35.27	ounces (about 2.2 pounds)
(1000 Gramm)			
das Liter	1 l	1.0567	quarts (a fraction over a quart, liquid)

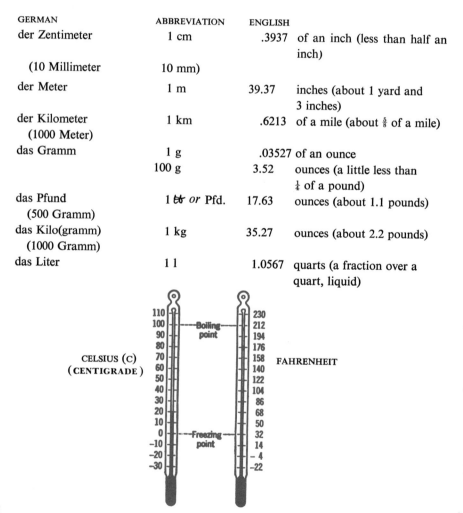

CELSIUS (C)
(CENTIGRADE)

FAHRENHEIT

❧ German-English Vocabulary

The German-English vocabulary is based on the conversational units in the text. Wherever applicable, the plural is shown with each noun. Masculine and neuter nouns must add **-s** or **-es** in the genitive singular. The genitive singular ending is only shown with nouns that deviate from this rule. Strong verbs are followed by a reference number to Paragraph 100, IV (Principal parts). Irregular verbs are listed with three or four principal parts. All other verbs are regular weak verbs. Separable prefixes are connected to the verb stem by a hyphen.

A

ab   off, away; down
ab und zu   off and on
der Abend, -e   evening
das Abendessen, -   dinner
das Abenteuer, -   adventure
abenteuerlich   adventurous
aber   but
ab-fahren (98)   to depart, leave
abgemacht   agreed; "it's a deal"
abgerundet   rounded off
ab-halten (86)   to hold, stage
abhängig von   dependent on
ab-holen   to pick up, fetch, come to get
das Abitur,   final examination (high
   school)
ab-kühlen   to cool off
die Abschlußprüfung, -en   final exam
die Adresse, -n   address
die Ahnung, -en   idea, thought
ähnlich   similar
alle   all, everyone
alles   everything
allein   alone, by oneself
allerdings   to be sure
die Alm, -en   mountain pasture
die Alpen (pl.)   the Alps
als   than; as; when
also   so, therefore, thus, then
als ob   as if
als wenn   as if
alt   old
der Amerikaner, -   American
amerikanisch   American
sich amüsieren   to have a good time
an   at, on, by, to, near
der Anblick, -e   sight
ander-   other, different
andererseits   on the other hand
der Anfang, -e   beginning
an-fangen (95)   to begin
die Angehörigen (pl.)   relatives
angenehm   pleasant
der Angestellte, -n, -n   employee

an-halten (86)   to stop
an-hören   to listen (to); das hört
   sich gut an   that sounds good
an-kommen (1)   to arrive
die Ankunft, -e   arrival
die Annahme, -n   acceptance, assumption
an-nehmen (128)   to accept, assume
an-probieren   to try on
an-rufen (97)   to call by phone
an-schauen   to look at
der Anschluß, -sses, -sse   connection
an-sehen (106)   to look at
anstatt   instead of
anstrengend   strenuous
der Anzug, -e   suit of clothes
der Apfel, -   apple
der April   April
die Arbeit, -en   work
arbeiten   to work
die Architektur   architecture
der Artikel, -   article
der Arzt, -e   physician
die Atmosphäre   atmosphere
die Attraktion, -en   attraction
auch   also, too
auch wenn   even if
auf   on, onto, on top of, upon, up
die Aufenthaltsgenehmigung, -en   permit
   to stay, residence permit
auf-fallen (94)   to be noticeable
auf-führen   to perform
die Aufführung, -en   performance
die Aufgabe, -n   assignment
die Aufmerksamkeit, -en   attention
auf-passen auf   watch, keep an eye on
die Aufregung, -en   excitement
auf-setzen   to put on
der Aufstieg, -e   ascent
das Auge, -n   eye
der Augenblick, -e   moment
der Augenzeuge, -n, -n   eye witness
der August   August
aus   out, out of, from, of
(sich) aus-borgen   to borrow
aus-dehnen   to expand
ausgezeichnet   excellent
der Ausländer, -   foreigner

sich **aus-kennen, kannte aus, ausgekannt**
to be well-versed, know one's way

die **Auskunft** information

der **Auskunftschalter, -** information window

das **Ausland** foreign country, foreign countries; abroad

aus-lassen (92) omit, leave out; let out

aus-machen to matter; put out (light)

aus-nützen to take advantage of

aus-ruhen to rest

die **Aussage, -n** statement

aus-sehen (106) to look, appear

die **Aussicht, -en** view

aus-steigen (78) to get off, get out of

die **Ausstellung, -en** exhibition

ausverkauft sold out

die **Auswahl** selection

der **Ausweis, -e** identity card

außer beside, except, outside of

außerdem besides

das **Auto, -s** car, automobile

die **Autobahn, -en** highway, freeway

B

die **Bäckerei, -en** bakery

das **Badezimmer, -** bathroom

der **Bahnhof, ⸚e** railway station

bald soon

der **Balkon, -s/-e** balcony, terrace

die **Banane, -n** banana

das **Band, ⸚er** ribbon, band

das **Bauchweh** stomachache

bauen to build

der **Baum, ⸚e** tree

der **Baustil, -e** style of architecture

das **Bayern** Bavaria

bayrisch Bavarian

der **Beamte, -n, -n** official

beantworten to answer

bedeuten to mean, signify

die **Bedingung, -en** condition

sich **beeilen** to hurry

beeindrucken to impress

beenden to finish

sich **befinden** (17) to be, be located

begegnen to encounter

begeistert enthused, overcome

beginnen (23) to begin

begleiten to accompany

begrüßen to greet, welcome

behalten (86) to keep

behandeln to treat

bei at, with, close by, at the home of, in the case of

beide both, two

beige beige

das **Bein, -e** leg

das **Beispiel, -e** example; **zum Beispiel** for example

beißen (62) to bite

bei-stimmen to agree, concur

bekannt well-known

der **Bekannte, -n, -n** acquaintance

bekommen (1) to get, receive

beliebt well-liked, popular

bemalen to paint

bemerken to notice, remark

beobachten to observe, watch closely

bequem comfortable

berechtigen zu to entitle to

bereiten to prepare; **eine Freude bereiten** to surprise pleasantly

der **Berg, -e** mountain

die **Berghütte, -n** mountain lodge

berichten to report

der **Beruf, -e** profession

berühmt famous

beschließen (32) to resolve, decide

sich **beschränken auf** to limit oneself to

besichtigen to inspect, go to see

besitzen (117) to possess, own

besonder- particular, special

besonders especially

die **Besorgung, -en** errand

best- best

bestehen (3) to exist; **bestehen aus** to consist of

bestellen to order

bestimmt certain(ly)

der **Besuch, -e** visit

besuchen to visit
sich **beteiligen an** to take part in
betrachten to regard
betragen (100) to amount to
betten to bed
bevor before (*Conj.*)
bevor-stehen to be faced with; to be imminent
bevorstehend imminent, impending
(sich) **bewegen** to move
bewundern to admire
bewußt conscious, aware
bezaubern to enchant
das **Bier, -e** beer
die **Bierhalle, -n** beer hall
bieten (51) to offer
bilden to form
die **bildenden Künste** (*pl.*) fine arts
billig cheap
binden (16) to bind, tie
die **Biologie** biology
die **Birne, -n** pear
bis until, as far as, to, up to
das **Bißchen** little; **ein bißchen** a little
bitte please; you are welcome
die **Bitte, -n** request
bitten (116) request, beg, plead
blau blue
bleiben (69) to remain
blond blond
die **Blondine, -n** blonde
die **Blume, -n** flower
der **Blumenstrauß, ⸚e** bouquet of flowers
die **Bluse, -n** blouse
der **Boden, (⸚)** floor; ground, earth, soil
der **Bogen, ⸚** arch
(sich) **borgen** to borrow
brauchen to need
die **Braut, ⸚e** bride
braun brown
brechen (119) to break
bremsen to brake
brennen, brannte, gebrannt to burn
die **Brezel, -n** pretzel
der **Brief, -e** letter
das **Briefpapier** stationery
bringen, brachte, gebracht to bring

das **Brot, -e** bread; loaf of bread
die **Brücke, -n** bridge
der **Bruder, ⸚** brother
die **Brünette, -n** brunette
das **Buch, ⸚er** book
die **Burg, -en** castle
der **Bürgermeister, -** mayor
die **Burgruine, -n** ruins of a castle
das **Büro, -s** office
der **Bus, -sses, -sse** bus

C

das **Café, -s** café
der **Charakter, -** character
charmant charming
die **Chemie** chemistry
chemisch chemical
die **Christmette, -n** midnight mass

D

da since, there, then
das **Datum, die Daten** date
die **Dame, -n** lady
damit so that, in order that; with it
danach afterwards
danken to thank; **danke** thank you
dann then
darum therefore; for it, around it
da-stehen (3) to be standing (there)
daß that
denken, dachte, gedacht to think
denn for, because
derselbe the same (one)
deshalb therefore, that's why
deutsch German
das **Deutsch** the German language
der **Deutsche, -n, -n** (a) German
das **Deutschland** Germany
deutschsprachig German-speaking
der **Dezember** December
der **Dialekt, -e** dialect
dick thick, fat
dicht tight, thick, dense

dienen to serve
der **Dienstag, -e** Tuesday
dies this
das **Ding, -e** thing
der **Direktor, -en** director
der **Dirigent, -en, -en** conductor (music)
die **Disziplin, -en** discipline, category
der **Dompteur, -e** wild animal trainer
der **Donnerstag, -e** Thursday
der **Doppelfluß, -sses, ̈-sse** double river, dual flow
das **Dorf, ̈-er** village
dort there
draußen outside
drehen to turn
die **Drogerie, -n** drugstore, pharmacy
drüben over there, on the other side
dumm dumb, stupid
dunkel, dunkl- dark
durch through, by means of
durchnäßt soaked
durchsuchen to search thoroughly
dürfen, durfte, gedurft; er darf to be permitted to
der **Durst** thirst
die **Dusche, -n** shower
das **Dutzend** dozen

E

eben even; just; well; you can say . . .
ehe before (*Conj.*)
ehemalig former
ehren to honor
das **Ehrenwort, (-e)** word of honor
eifersüchtig jealous
eifrig industrious, busy
eigen- own
eigentlich actually
sich **eignen für** to be suited for
ein a, an, one
einander one another, each other
ein-biegen (50) to turn (into a place)
der **Eindruck, ̈-e** impression
einerseits on one hand
einfach simple

der **Einfluß, -sses, ̈-sse** influence
einige a few, some, several
das **Einkaufen** shopping
ein-laden (104) to invite
die **Einladung, -en** invitation
ein-lösen to cash
ein-packen to wrap
sich **ein-richten** to install oneself
die **Einrichtung, (-en)** furnishings
ein-setzen to insert
ein-steigen (78) to get in, climb into
einverstanden agreed, it's a deal
der **Einwohner, -** inhabitant
ein-ziehen (45) to move in
einzig only, sole
das **Einzige** the only thing
elegant elegant
elektrisch electrical
die **Elektrotechnik** electronics
elektrotechnisch electronic
die **Eltern** (*pl.*) parents
empfangen (95) to receive
empfehlen (134) to recommend
das **Ende, -n** end
endlich finally, at last
der **Engländer, -** Englishman
der **Enkel, -** grandchild
entdecken to discover
sich **entfalten zu** to develop into
entfernt distant
entgegnen to reply
entgehen (2) to elude, slip by, get away
entlang-gehen (2) to walk along
sich **entscheiden (für) (84)** to decide (on)
entschuldigen to excuse
enttäuschen to disappoint
entweder . . . oder either . . . or
sich **ereignen** to happen, occur
das **Ereignis, -sses, -sse** event
erfahren (98) to experience, find out
die **Erfahrung, -en** experience
erhalten (86) to get, receive
sich **erinnern an** to remember
die **Erinnerung, -en** memory
erhitzen to heat (up)
sich **erkälten** to catch a cold
die **Erkältung, -en** cold

429

erklären   to explain
erklimmen (26)   to climb to the top
sich erkundigen nach   to inquire about
erleben   to experience
erleichtert   relieved
erleiden (60)   to suffer, sustain
ermatten   to tire, get weak
ermüden   to get tired
ernst   serious
ernstlich   serious(ly)
erraten (88)   to guess, figure out
erreichbar   attainable, reachable
ersetzen   replace
erst   first, at first; only; not until
ertönen   to sound, resound
ertrinken (15)   to drown
erwarten   to expect
erwischen   to catch (hold of)
erzählen   to tell, recount
essen (110)   to eat
etwas   something; somewhat
evangelisch   Protestant
existieren   to exist
extrem   extreme
exzentrisch   eccentric

F

die Fabrik, -en   factory
das Fach, ⸚er   subject; shelf
fahren (98)   to ride, drive, travel, go
der Fahrer, -   driver
die Fahrkarte, -n   ticket
der Fahrkartenschalter, -   ticket window
das Fahrrad, ⸚er   bicycle
die Fahrt, -en   trip, ride, drive
der Fall, ⸚e   fall; case
fallen (94)   to fall
falsch   false, incorrect
die Familie, -n   family
die Farbe, -n   color; paint
fast   almost
faul   lazy
der Februar   February
die Feder, -n   spring; pen
fehlen   to be absent, missing

feierlich   solemn, festive
die Felswand, ⸚e   side of a mountain
das Fenster, -   window
die Ferien (pl.)   vacation
die Ferne   distance; far-away countries
das Fernsehprogramm, -e   television
    program
fertig   ready; finished
das Fest, -e   festival, holiday
das Fieber, (-)   fever
die Figur, -en   figure; figurine
der Film, -e   film
finden (17)   to find
die Firma, die Firmen   firm, company
das Fleisch   meat; flesh
fließen (31)   to flow
der Fluß, -sses, ⸚sse   river, flow
folgen   to follow; obey
das Foto, -s   photograph, snapshot
die Fotografie, -n   photograph
die Frage, -n   question
fragen   to ask
die Französin, -nen   French woman
französisch   French
die Frau, -en   woman, lady, wife, Mrs.
das Fräulein, -   young lady, Miss
frei   free; unoccupied; im Freien   out
    of doors
der Freitag, -e   Friday
fremd   strange, foreign
der Fremdenführer, -   tourist guide
der Fremdenverkehr   tourism
sich freuen auf   to look forward to
der Freund, -e   friend
freundlich   friendly
die Freundlichkeit, -en   friendship
friedlich   peaceful
frisch   fresh
der Friseur, -e   barber
froh   glad; fröhlich   gay
früh   early
früher-   former(ly)
der Frühling, -e   spring
das Frühstück, -e   breakfast
fühlen   to feel
der Führer, -   leader
für   for

der **Fuß, ⸚e** foot; **zu Fuß** on foot
der **Fußgänger, -** pedestrian

G

die **Galerie, -n** gallery; balcony (in a theater)
die **Gans, ⸚e** goose
ganz quite, whole, entire
gar nicht not at all
der **Garten, ⸚** garden
der **Gast, ⸚e** guest
das **Gebäude, -** building
geben (114) to give; **es gibt** there is/are
geboren born
der **Geburtstag, -e** birthday
gedeihen (74) to thrive, prosper
gefallen (94) to please
das **Gefühl, -e** feeling
gegen against
das **Gegenteil, -e** opposite; **im Gegenteil** on the contrary
gegenüber (*dat.*) opposite, across from
gehen (2) to go, walk
gehören to belong
der **Gehsteig, -e** sidewalk; **das Gehsteigcafé** sidewalk café
die **Geige, -n** violin
der **Geigenbauer, -** violin maker
geisteskrank mentally ill
gelb yellow
das **Geld, -er** money
die **Gelegenheit, -en** opportunity
das **Gemüse, (-)** vegetables
gemütlich comfortable, cozy, easy-going
genau exact
genießen (33) to enjoy
genügen to suffice, be enough
die **Geographie** geography
gerade even, straight; exactly; just
geradeaus straight ahead
geradezu outright; simply
das **Gericht, -e** course (*food*); court (*law*)
gern(e) gladly

das **Geschäft, -e** store; deal; matter; business
geschehen (107) to happen
das **Geschenk, -e** gift
die **Geschichte, -n** story; history
die **Geschichtsprüfung, -en** history examination
der **Geschmack, ⸚er** taste
die **Geschmackssache** matter of taste
das **Gesicht, -er** face
gestern yesterday
gestreift striped
gewinnen an (24) gain in
der **Gewinn, -e** gain, winnings
gewiß certain(ly)
sich **gewöhnen an** to get used to
gewöhnlich usual(ly)
die **Gitarre, -n** guitar
das **Glas, ⸚er** (drinking) glass
glatt smooth
glauben believe; think
gleich at once, right away
das **Gleis, -e** rail; track
das **Glockenspiel, -e** carillon, chimes
das **Glück** luck
glücklich happy
der **Glückspilz, (-e)** lucky fellow
gotisch Gothic
der **Gott, ⸚er** god
grau gray
die **Grenze, -n** border; limit
die **Grenzkontrolle, -n** border inspection
der **Grieche, -n, -n** Greek
groß large, tall, big, great
grün green
der **Grund, ⸚e** ground; reason
gründen to found, establish
grüßen to greet
gültig valid
die **Gurke, -n** cucumber
gut good, well

H

haben, hatte, gehabt to have
die **Hafenstadt, ⸚e** port city

halb half
die **Hälfte, -n** half
das **Halsweh** soreness of the throat
halten (86) to hold; stop; **halten von** to think of (*appraisal*)
die **Haltestelle, -n** stop
sich **handeln um** to be a matter or question of
handgemacht hand-made
handgeschnitzt hand-carved
der **Handschuh, -e** glove
harmlos harmless
der **Hauptbahnhof, ⸚e** main railroad station
die **Hauptstadt, ⸚e** capital
das **Haus, ⸚er** house; **zu Hause** at home; **nach Hause** homewards, towards home
der **Hausmeister, -** janitor, manager of a house
die **Haut, ⸚e** skin
heilig holy, sacred
der **Heilige Abend** Christmas Eve
das **Heimatdorf, ⸚er** native village
der **Heimatort** native village
die **Heirat, -en** marriage, wedding
heiß hot
heißen (91) to be named; **das heißt** that is to say
helfen (124) to help
hell light, bright
das **Hemd, -en** shirt
der **Herbst, -e** fall
der **Herr, -n, -en** gentleman, master, Mr., lord, the Lord
das **Herrenbekleidungsgeschäft, -e** men's furnishings store
herrlich splendid, marvelous
herrschen to rule, govern; prevail
das **Herz, -ens, -en** heart
herzlich cordial
heute today
heutzutage nowadays
hier here
hilfsbereit ready to help
der **Himmel, -** sky, heaven
hin there, to that place

hinauf-kommen (1) to come (get) up
hinein-gehen (2) to go in(side)
die **Hinfahrt, -en** trip there
hinten in the back
hinter in back of, behind
der **Hintergrund, ⸚e** background
historisch historical
hoch, hoh- high
die **Hochschule, -n** university, institute, school (of higher learning)
die **Hochzeit, -en** wedding
hoffen to hope
hoffentlich let us hope that
höflich polite
der **Höhenunterschied, -e** difference in elevation
holen to get, fetch
das **Hotel, -s** hotel
hübsch pretty
der **Hügel, -** hill
der **Humor** humor
der **Hund, -e** dog
der **Hunger** hunger
der **Hut, ⸚e** hat

I

die **Idee, -n** idea
der **Illusionseffekt, -e** visual effect
der **Imbiß, -sses, -sse** snack
immer always
in in, into
indem by, while
die **Industrie, -n** industry
industriell industrial
der **Industrielle, -n, -n** industrialist
die **Information** information
der **Ingenieur, -e** engineer
die **Insel, -n** island
insgesamt altogether
inspirieren to inspire
das **Instrument, -e** instrument
die **Inszenierung, -en** staging
intelligent intelligent
interessant interesting
sich **interessieren für** to be interested in

international international
inzwischen in the meantime
der **Ire, -n, -n** Irishman
das **Irland** Ireland
das **Italien** Italy
der **Italiener, -** Italian
italienisch Italian

J

ja yes
die **Jacke, -n** jacket, coat of suit
das **Jahr, -e** year
die **Jahreszeit, -en** season
das **Jahrhundert, -e** century
jahrhundertelang for centuries
der **Januar** January
jeder every, each, every one
jedenfalls in any case
jemals ever
jemand somebody, someone
jener that, that one
jetzt now
der **Juli** July
der **Juni** June
jung young
der **Junge, -n, -n** boy
der **Juwelier, -e** jeweler

K

das **Kabarett, -e** cabaret
der **Kabarettist, -en, -en** cabaret
performer
der **Kaffee** coffee
das **Kaffeehaus, ¨er** coffee house
der **Kaiser, -** emperor
die **Kalbshaxe, -n** foot of a calf (*Dial.*)
kalt cold
der **Kampf, ¨e** struggle, fight, battle
die **Kamera, -s** camera
kaputt broken
die **Karte, -n** card, ticket, map
die **Kartoffel, -n** potato
der **Kartoffelbrei** mashed potatoes

die **Kartoffelsuppe, -n** potato soup
katholisch Catholic
die **Katze, -n** cat
kaufen to buy
kaum hardly
das **Kaufhaus, ¨er** department store
kein no, not any, none
keineswegs in no way
kennen, kannte, gekannt to know
kennen-lernen to get acquainted, get
to know
das **Kind, -er** child
das **Kindermädchen, -** governess
die **Kindheit, -en** childhood
das **Kino, -s** movie, theater, cinema
der **Kiosk** newsstand
die **Kirche, -n** church
die **Klasse, -n** class
der **Klassiker, -** classicist
klassisch classical
das **Kleid** dress; **die Kleider** dresses,
clothes
klein small, little, short
das **Klima, -s** climate
klingen (6) to sound
die **Klettertour, -en** mountain climb
der **Klub, -s** club
klug smart
der **Knabe, -n, -n** boy
der **Kollege, -n, -n** colleague
komisch comical, strange
kommen (1) to come
das **Kompliment, -e** compliment
kompliziert complicated
der **Komponist, -en, -en** composer
der **König, -e** king
können, konnte, gekonnt; er kann
to be able to
das **Konsulat, -e** consulate
der **Konsum, -e** cooperative store
der **Kontrast, -e** contrast
die **Konversation, -en** conversation
das **Konzert, -e** concert
das **Kopfweh** headache
korrigieren to correct
kosmetisch cosmetic
kosmopolitisch cosmopolitan

kosten to cost
krank ill
das Krankenhaus, ⁻er hospital
das Kraut cabbage; die Kräuter herbs
kreuz und quer in all directions
die Kreuzung, -en intersection
der Krieg, -e war
der Kritiker, - critic
die Küche, -n kitchen
der Kuchen, - cake
die Kuh, ⁻e cow
kühl cool
die Kultur, -en culture
das Kulturzentrum, die Kulturzentren
    center of culture
die Kunst, ⁻e art
die Kunstausstellung, -en art exhibit
die Kunsterziehung art (as school subject)
der Künstler, - artist
der Kurort, -e health resort
die Kusine, -n cousin (fem.)

L

lachen to laugh
lächeln to smile
die Lage, -n position, situation, location
die Lampe, -n lamp
das Land, ⁻er country, nation, land, state
die Landwirtschaft agriculture
landwirtschaftlich agricultural
lang long
langweilig boring
lassen (92) let, leave; have something
    done
der Lastwagen, - truck
laufen (89) run
leben to live
das Leben, - life
lebensgefährlich hazardous (to one's
    life)
das Lebensmittelgeschäft, -e grocery store
die Leberwurst, ⁻e liverwurst
lebhaft lively, animated
der Leckerbissen, - delicacy

legen to lay, place, put
die Leibeserziehung physical education
leicht easy, light
leider unfortunately
leid tun: es tut mir leid I am sorry
lernen to learn
lesen (108) to read
die Leute (pl.) people
das Licht, -er light
lieben to love
lieber rather
liegen (118) to lie, be situated
link- left; links to the left
sich lohnen to be worthwhile
los sein to go on, be going on
der Löwe, -n, -n lion
die Luft, ⁻e air, breeze
der Luftwirbel, - turbulent air
die Lust pleasure, enjoyment
Lust haben to feel like (doing
    something)
lustig funny
sich lustig machen über to make fun of
luxuriös luxurious

M

machen to make, do
mächtig mighty, powerful, massive
die Macht, ⁻e might, power, force
das Mädchen, - girl
die Mahlzeit, -en meal
der Mai May
das Mal, -e time (instance)
malerisch picturesque
mancher many a; manche some
man one, they, you, people
der Mann, ⁻er man, husband
der Mantel, ⁻ coat
das Märchen, - fairy tale
märchenhaft fairy tale-like
das Märchenschloß, -sses, ⁻sser fairy tale
    castle
die Mark German currency (c. 24¢)
der Marktplatz, ⁻e market square

der **März** March
die **Mathematik** mathematics
der **Matsch** mud, slush, wet snow
die **Medizin** medicine
  mehr more
  mehrere several, a number of
die **Meinung, -en** opinion
  meistens mostly
sich **melden bei** to report to, register
der **Mensch, -en, -en** man, human being, person
die **Metzgerei, -en** butcher shop
die **Miete, -n** rent
  mild mild
die **Minute, -n** minute
die **Miniatur, -en** miniature
  mit with, along, along with
  mitbringen, brachte mit, mitgebracht to bring along
  miteinander with one another
  mit-nehmen (128) to take along
der **Mittag, -e** noon
das **Mittagessen, -** luncheon
  mit-teilen to inform about, tell
die **Mitternacht** midnight
die **Mitternachtsmesse, -n** midnight mass
der **Mittwoch, -e** Wednesday
  möbliert furnished
  möchte would like (to)
  modern modern
  modernisieren to modernize
  mögen, mochte, gemocht; er mag to like
die **Möglichkeit, -en** possibility
der **Monat, -e** month
der **Montag, -e** Monday
der **Morgen, -** morning
  morgen tomorrow
  müde tired
das **München** Munich
der **Mund, -̈er** mouth
das **Museum, die Museen** museum
die **Musik** music
  müssen, mußte, gemußt; er muß to have to
das **Muster, -** pattern
die **Mutter, -̈** mother

N

  na; na und well?
  nach after; to; according to; towards
  nachdem after (*Conj.*)
der **Nachmittag, -e** afternoon
  nach-schauen to check, look
  nächst- next, nearest
die **Nacht, -̈e** night
der **Nachtisch** dessert
das **Nachtlokal, -e** nightclub
die **Nähe** nearness, vicinity, proximity
der **Name, -ns, -n** name
  nämlich namely; you see
  naß wet
der **Nationalfeiertag, -e** national holiday
die **Nationalität, -en** nationality
die **Natur, -en** nature
  natürlich natural
  neben next to, beside
  nehmen (128) to take
  nein no
die **Nelke, -n** carnation
  nennen, nannte, genannt to name, call
  nervös nervous
  nett nice
der **Neuling, -e** novice
die **Neutralität, -en** neutrality
  nicht not
  nicht wahr? isn't that so?
  nichts nothing
  nie never
  niedrig low
sich **nieder-lassen** (92) to sit or settle down
  noch still, yet; **noch einmal** again
der **Norden** north
  nötig necessary
der **November** November
die **Nudelsuppe, -n** noodle soup
  nun now; well
  nur only

O

  ob whether, if; **als ob** as if, as though

oben   up on top, upstairs, above
der **Ober-** (head) waiter
die **Oberschule, -n** high school
obgleich, obschon although
das **Obst** fruit
obwohl, obzwar although
oder or
offen open
offensichtlich obvious(ly)
öffnen to open
oft often; **öfters** often, occasionally
ohne without
das **Ohrenweh** earache
der **Oktober** October
der **Onkel, -** uncle
die **Oper, -n** opera
das **Opfer, -** sacrifice
die **Ordnung, -en** order
örtlich local
der **Osten** east
das **Österreich** Austria

P

das **Paar, -e** pair, couple (two); **ein paar**
  a few
das **Paket, -e** package, parcel
das **Papier, -e** paper
der **Park, -e/-s** park
die **Party, -s** party (social)
der **Passant, -en, -en** passerby
passen zu to go well with
passieren to happen
die **Pension, -en** tourist lodge, private
  home renting rooms; pension
der **Personenwagen, -** car, automobile
persönlich personal(ly)
der **Pfennig, -e** penny (c.$\frac{1}{4}$¢)
pflanzen to plant
das **Pflaster, -** pavement; patch
die **Physik** physics
das **Picknick, -s** picnic
der **Pionier, -e** pioneer
der **Plan, ⸚e** map; plan
planen to plan

das **Pläneschmieden** making plans
der **Platz, ⸚e** place; square; seat; room
plaudern to chat
poetisch poetic
die **Politik** politics
politisch political
das **Polizeipräsidium, -präsidien** main
  police station
der **Polizist, -en, -en** policeman
die **Pommes Frites** (*pl.*) French fries
die **Popularität** popularity
die **Post** mail, post office
das **Postamt, ⸚er** post office
der **Präsident, -en, -en** president
der **Preis, -e** price, prize
das **Preußen** Prussia
prima splendid (*invariable*)
der **Prinz, -en, -en** prince
probieren to try
das **Problem, -e** problem
problematisch problematic
profitieren to profit
protestantisch Protestant
die **Prüfung, -en** examination
prügeln to beat, thrash
der **Pudding, -e** pudding
der **Punkt, -e** point, dot, period

Q

die **Qualität, -en** quality
die **Quantität, -en** quantity
die **Quittung, -en** receipt

R

rasten to rest
das **Rathaus, ⸚er** city hall
raufen to fight, brawl, wrestle
die **Rechnung, -en** bill; calculation
recht right, correct; rather
recht haben to be right
rechts to the right, on the right

regelmäßig regular, periodic
registrieren to register
regnen to rain
reich rich
die Reise, -n trip, journey
religiös religious
reiselustig eager to travel
der Reisescheck, -s traveler's check
reizend charming
der Regenmantel, ∸ rain coat
der Regenschirm, -e umbrella
die Religion, -en religion
rennen, rannte, ist gerannt to run
die Reparatur, -en repair
reparieren to repair
die Republik, -en republic
das Restaurant, -s restaurant
die Revolution, -en revolution
richtig right, correct
das Riesenrad, ∸er ferris wheel
der Rock, ∸e skirt; jacket
die Rolle, -n role, part
romantisch romantic
die Rose, -n rose
rot red
die Rückfahrkarte, -n return ticket
die Rückfahrt, -en return trip
die Rückreise, -n return trip
rufen (97) to call
ruhig quiet, calm
die Ruine, -n ruins
rund round

S

die Sache, -n thing, matter
das Saiteninstrument, -e string instrument
der Salat salad, lettuce
der Samstag Saturday
der Satz, ∸e sentence; set; rule; leap
das Sauerkraut sauerkraut
schade too bad
die Schallplatte, -n record
sich schämen to be ashamed
scheinen (82) to shine, seem, appear

schicken to send
das Schiff, -e ship
der Schilling, -e Austrian currency
der Schlag, ∸e stroke, blow; at the
stroke of
die Schlägerei, -en fight, brawl
sich schlängeln durch to wind through,
meander
schlecht bad, poor
schlendern to stroll leisurely
schließlich at last, finally; after all
schlimm bad, naughty
der Schlittschuh, -e iceskate
das Schloß, -sses, ∸sser castle
schlüpfrig slippery
schmecken to taste
der Schmeichler, - flatterer
der Schnellzug, ∸e express train
der Schnee snow
die Schneeballschlacht, -en snowball
fight
der Schneefall, ∸e snowfall
schneien to snow
schnell fast, quick
schon already
schön beautiful, nice, pretty
schrecklich awful, horrible
das Schreibwarengeschäft, -e stationery
store
die Schublade, -n drawer
der Schuh, -e shoe
die Schule, -n school
die Schuld guilt, debt; die Schulden
debts
schwarz black
der Schwede, -n, -n Swede
schwer heavy, hard, difficult
die Schwester, -n sister
schwindlig dizzy
sehen (106) to see
sehenswert worthy of being seen
die Sehenswürdigkeit, -en sight
sehr very
die Seidenbluse, -n silk blouse
die Seilschwebebahn, -en cable car,
suspension railway
sein, war, ist gewesen; er ist to be

seit(dem) since (*temporal*)
selber personally; selbst personally; even
selbstverständlich that goes without saying
selbst wenn even if
selten seldom
senden, sandte/sendete, gesandt/gesendet to send
der Senf mustard
der September September
setzen to set, place, put; sich setzen to sit down
sicher sure, certain, secure
die Sicht view; in Sicht kommen come into sight
die Sichtweite, -n range of vision
singen (5) to sing
der Sinn, -e sense
sitzen (117) to sit, be seated
ski-fahren (98) to ski
so so, that way; thus; then; is that so?
sobald (als) as soon as
so daß so that
sofort at once
der Sohn, ⸚e son
solange as long as
solch such, such a
sollen, sollte, gesollt; er soll to be supposed to
der Sommer, - summer
sondern but rather
die Sonne, -n sun
sonnverbrannt sunburned
der Sonnenschirm, -e parasol
sonnig sunny
der Sonntag, -e Sunday
sonst otherwise, or else
sooft as often as
sich sorgen (über) to worry (about)
sowie as soon as
sowieso anyway
Spaß machen to be joking; be fun
spät late
spazieren-gehen (2) to take a walk
der Spaziergang, ⸚e walk
die Speisekarte, -n menu

der Speisesaal, -säle dining room (hall)
der Speisewagen, - diner (of a train)
das Spezialgericht, -e specialty (food)
die Spezialität, -en specialty
der Spiegel, - mirror
spielen to play
der Sport sports
die Sprache, -n language; speech (of a person)
sprechen (121) to speak
die Stadt, ⸚e city, town
der Stadtplan, ⸚e city map
der Stadtrand, (⸚er) edge of the city, outskirts
stark strong
statt-finden (17) to take place
die Statue, -n statue
der Stehausschank snack bar where people stand while eating a quick snack
stehen (3) to stand; be becoming
stehen-bleiben (69) to stop
steigen (78) to rise, climb
die Stelle, -n place, spot, position
sterben (122) to die
stimmen to be correct; tune; vote
der Stock, ⸚e floor of a house; stick
stolz proud; stolz sein auf to be proud of
stören to bother, disturb
die Straße, -n street
die Straßenbahn, -en streetcar
streng strict
der Strom, ⸚e stream, current
das Stück, -e piece
die Stube, -n room (of a house)
studieren to study
das Studium, die Studien study, course of studies
die Stunde, -n hour; lesson
stundenlang for hours
die Suche search
suchen (nach) to search (for)
der Süden south
die Suppe, -n soup
süß sweet
das Symbol, -e symbol

sympathisch likable, nice, pleasant
die Szene, -n scene

der Türke, -n, -n Turk
der Turm, ⸚e tower, steeple

T

der Tag, -e day
die Tante, -n aunt
tanzen to dance
das Taschentuch, ⸚er handkerchief
die Tasse, -n cup
tatsächlich indeed, actually
das Taxi, -s taxicab
die Technische Hochschule, -n Institute of
Technology
der Tee, -s tea
der Teil, -e part, portion, share
teilen to divide, share
teilweise in part, partially
das Telegramm, -e telegram, wire
das Tennis lawn tennis
teuer, teur- expensive; dear
das Theater, - theater, playhouse
die Theatersaison, -en theater season
der Tierpark, -s zoo
der Tisch, -e table, desk
der Titel, - title
die Tochter, ⸚ daughter
der Tod, -e death
die Tomate, -n tomato
tot dead
der Tourist, -en, -en tourist
die Tradition, -en tradition
traditionell traditional
tragen (100) to carry, wear
der Traum, ⸚e dream
traurig sad
treiben (71) to drive, propel;
Sport treiben to engage, participate
in sports
trinken (15) to drink
trotz in spite of
trotzdem nevertheless, anyway
der Trubel turmoil, activity
die Tulpe, -n tulip
tun (4) to do
die Tür(e), -en door

U

über over, across, about, concerning
überall everywhere
überein-stimmen to be in agreement
überfüllt filled up, overcrowded
überleben to survive, outlive
übermüden to tire out overly
übernachten to spend the night
die Überraschung, -en surprise
überreden to persuade
übersetzen to translate
überzeugen to convince
übrigens by the way
das Ufer, - bank, shore
die Uhr, -en clock, watch
um at (time); around; about
um-bringen, brachte um, umgebracht
to do away with, kill, assassinate
die Umgebung environs
sich um-gewöhnen to change one's taste,
adjust
um-rechnen to convert (currency),
figure out
um-steigen (78) to change
(conveyances)
unaufhörlich incessant
unbedingt definitely; nicht unbedingt
not necessarily
unbewölkt cloudless
und and; (na) und ob! you can say
that again
der Unfall, ⸚e accident
ungefähr approximate
unglücklich unhappy, unfortunate,
miserable
die Universität, -en university
unmöglich impossible
unten below, on the bottom,
downstairs
unter under, among
unterbrechen (119) to interrupt
die Untergrundbahn, -en subway

439

unterhalten (86) to entertain; **sich unterhalten (mit)** to converse (with)
unterwegs on the way, during the trip
der **Urlaub, -e** leave, furlough, vacation
ursprünglich original
urteilen to judge

V

der **Vater, ∸** father
die **Verabredung, -en** appointment, date
verbinden (16) to connect; bandage
verbringen, verbrachte, verbracht to spend (time)
verehren to admire, worship, honor, revere
sich **verfahren** (98) to drive the wrong way
die **Vergangenheit** past
vergehen (2) to pass, disappear
vergessen (113) to forget
der **Vergnügungspark, -e** amusement park
sich **verheiraten (mit)** to get married (to)
verkaufen to sell
die **Verkäuferin, -nen** salesgirl, saleslady
der **Verkehr** traffic
der **Verkehrsknotenpunkt, -e** traffic junction
der **Verkehrsunfall, ∸e** traffic accident
verlassen (92) to abandon, leave
sich **verlassen auf** (92) to rely on
verlegen to misplace, lose
die **Verletzung, -en** injury
der **Verlobte, -n, -n** fiancé
verloren-gehen (2) to get lost
vermieten to rent (out)
vermissen to miss (someone)
verpassen to miss (the train)
verschieden different
versichern to assure, insure
sich **verspäten** to be late
die **Verspätung, -en** tardiness, lateness
versprechen (121) to promise
verstehen (3) to understand
versuchen to try, attempt
der **Verwandte, -n, -n** relative

verwirklichen to realize, make come true
verwöhnen to spoil, e.g. a child
verzehren to consume, eat
viel much; **viele** many
vielleicht perhaps, maybe
das **Viertel, -** quarter, fourth
die **Villa, die Villen** villa
die **Volksschule, -n** elementary school
volkstümlich popular, of the people
vollkommen complete, perfect
von of, from; by
vor before, in front of; ago
vorbei-fahren (98) to drive past
vorbei-kommen (1) to come by, drop in
vor-haben, hatte vor, vorgehabt to intend
vorher just before
sich **vor-kommen wie** (1) to feel like
vornehm elegant, fancy, high-class
der **Vorschlag, ∸e** suggestion
vor-schlagen (101) to suggest
vorsichtig careful, circumspect
vor-stellen to introduce

W

der **Wachtmeister, -** police officer
wahnsinnig crazy
wahr true
während during; while (*Conj.*)
wahrscheinlich probably
das **Wahrzeichen, -** symbol
der **Walzer, -** waltz
das **Wandgemälde, -** mural
wandern to wander, hike
wann when
warm warm
warnen to warn
warten to wait
warum why
was what; whatever; that
was für (ein) what kind of
das **Wasser** water
wechseln to (make) change

die **Wechselstube, -n** money exchange (room)

weder . . . noch neither . . . nor

wegen on account of, because of

wehen to blow (*of wind*)

der **Weihnachtstag, -e** Christmas Day

der **Weihnachtstrubel** Christmas commotion

die **Weile** while

der **Wein, -e** wine

die **Weintraube, -n** grape

weiß white

weit far

welch which, what

weltbekannt known all over the world

der **Weltkrieg, -e** World War

die **Weltstadt, ⁻e** city of the world, metropolis

die **Weltreise, -n** trip around the world

wenden, wandte/wendete, gewandt/ gewendet to turn

wenig little; **ein wenig** a little; **wenige** few

wenn if, when, whenever

wenn auch even if

werden, wurde, ist geworden er wird to become

die **Werkstatt, ⁻en** workshop

der **Westen** west

das **Wetter** weather

wichtig important

widerstehen (3) to resist, oppose

wie how, as, like

wieder again

wiederaufgebaut reconstructed

wieder-sehen (106) to see again; **auf Wiedersehen** good-bye

das **Wien** Vienna

wimmeln von to be teeming with

der **Wind, -e** wind

windig windy

der **Winter, -** winter

der **Wintersportler, -** winter sports fan

wirken to work, teach; **wirken auf** to have an effect on

wirklich really, actually

die **Wirtschaft** economy; **das**

Wirtschaftswunder economic miracle

wissen, wußte, gewußt; er weiß to know

die **Wissenschaft, -en** science

der **Witz** intellect, humor, joke: **die Witze** jokes

wo where

die **Woche, -n** week

wohin whereto, to what place, where

wohl probably, no doubt; well, indeed

wohnen to dwell, reside

wohnhaft residing at

die **Wohnung, -en** apartment

die **Wohnungsnot** shortage of living space, housing shortage

die **Wohnungssuche** apartment hunting

die **Wolke, -n** cloud

der **Wolkenkratzer, -** skyscraper (*lit.* cloud scratcher)

wollen, wollte, gewollt; er will to want (to)

das **Wort, ⁻er/-e** word

wünschen to wish, desire

die **Wurst, ⁻e** sausage

Z

zahlen to pay

die **Zahnradbahn, -en** cog railway

das **Zahnweh** toothache

der **Zeichenunterricht** art instruction

zeigen to show

die **Zeit, -en** time

das **Zeitalter, -** age, era, period

die **Zeitschrift, -en** magazine

die **Zeitung, -en** newspaper

das **Zentrum, die Zentren** center

zerstören to destroy

das **Zeug** stuff, things, junk

ziemlich rather

das **Zimmer, -** room

zu to, toward; too

zuerst at first

zufällig by accident

der **Zug, ⸚e**   train, procession, feature, pull
   zurück   back
   zurück-gehen (2)   to go back
   zusammen   together
   zusammen-brechen (119)   to collapse
   zusammen-hängen (mit) (96)   to be
     connected (with); be related to;
     im Zusammenhang mit   in
     connection with

   zusammen-kommen (1)   to come
     together, converge
   zusammen-stoßen (90)   to collide
sich **zusammen-ziehen** (45)   to gather,
     concentrate
   zwar   to be sure, as a matter of fact
   zweifellos   without a doubt
der **Zwiebelturm, ⸚e**   onion-shaped tower
   zwischen   between, among

✎ English-German Vocabulary

The English-German vocabulary is primarily based on the *Aufsatz* vocabulary. Nouns are listed with the definite article. Plural formation is indicated. The genitive singular ending of masculine and neuter nouns is only shown when it is not **-s** or **-es.** Strong verbs are followed by a reference number, referring to Paragraph 100, IV. Irregular verbs are listed with three or four principal parts. All other verbs are regular weak verbs. Separable prefixes are connected to the verb stem by a hyphen.

A

accept an-nehmen (128)
across über
afternoon der Nachmittag, -e
again wieder
agree with überein-stimmen mit
air die Luft, ∸e
almost fast
already schon
also auch
always immer, schon immer, immer schon
among unter
amuse oneself sich amüsieren
answer antworten (auf), beantworten
approximately ungefähr
arrive an-kommen (1)
artists' quarter das Künstlerviertel, -
as soon as sobald

B

bathe baden
be sein, war, ist gewesen; er ist;
  be (located) sich befinden (17);
  there is/are es gibt
beautiful schön
beauty die Schönheit, -en
because denn; da, weil; darum
because of wegen
become werden, wurde, ist geworden; er
  wird
bed das Bett, -en
beer das Bier, -e
better besser
bicycle das Fahrrad, ∸er
big groß
black schwarz
brake bremsen
bring bringen, brachte, gebracht; **bring
  along** mit-bringen
buy kaufen

C

café das Café, -s
call rufen (97); **be called** heißen (91)
can können, konnte, gekonnt; er kann
car der Wagen, -; das Auto, -s
carry tragen (100)
cash ein-lösen
castle das Schloß, des Schlosses, die
  Schlösser
child das Kind, -er
Christmas Day der Weihnachtstag, -e
Christmas Eve der Heilige Abend
city die Stadt, ∸e
climate das Klima, -s
climb steigen (78); klettern; (er) klimmen
  (27)
close nahe
cloud die Wolke, -n
cold die Erkältung, -en; **to catch a cold**
  sich erkälten
collide zusammen-stoßen (90)
collapse zusammen-brechen (119)
consume verzehren
cow die Kuh, ∸e
country das Land, ∸er
cousin (*fem.*) die Kusine, -n
cultural center das Kulturzentrum, die
  Kulturzentren

D

dance tanzen
day der Tag, -e
decide (sich) entschließen (32);
  (sich) entscheiden (84)
decorate verzieren
die sterben (122)
discover entdecken
do tun (4); **to do away with (to kill)**
  um-bringen, brachte um, umgebracht
doctor der Doktor, -en; der Arzt, ∸e
drink trinken (15)
drive fahren (98)
drown ertrinken (15)

E

easy leicht
eat essen (110)
eccentric exzentrisch
electronics die Elektrotechnik
engineer der Ingenieur, -e
enough genug
enthusiastic begeistert
errand die Besorgung, -en; **do errands**
Besorgungen machen
escape entkommen (1)
even if auch wenn
experience die Erfahrung, -en
explain erklären
eyewitness der Augenzeuge, -n, -n

F

face das Gesicht, -er
fairytale das Märchen, -
famous berühmt
fast schnell
feel (sich) fühlen
fever das Fieber
film der Film, -e
finally endlich, schließlich
find finden (17)
finish beenden
flower die Blume, -n; **bouquet of flowers**
der Blumenstrauß, ⁔e
friend der Freund, -e
friendly freundlich
from von

G

garden der Garten, ⁔
genuine echt
get (to a place) hin-kommen (1)
glad froh; **gladly** gern
go gehen (2)
gold das Gold
good gut

goose die Gans, ⁔e
grass das Gras, ⁔er

H

happen geschehen (107); passieren
hard (difficult) schwer, schwierig
have haben, hatte, gehabt; er hat
to have to müssen, mußte, gemußt; er
muß **have something done** etwas machen
lassen (92)
headache das Kopfweh
hear hören
help helfen (124)
hike wandern
home das Heim, das Haus; **at home** zu
Hause; **homewards** nach Hause
hope hoffen
hot heiß
hour die Stunde, -n
house das Haus, ⁔er; **at the house of** bei
however jedoch; aber
husband der Mann, ⁔er

I

idea die Idee, -n
if wenn; ob **(whether)**
inform informieren, mit-teilen
inhabitant der Einwohner, -
injury die Verletzung, -en
inspire inspirieren
instead of statt, anstatt
interesting interessant
intersection die Kreuzung, -en
invitation die Einladung, -en
invite ein-laden (104)

J

job die Arbeit, (-en)

445

K

kill um-bringen, brachte um, umgebracht
king der König, -e
know kennen, kannte, gekannt; wissen,
wußte, gewußt; er weiß

L

lady die Dame, -n
lake der See, -n
landlady die Wirtin, -nen
large groß
late spät
laugh lachen
left link-; **on the left** links
like gern haben, hatte gern, gern gehabt;
mögen, mochte, gemocht, er mag;
would like (to) möchte(n)
limited beschränkt
little klein; **a little** ein wenig, ein bißchen
live leben
long lang
look at an-sehen (106), an-schauen
love lieben

M

man der Mann, ⁻er; der Mensch, -en, -en
many viele
meal die Mahlzeit, -en
mean bedeuten
mentally ill geisteskrank
Midnight Mass die Christmette, -n; die
Mitternachtsmesse, -n
minor gering
morning der Morgen, -; **in the morning**
am Morgen, morgens
mountain der Berg, -e
mountain pasture die Alm, -en
movies (cinema) das Kino, -s
mural das Wandgemälde, -

N

nature die Natur
never nie, niemals
newspaper die Zeitung, -en
next nächst-
no nein; kein
north der Norden
not nicht; **not at all** gar nicht
nothing nichts
notice bemerken
now jetzt, nun

O

old alt
only nur
opera die Oper, -n
opportunity die Gelegenheit, -en
order die Ordnung, -en; **in order to**
um . . . zu
out of aus
outside draußen

P

passenger car der Personenwagen, -
pavement das Pflaster, -
people die Leute (*pl.*)
persuade überreden
phone telefonieren, telephonieren;
an-rufen (97)
plant pflanzen
play spielen
pleasant angenehm
please gefallen (94)
postage stamp die Briefmarke, -n
post office das Postamt, ⁻er
prince der Prinz, -en, -en
promise versprechen (121)

Q

quiet ruhig, still

R

rain regnen; der Regen
receive bekommen (1), erhalten (86),
   empfangen (95)
remain bleiben (69)
rent mieten, die Miete, -n
reside wohnen
right away gleich
romantic romantisch
room das Zimmer, -
ruin ruinieren

S

salesman der Verkäufer, -
say (to) sagen (zu)
second zweit-
see sehen (106)
sell verkaufen
serious ernst, ernstlich
several mehrere
sidewalk der Gehsteig, -e;
   sidewalk café das Gehsteigcafé, -s
simple einfach
sing singen (5)
sit sitzen (117); **sit down** sich setzen
skyscraper der Wolkenkratzer, -
sleep schlafen (85)
slippery schlüpfrig
small klein
soil der Boden
something etwas
south der Süden
speak sprechen (121)
spoiled verwöhnt
stationery store das Schreibwarengeschäft,
   -e
stay bleiben (69); **stay overnight**
   übernachten
stick to sich halten an (86)
still noch, noch immer, immer noch
stop an-halten (86)
street die Straße, -n
student der Student, -en, -en
suddenly plötzlich

suffer erleiden (60)
suit der Anzug, ⸚e
sun die Sonne, -n
surprised überrascht
suspension railway die Seilschwebebahn,
   -en

T

table der Tisch, -e
take nehmen (128); **take a trip** eine
   Reise machen; **take place** statt-finden
   (17); **take advantage of** aus-nützen;
   take a nap ein Schläfchen machen
telegram das Telegramm, -e
tell sagen, erzählen
than als
therefore deshalb, darum
think denken, dachte, gedacht; glauben;
   meinen
thrive gedeihen (74)
throat der Hals, ⸚e
through durch
ticket die Karte, -n
time die Zeit, -en; **at the time** zur Zeit
together zusammen
too (much) zu (viel)
traffic der Verkehr; **traffic accident**
   der Verkehrsunfall, ⸚e
travel reisen; fahren (98)
traveler's check der Reisescheck, -s
tree der Baum, ⸚e
trip die Fahrt, -en; die Reise, -n
truck der Lastwagen, -
try versuchen

U

understand verstehen (3)
unfortunately leider
United States die Vereinigten Staaten
university die Universität, -en
until bis; **not until** erst
usual(ly) gewöhnlich

V

vicinity   die Nähe
village   das Dorf, ⸚er
visit   besuchen

W

wait (for)   warten (auf)
walk   gehen (2); zu Fuß gehen; spazieren-
   gehen
want   wollen, wollte, gewollt; er will
watch   beobachten, aufpassen auf
week   die Woche, -n; weekend   das
   Wochenende, -n
well   gut
well-known   bekannt

well-liked   beliebt
whenever   wenn
where   wo; whereto   wohin; from where
   woher
whether   ob
with   mit
woods   der Wald, ⸚er
work   die Arbeit, -en; das Werk, -e
write   schreiben (72); writing paper
   (stationery)   das Briefpapier

Y

yes   ja
yesterday   gestern
young   jung

ᔕ Index

(All references are to the one hundred paragraphs of the twenty-five Grammar Units)

449

❧ Photographs

DEUTSCHLAND VOR DEM II. WELTKRIEG

KEGELPROJEKTION

MEILEN

0   50   100   150

KILOMETER

0   50   100   150

L I T A U E N

O S T S E E

Memel

Tilsit

Königsberg   *Pregel*   Insterburg

Danziger Bucht

Gdingen

Danzig

Elbing

Marienburg

Allenstein

Spirding see

Stolp

Köslin

Kolberg

Neustettin

Graudenz

Bialystok

Stargard

Schneidemühl

Bromberg

Thorn

Netze

Landsberg

Wlozlawek   *Weichsel*   *Bug*

Küstrin

Posen

Warschau

Siedlce

Warthe

P O L E N

52°

Grünberg

Lodsch

Pilitza

Radom

Lublin

Glogau

Kalisch

Petrikau

Neiße

Görlitz

Liegnitz

Breslau

Kielce

Spree

Oder

Tschenstochau

San

Reichenberg

Waldenburg

Oppeln

Weichsel

Neisse

Beuthen

Rzeszow

Glatz

Hindenburg   Kattowitz

Tarnow

Elbe

Königgrätz

Ratibor

Gleiwitz

Krakau

Pardubitz

Ostrau

Bielitz–Biala

T S C H E C H O S L O W A K E I

Olmütz

March

Brünn

48°

Donau

St. Pölten

Wien

Neusiedler See

Wiener Neustadt

R E I C H

e Länge von Greenwich 16°

16°   20°   20°

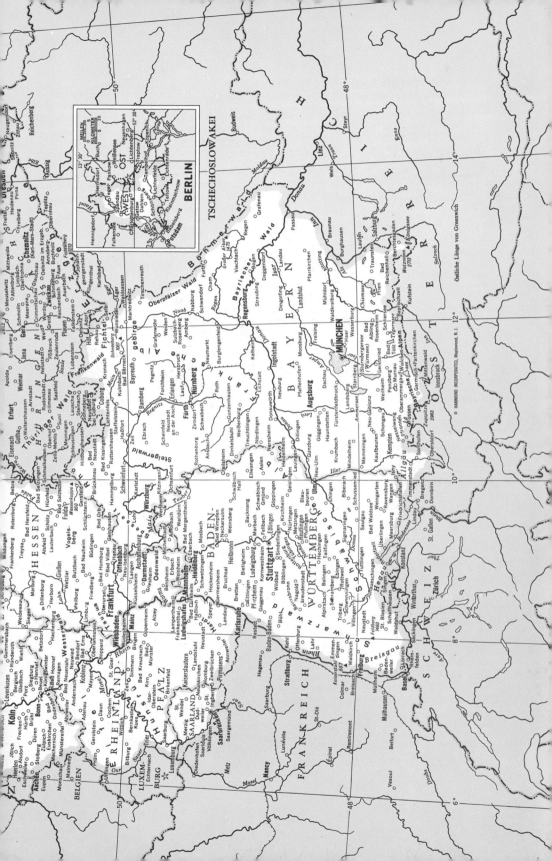

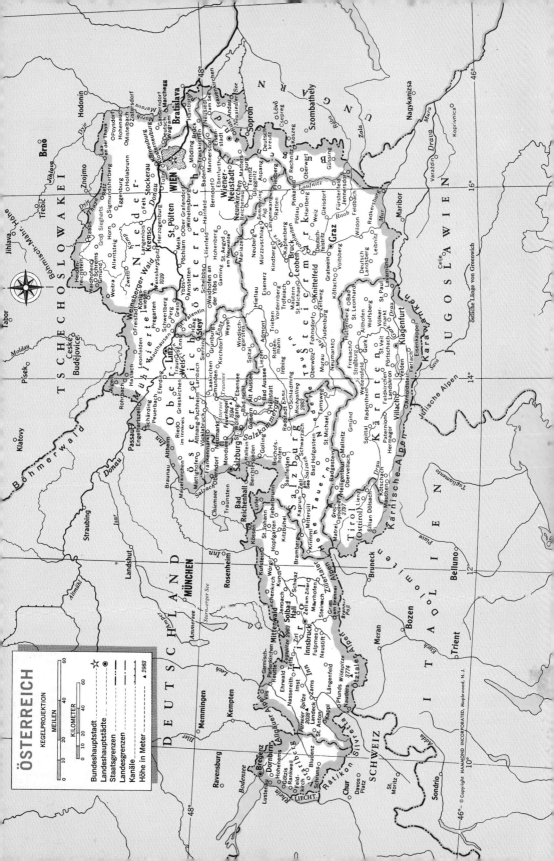

ÖSTERREICH

KEGELPROJEKTION

MEILEN

0 10 20 40 60

KILOMETER

0 10 20 40 60

Bundeshauptstadt ☆
Landeshauptstädte ◉
Staatsgrenzen
Landesgrenzen
Kanäle
Höhe in Meter ▲ 2963

© Copyright HAMMOND INCORPORATED, Maplewood, N.J.